I0643755

EXPEDIENTES SECRETOS DE LA SEGUNDA GUERRA MUNDIAL

EXPEDIENTES SECRETOS DE LA SEGUNDA GUERRA MUNDIAL

ÓSCAR HERRADÓN

Planeta

Obra editada en colaboración con Editorial Planeta – España

Bajo el sello editorial PLANETA M.R.
Avenida Presidente Masarik núm. 111,
Piso 2, Polanco V Sección, Miguel Hidalgo
C.P. 11560, Ciudad de México
www.planetadelibros.com.mx

Diseño de portada: Planeta Arte & Diseño

Primera edición impresa en España: marzo de 2018
ISBN: 978-84-16694-96-9

Primera edición impresa en México: agosto de 2022
ISBN: 978-607-07-8918-2

Impreso en los talleres de Impresora Tauro, S.A. de C.V.
Av. Año de Juárez 343, colonia Granjas San Antonio, Ciudad de México
Impreso en México – *Printed in Mexico*

A Tere Nieto, por los sueños
que nos quedan por cumplir.

ÍNDICE

La morgue estaba silenciosa y fría, como corresponde a un lugar donde reina la muerte. El oficial al mando del depósito, tomado también por los militares, los guio por varios corredores iluminados con una cegadora luz blanca que parpadeaba por los incesantes bombardeos.

Una vez en el depósito, el oficial cerró la puerta de acero. En el interior solo se encontraban el forense de guardia y un miembro de alto rango de la Marina asignado al MI5. El asunto era, como tantos otros en aquel tiempo implacable, de alto secreto.

Abrieron el contenedor y sacaron el cadáver. Aquel cuerpo inerte y casi acartonado pertenecía a un joven vagabundo sin nombre. Había muerto envenenado y ahora lo preparaban para realizar aquello que no había logrado en vida: una misión crucial para el desarrollo de la guerra.

El fuerte olor a formol de la estancia hizo que el agente de inteligencia se tapara las fosas nasales. El forense lo respiraba como el aire de la mañana tras veinte largos años entre muertos y productos químicos. Planeando sobre aquellos olores también se filtraban los primeros efluvios de la putrefacción. A pesar del hielo que conservaba el cadáver, la muerte había ganado la partida.

Por obra y gracia de los servicios de inteligencia, aquel difunto olvidado por todos se convertiría en el comandante William Martin, un condecorado oficial de los Royal Marines, con expediente intachable y garante de importantes secretos bélicos. Sería arrojado sobre el mar Mediterráneo como señuelo para el enemigo, portando, entre otros documentos y cartas personales, informes codificados —todos ellos falsos—, que llevaría dentro de un maletín atado a su muñeca con unas esposas. Lo haría ataviado con el uniforme de rigor con el que lo vestirían post mortem, teniendo para ello que romperle las extremidades, rígidas como el acero, en un episodio tan macabro como el nombre del plan para el que iba a servir de cebo, codificado en los despachos de los mandamases de Londres como Operación Carne Picada.

Al alba, un camión en el que viajaban los agentes secretos y conducido por un antiguo piloto de carreras, con el supuesto teniente William Martin en la parte trasera metido en un cilindro de acero, partió hacia tierras escocesas en medio del silencio que otorga la noche. Era el 18 de abril de 1943, pero hacía un frío de mil demonios en aquellos páramos que atravesaba la solitaria carretera.

Varias horas más tarde, cubiertos los ochocientos kilómetros que los separaban de la capital inglesa, una lancha esperaba al luctuoso convoy al sur de Langbank, a orillas del río Clyde, con órdenes de transportar al «hombre que nunca existió» a bordo de un submarino, en medio de tal secretismo que ni siquiera la tripulación estaba al tanto, salvo su comandante. Unas horas después, el sumergible puso rumbo a las costas españolas de Huelva, donde sería arrojado el cadáver de aquel llamado a convertirse en un héroe inerte.

Si el plan marchaba bien y el cuerpo era rescatado, los espías de Hitler, que se movían a sus anchas por la península Ibérica, analizarían minuciosamente los informes secretos que portaba, los microfilmarían y los enviarían a Berlín por valija diplomática. No era fácil, en absoluto, que todo saliera a la perfección.

30 de abril de 1943
7.30 horas

Un pescador de origen portugués realiza la captura más insólita de su vida cuando el sol comienza a asomar en el horizonte: entre sus deshilachadas redes se topa con un cuerpo que exhala un terrible hedor. Aunque es difícil fijar la mirada ante la grotesca imagen, observa que puede tratarse de un piloto o un soldado y pone todo su empeño en subirlo a su pequeña embarcación y trasladarlo a la orilla. Durante horas, aquel cuerpo sin vida cuyo origen solo conocían en Londres permanecería a la intemperie en unas matas de la playa de El Portil, pudriéndose según aumentaba, hora tras hora, el calor estival.

Cuando llegaron las autoridades españolas, no tardaron en realizar un informe y las llamadas pertinentes, pero no a sus homólogos británicos, como rezaba el reglamento de un país neutral, sino a los hombres de la Gestapo en España, comandados en la costa andaluza por un oscuro personaje. La maquinaria burocrática se había puesto en marcha y ya no había vuelta atrás.

Tras largos días de incertidumbre, las interceptaciones Ultra —proyecto del Ejército británico para descifrar los mensajes secretos alemanes enviados a través de la máquina Enigma, que los nazis creían, equivocadamente, indescifrable—, hechas desde la base militar de Bletchley Park, confirmaban el éxito de la misión: todo salía como el ultrasecreto Comité XX había planeado. Los hombres al servicio del Führer mordían el anzuelo y, como informó un telegrama a la cúpula de inteligencia con el característico humor negro inglés, más escatológico que sutil en este caso, los alemanes «se habían tragado toda la carne picada».

Unos días después, el Estado Mayor alemán enviaba órdenes precisas a Sicilia para que sus tropas fuesen movilizadas a otros puntos, entre ellos las costas de Grecia y la isla de Cerdeña. El «impostor» William Martin y toda una serie de ingeniosas artimañas allanaban el terreno para un desembarco aliado desde el norte de África.

Comenzaba la conquista del Tercer Reich en territorio europeo, y lo hacía gracias a una serie de «argucias» tan ingeniosas como cuestionables que la mayoría de los miembros del Ejército desconocían, al igual que la opinión pública. Harían falta décadas para que se desvelaran. Los aliados se abrían paso, imparables, hacia Berlín, la capital del «Reich de los mil años».

La guerra secreta asestaba a los oscuros señores de la esvástica uno de sus golpes maestros, que conduciría a su derrota final...

A MODO DE INTRODUCCIÓN

Parte de guerra número 4
Normandía (Francia), 24 de julio de 1944

Cuando daba forma a mi anterior trabajo, *Espías de Hitler,* me encontré con numerosos casos que por razones de espacio no pude abordar, y que me parecían de sumo interés —y bastante poco conocidos por el público no especializado— en el amplio pero soterrado escenario de la guerra subversiva. Hechos asombrosos de aquel tiempo de extremos, «expedientes secretos» que merecían un espacio destacado, quedaron injustamente relegados al olvido en la trastienda de la Segunda Guerra Mundial, y esta vez no podía, ni quería, dejarlos escapar.

Aunque siguen quedando muchos episodios, personajes deslumbrantes e «imposibles» y sucesos desconcertantes que poner sobre el tapete —pues una guerra total de aquellas características afectó prácticamente a todo el mundo conocido y sus consecuencias se siguen apreciando incluso hoy, cuando nuevas investigaciones o hallazgos inesperados nos obligan a reescribir una historia hasta hace poco considerada inamovible—, en las siguientes páginas abordaré los que he considerado, en mi humilde opinión, capitales o simplemente interesantes.

Algunos también de los más inconcebibles, pero escrupulosamente ciertos, en los que actuaron los personajes más sórdidos y desalmados, los espías —hombres y mujeres— más insólitos y, paradójicamente, los individuos más intrépidos y altruistas que uno pueda imaginar en medio de la ceniza y del silencio, del dolor y de la locura, mientras otros —demasiados— se entregaban a la tortura, al asesinato y al secuestro, o se enriquecían con el mercado negro y la miseria de los olvidados.

Dediqué infinitas horas durante año y medio a analizar estos hechos, a contrastarlos, a ampliar la información de historias que había escuchado de refilón, leído en algún periódico o revista especializada y apartado —por razones de economía narrativa— durante la labor de recopilación de trabajos previos. Con entrega y una enorme ilusión, la que siempre tiene aquel que hace lo que más le gusta, he ido dando forma a las siguientes páginas, que espero, y deseo, sean un viaje fascinante.

Expediente n.º 1

UN ESPÍA JUDÍO AL SERVICIO DEL TERCER REICH

Una de las historias más insólitas e injustamente relegadas a la trastienda de la Segunda Guerra Mundial fue la del único agente secreto judío —al menos que se sepa— al servicio de Hitler. Sí, han leído bien, judío... Eso sí, fueron las circunstancias de la contienda, tan excepcionales como trágicas, las que hicieron que aquel que encarnaba al mayor enemigo del ideario nazi, el «bacilo tóxico» en la visión fanatizada y racista promulgada por Hitler en *Mein Kampf (Mi lucha),* sirviera a los intereses de los servicios de inteligencia del Tercer Reich.

Un aspecto ignominioso, entre tantos, de aquella guerra es el hecho de que numerosos soldados judíos lucharon a la fuerza en defensa de un régimen que primero los odió, después los despojó de sus derechos y de sus pertenencias y propiedades, y acabó por exterminarlos en masa. Pero la historia de un espía circuncidado trabajando para la Abwehr —los servicios de inteligencia— había pasado prácticamente inadvertida —y lo sigue haciendo— en los manuales y artículos sobre este período, incluso en aquellos que se dedican exclusivamente al pueblo judío en aquel tiempo de diáspora, a la Shoa y al aspecto más oscuro de aquellos años: el colaboracionismo en los campos de concentración de algunos hebreos —conocidos como *kapos*—[1] y en los

1. Término que se utilizaba para llamar a ciertos presos judíos en los campos de concentración. Recibían más privilegios que los reos comunes, y se les encomendaban los trabajos más ligeros, principalmente la vigilancia de los demás internos judíos. Colaboraban con los guardianes de los campos de las SS también en tareas administrativas, como el reparto de alimentos, ropas o medicamentos, más bien escasos o inexistentes en los campos de la muerte. Por lo general, eran presos

guetos y los que delataron incluso a sus convecinos a cambio de protección.

Fue precisamente un historiador hebreo, Michael Bar-Zohar, autor de obras sobre espionaje tan emblemáticas como *Las grandes operaciones del Mossad,* quien desempolvó la historia de Paul Ernst Fackenheim en su libro *Koch, el espía judío de Hitler,* publicado hace más de cuarenta años, en 1971, y que tuvo muy poca repercusión en nuestro país a pesar de haber sido publicado en castellano por la editorial Juventud. He creído necesario recuperar esa historia como uno de estos «expedientes secretos» de la Segunda Guerra Mundial tanto por su rareza como por su trascendencia en el desarrollo de ciertos acontecimientos que tuvieron al servicio de inteligencia del almirante Wilhelm Canaris como eje central. Espionaje de lo más extraño, pero espionaje al fin y al cabo.

Miembro del Parlamento de Israel —la Knéset, «la Asamblea»— entre los años ochenta y noventa del siglo XX, Bar-Zohar cuenta que se mostró un tanto incrédulo cuando llegó a sus oídos por primera vez aquella insólita historia, pues ningún historiador o periodista, hasta ese momento, se había preocupado del fantástico destino de dicho individuo. Entonces viajó a Israel, donde interrogó a varias decenas de hombres que estuvieron en contacto con el Intelligence Service y otros organismos del espionaje británico aquellos años en el Mediterráneo; envió numerosas cartas solicitando información reservada y las respuestas que recibía siempre eran negativas.

Pasó dos años de ardua búsqueda en los que comenzó a pensar que el Asunto Fackenheim era una invención, una leyenda bélica, cuando dio con un amarillento fajo de hojas manuscritas en un archivo olvidado en Israel. Después encontró al protagonista de aquella historia en Alemania, concretamente en Ulzburg, en un pequeño caserío en el *land* de Holstein, no muy lejos de

---

comunes con antecedentes criminales o de baja peligrosidad —como políticos y religiosos— que se habían ofrecido para tan ignominiosa tarea a cambio de mayores libertades y de un cumplimiento adelantado de la pena o la libertad condicional. El resto de los presos los llamaban despectivamente la «Policía Judía».

Hamburgo, y decidió escribirle. Pocos días después, el historiador recibió un grueso paquete de hojas mecanografiadas... Eran las notas personales de Koch acerca de lo que le había sucedido durante los terribles años de la Segunda Guerra Mundial.

No satisfecho con aquellos informes, Bar-Zohar fue a visitarlo en 1969. En Ulzburg, Paul vivía con su mujer, Ria, y un pequeño perro. Recibió al investigador con amabilidad y estuvieron varios días trabajando juntos: «Me contó toda su historia, precisando nombres, hechos, fechas. Reconstruyó minuciosamente sus conversaciones con sus jefes e interrogatorios. Grabamos en cinta magnetofónica acontecimientos y detalles diversos», e incluso reprodujo las cuadrículas y los códigos cifrados que utilizó como espía, escribía el estudioso.

Aunque el investigador creía en su palabra, necesitaba pruebas más tangibles para poder publicar su historia y, aunque con dificultades, las evidencias fueron llegando. Después descubriremos cuáles eran, pero vayamos al comienzo de nuestra historia.

Un burgués en la Gran Guerra

Paul Ernst Fackenheim provenía de una acaudalada familia judía alemana. Su abuelo paterno era nada menos que rabino en Mulhausen (Turingia), y él era el hijo único de un rígido y malhumorado comerciante en metales y de la hija menor de un acaudalado peletero y curtidor, por lo que su posición social y económica era más que holgada.

En el liceo Goethe de Fráncfort, donde fue educado, se codeaba con los príncipes de Hesse y los sobrinos del emperador, y con menos de diez años ya entonaba los himnos alemanes y las marchas militares, aunque también cumplía con rigor los ritos hebreos más importantes, como el Rosh Hashana (fiesta judía del año nuevo que tiene lugar en otoño), y a los trece años recitó, como era la tradición, sin equivocarse, los salmos bíblicos en la fiesta de madurez religiosa del Bar Mitzvá.

Henchido de patriotismo ya en su adolescencia, como la mayoría de los jóvenes de su generación, estaba muy influenciado por los vientos imperialistas que soplaban en el Reich de comienzos del siglo XX, en una Alemania que por aquel entonces no tenía una visión del judío —salvo entre minorías fanáticas asiduas a textos como *Los protocolos de los sabios de Sion*— como la que vendría después, por lo que el joven Paul era tratado de igual a igual por sus compañeros de estudios.

Cuando estalló la Gran Guerra, la misma a la que acudiría entusiasmado un joven austríaco de nombre Adolf Hitler —que, paradójicamente, había hecho lo imposible por evitar cumplir con el servicio militar en su patria—, probablemente el acontecimiento más decisivo para aquella generación y que marcaría lo que sucedería en décadas posteriores, ascenso del nazismo incluido, el patriota Paul no tardó en presentarse voluntario para ir al frente y, aunque en un principio le fue denegada la solicitud, finalmente, tras mover unos hilos, fue admitido en el LXIII Regimiento de Artillería.

Luchó en tierras belgas, en Lieja, en Flandes y en la batalla de San Quintín, que tuvo lugar entre el 29 y el 30 de agosto de 1914 entre fuerzas francesas y alemanas, donde, arriesgando su propia vida, restableció las comunicaciones con el cuartel general del regimiento, que habían sido neutralizadas por el enemigo. Aquello le valdría ser condecorado con la Cruz de Hierro de segunda clase.

Su currículo militar es impresionante, salpicado de ascensos: primero cabo, luego sargento, finalmente teniente. Curiosamente, Hitler no pasaría de simple cabo, aunque también fue condecorado por su valentía en el frente. En 1918, Fackenheim se hallaba, el 8 de agosto, luchando en la batalla de Montdidier, en el marco de la ofensiva de Amiens, donde comandaba una batería del 77 montada para combatir a los primeros tanques ingleses, los carros de combate Mark, conocidos como «armas milagro». Gracias a su pericia, destruyó varios blindados, lo que le valió esa vez la Cruz de Hierro de primera clase.

Se convirtió en un verdadero héroe de guerra que, según la biografía citada, en el comedor de oficiales de Eupen, en Bélgica, trabó amistad con uno de los mejores pilotos de la escuadrilla comandada por el barón Manfred von Richthofen, *el Barón*

Rojo, también conocido como *Diablo Rojo*. El nombre de su interlocutor acabaría siendo más tarde el de uno de los hombres más fuertes e implacables de la Alemania nazi: Hermann Göring, futuro líder de las fuerzas aéreas (Luftwaffe) y nada menos que mariscal del Reich, título otorgado por el propio Hitler. A su vez, Fackenheim será profundamente respetado por su comandante, un tal Metger, personaje que es posible que intercediera por él más adelante.

Luego llegó la derrota, el sentimiento de vergüenza, las drásticas medidas del Tratado de Versalles que avivarían la llama del fanatismo, y la teoría de la «puñalada por la espalda»,[2] que convertirá a comunistas y judíos en objeto de la ira de las fuerzas de derechas. Curiosamente, el judío Fackenheim, como los primeros nazis, no dudará en luchar en varias refriegas contra los «falsos revolucionarios» que querían instaurar una república de izquierdas en su amada patria, por la que tanta sangre habían derramado los soldados.

Pasada la resaca de la tremenda derrota, pero con un país asolado por las reparaciones de guerra y la crisis económica, nuestro protagonista soñará con acabar sus estudios y dedicarse al periodismo, esa bella profesión tan denostada, pero su despótico padre lo obligará a aceptar un trabajo en una curtiduría en Fráncfort. No eran tiempos de realizar sueños, sino de enfrentarse de la manera que fuera a la cruda realidad, una realidad, no obstante, mucho más serena que la que vendría apenas unos años después.

Sueños de cambio y aventuras

Pasados unos años y cansado de la tiranía familiar, Fackenheim dará la espalda a las pretensiones de su progenitor y se casará con una joven alemana con la que emprenderá un apasionante

2. Dicha teoría —en alemán, *Dolchstosslegende*— atribuía falsamente la derrota de Alemania en la Gran Guerra a una serie de asuntos internos del país, en especial, que el pueblo alemán no supo responder a la llamada patriótica en el momento más crucial de la conflagración porque hubo una serie de «elementos» que habrían saboteado el esfuerzo bélico debido a distintos intereses.

viaje al otro extremo del mundo, a Oriente, a algunos de los enclaves que aquellos mismos años cautivarán a magos e ilusionistas como Erik Jan Hanussen o el propio Aleister Crowley, que también tendrán su papel en la Alemania del Tercer Reich. Exóticos rincones, muy diferentes a la vieja Europa, donde el misticismo y la magia son algo mucho más palpable y real.

Fackenheim y su esposa viajarán a Java, Sumatra, Bali, Yakarta, Hong Kong, Shanghái, Singapur y Saigón, mientras él opera como agente de varias firmas alemanas y realiza a su vez su sueño vocacional al convertirse en corresponsal del diario alemán *Frankfurter Allgemeine Zeitung*, una experiencia enriquecedora durante la que aprenderá varios idiomas y algunos dialectos locales que le serán de gran ayuda más adelante.

Sin embargo, su esposa no tardará en abandonarlo y regresar a Alemania, donde pedirá el divorcio y se casará de nuevo con un rico industrial. El dinero, poco a poco, también comenzará a escasear, más aún tras el crac bursátil de 1929, que sume la economía mundial en un desastre absoluto. En 1931, Fackenheim también regresará a Berlín, donde, completamente solo, amargado y casi arruinado, conocerá a una chica embarazada, de nombre Luzi, en un café. Esta había sido abandonada por el padre de su hijo y Paul no dudará en darle su apellido al pequeño. Tras casarse, la familia vivirá en la capital alemana, donde ya se escuchan, cada vez con más estruendo, los tambores y cantos patrióticos nacionalsocialistas.

Paul trabajará en todo oficio que se le presente: como recadero, vendedor a domicilio y obrero industrial. La relación con Luzi no tardará en deteriorarse y pronto será un desastre. Según cuenta Bar-Zohar, al parecer, lo engañaba con otros hombres que le hacían costosos regalos en tiempos de gran precariedad. Hasta que un día, estando Luzi embarazada de otro, Paul la encontrará en medio de un charco de sangre: había intentado abortar con una aguja de tejer. Morirá poco después en la mesa de operaciones del hospital más cercano a su domicilio.

Desolado, como tantos otros de sus hermanos de sangre, votará en 1932 a Hitler, sin imaginar el giro que dará la vida alemana en poco tiempo. Nadie sospechaba —o al menos muy pocos— el peligro real que se cernía sobre millones de personas. Apenas dos años después, Fackenheim descubrirá el tremendo error que había cometido: debido a su origen judío, un verdadero estigma en el recién inaugurado Tercer Reich, será despedido de su empleo en la fábrica y, aunque escribirá al mismo Hermann Göring, que entonces era miembro del Reichstag, exigiendo su readmisión, una semana después recibiría una misiva rubricada por el orondo nazi que rezaba: «*Herr* Göring lamenta mucho no poder hacer nada en su favor».

Encolerizado, escribirá también a quien por aquel entonces era la mano derecha del propio Hitler, el personaje más misterioso de toda la cúpula nacionalsocialista, el viceführer Rudolf Hess, lo siguiente: «He servido a Alemania durante la Gran Guerra. He sido siempre un buen y fiel alemán. Le advierto a usted que no permitiré que se me trate de esta manera». Aunque con estas palabras lo que en realidad era esperable es que la Gestapo se presentara en su puerta, Fackenheim recibirá una carta del Frente Alemán del Trabajo —Deutsche Arbeitsfront—, en la que, por intervención de Hess, se le informará de su reintegración en su puesto de trabajo.

Aquel respiro solo duraría un mes, hasta que recibió una nueva citación del mismo organismo: «Lo lamentamos de veras, *Herr* Fackenheim, pero no podemos garantizar su seguridad personal. Si no abandona usted su empleo, corre el riesgo de que lo asalten y lo maltraten».

Solo, con su mujer recientemente fallecida y el niño en manos del Estado, se mudará a Fráncfort con su madre, Hedda, una mujer prematuramente envejecida y maltratada por sus vecinos a causa de su ascendencia judía, una triste realidad en todo el territorio controlado por Hitler que se irá ampliando cuando estalle la guerra. Como sustento, Hedda alquila habitaciones y prepara comida para varios compatriotas cada vez más acorralados por el sistema nazi.

Guerra y deportación

A pesar de que nuestro protagonista, desesperado, visitará al vicecónsul de Gran Bretaña en Fráncfort, sir Arthur Dowden,[3] solicitándole un visado para viajar a Londres, no conseguirá nada. Son demasiados los judíos que reclaman lo mismo. Profundamente decepcionado, no le quedará más camino que el que a muchos otros alemanes, que ni oyeron ni vieron nada a pesar de que cada vez más familias judías desaparecían misteriosamente. Aunque se rumoreaba que habían tomado el camino del exilio, se sospechaba que la realidad era mucho más siniestra. Pero no sabían cuánto.

La intención primera de Fackenheim será salvar a su anciana madre; sin embargo, será detenido la tristemente célebre Noche de los Cristales Rotos, el 9 de noviembre de 1938. Contra todo pronóstico, lo soltarán, y no mucho tiempo después, entre el mismo miedo que atenaza a todo su pueblo en las calles de una Alemania antisemita y enarbolada de esvásticas, estallará la Segunda Guerra Mundial.

El patriota Fackenheim intentará de nuevo alistarse, pero sin éxito: la Wehrmacht no aceptará a un judío por muy voluntario que sea y por mucho que se trate de un buen alemán que quiere defender a su patria. No pasará mucho tiempo hasta que los uniformados agentes de la Gestapo llamen una noche a su puerta. Su suerte estaba echada.

El campo de la muerte

Será introducido, con cientos de sus compatriotas, en un convoy con destino a Dachau, que no tardará en convertirse en un campo de la muerte. Allí vivirá el horror del antisemitismo nazi en carne propia y será consciente de que todo lo escuchado hasta

3. Vicecónsul en Fráncfort del Meno de 1934 a 1939 según los registros del Foreign Office, personaje que volverá a aparecer más adelante y que tendrá una importancia capital en la historia de Fackenheim.

ese momento, que se negaba a creer como tantos y tantos otros, es totalmente cierto: los barracones helados, los trabajos esclavos, el hambre, los piojos, las palizas... y el camino sin retorno de muchos al paredón.[4]

Como la mayoría de aquellos que compartieron con él el encierro, Fackenheim no esperaba nada ya de sus captores. Intuía un siniestro destino, aunque el suyo será un caso sin precedentes en aquel tiempo de sangre y fuego. Su intuición falló: los nazis tenían, al menos por el momento, un plan muy diferente para él.

En aquel campo de infausto recuerdo, a Paul se le dio el número 26.336, que le tatuaron en el brazo como recuerdo imperecedero de la barbarie. Su identidad, su honor, su pasado, ya no importaban. Era solo un número más para sus carceleros. Sin embargo, un día lo sacaron de aquel infame matadero a bordo de un flamante Mercedes. Los expertos de la Abwehr conocían cada uno de los pasos que había dado anteriormente, tenían todos sus expedientes militares, cartas, opiniones de allegados, sabían todo lo referente a sus viajes a Oriente y su dominio de los idiomas... Además, y a pesar de su animadversión a Hitler —que muchos comparten en los servicios de inteligencia del almirante Canaris, con el tiempo un hervidero de conspiradores contra el régimen—, saben de su patriotismo y amor a Alemania, por muy mal que el país lo haya tratado. También conocen su devoción por Hedda, y ese será el principal punto de coacción para acercarlo a sus pretensiones.

Bar-Zohar escribe: «Y entre todos los expedientes judíos, el suyo ha resultado elegido. Los expertos de la Abwehr creen que su ignorancia política, su sentido del honor militar, su amor obstinado por la patria alemana son otras tantas excelentes bazas. Y no son las únicas. Cuentan también con una magnífica carnada: la liberación de Dachau. Además de un formidable medio de presión para someterlo totalmente: la vida de su madre, que está en manos de la Gestapo». Fackenheim no tendrá elección.

4. Hasta 1942 no se construiría en aquel campo el crematorio, cuando los nazis, ya avanzada la guerra y puesta en su contra, industrializan y despersonifican la muerte en el marco de la llamada «solución final de la cuestión judía», cuyas trazas principales se deciden en la llamada Conferencia de Wannsee, el 20 de enero de ese año, una fecha terrible.

Todavía sorprendido por su salida de un campo que normalmente constituía un viaje sin retorno al infierno, fue conducido por un chófer y un acompañante vestido de civil hasta la estación de tren, en una de cuyas vías lo esperaba un hombre. Lo obligaron a bajar y este se acercó hasta él y le hizo una seña para que se subiera al expreso Múnich-Colonia que estaba en la vía a punto de partir. Entraron en un compartimento de primera clase y el desconocido cerró la puerta con llave y bajó las cortinillas.

Le comunicó que trabajaba para el Consulado general de Alemania en Bélgica, pero que no podía revelarle su identidad: «No sé quién es usted y no quiero saberlo. He recibido instrucciones. Debo entregarlo sano y salvo en determinado destino, eso es todo».

Le dijo también que a partir de ese momento su nombre sería Koch. De una gran cartera de piel, el extraño extrajo un documento y se lo entregó a Paul. Se trataba de una tarjeta de identidad de cartón roja, del tamaño de una postal, rubricada por el alto mando de las fuerzas alemanas en Bélgica, y en la que podía leerse: «El portador de este documento, *Herr* Paul Koch, viaja a título oficial por Alemania y los países ocupados, encargado de una misión especial por el alto mando. Se ruega a todos los servicios del Ejército y del partido que le presten ayuda y protección». Estaba rubricada y timbrada con el sello del gobernador militar de Bélgica.

A su vez, aquel misterioso hombre de impecable traje gris le manifestó que no estaba autorizado a revelar, bajo ninguna circunstancia, ni su nombre, ni su origen, ni su pasado, lo que daría al traste con su brillante tapadera. Lo que desconocía Paul era para qué querían utilizarlo.

Lo único que Fackenheim pidió a cambio fue la protección de su madre, a la que exigió que se proporcionara una vida digna y con las necesidades básicas cubiertas. Es lo único que lo hará colaborar con sus carceleros de Dachau y con un régimen que odiaba a su pueblo y lo había dejado sin nada. El intermediario sin nombre se lo prometerá. A partir de ese momento, Hedda Fackenheim recibirá cada mes, puntualmente, un sobre con trescientos marcos, un verdadero privilegio para un judío en aquellos tiempos en Alemania.

Crear a un agente secreto

Una vez en Bruselas, el renombrado Koch recibió algo de dinero de aquel individuo y fue trasladado a una pensión que regentaba una tal señora Leclerc, de Luxemburgo. Tras llegar a su habitación y descansar, por fin, en una cama decente, se aseó para disimular un poco la imagen abatida y de extremada delgadez de un recién salido del sistema nazi de campos de concentración.

Poco después se presentó un hombre que decía llamarse Hans Muller, del alto mando alemán en Bélgica, quien le comunicó que sería el encargado de adiestrarlo para convertirlo nada menos que en un agente secreto. Tras reiterarle que su madre, Hedda, se encontraba bien atendida, sacó una réplica en miniatura de un receptor de radio y le preguntó si sabía código morse y transmitir por radio. Puesto que durante la Gran Guerra Koch sirvió durante un tiempo en Transmisiones, el adiestramiento sería sencillo.

Muller seguirá haciendo visitas constantes a la pensión para adiestrar en sesiones de dos horas al aspirante a espía del Reich, que aunque no había recibido instrucción alguna ya era consciente de que algún día debería servir como agente tras las filas enemigas. El funcionario lo instruirá en morse, emisiones, códigos, en cómo cifrar un mensaje, componer una cuadrícula o emplear un libro para ocultar o descifrar cualquier código y no ser descubierto o en cómo utilizar un receptor portátil como el que Muller llevó en su primera visita.

Sus jefes de la Abwehr sabían que debían protegerlo no solo de los espías extranjeros con los que se toparía en su periplo, sino también de los propios nazis, que, heridos en su orgullo al tener que dejar en libertad a un judío que ya formaba parte de su sistema industrializado de la muerte, por mucho que fuese una causa patriótica, seguirían de cerca cada uno de sus trémulos pasos. Esa fue la razón de que Koch fuese adiestrado en la pensión de la señora Leclerc y no en la escuela de espías que el servicio secreto alemán había instalado en el número 5 de la Rue de la Loi, también en Bruselas.

En unas semanas, a Fackenheim le había crecido el pelo, había sido tratado en el hospital alemán de la avenida de la

Couronne de varios problemas que se agudizaron en Dachau, era un hombre más tranquilo que vestía bien y podía visitar los cafés y los restaurantes más elegantes de la capital belga. Será en el café de la Paix Mondiale donde conocerá a una de sus amantes, Jacqueline, *Cuatro Ojos,* aunque mantendrá una relación sentimental también con una tal Florencia, que nunca creerá sus palabras sobre su trabajo como funcionario civil al servicio de Alemania.

El tiempo pasaba y los remordimientos de conciencia, según lo que confesó a Bar-Zohar, eran cada vez más fuertes, pero si quería mantener a salvo a su madre y cuidar a su vez de su propia integridad física, no le quedaba más remedio que seguir adelante. Sin embargo, parece que mientras esperaba le dijo a Flo, sabedor de los contactos de la mujer con la resistencia, que debía ponerlo en contacto con sus colegas. Al parecer, esta negó en un primer momento saber a qué se estaba refiriendo Koch. Era muy peligroso que te relacionaran con los grupos opositores a Hitler.

Un buen día, mientras Paul disfrutaba de una existencia casi privilegiada para alguien que poco antes conoció las cloacas de los KZ,[5] entre instrucción e instrucción y veladas con sus amigas, apareció de nuevo Muller en su pensión, pero esta vez ataviado con un impecable uniforme de oficial de la Wehrmacht. Muller informó a su aspirante de que se preparase. Su próximo destino sería de nuevo Berlín, aunque en circunstancias muy diferentes a las vividas anteriormente.

En el corazón de la Alemania nazi

Una vez en la capital del Reich, su antiguo hogar, su existencia fue más o menos tranquila a la espera de instrucciones, salvo el error que cometió un día que acudió a una cervecería sita en Tauentzienstrasse —una larga calle de medio kilómetro diseñada como bulevar parisino durante el Segundo Reich—, cuando estuvo a punto de ser

5. Abreviatura de la palabra alemana *Konzentrationslager*, «campo de concentración».

detenido por dos miembros de las Schutzstaffel (SS), ignorante ante las advertencias de Muller: «Quédese en la habitación y no salga para nada. No nos hacemos responsables de usted ni podemos garantizar su seguridad en el caso de que ocurra algo. Oficialmente, no lo conocemos». Sin embargo, Koch hizo alusión a que trabajaba para la Abwehr y tuvo suerte de que lo dejaran marchar.

Durante aquellos días, su instructor estuvo reunido en Tirpitzufer, donde estaba instalada la llamada «madriguera del zorro», el cuartel general del almirante Wilhelm Canaris, pues con ese mote lo conocían los nazis que no tenían demasiada simpatía por el oficial de la Marina que dirigía los servicios secretos del Ejército.

Y es que la suerte a la que estaba abocado nuestro protagonista comenzó a gestarse en 1937. Ya a partir de aquel año, con la guerra a la vista, los agentes de Canaris penetraron en Palestina, Egipto y Arabia, intentando azuzar los vientos revolucionarios que soplaban entre las tribus árabes contra los ingleses. Una vez que estalló la guerra, Alemania albergaba grandilocuentes proyectos en la línea de la megalomanía del régimen: levantar al pueblo y al Ejército árabes contra la Commonwealth; con Erwin Rommel a la cabeza de las tropas germanas, pretenderán la conquista de Egipto, el cierre del canal de Suez —nexo de unión entre Inglaterra, la India y las colonias británicas en el Extremo Oriente—, la invasión de Palestina —bajo protectorado británico—,Transjordania, Irak...

Y la cosa no quedaba ahí. Parece que los planes pasaban también por hacerse con los pozos petrolíferos de Arabia y lanzar una ofensiva hacia Persia y la India. Para todos estos pretenciosos planes era necesario algo más que los carros blindados de Hitler y la genialidad militar del Zorro del Desierto. La Abwehr era consciente de que el cuartel general en Berlín necesitaba informes detallados sobre las fuerzas enemigas, refuerzos, armamentos, movimientos de tropas... Y eso, claro, debían hacerlo los agentes. Cuando Canaris dio luz verde a la llamada Operación Oriente Medio,[6] en febrero de 1941, dijo que «cada información

6. Así la bautiza Bar-Zohar, siguiendo las confesiones de Fackenheim, pero lo cierto es que no he hallado en los documentos de la Abwehr referencia al-

digna de crédito vale por una docena de blindados». En aquellos planes era donde entraba Koch.

Pero volvamos de nuevo unos meses atrás, cuando Paul se encontraba todavía en la antigua capital del Reich gozando de su recién estrenada libertad tras el infierno de Dachau. A pesar de las advertencias de que se quedara en la residencia sin llamar la atención, Bar-Zohar, recogiendo las confesiones que este le haría años después, señala que Koch «salía así, sin permiso, todos los días. Mordía con encarnizamiento en aquella vida berlinesa que tanto amó y envidió en los malos momentos de su vida». Lo que el aspirante a agente ignoraba, aunque sabía que no se hallaba en Berlín para una estancia vacacional aquel caluroso junio de 1941 y que su existencia tranquila allí no duraría mucho, era que en la sede de la Abwehr ya se había decidido su futuro: sería enviado a Atenas a la mañana siguiente, y de ahí, aunque no se lo comunicarían hasta el último momento, habría de marchar a Palestina, la tierra de sus ancestros.

Así, pasadas unas semanas en la capital alemana, Muller se presentó con una botella de vino, un verdadero lujo en aquel momento, para brindar por la próxima marcha de su agente a la capital griega, aunque no le brindó más información, sin duda para no ponerlo en peligro. A esas alturas, los dos hombres se habían convertido casi en amigos, a pesar de las distancias que obligaban a marcar las circunstancias extremas en que se conocieron.

Al amanecer del 21 de junio, Muller despedía a su aprendiz de espía del aeródromo de Berlín con rumbo a tierras helenas. Lo que le esperaba a partir de entonces rozaría lo increíble.

guna a una operación bautizada con dicho nombre, aunque sí se realizaron movimientos de este tipo por parte de sus agentes en todo Oriente Medio en aquellos momentos. Quizá se deba a un error de traducción o a ciertas licencias narrativas que se arrogó el autor para narrar de forma más amena la increíble historia del judío que espió para los nazis.

La cuna de la civilización

Al amanecer del 21 de junio de 1941, partió su avión, un pesado Junker de transporte al que los alemanes llaman con el afectuoso mote de Tía Ju, lleno de militares y en el que Koch era el único civil. Pensaba que nadie lo vigilaba, que la Abwehr confiaba plenamente en él, aunque la realidad era bien distinta, como descubriría más adelante.

El Junker hizo una escala en Viena y luego aterrizó en Sofía a primera hora de la tarde, en medio de una actividad febril: toda una flota aérea parecía estar ultimando los preparativos para un ataque colosal. Y aunque en ese momento apenas nadie, y mucho menos Koch, sabían a qué se debía tan descomunal despliegue, un día después comenzaría el llamado «Día J», la Operación Barbarroja, la niña mimada de los planes bélicos de Hitler, el ansiado ataque sorpresa alemán a la Unión Soviética. Su mayor empresa bélica y el comienzo de la caída de su «Reich de los mil años».

El agente Koch se hallaba en medio de ese enrevesado teatro de la guerra, perplejo ante el rumbo de los acontecimientos. Sin embargo, al menos él estaría libre por el momento de la sangría que se avecinaba en Europa del Este y de la que su pueblo sería una de las principales víctimas.

En Sofía, nuestro protagonista cambió de avión, en este caso un Douglas británico capturado al enemigo que lo hizo pasar más inadvertido y llegar al sur. Tras un momento detenido en la base aérea de Salónica, aterrizaron a última hora de la tarde en la capital griega. En la pista lo esperaba un capitán alemán —cuyo nombre no ha trascendido— condecorado con la Cruz de Hierro, que comprobó una fotografía suya para asegurarse de su verdadera identidad.

Es en ese momento, según Bar-Zohar, cuando Paul fue plenamente consciente de que los hombres de la Abwehr habían estado siguiendo de cerca cada uno de sus pasos en las calles de Bruselas, donde le habían tomado la instantánea que ahora portaba en sus manos aquel desconocido oficial. Todo había sido un espejismo. No confiaban para nada en él, como él no confiaba en la «bondad» del sistema nazi.

Una vez más, a bordo de un Mercedes, será trasladado hasta el hotel Majestic, en el centro de la ciudad. En Atenas, Koch permanecerá tres largos meses con la angustiosa incertidumbre de no saber cuál es su misión. Durante un tiempo se familiarizará con una ciudad donde la esvástica ondea muy cerca de su monumento más emblemático, el Partenón, símbolo de una democracia milenaria hecha picadillo por los señores de la guerra.

Mientras tanto, recibirá en ciertas ocasiones la visita de Muller, que volará ex profeso hasta allí para continuar con el entrenamiento del singular agente de la Abwehr, y unos desconocidos lo instruirán además en el uso de un código ultrasecreto, que califican como «el más reciente y reservado del Ejército alemán», y lo harán, increíblemente, en locales públicos de Fallum sin miedo a ser descubiertos. Se presupone, aunque en sus memorias Koch no lo confirma, que aquel código era el de Enigma, la máquina de encriptado que los alemanes creían inviolable y que a esas alturas ya estaba siendo descodificada en la base militar ultrasecreta de Bletchley Park, a ochenta kilómetros de Londres, por un equipo de hombres brillantes.

Muller realizará con él un entrenamiento más intenso que en Bruselas: le enseñará la escritura invisible con la llamada tinta simpática, y también la preparación de dicha sustancia utilizando píldoras de piramidón, un medicamento analgésico y antipirético introducido por primera vez para uso terapéutico precisamente en Alemania, en 1922. Además, Koch perfeccionará también su técnica de transmisión.

Acostumbrado al ajetreo de la capital helena, no tardará en conocer sus bares y locales, los tugurios del viejo barrio de Plaka, Falero, el Pireo... Pasará innumerables horas entre soldados alemanes, escuchando sus conversaciones en estado de embriaguez —aunque cueste creerlo, una de las «técnicas» rudimentarias más usadas por los espías—, también con estraperlistas y otros agentes secretos que vivían en el Majestic y que desaparecían sin dejar rastro la noche menos pensada a bordo de pequeñas embarcaciones de pescadores locales, se presupone que con rumbo a Oriente Medio, como tendrá que hacer él mismo.

Bar-Zohar escribe sobre nuestro protagonista: «Ha oído ya los relatos más extraordinarios sobre operaciones de comandos, asuntos de espionaje, astutas empresas en el mercado negro. Hace ya tres meses que está en Atenas. Conoce a los oficiales, a los empleados de las fábricas de Hermann Göring, a los soldados mutilados o mordidos por el hielo en la campaña de Albania, paseados por enfermeras que empujan sus carritos por las calles de Atenas».

Sumergido en aquella vorágine cosmopolita que no consigue aplacar su incertidumbre sobre el futuro, pero lo mantiene ocupado, tendrá lugar un episodio en el que correrá gran peligro. Un buen día, unos alemanes muy atentos se acercaron a Koch y le preguntaron la forma de llegar a la plaza de Hammonia. Se presentaron como trabajadores de una empresa alemana especializada en la venta de aceite de oliva y, confiado, Paul se ofreció a llevarlos él mismo. Después lo invitaron a tomar asiento con ellos y degustar un refrigerio.

Sin embargo, parece ser que todo era una estratagema: aquellos hombres pertenecían al Sicherheitsdienst (SD), el servicio de espionaje de las SS que mantenía una lucha sutil aunque implacable con los agentes de la Abwehr. No tardaron en interrogarlo sobre qué hacía en la capital helena, cuál era su cometido, dónde vivía, si estaba cumpliendo alguna misión. Extrañado, Koch logró zafarse afirmando que trabajaba en una emisora de radio, pero cuando se marchaba pudo ver que uno de sus interlocutores llevaba la insignia del Partido Nazi prendida en el revés de la solapa, semioculta. El responsable de aquel seguimiento al antiguo prisionero de Dachau era el *Hauptsturmführer*[7] de apellido Kronberg, al parecer jefe del Sicherheitsdienst en Atenas, sobre el que volveremos más adelante.

Fue la primera y única vez que Koch vio aparecer como una furia a Muller, quien llegó a dudar de la lealtad de su espía cuando recibió el informe de que había estado confraternizando con agentes del servicio «amigo» —en realidad enemigo—, tomando copas y «jactándose de tener conocimientos en la técnica de transmisiones de radio». En aquella ocasión olvidó sus buenas y aristocráti-

7. Grado de las SS equivalente al de capitán en la Wehrmacht.

cas maneras y amenazó a Paul con devolverlo a Dachau, advirtiéndole acto seguido de que a partir de ese momento no se fiara de nadie, no abriera la boca ante nadie y desconfiara de absolutamente todo el mundo si quería tener algún futuro en el espionaje. Sin embargo, sus muchos enemigos no lo dejarían tranquilo, y se granjearía otros nuevos conforme avanzara en su «misión».

El Gran Jefe

Al día siguiente del incidente, Koch recibió la orden de trasladarse hasta el hotel Minerva, frente al Gran Bretaña, sede del cuartel general alemán, en cuyo bar lo esperaba Muller para llevarlo ante el Gran Jefe, el líder de la operación de inteligencia a la que estaba destinado. Este era un título habitual en las organizaciones clandestinas. Por ejemplo, con el mismo apelativo, Gran Jefe, era conocido el líder de la Orquesta Roja, Leopold Trepper, que luchó contra los nazis al servicio de la Unión Soviética en Bélgica.

Muller indicó a Koch que estuviera a las ocho en punto en una taberna con el rótulo de Alex, un restaurante griego típico muy famoso. En el interior lo espera el misterioso hombre, que hizo a Paul una seña con las manos. Su inquietud se tornó sorpresa cuando descubrió que el Gran Jefe era el oficial vestido de civil que iba de copiloto en el Mercedes que lo sacó del campo de Dachau un 16 de abril en que la suerte volvió a sonreírle después de mucho tiempo.

Durante aquella reunión en la taberna, en la que el nombre del Gran Jefe no trascendió, este interrogó con amabilidad a Fackenheim sobre lo que vivió en el campo nazi controlado por las SS, las aberraciones que sospechaba pero no tenía confirmadas sobre la política brutal de la Orden Negra[8] que no tardaría en tomar la forma de una matanza industrializada. Cuesta creer que

8. Las SS (Szhutz Staffel) fueron formadas originalmente como guardia personal de Hitler, en 1922. Conocidas como la Orden Negra, en este cuerpo se dio cabida a ritos y prácticas ocultistas, basados en la mitología y las religiones paganas, que aumentaron su siniestra fama.

los jefes de la Abwehr no supieran qué pasaba tras las alambradas de los campos de concentración, pero lo cierto es que en el año 1941 todavía eran muchos, fuera de la esfera de los guardias negros, los que no tenían datos certeros sobre lo que hacían los esbirros de Himmler: no habían comenzado en ese momento aún los fusilamientos en masa en el este a manos de los Einsantzgruppen (grupos de operaciones) —aunque comenzarían unos meses después—, modo de ejecución previo al de los crematorios. No obstante, intentaban recopilar todo tipo de información para, una vez ganada la guerra, poder juzgar los crímenes del nazismo y sacar al Führer del poder, empresa no poco ambiciosa y que se frustraría con la caída de Canaris y sus hombres fuertes el 20 de julio de 1944, tras el frustrado atentado contra el líder nazi cometido por Claus von Stauffenberg en la Guarida del Lobo, en Prusia oriental.

Pero regresemos a aquel momento de 1941 en que Koch se reúne con el misterioso Gran Jefe. En un primer momento, el acorralado judío teme decirle nada sobre su encierro. Sabe que, hasta ese momento, a cualquiera que revele información de los campos solo le espera la muerte. Sin embargo, el oficial de la Abwehr le cuenta sus planes de reconstrucción de Alemania neutralizando a Hitler —lo que constituye, evidentemente, alta traición—, pero únicamente cabe esa posibilidad, insiste, si se gana la contienda y se acaba con los bolcheviques, a los que todos temen aún más que a los nazis.

El Gran Jefe echará mano del patriotismo de Koch, que no había menguado a pesar de todas las calamidades vividas a causa de los nacionalsocialistas y su irracional cruzada, para convencerlo de sus buenas intenciones. Después cenarán en silencio, y en silencio también beberán juntos una botella de aguardiente. Antes de marcharse, el Gran Jefe se dirigirá a Koch y le dirá: «Si desea usted algo en particular, diríjase a mí. El sargento jefe Muller nos servirá de enlace».

Tras pasar unas horas paseando en la noche ateniense, intentando asimilar todo lo que le había sucedido hasta aquel momento, Paul regresó al hotel, donde fue recibido por Muller, quien le comunicó que ya estaba listo para cumplir con su hermética misión. Cuando le dijo cuál era su próximo destino, Koch se quedó petrificado, y comprendió hasta dónde llegaban los retorcidos y cínicos planes de sus nuevos jefes: debía viajar hasta Palestina, la tierra de sus ancestros..., un judío espiando a los judíos. Un plan perfecto.

Vicisitudes en Tierra Santa

Aunque en un principio se niega en redondo, Koch sabe que está maniatado por sus guardianes, que si no cumple con su encargo será enviado de vuelta a Dachau, al infierno del sistema de campos de concentración, y lo peor de todo, que su madre también será deportada. Ya con una edad avanzada, es bastante factible que sea candidata a ser ejecutada en poco tiempo según la política homicida del Partido Nazi.

Además, es consciente de que todavía ama Alemania, y en 1941 ningún alemán, incluidos muchos judíos, quiere que la guerra la ganen los aliados; es más, piensan, como prácticamente toda Europa, que la victoria nazi será cosa de tiempo, pues dominan en todos los frentes bélicos. Para más inri, Muller y el Gran Jefe no dejan de recordarle que en Palestina el enemigo son los ingleses, y lo cierto es que estos tienen un control absoluto sobre las vidas de sus súbditos judíos, a los que consideran poco menos que unos parias.

Finalmente, Paul aceptará, muy a su pesar, marchar hacia Tierra Santa. Así, cegado por su propia confianza en la «Alemania eterna», en palabras de Bar-Zohar, un país en el que ya no tiene, sin embargo, cabida, en el que los judíos son solo un número, despojados de toda humanidad y enviados al matadero, Koch dará su conformidad. Ahora sí, el protagonista de este «expediente secreto» de la contienda entrará de lleno en los planes de Canaris y Von Lahousen[9] para la citada Operación Oriente Medio.

9. Erwin von Lahousen (1897-1955) fue un alto oficial de la Abwehr durante la Segunda Guerra Mundial, además de miembro de la resistencia involucrado en la Operación Valkiria para acabar con Hitler. Durante los Juicios de

Koch se convertía así en la pieza intermedia, en el objetivo de juego de la lucha librada en la clandestinidad entre la Abwehr de Canaris y el Sicherheitsdienst de Heydrich. Deberá enfrentarse al fanatismo del comandante del SD en Atenas, Kronberg, que tiene la determinación de sabotear la misión de Paul y devolverlo a un campo de concentración, cual «perro judío», o dejarlo en manos de los británicos. Una verdadera madeja que se enreda cada vez más y convertirá el periplo de nuestro protagonista en una senda llena de abrojos.

Paul sabe que la situación en el frente del desierto comienza a ser complicada para la Wehrmacht. La ofensiva de los ingleses —que también son en Palestina enemigos de su pueblo— tendrá lugar poco después de que sea enviado a Tierra Santa, en noviembre de 1941, cuando el VIII Ejército británico, una fuerza descomunal formada por cien mil hombres, ochocientos carros de combate y cerca de mil aviones de la Fuerza Aérea británica, la RAF, al mando entonces del teniente general Alan Cunningham, intentará liberar Tobruk y rodear al enemigo, tarea nada sencilla.

En aquel escenario tendrán lugar las sorprendentes acciones de la llamada Cuadrilla Mágica (Magic Gang), un ecléctico grupo de hombres comandados por Jasper Maskelyne, el más célebre de los ilusionistas ingleses de su tiempo, que pondrá la magia al servicio de la causa bélica y la defensa de plazas como Alejandría o lugares estratégicos como el canal de Suez.

El 30 de septiembre de 1941 comunicaron a Koch oficialmente que sería lanzado sobre Palestina en paracaídas... ¡sin entrenamiento previo!, algo sorprendente teniendo en cuenta que existían escuelas de este tipo. Sin embargo, ya señalé que debido al acecho del SD y del SS Kronberg, así como a la posibilidad de ser descubierto por espías enemigos, para que su misión triunfara debía pasar completamente inadvertido. A pesar del riesgo que corría no siendo adiestrado, como lo eran entonces todos los agentes tanto en Alemania como en Inglaterra, en las llamadas

Núremberg, declaró contra Hermann Göring y otros veintiún nazis acusados de crímenes de guerra y contra la humanidad.

Training Schools del Ejecutivo de Operaciones Especiales (SOE, por sus siglas en inglés)[10] el tiempo apremiaba y además en las inmediaciones de Atenas no había instalaciones ni unidades de paracaidistas. También le comunicaron que en un entrenamiento podría sufrir algún accidente, complicando aún más la misión.

Para tranquilizarlo, sus superiores en la Abwehr le dijeron que sería lanzado sobre un terreno llano y arenoso, donde no hubiera árboles. Todo sería, sin embargo, muy diferente a lo planeado. Aunque Koch hablaba bastante mal el inglés, no tendría problema en expresarse en alemán, debido —le dijeron— al número de refugiados de ese país que habían llegado a Palestina en los últimos años huyendo de la barbarie nazi. Puesto que dominaba también el francés, le hicieron entrega de un libro encuadernado en este idioma, *L'Âne Culotte,* de Henri Bosco, que será su libro de código o cifrado, para ocultar sus mensajes tal y como Muller le enseñó a hacer en Bruselas.

Los oficiales del servicio secreto le entregaron también una pequeña hoja de papel donde estaban apuntadas unas letras aparentemente sin sentido: «ORTM 73», que debía aprenderse de memoria y luego destruir. Era su clave de transmisiones. Muller le dijo: «En caso de que le descubrieran y apresaran, añadirá una F».

Koch consiguió también, a base de presionar, que le facilitasen una considerable cantidad de dinero, nada menos que quinientas libras esterlinas, puesto que todo emigrante en Palestina había de probar entonces que se hallaba en poder de dicha cantidad si quería permanecer en el país; quinientas libras en billetes pequeños, de diez, para no llamar la atención y poder moverlos durante su estancia. A aquellas alturas de la guerra era probable que aquellas libras fueran tan falsas como las que los alemanes darían más tarde a otros agentes como Elyesa Bazna, alias *Cicerón,* en el marco de la llamada Operación Bernhard, que ocupará otros de los «expedientes secretos» de este libro.

10. Special Operations Executive, una organización creada durante la guerra por Churchill y comandada por Hugh Dalton cuyo cometido era el sabotaje, el espionaje y las operaciones encubiertas contra la Alemania nazi y los países ocupados.

Le dieron también una guía de Palestina obsoleta —una edición de 1933, la única que habían podido conseguir— y un transmisor en miniatura del tamaño de una caja de puros con una antena plegable incorporada. Aunque no le proporcionaron armas, Koch prefirió cubrirse las espaldas y a través de un traficante conseguiría una pistola Walther 08 y cincuenta cartuchos.

Le llevaron además unos carteles con los emblemas de diversas unidades y armas británicas, los diferentes carros de combate del Ejército enemigo, sus particularidades... Y todo ello debía aprendérselo de memoria. Antes de partir lo visitó el propio Kronberg en su hotel, ataviado con el particular atuendo tirolés que tanto gustaba a Hitler. Fue el momento en el que Paul se dio cuenta de que todo iba a ser mucho más complejo de lo esperado. El agente del SD volvió a amenazarlo con que acabaría con él antes de marcharse al escuchar pasos en la escalera... de Muller, que venía también a despedirse.

Aunque Muller tranquilizó a su agente, no sabía hasta qué punto podía llegar la capacidad para la conjura de su antagonista en el SD. En medio de tanta tensión, Koch no fue capaz de memorizar ni siquiera el breve código de seguridad y lo copió en dos minúsculas tiras de fino papel: una de ellas la escondió en el forro de una de sus mangas y la otra bajo la suela de su zapato izquierdo, algo que se reveló más tarde como una verdadera imprudencia, así como ir armado con un revólver.

Sus supervisores de la Abwehr decidieron no lanzarlo separadamente de su impedimenta,[11] para que así no tuviera que ir, siendo novato, en busca de un segundo paracaídas: por ello, fijaron un pequeño paquete con el transmisor, los libros, una brújula y otros efectos personales a la parte delantera de su chaqueta con un correaje.

Siguiendo instrucciones de Muller, Koch recortó las etiquetas de los sastres griegos y belgas que habían diseñado las prendas que debía llevar puestas en el lanzamiento, algo capital para no ser descubierto como un impostor. Pero la espera se hará eter-

11. Carga que dificulta los movimientos de una persona, especialmente de una tropa militar en sus marchas y operaciones.

na, hasta que la noche del 10 de octubre recibió la orden de no salir bajo ningún concepto de su hotel y las instrucciones definitivas sobre el salto: «Una vez que aterrice en Palestina, se las arreglará para llegar a Haifa. En cuanto se encuentre seguro, llámenos durante nuestras horas de escucha. Alrededor de Haifa, el Ejército británico ha construido varias grandes bases. Queremos saberlo todo: cuántas bases, cuántos hombres, vehículos, armamento, equipo, nombre de los oficiales con mando, número de las compañías y de registros. La carretera Haifa-Tel Aviv es el primer eje de transporte hacia el sur, hacia Egipto y África. Vigílela, así como el ferrocarril que va hasta El Cairo. Infórmenos de todo movimiento de tropas [...]. Más tarde, cuando haya adquirido experiencia y entablado relaciones, podrá obtener detalles más precisos respecto a las fuerzas británicas de Palestina».

A las doce de la noche, un coche militar esperaba a Muller y Koch a las puertas del hotel y los trasladó hasta un aeropuerto militar cercano, donde esperaba un Heinkel 111 pintado de negro. En una sala de espera, un sargento de la Luftwaffe enseñó al agente el funcionamiento básico del paracaídas. Con todo preparado, Muller le dijo a Koch que sería lanzado en una zona desierta, cerca de la carretera de Haifa-Tel Aviv. Para distraer a los ingleses, el Heinkel vaciará un depósito de bombas sobre Haifa y poco después, sorteando el fuego de la artillería antiaérea, completamente confuso y petrificado, Koch sería lanzado desde el agujero de la carlinga al grito de *Raus!* («¡fuera!»).

Durante la caída, con el paracaídas ya abierto en la noche estrellada, debido a la fuerte presión y al roce que ejercían las apretadas correas sobre la cuerda que sujetaba el paquete al pecho, aquella se rompió y cayó al vacío. Koch lo había perdido todo: el transmisor, el libro de cifrado, sus escasas pertenencias... Tan solo se había salvado el dinero, que llevaba fijado en una faja a la cintura.

El impacto tampoco fue precisamente tranquilo, sino accidentado y, contrariamente a lo que le aseguraron sus superiores, contra los que no dejaba de blasfemar, cayó sobre unos viñedos. La dura tierra le hizo perder casi una hora para enterrar el paracaídas. Al menos había sobrevivido, pero sus precauciones y medidas de seguridad le servirían de poco. Desconocía por completo que los ingleses ya lo estaban esperando.

Un agente traicionado

Kronberg, implacable y vengativo, para quitar de en medio al judío al que aborrecía y que no había logrado neutralizar en Atenas a través de los agentes del SD que le habían tendido una emboscada, no dudó incluso en traicionar a los servicios secretos de su propio país entregando a Koch a las autoridades británicas.

Bar-Zohar cuenta cómo sucedió todo: «Pocos días antes de la partida de Paul llega un mensaje al Intelligence Service de El Cairo. Procede de un misterioso informador de Atenas y ha sido expedido por medio de dos agentes en Grecia y Turquía. El mensaje informa a los jefes del Centro de Interrogatorio Detallado de los Servicios Combinados —Combined Services Detailed Interrogation Center—, organismo que formaba parte del contraespionaje británico, de que un importante espía al servicio de la Abwehr será lanzado en paracaídas cerca de Haifa en la primera quincena de octubre».

Kronberg, convencido de que el agente sería detenido en cuanto llegara y, por tanto, podía entregar secretos al enemigo —y eso tampoco lo quería, claro—, orquestó un retorcido plan: en su mensaje ultrasecreto al contraespionaje británico no se limitará a informar sobre Koch, sino que afirmará que este es realmente el *Obergruppenführer-SS* Erich Koch (aprovechando la coincidencia del apellido, que le servirá de tapadera), un personaje auténtico, uno de los más altos dignatarios del régimen nazi, futuro *Gauleiter* (líder de zona) y comisario del Reich en Ucrania. Un hombre que conocían bien los ingleses debido a su estrecha relación con la Gestapo y sus métodos brutales.

Paul estaba perdido: la gran mayoría de las unidades británicas de seguridad en Palestina lo estaban buscando, esperando que el espía cayera en la trampa. Estaba condenado antes de aterrizar, pues no todos los días llegaba un general de las SS con la supuesta misión de organizar una amplia red de espionaje en la administración territorial británica.

Regresemos junto a nuestro espía: tras el accidentado aterrizaje, se encontraba en medio de algún sitio que desconocía, pero no estaba ni mucho menos a salvo como le habían dicho sus jefes: escuchaba ruidos y un tumulto cercano. Fackenheim estaba cerca de la carretera de Haifa a Tel Aviv, pues podía escuchar el sonido de los coches a lo lejos. Seguía desorientado. Tras pasar la noche sin moverse hecho un ovillo, trémulo y asustado, intentó llegar a Haifa por la mañana siguiendo la misma dirección que un grupo de hombres que parecían judíos por sus atuendos y se dirigían al trabajo. Según contaría más tarde, mantuvo una amigable charla con uno de ellos, que lo ayudó a pasar un control que había a unos cientos de metros en la carretera, cerca de unos autobuses, evitando así ser registrado. Sin duda, había movimiento de las autoridades, pero Koch desconocía que se debía a él.

Antes de cruzar la barrera de la Policía Militar británica, el agente le haría entrega al desconocido —un tal Rosenbaum o Roseberg— de casi todo su dinero, después de que lo convenciera de que nadie en Palestina tenía derecho a portar dinero inglés y que se lo destruirían de hallárselo. Después lo ayudó a montar en un autobús que los trasladó hasta un gran hospital. Allí, el judío le dirá que es enfermero y que le espere fuera mientras realiza su turno. Después —le aseguró— viajarían juntos hasta las oficinas de la Agencia Judía en Haifa.

Fackenheim, contra todo pronóstico, lo creyó —lo que evidencia su inocencia y su falta de dotes para el espionaje—, pero cuando se encontró solo descubrió que había numerosos «gorros rojos» —llamados así por los bonetes colorados que portan en sus cabezas— de la Policía Militar, así que, en una escena realmente esperpéntica, entró por iniciativa propia en una base militar británica cercana pidiendo ver al comandante y afirmando que era un judío alemán de nombre Paul Koch que había llegado como refugiado, huyendo de los nazis, en un barco de pesca la noche anterior.

Los soldados no darán crédito, pues según refiere el autor citado, «los verdaderos refugiados saben que su único enemigo en

Palestina es el Ejército británico». Entonces llamaron al capitán Arthur Ernest Dowden, vicecónsul de Gran Bretaña en Fráncfort, que realizó operaciones secretas de forma paralela a sus funciones oficiales, como salvar a judíos de las garras nacionalsocialistas —se hizo célebre por ayudar a estos en Alemania tras los disturbios de la Noche de los Cristales Rotos en 1938[12] y se dedicó también a la información de índole político-militar—. Por este motivo las autoridades nazis lo calificaron como enemigo del Estado tras el estallido de la guerra, y lo incluyeron en la primavera de 1940 en la lista preparada por las SS de personas especiales que debían buscar y detener las fuerzas de ocupación en caso de una invasión exitosa de las islas británicas, algo que nunca sucedió. Con los años, Dowden sería condecorado por su Gobierno como uno de los héroes que luchó contra el Holocausto.

Él sí que era un verdadero espía: un escocés alto y enjuto, ancho de espaldas y que lucía el clásico bigote y la pipa, aspecto muy habitual entre los oficiales de aquel tiempo. Pertenecía al Foreign Office antes de la guerra y como vicecónsul en Fráncfort había utilizado esa tapadera para viajar por toda Europa como agente encubierto tras su incorporación, cuando estalló la guerra, al MI-16.[13]

Cuando Koch aterrizó, el oficial británico tan solo llevaba unos meses en Tierra Santa con la tarea de preparar la sección de Juegos y Entretenimientos de los soldados ingleses —críquet, tiro al blanco...—, pero en realidad tenía la misión de organizar una pequeña célula de agentes que mantenían un estrecho contacto con la CSDIC[14] de El Cairo.

12. VV. AA., *The Foreign Office List and Diplomatic and Consular Year Book*, Londres, Spink and Sons Ltd., 1949.

13. Sección especial del contraespionaje británico.

14. Siglas de Combined Services Detailed Interrogation Centre (Centro de Interrogación Detallada de los Servicios Combinados), organismo perteneciente a la Oficina de Guerra británica, que operó desde 1942 a 1947. Consistía en diversas instalaciones en Reino Unido, Bélgica y Alemania, así como en otras zonas pertenecientes a la Commonwealth, entre ellas Palestina, donde el Ejército, en colaboración con el MI5 y el MI9, interrogaba a detenidos, desertores y prisioneros de guerra que se sospechaba que colaboraban con el Eje. Tras la guerra, en la instalación de Bad Nenndorf, Alemania, serían recluidos también

Dowden se trasladará rápidamente desde su residencia en una villa de Stella Maris, en la cima del Monte Carmelo, hasta sus oficinas tras recibir una llamada urgente. Ya había sido avisado días atrás de que un espía alemán podía haber sido lanzado en paracaídas en la zona que controlaba, sospecha que se vio confirmada por el recrudecimiento repentino de los vuelos de los aviones de la Luftwaffe sobre el cielo de Haifa, que sobrevolaban a baja altura aunque sin apenas lanzar bombas. Las oficinas se hallaban en una base permanente en la colonia agrícola judía de Rehovot, cerca de la base militar de Sarafand.

Sin creer en la versión que Koch había contado a sus subordinados, casi convencido de que aquel podía ser el espía germano que estaban esperando, lo interrogó en Haifa. Luego, el prisionero fue trasladado al Estado Mayor, en el Monte Carmelo, donde se encontraba una villa rodeada de alambradas y enormes antenas que, en realidad, era el cuartel general de las Fuerzas Armadas británicas.

Aunque el alemán reveló su verdadero nombre, Paul Ernst Fackenheim, y dijo que había sido reclutado por la fuerza por la Abwehr, que le había brindado la identidad de Paul Koch, al no revelar ni su libro de código ni otras informaciones que ya estaban en poder de sus captores, se verían corroboradas las sospechas de Dowden y sus hombres de que se trataba realmente del peligroso espía de las SS. No sabían cuán lejos estaban de la verdad; una rocambolesca historia, tristemente real, en la que Koch se vio envuelto por culpa de la conjura del jefe del SD en Atenas.

Tras registrarlo minuciosamente, para más inri, encontraron sus dos pedacitos de papel escondidos en el forro de la manga y en el zapato, descubriendo su clave de transmisiones: «ORTM 73». Su versión no se sostenía y lo interrogaron acerca de una supuesta red de agentes. Sin embargo, Paul, que había dado su palabra de honor a Muller, y era ante todo —y por encima de

---

varios agentes británicos sospechosos de espionaje. En estos centros se realizaron, además, miles de escuchas a presos alemanes que revelarían una información sorprendente a los aliados sobre los crímenes de Hitler.

su propia supervivencia— un hombre de honor, se negó a hablar sobre ese y otros delicados detalles.

Debido a ello lo recluyeron en la villa de Rehovot y, aunque tratado con amabilidad por su anfitrión Dowden, que durante los tres días que el preso permaneció en sus instalaciones se reunió varias veces con él, pronto su encierro dorado sería mucho más tétrico.

Tras encontrar durante varias batidas por la zona que sobrevoló su avión sus efectos personales y el libro de código en francés —misteriosamente, el transmisor portátil no apareció, y los británicos creyeron que Koch se lo había facilitado a otro espía enemigo—, Dowden le comunicó que sería enviado al Estado Mayor en El Cairo, donde haría una pequeña escala para ser trasladado después hasta otra base.

Es factible pensar que si el agente hubiera dicho desde un primer momento toda la verdad, obviando su lealtad hacia Muller y su fuerte sentido del honor militar, habría sido liberado, pues Dowden y sus hombres pensaban que se hallaban ante un espía de tercera y ni mucho menos ante un alto cargo de la Orden Negra de Himmler. Años después, el propio oficial condecorado por el Foreign Office declararía sobre el caso: «Fackenheim no era importante; de no haberse obstinado en callar, si me lo hubiera dicho todo francamente, abiertamente, lo habría puesto en libertad al cabo de quince días. Pero no quería hablar y, finalmente, mis superiores perdieron la paciencia».

El destino no pudo ser peor para el desdichado Koch. Pero así era. Fue encerrado e interrogado por un tal mayor Tilly y en su celda le hicieron una encerrona en la que otro reo se hizo pasar por un prusiano que inició una aparentemente banal conversación con el judío. Se hizo pasar por un tal sargento Rudolf, perteneciente al Afrika Korps de Rommel. Los nervios y la incertidumbre hicieron el resto. El desconocido le preguntó sobre las verdaderas causas de la guerra y Paul, a pesar del trato que le habían brindado en su país los nazis y de las políticas de persecución y odio a su pueblo, ofreció argumentos parecidos a los que los propios amos de la esvástica esgrimieron para iniciar acciones bélicas: que la Gran Guerra —en la que, no lo olvidemos, Koch combatió y fue condecorado— no la habían iniciado los alemanes, que el Tratado de Versalles era ignominioso para Alemania, que Dantzig era una ciudad completamente alemana —justificando así las exigencias del propio Hitler—. Tras aquello, Tilly y sus hombres se convencieron por completo de que se hallaban ante Paul Koch, oficial de la guardia pretoriana del *Reichsführer-SS*.

Una nueva reclusión

Los interrogatorios eran cada vez más duros. En una ocasión sus captores quitaron los escasos muebles de su celda —un catre, una silla vieja y un orinal—, desmontaron los cristales de la ventana y obligaron al reo a desnudarse. Así pasó toda la noche, humillado y temblando de frío, pues las temperaturas nocturnas del desierto son gélidas. Al día siguiente, sin embargo, fue colmado de atenciones y le dieron una suculenta comida; después, de nuevo las amenazas... Era la estrategia habitual seguida por los especialistas del Security Intelligence Middle East (SIME), una rama del servicio de inteligencia en Oriente Medio encargada de interrogar a los agentes secretos capturados que llegaban a Maadi desde todos los rincones del Próximo Oriente. Era una forma de que sus prisioneros acabaran por derrumbarse.

A pesar de las amenazas y la presión del encierro, pues estaba completamente aislado del resto de los prisioneros, pasaron semanas sin que Paul dijera nada. Aunque no tenía madera de espía, sí demostró ser un hombre con una férrea voluntad. Cada vez era más consciente de que había sido considerado un personaje importante, sin duda confundido con una suerte de «superespía». Sin embargo, le aterraba la idea de no poder contactar con la Abwehr como habían acordado. Dowden le prometió antes de su partida que publicaría una esquela con su muerte, algo bastante habitual en el seno de los servicios secretos, pues el enemigo revisaba minuciosamente la información aparecida en la prensa, aunque no tenía manera de comprobar que el inglés le decía la verdad.

Los pocos diarios que habían llegado a sus manos no contenían publicación alguna en este sentido. Koch era muy consciente de que si no establecía contacto pronto considerarían que los había traicionado e irían a por su madre, la vulnerable Hedda. Desesperado, cayó como el ratón en el queso en una trampa de sus captores: su compañero de celda, el falso oficial alemán —en realidad un chivato de los británicos—, iba a ser puesto en libertad, y Koch, angustiado y confiado, cometió la imprudencia, que se revelará estupidez, de pedirle que se pusiera en contacto, una vez hubiese conseguido llegar a Alemania, con sus superiores de los servicios secretos en Berlín, en Tirpitzufer 76/78, en la «madriguera del zorro», donde estarían Muller y Canaris, y les comunicara que había sido capturado por los ingleses. También que intentaría escapar en cuanto le fuera posible.

Además, Koch le hizo entrega a Rudolf de una hoja de papel escrita con lápiz: un tosco dibujo que mostraba de una forma bastante mediocre a una chica desnuda jugando con un perrito que el judío había copiado de una de las revistas que había en su celda. La mujer aparecía sentada en una especie de sofá y, tras ella, había una ventana abierta que daba a una mezquita y a unas casas. En la parte baja del marco estaba escrito «KAIRO». Bar-Zohar, que se hizo con el dibujo durante su investigación de manos del propio Fackenheim y que lo reproduce en su libro, continúa describiéndolo así: «Dos cortinas ligeras colgadas del techo sirven de fondo al cuadro. A primera vista parecen unos visillos de encaje vulgar. Este efecto lo produce el punteado a lápiz que corre de arriba abajo. Pero, examinando la imagen cuidadosamente, el observador sagaz distinguirá no solo puntos, sino rayitas minúsculas. Son signos en morse. Descifrados y bien colocados, forman varias letras sin orden. Estas letras, interpretadas a través del código convenido en Atenas entre Koch y sus superiores, dan el siguiente mensaje: *Bin erwischt Hoffe wegzukommen Koch,* lo que significa: "Estoy atrapado, tengo la esperanza de escapar, Koch"».

Rudolf, quien le comunicó a Paul que se encontraban en un campo especial para agentes enemigos, doblará y guardará cuidadosamente el papel, tras lo cual le dirá a su compañero que lo liberarán al día siguiente y que le desea una exitosa evasión. Aquella noche, mientras nuestro protagonista, confiado en la amistad del farsante Rudolf, dormía, se presentaron en su celda, a las cuatro de la madrugada, el mayor Tilly y algunos escoltas que le ordenaron que se vistiese y, acto seguido, lo trasladaron hasta un jeep fuera del recinto, en una escena que tanto recordaba a los tiempos en los que, a bordo de un Mercedes con matrícula de las SS, salió del encierro de Dachau.

Tras media hora de trayecto en mitad de la noche, en la que, según recordará en sus escritos, no se veía ni un alma, Tilly ordenó al chófer que parase en un descampado, en medio del desierto, cerca de una enorme roca pulida por el viento. Koch comenzó a ser consciente de que era objeto de una retorcida trampa y de que el afable alemán que compartió con él la celda no era quien aseguraba ser.

Allí se encontraban seis *tommies*[15] armados con fusiles y formados en dos hileras. Koch palideció; estaba seguro de que era el fin e iba a ser ejecutado por espionaje. Tilly ya se había encargado varias veces de recordarle que, como espía, estaba fuera de la protección de la ley, de la Convención de Ginebra sobre prisioneros de guerra. Además, le habían dicho que el pelotón de ejecución inglés se compone de nueve soldados: cinco de ellos llevan el fusil cargado; los otros cuatro solo cartuchos sin bala. Al parecer, ni los mismos soldados sabían quién lo llevaba cargado y quién no, ignorando así quién había disparado la ráfaga fatal.

Intentando mantener la compostura, sacando a relucir de nuevo su entereza, Koch le dijo a Tilly que hubiese preferido que lo avisaran de que iba a ser fusilado, que esa no era forma de tratar a un prisionero. Sin embargo, aquello era tan solo una puesta en escena más, otra estrategia de presión para confundirlo como los banquetes principescos con los que lo obsequiaron tras duras jornadas de interrogatorios. El oficial inglés le contestó: «Pero ¿qué dice usted, hombre? Lo he traído aquí únicamen-

15. Así eran conocidos en la Segunda Guerra Mundial los soldados británicos —también *tommy* o Tommy Atkins—, término que al parecer hicieron célebre los alemanes durante la Gran Guerra. Por su parte, los soldados germanos eran denominados despectivamente *boches* o *jerrys*.

te para enseñarle las pirámides a la luz del amanecer... Hay una vista espléndida desde este lugar». Tras ordenar al pelotón que se disolviese, ayudó a Fackenheim, completamente derrumbado, a subir a lo alto de la duna próxima y ver las imponentes tumbas del Valle de los Reyes en el horizonte.

Aquel no sería, sin embargo, el fin de sus padecimientos a manos de los ingleses. Lo que le esperaba era todavía peor. Tilly ordenó que regresaran a la base y Koch fue conducido de nuevo a su desangelada celda.

El desengaño y el juicio

Puesto que nuestro protagonista continuará en su obcecado silencio, los interrogadores, cansados de no obtener resultados ni poder neutralizar lo que creían una extensa red de espías enemigos, elevarán el caso a un escalón superior. Así, Koch será de nuevo despertado en mitad de la noche y trasladado hasta la sala de interrogatorios. Bar-Zohar reconstruye con su habitual pulso narrativo la escena: «Apenas reconoce el lugar; está repleto de gente. Muchos uniformes caquis, varios oficiales de alto grado. Tilly no ocupa su puesto habitual en la tarima. Está con los oficiales, que forman medio círculo alrededor de otro oficial delgado, alto, enjuto, con la gorra adornada por el galón rojo, distintivo del grado de general. Lleva shorts y una camisa caqui de mangas cortas, ceñida por las acostumbradas correas de cuero duro y brillante».

Se encontraba nada menos que ante sir Claude John Eyre Auchinleck,[16] comandante en jefe de las fuerzas británicas en Oriente Medio.

16. Auchinleck, que llevó a cabo algunas de las ofensivas más célebres —y poco exitosas— contra el Afrika Korps de Rommel, principalmente en Tobruk, fue cabeza de la Unidad del Medio Este (Reino Unido) entre 1941 y 1942, justo cuando Koch ya se hallaba retenido. Pero ese mismo año, en el mes de agosto, fue sustituido por el general Harold Alexander y el teniente general Bernard Law Montgomery, quien sería nombrado jefe de operaciones de la Fuerza del Desierto Occidental, que en adelante sería conocida como el VIII Ejército británico. Auchinleck viajó a la India, donde ya había estado destinado, pasó un año en la reserva y después ocupó el cargo de comandante en jefe de 1943 a 1947.

Tras interrogarlo una vez más sobre quién era el jefe de la red de espionaje alemán en Palestina, cuál era su dirección o dónde se hallaban «los aeródromos secretos situados detrás de nuestras líneas que los alemanes utilizan para transportar a sus agentes», de nuevo sin éxito, Auchinleck concedió al judío un plazo de seis días para recapacitar. Si en ese tiempo no hablaba, esta vez sí, sería fusilado.

Pero ni el agente habló ni tampoco, de momento, fue llevado hasta el pelotón de ejecución largamente anunciado. De nuevo el interrogatorio, el silencio..., un nuevo plazo: ahora tres días. Koch continuó sin hablar. Nuevas amenazas..., ahora el plazo es hasta las seis de la mañana, a lo que el propio espía, harto de aquel circo, le espetó a Auchinleck: «¡¿Por qué no trae usted enseguida a ese condenado pelotón?!». No sabía la suerte que había corrido su madre, ya no tenía esperanza. Sin embargo, nunca será llevado ante el paredón; además, el general se encargará de recordarle que ellos —los británicos— no ejecutan jamás a nadie sin proceso previo y sin condena, conforme a lo que manda la ley, algo que investigaciones posteriores al fin de la guerra demostrarán falso.[17]

Unos días más tarde, los ingleses acudieron a su celda con un doctor para, según afirmaron, vacunarlo contra diversas enfermedades fáciles de contagiar en aquel lugar del mundo. Según confesará años después el propio Koch, estaba convencido de que intentaban matarlo, pues había leído en algún lugar o le habían contado —no estaba seguro— que la Gestapo inyectaba veneno a los «indeseables» para eliminarlos silenciosamente.[18] Pero en rea-

17. No obstante, realizaron muchos más juicios conforme a la ley militar que los alemanes, pues a partir de una orden expedida por Adolf Hitler el 18 de octubre de 1942, la Kommandobefehl u Orden de los Comandos, se fijó que todos los militares aliados que fuesen capturados en el marco de operaciones de tipo comando, tanto en África como en Europa, debían ser ejecutados de forma inmediata, sin juicio previo, incluso cuando vistieran sus uniformes reglamentarios o hubieran intentado rendirse.

18. Quizá fuese una alusión a la Aktion T-4 por la que, a través de un programa de «eutanasia involuntaria», entre 1939 y 1941 se ejecutó a disminuidos psíquicos y físicos primero mediante inyección letal y más tarde por asfixia con gas.

lidad lo que sus captores le inyectaron no era veneno, sino un rudimentario «suero de la verdad» que se haría célebre años más tarde por su utilización por la Central Intelligence Agency (CIA). Ni siquiera con el influjo de dicha droga el espía contó nada. Entonces fue trasladado hasta otra prisión, en Latrun,[19] donde se hallaba una base secreta inglesa formada por largos barracones de madera, pequeñas casas de piedra, torres de vigilancia y alambradas en medio de un bucólico paisaje en una zona, las colinas de Jerusalén, marcado por los episodios bíblicos.

Allí sería el único prisionero del campo, encerrado en una jaula rodeada de alambradas, un cercado de tres por seis metros: «En un rincón hay una tienda minúscula donde pasa las noches; durante el día se pasea por sus dominios». Permanecerá en aquel tétrico lugar durante más de tres meses, tiempo durante el cual, según refiere, solo verá pasar por el campo, compartiendo su misma suerte, a una docena de aviadores y paracaidistas alemanes capturados en Libia y que estarán en las instalaciones tan solo durante unos días, como parada intermedia a otro lugar incierto.

Necesitado de calidez humana, entablará amistad con el intérprete del campo, un tal Strauss, un judío alemán emigrado a Palestina antes de la guerra que reside en Tel Aviv y tiene tan solo veinticinco años. Este no tardará en convencerse de que Koch es judío, por mucho que se empeñen las autoridades en considerarlo un alto cargo de las temibles SS. Le hablará de los movimientos de resistencia contra la ocupación británica que serán, sin duda, el nuevo enemigo cuando Hitler caiga —no le faltaba razón—, entre ellos la organización paramilitar Haganá y el partido del sionista Abraham *Yair* Stern, LEJI,[20] que también lucharía contra los nazis.

A mediados de diciembre de 1941, Koch fue trasladado hasta una pequeña casa de piedra donde incluso disfrutaría del raro

19. F. H. Hinsley y C. A. G. Simkins, *British Intelligence in the Second World War: Volume 4, Security and Counter-Intelligence*, Nueva York, Cambridge University Press, 1990.

20. Acrónimo hebreo de Lojamei Jerut Israel, «Luchadores por la Libertad de Israel».

privilegio de disponer de una ducha para él solo, además de comidas abundantes y de cierta calidad. Cuando se encontró algo más relajado, lo trasladaron hasta Jerusalén, a otra prisión militar, esta vez al LII Cuartel de Detención, situado en las colinas que dominan la capital israelí, donde fue recluido en una espaciosa celda.

Entonces conoció a la persona que había sido designada como su abogado. Su proceso estaba a punto de comenzar. Su defensor, un irlandés, le preguntó si tenía algún pariente en Palestina que pudiera identificarlo. Koch vio la oportunidad de ser por fin libre: le dijo que su tío carnal, Karl Fackenheim, hermano de su padre, Wolf, vivía allí, aunque hacía veinte años que no lo veía. En otra escena casi esperpéntica, el tío, al que consiguieron localizar, visitará a Paul en su celda pero negará reconocerlo, y aunque este le refrescará la memoria con escenas de su niñez, episodios y detalles íntimos de la vida familiar que solo los Fackenheim podrían conocer —como sus vacaciones con los abuelos en la localidad de Mulhausen—, el anciano, no sabemos muy bien por qué, quizá acechado por la demencia senil, continuará diciendo que no conocía a aquel individuo. Koch vio así, impotente, escaparse su única oportunidad de demostrar que no era ningún sanguinario guardia de Himmler, sino un judío engañado por la Abwehr para espiar a su propio pueblo.

Entonces comenzó su juicio, que parecía una auténtica farsa, un proceso por espionaje ante un tribunal militar en el más absoluto secreto con la sala medio vacía y presidida por la Union Jack:[21] en los bancos tan solo se sentaba una docena de civiles y militares, todos miembros del servicio de inteligencia británico, entre ellos el mayor Tilly. Durante el juicio, el fiscal presentará el libro de código que le dieron sus jefes de la Abwehr, *L'Âne Culotte,* que una patrulla británica había descubierto en el campo, cerca de donde Koch enterró su paracaídas. Aunque el acusado

21. Así se conoce de forma informal la bandera del Reino Unido, una combinación de las cruces de los santos patronos de Inglaterra, Escocia e Irlanda del Norte, tres de las cuatro regiones que, junto con Gales, forman el Reino Unido de Gran Bretaña e Irlanda del Norte.

negó que se tratase de un libro de código, los ingleses lo habían sometido a rayos X y encontraron ocultos en sus páginas numerosos mensajes cifrados escritos con tinta invisible, mensajes de los que tomaron fotografías en infrarrojo y que mostraban ahora como prueba de su culpabilidad.

En efecto, se trataba de ejercicios cifrados y escritos con tinta simpática mientras estaba siendo adiestrado por Muller en Atenas. En ese momento, nuestro protagonista, según contaría décadas más tarde, pensaba que podía tratarse de una trampa del propio agente del servicio de inteligencia alemán. Paul tenía ya muy pocas esperanzas de corroborar su verdadera identidad ante los miembros del tribunal.

En otra escena realmente esperpéntica, casi paródica, que no creeríamos si Bar-Zohar no dispusiera de las actas del proceso secreto, curiosamente Paul demostró que era quien decía ser afirmando que era cocinero. En alemán, *Koch* significa «cocinero». Curiosamente su nombre en clave parecía un juego de palabras con su anterior afición. En Oriente, durante sus viajes con su primera esposa, había sido iniciado en los secretos de la cocina china e indonesia. Entre 1938 y 1939, antes de que estallara la guerra y hallándose sin trabajo en Fráncfort, abrió en la ciudad alemana la escuela culinaria Fackenheim, bajo el patronazgo de la comunidad judía, donde había enseñado a cocinar a varias mujeres judías que se disponían a abandonar la Alemania nazi para ir a trabajar como cocineras cualificadas a las islas británicas. Aquella ocupación culinaria le había permitido subsistir en los momentos más duros de Dachau, donde se las ingeniaba para llevarse lo más increíble que uno pudiera imaginarse a la boca.

El fiscal pensaba que estaba tomando el pelo a los jueces, que el acusado jugaba con ellos... ¡Koch, el SS responsable de crímenes de guerra, cocinero...! Sin embargo, uno de los miembros del tribunal, un viejo general, pidió a Paul que se acercase y, obviando las quejas de la acusación, le dijo sonriendo: «Pretende usted ser cocinero de profesión. Pues bien, quizá pueda demostrarlo sin necesidad de guisar una comida. Creo que tengo la manera de comprobar la veracidad de su declaración. Vamos a ver, ¿cómo prepararía usted un bizcocho Madeira?». Esperpéntico pero cierto: Koch le dijo la receta completa, exactamente —apuntará el militar— como le preparaba el pastel inglés su propia esposa. En medio de la sala estallaron las risas y hasta el acusado, tenso hasta ese mismo momento, se rio.

Sin embargo, el fiscal continuó con su arremetida y sacó como nueva prueba el famoso transmisor en miniatura hecho pedazos que, según el informe, fue hallado por los soldados ingleses en el interior del tronco hueco de un olivo, envuelto en una bolsa de lona gruesa. Koch desconocía completamente qué había pasado con el aparato; él, desde luego, no lo recuperó. Su abogado insistió en que estaba hecho pedazos por culpa del accidentado impacto durante el aterrizaje, pero la acusación sostenía la tesis de que el acusado destruyó el transmisor con sus propias manos, «lo que prueba que ya lo había utilizado para enviar mensajes». Bar-Zohar señala que este punto nunca ha quedado claro y que no existe prueba de que Fackenheim —que siempre aseguró no haber recuperado el transmisor— enviara un solo mensaje a la Abwehr.

Sin embargo, aún tenía un obstáculo más difícil en su contra: la acusación llamó a declarar al «sargento Rudolf», su otrora compañero de celda, quien entregó al tribunal el dibujo que contenía el mensaje codificado destinado a los servicios de espionaje alemanes, el famoso boceto con la mujer desnuda y los signos en morse. Como si hubiese sido previamente aleccionado por cargos del Intelligence Service, contó todo lo necesario para que Paul fuera condenado, y el fiscal leyó el mensaje que decía haber sido descifrado por sus expertos: «Todo marcha conforme al plan previsto. Espero regresar pronto con la información necesaria. *Heil!*». El abogado de Koch preguntó qué habían hecho los expertos para descifrar los mensajes y cuál era la clave del código, así como la forma en que habían reconstruido la cuadrícula...

Paul negó que ese fuera el mensaje que codificó y acabó por revelar el verdadero: «He sido capturado por los ingleses. Intentaré evadirme, Koch», enseñando cómo lo cifró y recomponiendo la cuadrícula, aunque con dificultades. En aquel momento salió a la palestra la mención al *Obergruppenführer* de las SS Paul Koch, que trabajaba en la Gestapo de la Ferdinandstrasse, y

Fackenheim descubrió la terrible verdad, la razón por la que se encontraba en aquella sala y la acusación que recaía sobre él. No podía dar crédito: el judío que estuvo preso en Dachau, encerrado en los campos de la muerte por la política de odio del Tercer Reich, iría al patíbulo «por Hitler», morirá por el Führer como una cruel burla del destino.

Sin embargo, al día siguiente su abogado, que extrañamente se ausentó del juicio —lo que obligó a paralizarlo según el reglamento—, se presentó en la sala poco después con una señora de cabellos castaños y grandes ojos color gris verdoso. De baja estatura y humildemente vestida, parecía cohibida cuando se subió al estrado. Se trataba de una de las personas que el letrado había estado buscando sin descanso a partir de una lista que le facilitó Koch de aquellas que recordaba que podían vivir en Tierra Santa: la señora Irma Kobliner, que residía en una pequeña casa de Petaj Tikva, una aldea judía en la llanura costera, a unos noventa kilómetros de Jerusalén. Esta declaró ante el tribunal que había conocido a la madre del acusado, Hedda Fackenheim, en Fráncfort, y que tras la muerte de su esposo, el doctor Kobliner, alquiló una habitación en el piso de Hedda, donde conoció a Paul, al que solía ver muy a menudo. A su vez, su hija menor, Marion, había sido alumna de este en su escuela de cocina en la ciudad alemana. Recordó ante los militares que fue él, además, quien las ayudó a huir de Alemania para trasladarse al Reino Unido apenas tres semanas antes de que estallara la contienda.

Todo parecía solucionado para el hasta ese momento desdichado Fackenheim; sin embargo, puesto que la ley inglesa permite al acusado declarar en defensa propia, el abogado de la defensa propuso al tribunal escuchar al agente. Este no tardó en embrollarse con su relato, cometiendo además el error —quizá para impresionar a los jueces, viéndose precipitadamente absuelto— de contarles que saltó del avión con quinientas libras inglesas y cómo posteriormente se las dio a aquel judío que desapareció en el hospital de Haifa.

Puesto que aquella era una gran cantidad de dinero, y la Abwehr no solía darle a un espía cualquiera un monto tal —de hecho, muchos de los que fueron lanzados sobre Inglaterra antes de la Operación León Marino y en otros lugares apenas disponían de efectivo—, dieron por seguro que, aunque no se tratara del SS Koch, era sin duda un agente muy importante al servicio del almirante Canaris que había llegado a Palestina a espiar a los ingleses a favor del Tercer Reich. Él mismo se volvió a meter en la boca del lobo. Y con el relato de los hechos que hizo el fiscal —sobre los informes que recibió el alto mando de una fuente secreta en Atenas—, Paul fue por primera vez consciente de por qué la zona en la que aterrizó estaba llena de «gorros rojos» y barreras de seguridad.

De nuevo en la encrucijada, volverá, sin embargo, a sonreírle la suerte. Tras deliberar, el presidente del tribunal comunicó el veredicto de los jueces: no culpable, palabras que, al pronunciarlas, provocaron que Fackenheim, sometido a una presión indescriptible, se desmayase al pie de la tarima.

No obstante, seguiría en prisión por razones de «seguridad», trabajando en las cocinas del LII Cuartel de Detención de Jerusalén. Además, los sabuesos del SIS[22] no estaban conformes con el veredicto y durante meses intentaron apañárselas para inculparlo de nuevo, con cualquier detalle que se les escapara, presionándolo e introduciendo «soplones» en su celda —una vez más— para arrancarle confidencias, entre ellos un conde polaco de nombre Manshinski,[23] aunque no obtuvieron resultado alguno.

Después fue trasladado a la antigua hospedería de Latrun, reconvertida en prisión, donde estaba encerrado todo un crisol de nacionalidades bajo la vigilancia de doscientos beduinos de la Legión Árabe, veinte soldados ingleses y un capitán galés. El autor describe el lugar así: «Un mundo extraño, kafkiano, un mundo de intocables, en un triste desván donde la Corona ha metido a todos los indeseables y proscritos de Oriente Medio, una mezcla de chusma de los bajos fondos por un lado, y por otro de líderes nacionales venerados por millones de fieles; [...]

22. Secret Intelligence Service, más conocido como MI6, la agencia de inteligencia exterior del Reino Unido, todavía en activo.

23. No he podido encontrar referencias de nadie con dicho nombre en aquellos años en Palestina, pero así lo cita Bar-Zohar a través de las memorias de Fackenheim.

hay príncipes y espías, traidores y ministros, nazis y comunistas. En su gran mayoría son o han sido sospechosos de espionaje, de actividades subversivas, de resistencia a los ingleses. No se les ha condenado por falta de pruebas, a veces por no herir demasiado profundamente ciertas susceptibilidades nacionales». Allí le comunicaron a Koch que su alias a partir de entonces sería Míster X y su número —tras no haber olvidado aquel ignominioso 26336 de Dachau—, el 64.

Entre los prisioneros había numerosos griegos con nombres tan relevantes como Papandreu, Papadopoulos, Coralides o Kanelopoulos y el antiguo compañero de Koch, el conde Manshinski, un espía profesional que acabaría por convertirse en triple agente: había espiado a los alemanes por cuenta de los rusos, a los rusos por cuenta de los alemanes y a los polacos por cuenta de los rusos y de los alemanes a la vez.[24] El propio Canaris lo había enviado a los Balcanes, cuando los ingleses lo secuestraron y lo trasladaron a Palestina. No obstante, no eran prisioneros en el sentido estricto del término: podían pasear libremente, hablar entre ellos e incluso se aprovisionaban en la cantina del campo.

También se hallaba allí el general iraní Fazlollah Zahedi, quien fuera ministro de la Guerra del sah Mohammad Reza Pahlevi, detenido por su inclinación a favor de las fuerzas del Eje; el nazi fanático doctor Kümmel, que desafiaba a sus captores con el brazo en alto y gritando *Heil Hitler!* —y que acabará siendo ejecutado por espionaje—; el exministro sirio Asslan, que Zohar describe como «pederasta y lunático»; un misterioso botánico ucraniano que había servido a los nazis en Yugoslavia como consejero político —cuyo nombre no ha trascendido—, que más tarde sería enviado a su país y ahorcado por orden expresa de Josip Broz Tito; un tal doctor Götz, uno de los principales agentes de la Abwehr en los Balcanes y en Turquía; además del célebre jeque druso Ibrahim Ali, quien compartía cautiverio con sus dos hijos —que se jactaban de haber matado en combate a más de cien enemigos—, ferozmente antibritánico y que lleva-

24. En uno de los expedientes de este libro el lector descubrirá las hazañas de otro triple agente, el francés Henri Déricourt.

ba tatuada la esvástica en el brazo derecho, a la vez que emitía comentarios poco elogiosos sobre las habilidades sexuales de Churchill.

Un verdadero crisol de culturas y personajes diversos, algunos de gran relevancia en su momento en el teatro de la guerra, entre los que destacaba también el húngaro Bandi Grosz, a quien Adolf Eichmann, que orquestó junto a Heydrich la «solución final», envió a Palestina con el judío Joel Brand para negociar con los ingleses el canje de un millón de judíos húngaros condenados a los campos de la muerte por diez mil camiones.

En aquel singular campo de prisioneros espías, Fackenheim permanecerá hasta después de la muerte de Hitler como cocinero, ayudado ¡por otro judío, un nazi y un comunista italiano! Parece la trama de una película de los hermanos Marx. Tras años de cautiverio, se convertirá en portavoz de los prisioneros, tratando con las autoridades del centro sobre los problemas que irán surgiendo. Será respetado por los oficiales encargados de la protección y conseguirá, incluso, que el despiadado comandante galés de Latrun sea destituido.

Hasta que llegó marzo de 1946, y Fackenheim y su compañero en el campo, un tal Weissrock, fueron trasladados a Egipto. Tras una corta estancia en Maadi, los introdujeron en un Douglas, un avión repleto de espías enemigos, en dirección a Europa. Fueron conducidos hasta Fráncfort, donde, una vez más, Koch hubo de dormir en la prisión de la ciudad, sin posibilidad de encontrarse con su madre. De ahí trasladaron a los reos a Hamburgo, al campo de concentración nazi de Neuengamme, reconvertido en prisión para los mismos que mandaron erigirlo: miles de SS, de oficiales de la Gestapo y de nazis fanáticos que ahora ocupaban los mismos barracones en que torturaron a sus víctimas antes de ser juzgados y la mayoría ejecutados.

De nuevo, como si el destino se estuviera burlando de él, Paul Fackenheim, alias *Koch,* alias *Míster X,* que había comenzado su triste peregrinaje en Dachau, se encontraba, meses después de finalizada la Segunda Guerra Mundial, en otro campo de concentración. Como señala su biógrafo, «para lo absurdo no existen límites».

Fue liberado definitivamente, tras una larga injusticia, el 23 de junio de 1946 de Neuengamme, en Hamburgo, donde hoy se erige un memorial a las víctimas del Holocausto. Ese mismo día tomó un tren para regresar de nuevo a Fráncfort en busca de su progenitora. Jamás la encontró: descubrirá con horror que en febrero de 1943 fue detenida por la Gestapo junto a otros de sus vecinos y el 16 de marzo de ese mismo año trasladada hasta el campo de la muerte de Theresienstadt, donde la ejecutaron sin miramientos. La Abwehr no había cumplido su palabra y los ingleses, aun conociendo la verdad, lo habían mantenido encerrado años bajo un engaño. Su misión no había tenido ningún sentido.

Después vino la vuelta al anonimato[25] y el silencio durante décadas, hasta que Bar-Zohar, como narramos al comienzo, se encontró con un ya anciano Paul en Ulzburg y las evidencias de su insólita historia llegaron desde diversos rincones, pasando de ser un rumor, una mera leyenda de aquellos tiempos infaustos, a formar parte de la historia verídica de la «guerra secreta»: el antiguo jefe de la Abwehr en Atenas[26] afirmó por escrito que estaba al corriente de la misión de Paul, corroborando su insólita historia. Heinrich Berzeviczy, otro de los expertos en inteligencia de la organización alemana y periodista, facilitó a Fackenheim una declaración jurada corroborando los hechos principales de su historia, así como varios compañeros de reclusión en Latrun, que escribieron misivas detalladas proporcionando información sobre su vida en común en su cautiverio en Jerusalén.

25. Tras la liberación y el descubrimiento de la verdad, Fackenheim trabajó durante años en diversos campos del Ejército inglés en Hamburgo como cocinero. Se casó con una joven alemana, aunque la tragedia volvió a surgir en su vida y ella moría apenas un año después a consecuencia de una enfermedad respiratoria contraída tras los brutales bombardeos de la ciudad durante el final de la guerra. En 1953, Paul se casaba por cuarta vez con Ria. Poco después tuvo que dejar su puesto de cocinero jefe en el Estado Mayor británico de Hamburgo debido a una enfermedad coronaria, causada, según él, por las «emociones sufridas en tiempos de guerra», y se dedicó al sueño de su vida: escribir.

26. Contrariamente a lo que sucedió con los miembros del SD, pertenecientes a las SS, considerada una organización criminal, los miembros del espionaje del Ejército, de la Abwehr, cuya mayoría no estaba involucrada en crímenes de guerra —aunque hubo excepciones— fueron puestos en libertad y considerados veteranos de guerra, como el resto de los militares.

Por su parte, al historiador le confirmaron la versión de la historia por carta varios oficiales ingleses que sirvieron en una de las secciones del SIS en El Cairo, aspectos sobre su detención y su proceso, y en Inglaterra Zohar consiguió ponerse en contacto con el mismísimo Arthur Dowden, antiguo vicecónsul británico en Fráncfort y quien interrogó a Koch en octubre de 1941 en Haifa: envió una declaración escrita sobre tan espinoso asunto que, en líneas generales, «concordaba con la versión recogida en Ulzburg».

Después, el investigador hebreo se trasladó a Londres y visitó al propio Dowden, ya licenciado del Ejército, con quien mantuvo una larga entrevista, así como con otros miembros de las Fuerzas Armadas durante la Segunda Guerra Mundial, y en Tel Aviv se reunió con las dos hijas de la ya fallecida Irma Kobliner, que salvó *in extremis* al espía de una muerte casi segura.

Así, como si se tratara de un complicado puzle, pudo reconstruirse la epopeya del «espía judío de Hitler», un episodio perdido de la contienda que por suerte no fue borrado por completo de la historia y que hoy podemos recordar.

Con una experiencia así, no es extraño que Fackenheim se dedicara a escribir años más tarde, bajo el seudónimo de Paul Ernst, novelas de espionaje. Sabía muy bien de lo que hablaba.

Expediente n.º 2

UNA ESPÍA RUSA EN EL TERCER REICH

> Los bolcheviques son solo superiores a nosotros en un campo de acción: el espionaje.
>
> ADOLF HITLER

En 1998, el realizador español Fernando Trueba dirigía la película *La niña de tus ojos,* en la que un grupo de cineastas españoles en plena Guerra Civil (1938), enviados a Berlín por los golpistas, se topaban con la brutalidad del régimen de Hitler, y eso que ya habían conocido de primera mano los rigores de la guerra española.

Aquella galardonada y coral cinta coprotagonizada por una Penélope Cruz previa a su fulgurante carrera hollywoodiense, mostraba el poder de la UFA,[1] los estudios cinematográficos alemanes, por aquellas fechas tan decisivas en manos del ministro de Propaganda del Reich, el doctor Göbbels, que utilizaría todos los medios sonoros y audiovisuales en pro de su maquinaria de ensalzamiento del Führer y su política racial y de conquista.

Comienzo este capítulo haciendo alusión a aquella cinta porque muestra, con simpatía y en ocasiones cierta frivolidad, la obsesión del *Reichminister* por las actrices, a las que, según las malas lenguas, este perseguía obsesivamente a pesar de estar casado con la única mujer que tuvo el rango de «madre modelo» del régimen nazi, Magda Göbbels.[2]

1. Universum Film AG, cuyos estudios, controlados por el productor Erich Pommer, se hallaban en Babelsberg, a las afueras de Berlín, cerca de Potsdam.
2. Durante la preparación de este trabajo, una sorprendente noticia sobre

Pues bien, aunque *La niña de tus ojos* no deja de ser un ejercicio de ficción bien hilado, sin embargo, está basado en varias historias reales, como la alusión a la injerencia del Ministerio de Propaganda en los rodajes, desde el nacimiento del guion hasta la supervisión del montaje final.

Y es que aquella obsesión con el séptimo arte que mostraron Göbbels y Hitler, no solo por su potencial propagandístico, sino también puramente lúdico y cultural, que también sentían por la música y el arte en general,[3] cual fachada de una falsa intelectualidad, sería campo abonado para que los espías enemigos hicieran, o al menos intentaran hacer, daño al organigrama nazi.

Fue el caso de varias agentes enemigas infiltradas en la misma UFA, en distintos países en los que se rodaron producciones germanas propagandísticas. También en la propia Alemania, y sobre todo en su capital, Berlín.

Y entre todas las actrices que se sentaban en las cenas de gala a charlar —y quizá algo más— con el señor Göbbels y compañía, e incluso, en contadas aunque sonadas ocasiones, con el propio canciller del Reich, se hallaba la protagonista de las siguientes líneas, la actriz de origen ruso Olga Chéjova, cuya biografía está rodeada de tantos claroscuros como la época que le tocó vivir al lado de los uniformados señores de la esvástica.

Enseguida nos sumergiremos en su fascinante biografía, un verdadero «expediente secreto» de la contienda, pero antes haremos un pequeño alto en el camino para recordar a otras artistas que quitaron el sueño al doctor Göbbels.

---

esta «dama de hierro» del Reich venía a clarificar un aspecto un tanto oscuro del régimen nazi: durante la investigación para una biografía sobre Magda, el escritor alemán Oliver Hilmes descubrió unos documentos perdidos durante décadas en unos archivos en Berlín: que el supuesto padre biológico de esta, muerto en 1939 en el campo de concentración de Buchenwald, Richard Friedländer, ¡era judío!, y ella no hizo nada por ayudarlo.

3. A la vez que perseguían lo que dieron en llamar «arte degenerado» y personajes como el artista filonazi Hanns Johst, curiosamente un expresionista, dejaban para la historia frases como esta —erróneamente atribuida a Göring—: «Cuando oigo la palabra *cultura*, echo mano de mi revólver». O quemaban en público, como sucedió en 1933 en la Bebelplatz de Berlín, millares de libros de escritores «malditos» perseguidos por el régimen.

Un romance fallido

Antony Beevor[4] cuenta que para Hitler y Göbbels «las películas constituían un mundo fantástico en el que embriagarse de poder [...]. Huelga decir que ambos veían también en el cinematógrafo una poderosa arma de propaganda e ingeniería social. La adhesión de la industria a su doctrina se tornó vital para sus designios, y los estudios UFA volvieron a adoptar la función para la que se habían concebido en 1917», es decir, ser un vehículo de las ideas del régimen y más tarde un efectivo medio de propaganda bélica.

Tanto el Führer como su ministro de Propaganda estaban obsesionados con el cine hasta el punto de que el historiador y publicista alemán Friedemann Beyer, en su estudio sobre la UFA,[5] apunta que Göbbels vio más de cien mil películas durante los doce años que duró el régimen, en un tiempo en el que no había un acceso ni mucho menos parecido al actual visionado. Por otro lado, Hitler tenía una sala de proyección en el Berghof, su residencia de retiro en los Alpes bávaros.

En sus memorias, Albert Speer recordaría que este acostumbraba a mantener a sus invitados despiertos hasta altas horas para aleccionarlos sobre la película que acababan de visionar, cual crítico cinematográfico pedante. Cualquiera era el valiente que le decía que se iba a la cama.

La afición por las «artistas» que mostraría, sin embargo, su segundo sería mucho más extrema que la de este. De hecho, la UFA llegó a ser conocida en los círculos de cotilleos del régimen como «el prostíbulo de Göbbels». Es más, a sus espaldas, se conocía al líder nazi, a pesar de su andar patizambo y su estatura mínima, como el Macho Cabrío de Babelsberg, y es que sus acometidas a las actrices se veían, según cuenta el citado Beyer, como una suerte de iniciación de la que solo hacían caso omiso quienes tenían el valor suficiente.

4. Antony Beevor, *El misterio de Olga Chéjova*, Barcelona, Crítica, 2004.
5. Friedemann Beyer, *UFA in Farbe; Technik, Politik und Starkult zwischen 1936 und 1945*, Múnich, Collection Rolf Heyne, 2010.

En una ocasión, su afición por las faldas llegó demasiado lejos. En 1936, poco antes de la celebración de los Juegos Olímpicos de Berlín, orquestados como magnífica campaña de lavado de imagen por el aparato propagandístico del régimen, el fogoso ministro, responsable en gran parte de aquel espejismo, conoció a la hermosa actriz checa Lída Baarová (nombre artístico de Ludmila Babková), y se quedó prendado de ella hasta niveles casi obsesivos.

Baarová había firmado en 1934 un contrato con la UFA para protagonizar una película que acabaría siendo un éxito de taquilla, *Barcarole,* junto al entonces actor de moda Gustav Fröhlich, con quien mantenía una relación sentimental a pesar de estar casado. Su relación, unida a su belleza y juventud, le abrieron las puertas de mármol del régimen nazi, siendo invitada por el propio Hitler a tomar el té en la Cancillería, después de verla durante una visita que hizo a un estudio cinematográfico en Berlín el mismo año. Aunque parece que el Führer no se insinuó a la actriz, el siempre omnipresente Göbbels sí se dedicaría en cuerpo y alma a su conquista una vez que la tuvo ante sí, que sería casi dos años después.

En 2001 se publicaba de manera póstuma la autobiografía de Baarová, titulada *La dulce amargura de mi vida,*[6] donde la vieja estrella checa reconocía su relación amorosa con Göbbels y muchos de los secretos de la vida íntima del ministro. Hasta los años noventa negó rotundamente ser la amante del gerifalte nazi, hasta que, con graves problemas económicos y dos matrimonios frustrados, el editor alemán Richard Kettermann logró convencerla para que contara lo vivido, presuponemos que con un suculento cheque de por medio.

En el libro, la actriz revelaba que conoció a Göbbels en 1936, durante los Juegos Olímpicos, en el opulento barrio berlinés de Schwanenwerder, donde la familia del nazi había alquilado una casa cerca de la vivienda donde residían Fröhlich y Baarová. Esta parece que se sintió atraída por Göbbels y entonces iniciaron una relación amistosa, viéndose varias veces en el yate del ministro.

6. Peter Conrady, «Goebbels mistress tells tales from the grave», en *The Sunday Times,* 21 de enero de 2001.

Cuando Lída fue consciente de dónde se estaba metiendo, de la oscuridad que rodeaba al Tercer Reich, intentó poner pies en polvorosa, pero mientras pretendía abandonar Berlín en tren, un mensajero se presentó ante ella con un ramo de rosas y una fotografía del mismísimo Josef. No le quedó más remedio que dar media vuelta y volver a los brazos —más bien garras— del pequeño vocinglero del movimiento nazi. Era «imposible» resistirse por varias razones. Según recordó la actriz, «Josef fue un experto en cacerías. No se le escapaba nada, ni nadie».

Al parecer, Göbbels persiguió implacablemente a la dama —que en un principio rehuyó sus pretensiones— hasta que cayó en sus brazos, y de la «amistad» pasaron al adulterio cuando el *Reichsminister* llegó a confesarle a la checa que «jamás en mi vida estuve tan enardecido de amor por una mujer». Pronto aquello se convirtió en más que un *affaire* y comenzaron a verse cada vez que este encontraba la ocasión de escabullirse de su apretadísima agenda política. Entonces empezaron los problemas: primero con Fröhlich, que descubrió a la pareja y tuvo el coraje —o la impertinencia— de reprender con vehemencia al ministro nazi antes de abandonar a Baarová. Y luego por el hecho de que Magda Göbbels tuviera conocimiento de la aventura extramarital de Josef pues, aunque a veces consentía sus deslices, no estaba dispuesta a hacer peligrar su importante posición en el régimen.

La cosa llegó a ponerse muy fea para la cúpula nazi cuando Göbbels parece que presentó su dimisión ante Hitler con la intención de marcharse como embajador a Japón con Baarová y comenzar una nueva vida lejos de los gritos antisemitas en sus alocuciones al pueblo alemán. Era como si la pasión hubiese nublado el juicio a uno de los hombres más importantes del Tercer Reich, y el Führer no podía tolerarlo. Así, Hitler hizo expulsar a la actriz checa de Alemania, muy probablemente porque intervino Magda.

Es muy lógico que el escándalo perturbase al gran jefe nazi en el momento en que se firmaba el Tratado de Múnich, por el que se entregaba parte de Checoslovaquia a Alemania. Hitler no podía permitirse prescindir del ministro de Propaganda en momentos tan cruciales y mucho menos que el representante de la «familia ideal» aria apareciese en la prensa internacional manteniendo una relación, precisamente, con una actriz de nacionalidad checa.

Así que Baarová tuvo que volver a su patria. Corría el año 1938 y las cosas no serían precisamente fáciles para ella, mucho menos teniendo en cuenta que se la asociaba con el régimen nazi. Desde su «inocente» flirteo con el doctor Göbbels, su vida sería una continua escapada, acusada de colaboracionismo, razón por la que titularía sus memorias, precisamente, *Huida*.

Muy a su pesar, el maestro de la propaganda no volvería a ver a su amada. No obstante, y al margen de sus diferencias con el Führer, que parece que se distanció de él tras su affaire, sería el único de los miembros de la cúpula del Partido Nazi que lo acompañaría hasta el final en el búnker de la Cancillería, junto a su mujer, la devota nacionalsocialista Magda y sus seis hijos, de entre cuatro y doce años: Helga, Hedwig, Holdine, Heidrun, Hildegard y Helmut —todos bautizados con nombres que empezaban con la letra hache en honor a Hitler—, a los que no dudaron en matar para salvarlos de «los horrores que les depararía un régimen no nazi», estremecedora escena que recrea de forma magistral el director alemán Oliver Hirschbiegel en *El hundimiento* (2004) según el testimonio de los que pasaron esos últimos días en el búnker.

Entre Moscú y Berlín

Ahora sí, hablaré de Olga Chéjova, la actriz que no solo cautivó a Göbbels y a Hitler, sino que también los espió. Existe una confusión en relación con el nacimiento de la futura actriz, que tuvo lugar el 26 de abril de 1897. Aunque en los documentos oficiales soviéticos, incluidos los informes posteriores sobre su persona realizados por el Comisariado del Pueblo para Asuntos Internos (NKVD) y la SMERSH —siglas en ruso de Muerte a los Espías, nombre de la organización de contraespionaje soviética adscrita al Ejército Rojo—, su ciudad natal fue Pushkin —antes llamada

Tsarskoye Selo—, el historiador británico citado, Antony Beevor, señala que no cabe duda de que vio la luz en Alexandropol, en el Cáucaso meridional, y que su familia no se trasladaría a San Petersburgo hasta varios años después de lo registrado en distintos informes.

Bautizada con el nombre de Olga Knipper, procedía de una familia adinerada y muy conocida en toda Rusia. Era hija del ingeniero ferroviario Konstantin Knipper y sobrina de la actriz Olga Knipper Chéjova, nada menos que la esposa del dramaturgo Antón Chéjov. Estudió en Tsarskoye Selo, pero más tarde, tras quedar cautivada por una actuación de la actriz de teatro italiana Eleonora Duse, se unió al estudio del Teatro del Arte de Moscú, una profesión que llevaba en la sangre —aunque todo parece indicar que jamás actuó oficialmente para la prestigiosa compañía—. Precisamente allí conoció al gran actor Mijaíl Chéjov, sobrino de Antón y su tía, en 1915, al que todos conocían como Misha, y cayó ensimismada por su carisma. La impresión fue mutua y no tardaron en casarse.

El talento de Misha para la interpretación era sorprendente, pero, eclipsado por su ego y su inmadurez, pronto se sumergió en el infierno del alcohol. Hubo mucha pasión en un principio, pero el deterioro de la relación entre los esposos comenzó cuando se mudaron a Moscú a compartir un pequeño apartamento con la posesiva madre de Misha. En ese tiempo, el actor consiguió eludir que lo llamaran a filas, una situación que le generaba al parecer auténtico pánico, mientras, por el contrario, su cuñado Liev Knipper, otro de los personajes capitales de esta historia, huía a los diecisiete años del centro de secundaria en el que estudiaba para alistarse, aunque las autoridades lo enviaron de vuelta para finalizar su formación, lo que probablemente le salvó la vida.

Luego Liev ingresaría en el Colegio Superior Técnico de Moscú, donde sería destinado a la unidad de reserva y más tarde como aspirante a la Artillería a Caballo de Orel, a las puertas de la Revolución rusa, un acontecimiento del que se cumplía un siglo cuando escribí estas líneas y que supondría un cambio radical en las vidas de toda una nación. El mundo cambiaría para siempre a partir de ese momento y la vida de Liev se encaminaría hacia una fructífera carrera en el espionaje soviético, pero aún era demasiado pronto para que ni siquiera lo imaginara.

Ruptura y miseria

Volviendo a la situación íntima de la protagonista de este expediente, Olga, esta se hallaba en 1916 en avanzado estado de gestación y cada vez soportaba menos a su posesiva suegra. A ello se unía el hecho de que el inmaduro y soberbio Misha, que permaneció un tiempo sobrio, había vuelto a beber y, según las memorias de Chéjova,[7] tenía por norma añadir vodka a la cerveza para lograr lo que él mismo denominaba «un efecto intenso», llegando a perder en ocasiones incluso el sentido.

Además, solía echar más leña al fuego conyugal dejándose ver jugando al tenis con toda una serie de «amiguitas», probablemente amantes, entre ellas la que acabaría por convertirse, con el tiempo, en su segunda esposa. Olga confesaría más tarde que era tal su desesperación que trató de poner fin a su embarazo con baños calientes. Finalmente, el 9 de septiembre de 1916, nacía su hija, a la que bautizaron como Olga, pero a la que siempre llamarían por el nombre de Ada.

Mientras la actriz sufría una depresión posparto que le provocó incluso un síncope nervioso, Misha se dio aún con más intensidad a la bebida. Si la situación en aquel apartamento era penosa, en toda Rusia el viejo Imperio comenzaba a desmoronarse a medida que retrocedían los frentes y se propagaba por las calles la noticia de una revolución que iba tomando cada vez más fuerza. Ya el año anterior, durante el verano de 1915, se había sembrado la mecha de la sublevación con la caída de los ejércitos rusos en el centro y el sur de Polonia, cuando se produjeron revueltas antigermánicas por todo Moscú.

Esos disturbios estaban provocados en gran medida por la

7. Olga Chéjova, *C. C. Bergius: Ich verschweige nichts! Autobiografie*, Berchtesgaden, Zimmer & Herzog, 1952.

nacionalidad de la zarina,[8] que, según los insurgentes, era la prueba viviente de la injerencia del enemigo en el interior del vasto país, una teoría de la conspiración que se caía por su pro pio peso, pero que se extendió como la pólvora. Contrariamente a los falsos rumores que extendían los revolucionarios, la zarina mostraría su apoyo a su pueblo adoptivo en más de una ocasión, llegando a establecer su propio hospital; su patria era Rusia pero nadie quiso entenderlo así, lo que condujo a su trágico final y al de toda la familia real.

En invierno de 1916 las cosas se complicaron todavía más: en la retaguardia se agotaban las provisiones de alimentos mientras los soldados se congelaban en las trincheras de un frente caótico. A su vez, muchos oficiales vivían «a todo tren» en casas requisadas tras las líneas de fuego, lo que no ayudó a calmar los ánimos. Orlando Figes[9] apunta que los miembros de la nobleza y acomodados ociosos, al ver que sus privilegios se abocaban al desastre, «se entregaron al juego y al libertinaje, apurando hasta la última gota del vino de sus bodegas, comprando esturión ahumado y caviar a los exorbitantes precios impuestos por el mercado negro y manteniendo desvergonzadas aventuras a la vista de todo el mundo». Y añade: «En Petrogrado, la cocaína, importada de Latinoamérica, había seguido los pasos del tango como producto de moda en esa danza macabra», situación que también afectaría al hasta entonces intachable Teatro del Arte de Moscú, controlado por Stanislavski, donde el alcoholismo se había convertido casi en una moda. Y eso a pesar de que el zar, en una muestra de «austero patriotismo», apenas estallada la guerra, había prohibido el vodka, que se obtenía en el mercado negro —el *samogon* o vodka destilado de forma ilegal.

A la firma del armisticio sucedió la caída de la dinastía Romanov el 3 de marzo, luego los sóviets, el estallido de la guerra civil: los rusos blancos enfrentados en una lucha a muerte con

8. Nacida en Darstadt, Alemania, el 6 de junio de 1872, fue bautizada con el nombre de Alix de Hesse y el Rin. Al ser recibida en la Iglesia ortodoxa rusa para casarse con el zar Nicolás II, se le dio el nombre de Alejandra Fiódorovna Románova, pero el pueblo no olvidaba su verdadero origen germánico.

9. *La Revolución rusa: la tragedia de un pueblo*, Barcelona, Edhasa, 2001.

bolcheviques y mencheviques; la lucha de estos dos últimos y después el triunfo de Lenin y Stalin, con todas sus complejas ramificaciones y luchas de poder contra los seguidores de Trotski...; las grandes purgas; el Asunto Tujachevski; la colaboración secreta una vez más con el otrora enemigo alemán en su rearme, y finalmente la nueva guerra.

Pero volvamos al comienzo de la revolución. En medio de aquella espiral de violencia y cambios vertiginosos para la sociedad, la familia Knipper Chéjova sufrió la primera de sus múltiples desgracias cuando Volodia Chéjov, primo de Olga, cogió la Browning que su primo Misha guardaba y se descerrajó un tiro en la cabeza, muriendo al instante. Era el 17 de diciembre del convulso año de 1917. Su desaparición causó una honda impresión en Misha, que, con una fuerte depresión, volvió al alcohol.

Y así, Olga decidió poner fin al matrimonio. Mijaíl escribiría más tarde que la razón no había sido su alcoholismo, sino que su esposa había sido cautivada por un tal Ferenç Jaroszi, un oficial del Ejército austrohúngaro y aventurero que fuera prisionero de guerra en Rusia. La verdadera razón nunca la sabremos, pero aquella decisión determinó el futuro de nuestra espía, que, eso sí, tendría numerosos romances a lo largo de su vida.

Así, la actriz se trasladó junto al bebé al apartamento que poseían los Knipper en el bulevar Prechitenski de Moscú; sin embargo, la vida en la ciudad se hacía cada vez más difícil a causa de la escasez de alimentos y de suministros. Olga, acostumbrada a la vida acomodada, se vio por primera vez sumida en la pobreza. Aunque pintaba cuadros, la venta de estos apenas le reportaba ingresos, así que comenzó a trabajar como ayudante de oficina para un empresario de la industria vinícola.

No mucho tiempo después, sus padres decidieron llevarse a la pequeña con ellos a la región de Siberia y así alejarla del peligro de morir de inanición. La actriz permanecería en Moscú con su hermana Ada un año, 1918, en el que el cruel invierno, uno de los más fríos que se recordaban, azotaba sin piedad a las gentes: no había carbón y las autoridades habían prohibido recoger leña. Durante un tiempo, ambas hermanas se calentaban quemando en una pequeña estufa de hierro los volúmenes de la biblioteca familiar, y a pesar de las terribles circunstancias —la carne de caballo y la de perro sustituyeron a la de los animales habituales para el consumo—, Olga consiguió unos papeles en el cine mudo, un medio menos supervisado todavía por los bolcheviques que su amado teatro.

Rumbo a Berlín

Konstantin Knipper decidió regresar a Moscú y, a pesar de su antiguo apoyo a las fuerzas blancas al servicio del almirante Aleksandr Kolchak en su gobierno siberiano antibolchevique, sus conocimientos en el campo de la ingeniería ferroviaria eran de gran valor para el nuevo Estado bolchevique y su intención de reparar el sistema de ferrocarriles. Fue la razón que lo salvó de ser fusilado acusado de contrarrevolucionario.

La familia regresó al apartamento del número 23 del bulevar Prechistenski. Olga había tenido más suerte que otras actrices rusas, la mayoría de las cuales tuvieron que recurrir a la prostitución a tiempo parcial para sobrevivir. Esta tomó entonces una decisión que decidiría su futuro: probar suerte en Berlín dejando de nuevo a su hija con sus abuelos.

La actriz solicitó un permiso de salida de seis semanas, que increíblemente le concedieron sin demasiadas trabas.[10] Parece que Ferenç Jaroszi estuvo totalmente de acuerdo, aunque, una vez más, existen contradicciones en la fecha de partida de la estación de Bielorrusia que cita Olga en sus memorias. Al parecer, la Chéjova ocultó un anillo de diamantes bajo la lengua, y fingió haber perdido el habla, una acción, de ser cierta, no poco arriesgada, teniendo en cuenta que la exportación de joyas, consideradas bienes del Estado, estaba estrictamente prohibida.

En su relato, señaló que fue la única mujer en un tren abarrotado de prisioneros de guerra alemanes, húngaros y austría-

10. En sus imaginativas memorias llegaría a decir que el documento de permiso iba firmado nada menos que por la esposa de Lenin, Nadezhda Krúpskaya, algo que parece no ajustarse, ni de lejos, a la realidad histórica.

cos. Un viaje lento hasta extremos exasperantes que hizo que llegara a Berlín, a la estación de Schlesischer, en enero de 1921. Allí fue recibida por una amiga, cuyo nombre no cita, del colegio de San Petersburgo, quien le encontró alojamiento como inquilina en una humilde casa de la viuda de un oficial muerto en combate de la Grossbeerenstrasse. Apenas tenía nociones de alemán. Poco después, vendió aquel lujoso anillo que supuestamente había ocultado en la frontera y piezas de ajedrez que tallaba ella misma, así como dibujos y pequeñas esculturas.

En el momento en que Olga viajaba hacia la capital alemana que años más tarde habrían de tomar los tambores del nacionalsocialismo, su hermano Liev Knipper vivía una situación desesperada en la península de Galípoli, como otros muchos oficiales blancos del Ejército del comandante Piotr Wrangel. Mientras su tía Olia realizaba como exiliada una gira por los Balcanes con el Teatro del Arte del laureado Vasily Kachalov, Liev, casi milagrosamente, pudo ponerse en contacto con ella por carta, le contó su desesperada situación y esta se las apañó para hacerle llegar cierta cantidad de dinero. Fue el billete de salida del futuro espía, que pudo unirse más tarde a la compañía teatral, que estaba en Zagreb, y entabló amistad con Vadim, el hijo de Kachalov, que había luchado también junto a los blancos.

Gracias a su apellido Chéjov, Olga no tardó en confraternizar con la nutrida y selecta comunidad rusa de exiliados en Berlín, y poco después conoció a profesionales del mundo del cine que le presentaron al productor Erich Pommer, la figura más importante de los estudios UFA que un día controlaría Göbbels, y que sería fundamental en el vertiginoso ascenso de la actriz de origen ruso.

Olga obtendría su primer papel en la capital alemana de manos del legendario director Friedrich Wilhelm Murnau, adalid del más tarde llamado expresionismo alemán gracias a la cinta muda *Nosferatu, el vampiro,* que rodaría apenas un año después, concretamente en 1922. La producción en la que participaría nuestra protagonista era una película muda de título *Schloss Vogelöd (El castillo encantado)* y parece que no le fue muy difícil hacerse con el papel.

Puesto que apenas conocía la lengua alemana, tuvo que trabajar con un guion traducido al ruso exclusivamente para ella. Tras el estreno, rodeado de la misma atmósfera enigmática que el argumento,[11] la prensa elogió su actuación, hasta el punto de que un crítico la llegó a comparar con Eleonora Duse y fue solicitada para numerosas entrevistas y sesiones fotográficas, lo que le obligó a aprender el idioma nativo rápidamente.

A pesar de trabajar con Murnau, eran tiempos de superinflación y según ella apenas tenía dinero para pagar el alquiler. El éxito de *Schloss Vogelöd* y la protección de Pommer fueron un verdadero golpe de suerte para ella.

Los servicios secretos se movilizan

La compañía de Kachalov regresó a Moscú en mayo de 1922 y el futuro que le esperaba a Liev sería realmente inesperado. Olia se reinstaló en el bulevar Prechistenski, donde también vivían su hermano Konstantin, muy enfermo para volver a su ocupación de ingeniero ferroviario; su esposa, Lulu, Ada y la hija de esta, así como la de Olga. También residía allí, entre bastantes estrecheces, Sofia Chéjova, la madre de su difunto sobrino Volodia, que estaba viuda. De vez en cuando, también permanecía en el apartamento alguna temporada el enigmático Liev, cuyas memorias, en palabras de Beevor, «son tan falsas como las de su hermana Olga, por más que él no se dejara llevar por las fantasías que caracterizan las de ella», algo no demasiado extraño teniendo en cuenta su ocupación como agente secreto.

Lo que sí es seguro es que a su regreso a Moscú, el antiguo soldado fue entrevistado en numerosas ocasiones por los órganos de seguridad del Estado, de reciente creación, en palabras del

11. Murnau eligió para su estreno el 7 de abril de 1921 un cine del Kurfürstendamm llamado Marmorhaus (la Sala de Mármol), una extravagante mezcla de la arquitectura del Antiguo Egipto y la Grecia clásica, en la línea de los espectáculos de magia e ilusionismo de ecos místicos que triunfarían poco después en la capital germana y que harían célebres figuras como Erik Jan Hanussen y su Palacio del Ocultismo.

general Pavel Sudoplátov,[12] director entonces del servicio de espionaje. Fue presionado por el recién constituido OGPU,[13] y parece que no le quedó más remedio que ceder debido a su condición de antiguo oficial de la guardia blanca.

Surge entonces la duda entre los historiadores sobre si fue Liev quien reclutó a su hermana, que ofrecía una inigualable tapadera al estar destinada en la capital alemana que un día sería tomada por las fuerzas de Hitler. El historiador inglés citado incide en que resulta imposible determinar si los agentes del OGPU le obligaron a ello, al permanecer todavía hoy cerrados a cal y canto toda una serie de archivos de la antigua Unión Soviética.

Por su parte, el hijo del general Pavel, Anatoli Sudoplátov, que conocía a los agentes que supervisaban las labores de inteligencia que no tardaría en realizar Liev Knipper, escribió que «en la década de los veinte, [Olga Chéjova] era una figura fundamental a la hora de organizar cualquier tipo de encuentro entre los exiliados rusos en Alemania», y Liev iría a visitarla con cierta frecuencia. De hecho, todo apunta a que el hermano, siguiendo a Sudoplátov, «mantuvo, ayudado por el NKVD, contactos regulares con Olga Chéjova durante la década de 1930».

Con el tiempo, a Liev le reapareció una tuberculosis que lo había encamado en su infancia, y puesto que el Teatro del Arte iba a comenzar una gira por Europa occidental y Estados Unidos —a pesar del férreo control de las autoridades soviéticas—, la tía Olia consiguió un permiso para que su sobrino los acompañara y pudiera ser tratado por especialistas alemanes.

Casi con seguridad, los servicios secretos utilizarían aquel viaje como una excelente tapadera para su nuevo agente con una misión secreta: la de espiar a sus compatriotas del ejército blanco diseminados por toda Europa, un verdadero nido de conspiradores contra el nuevo régimen. Era la única salida que le quedaba

12. Pavel y Anatoli Sudoplátov, *Operaciones especiales: memorias de un maestro de espías soviético*, Barcelona, Plaza & Janés, 1994.

13. En 1921, la Checa se había transformado en el OGPU o Directorio Político Unificado del Estado (Obeyedinionnoi Gossudarstvennoie Politicheskoie Upravlenie), que pasaría a formar parte del NKVD (el Comisariado del Pueblo para Asuntos Internos) en 1934.

si Liev Knipper quería seguir manteniendo la cabeza sobre los hombros.

Aquel sería un intenso período de operaciones secretas llevadas a cabo en territorio extranjero y organizadas por el INO,[14] y su intención era perseguir todo acto considerado contrarrevolucionario fuera de las fronteras. En 1920, el fundador de la temible Checa, Félix Dzerzhinski, organizó operaciones clandestinas con grupos de exiliados rusos en Alemania y Francia. El INO reclutó agentes que, como Liev, debían infiltrarse en organizaciones de emigrados y secuestrar a sus dirigentes, hasta el punto de crear falsas organizaciones blancas en el interior de Rusia para atraer a sus filas a enemigos del régimen que caían en una verdadera y letal trampa.

Parece que el cometido de Liev en Berlín iba a ser ponerse en contacto de nuevo con su hermana, que presumiblemente ya formaba parte del mismo entramado de inteligencia que él, y, mientras reanudaba sus estudios musicales, informar al Kremlin de los movimientos de los rusos blancos. Las organizaciones de expatriados formaban en aquel tiempo un complejo y variopinto entramado que estaba infestado de espías y agentes dobles, la mayoría de ellos al servicio del OGPU —unos por decisión propia y otros presionados por sus afiliaciones del pasado—, donde la vida de sus dirigentes pendía de un hilo y nadie estaba seguro de la verdadera identidad de sus interlocutores, como puede verse en la película de 2004 *Triple agente*, dirigida por el francés Éric Rohmer. Muchos, con tal de regresar a la madre Rusia, estaban dispuestos a traicionar a los suyos.

Liev tenía la misión de identificar a los exiliados, principalmente intelectuales, que pudiesen ser persuadidos de regresar a la patria en calidad de arrepentidos, aunque no parece que tomara parte activa en los secuestros y en el aspecto más violento de las operaciones clandestinas.

Volviendo al periplo de la compañía, el Teatro del Arte, formada entonces por sesenta personas, entre ellas Liev, llegó a Ber-

14. Inostrannii Otdel, el Departamento Exterior de Espionaje dentro del OGPU.

lín a finales de septiembre de 1922 tras un penoso viaje en barco por las aguas del Báltico. Liev permaneció quince meses en tierras alemanas, la mayor parte del tiempo en un sanatorio de Friburgo, donde componía partituras de piano, y el resto estuvo en la capital alemana.

Según el general Sudoplátov, que se haría cargo más tarde de los servicios soviéticos de espionaje en Alemania, la colaboración de Olga Chéjova «estaba basada en una relación de confianza con nosotros y en las obligaciones impuestas por su reclutamiento», lo que parece indicar que tenía carácter de agente voluntario, no remunerado. Más tarde, Anatoli Sudoplátov afirmó durante una entrevista el 24 de septiembre de 2003 que el principal interés que tenían los servicios secretos era emplearla como «espía durmiente» para cuando fuera necesaria.

Mientras tanto, Olga continuaba con su fulgurante carrera cinematográfica, actuando en más de cuarenta obras de cine mudo durante la década de los veinte mientras realizaba papeles también en el teatro.

El 6 de enero de 1924 había muerto Konstantin Knipper, y Liev pudo trasladarse hasta Moscú para despedirse de él. Poco después, Lulu Knipper se mudó a Berlín con las dos pequeñas, donde Olga había alquilado un nuevo piso con quince habitaciones en el número 20 de la Kolpstockstrasse, en el exclusivo distrito de Tiergarten. La afamada actriz disponía de gran cantidad de dinero y se hizo construir una vidriera con el escudo de armas de los Knipper. Ya como una estrella, su nivel de renta había crecido hasta el punto de pegarse el capricho, en tiempos de crisis, de comprarse un elegante Talbot descapotable e incluso pagar los servicios de un chófer.

Le iba viento en popa y la primera película sonora en la que participó, en un momento clave y difícil del séptimo arte que dejó a muchos actores del cine mudo sin trabajo, fue también un éxito internacional. Era 1930, el mismo año en que viajó a Nueva York, bajo el nombre, según ella, de Olga *la Sexi,* a bordo del transatlántico *Europa* para rodar la película romántica *Love on Command* con la productora Universal. En Hollywood asistió a numerosas fiestas en las que conoció a actores de la talla de Douglas Fairbanks, Harold Lloyd, Greta Garbo o el genial y controvertido Charlie Chaplin, quien firmaría la más mordaz sátira al régimen nazi en pleno auge del mismo, *El gran dictador* (1940).

Mientras tanto, su hermano Liev llevaba una existencia paralela y, mientras trabajaba como espía, triunfaba en el campo de la música. Pronto gozó de la confianza del Teatro del Arte de Moscú y en 1929 se hizo con el puesto de asesor operístico de la organización, quizá porque el OGPU esperaba que informase de los movimientos de sus compañeros. Por aquel entonces, sus actividades de inteligencia eran supervisadas por el comandante Viktor Ilyin, más tarde comisario de Seguridad del Estado, quien trabajaba en el departamento político secreto con la misión de organizar a los informantes infiltrados en el mundo de la cultura.

Un año antes, Liev se había casado con una joven, hija de un ilustre arquitecto de familia noble, Liubor Sergeievna Zelenskaya, de nombre Tatiana Zelenskaya, a la que todos conocían como Liuba. Sorprendentemente —o no tanto—, Liev seguía realizando continuos viajes en tiempos en que las autoridades ponían numerosas trabas para salir del país. Practicaba alpinismo, seguía dando recitales y, por supuesto, haciendo su trabajo encubierto para los servicios secretos.

Los nazis en el poder

Las cosas en Alemania habían comenzado a cambiar a principios de los años treinta y lo que muchos temían y otros deseaban, ignorantes de las terribles consecuencias, se materializó el 30 de enero de 1933, cuando el otrora golpista Adolf Hitler se convertía en canciller de Alemania.

Olga Knipper Chéjova se contradice sobre cuándo conoció al doctor Göbbels. En los dos volúmenes de sus memorias publicadas tras la guerra, como era de esperar, le quita importancia a los contactos que mantuvo con el poderoso líder del Promi,[15] y los

15. Nombre con el que conocían los berlineses al Ministerio del Reich de Ilustración Pública y Propaganda, organizado en siete departamentos. Fue

testimonios que brindó durante sus interrogatorios a cargo de la SMERSH (departamento de contrainteligencia de la Unión Soviética), a su regreso a Moscú, apuntan que le habían presentado a Hitler poco después de que los nazis se hicieran con el poder, durante una recepción ofrecida por el propio Göbbels, donde el Führer parece que le transmitió su admiración tras haberla visto ese mismo año en la película *Brennende Grenze (Frontera en llamas)*.

Ya hemos comentado la pasión que este y el ministro de Propaganda tenían hacia el celuloide, como medio de evasión, pero también como eficaz arma de propaganda e ingeniería social. Así, Olga se convirtió en asidua de las recepciones gubernamentales, donde conocería a personajes de calado de la sociedad alemana. El ministro Göbbels llegó a escribir sobre la actriz rusa en sus queridos diarios que era «una mujer encantadora».

Por otro lado, mientras los nazis se hacían con un poder inconmensurable, Liev Knipper era cada vez más respetado en el seno de los servicios de inteligencia de su país. Cuando su controlador, el citado Viktor Ilyin, fue nombrado comisario de la Seguridad del Estado, su supervisor pasó a ser el teniente coronel Mijaíl Makiarski, sorprendente espía que más tarde devino en célebre guionista cinematográfico en la Unión Soviética. Con tales padrinos, Liev gozaba de una libertad increíble y pudo realizar numerosos viajes como asesor musical de la dirección política del Ejército Rojo.

Además, en 1932 se le encargó la misión de acompañar como instructor voluntario —casi con seguridad otra tapadera del OGPU— a un grupo de actores a través de Siberia occidental. También viajó por la Mongolia Buriata y más tarde impartió clases en buques de guerra y torpederos. Tiempo atrás, Liuba y él tuvieron un hijo al que llamaron Andréi. En otoño de 1936, los servicios de inteligencia soviéticos tenían sus miras puestas principalmente en la Guerra Civil española, que sería una suerte de laboratorio bélico para rusos, alemanes e italianos.[16]

fundado el 13 de marzo de 1933 y disuelto el 1 de mayo de 1945 con la derrota del Tercer Reich.

16. En un principio, Stalin mostró cierta renuencia a intervenir en el con-

Varios amigos de Liev fueron destinados como agentes del OGPU a la península Ibérica. Mientras, ese mismo año, Olga Chéjova, que en 1935 había sido nombrada «actriz del Estado» *(Staatsschauspielerin)*, se casaba con el multimillonario belga de cuarenta y un años Marcel Robyus.

En sus memorias, a las que siempre hemos de volver a pesar de su dudosa verosimilitud en ciertos pasajes, cuenta que durante una breve recepción en la Cancillería, a la hora del desayuno, el propio Hitler le permitió conservar la nacionalidad alemana. Durante un tiempo, la pareja se trasladó a la capital belga, que unos años después sería ocupada por los nazis, residiendo en un piso lleno de lujos, de estilo *art déco* con cuatro sirvientes en la avenida de las Naciones, pero la relación estaba abocada al fracaso casi desde el comienzo y no tardaría en romperse.

Mientras la actriz llevaba aquella vida que años atrás no podía siquiera soñar, en Moscú se vivían los años más convulsos del nuevo régimen, desde que el 1 de diciembre de 1934 se dio el pistoletazo de salida a las sangrientas purgas que diezmaron a los altos cargos del partido tras el asesinato de Sergéi Kírov, jefe del Partido Comunista de Leningrado. En toda Rusia ya nadie estaba a salvo del OGPU, que había sido renombrado como NKVD[17] y que detenía de la misma forma arbitraria que lo hacía la Gestapo nazi: miles de personas eran privadas de libertad, enviadas a los gulags y ejecutadas por fusilamiento, generando toda una oleada de denuncias, falsas acusaciones y confesiones forzadas entre una población aterrada, lo que pasó a la historia de la ignominia como «el Gran Terror».

En ese tiempo, Stalin parecía paranoico con los «conspiradores» trotskistas y con las democracias occidentales, a las que consideraba, en lugar de a Hitler, el verdadero peligro para el régimen de la hoz y el martillo. Tiempo después no iría desencaminado, pero entonces cometió un craso error. La primera olea-

flicto, y se vio obligado a ello tras la condena de dicha actitud pasiva por León Trotski desde su exilio en el extranjero.

17. El Comisariado del Pueblo para Asuntos Internos, abreviado como NKVD según su acrónimo ruso, fue un departamento gubernamental de la URSS encargado de asuntos de Estado, también conocido como Policía Secreta.

da de grandes purgas recibirían en Moscú el nombre de *yezhovchina*, ya que precisamente Nikolái Yezhov, jefe de la Policía Secreta soviética, fue su instigador. Yezhov fue un personaje inestable y violento, tanto o más peligroso que Lavrenti Beria, que sería su sucesor, y en ese momento la organización que comandaba fue conocida en las calles como «la máquina de picar carne», expresión que lo dice todo.

Mientras tanto, aunque Olga Knipper jamás perteneció a la camarilla nacionalsocialista, de la que solo formaban parte exclusivamente miembros del Partido Nazi, la embajada soviética la consideraba la «*prima donna* de la industria cinematográfica nazi», gracias a las numerosas recepciones a las que acudía y que eran las que recibían más publicidad por parte del temido ministro de Propaganda alemán.[18]

La diva y su encomiable posición eran, sin duda, un elemento de gran valor para la inteligencia soviética. Olga tenía tiempo para todo: para actuar de forma incansable, para espiar e incluso para el amor. En septiembre de 1938 se divorció del acaudalado empresario belga y no tardó en iniciar una nueva relación sentimental con el actor Carl Raddatz, con quien había rodado la cinta *Befreite Hände (Manos liberadas)* y que solía frecuentar la casa de campo de estilo ruso que los Knipper poseían al oeste de Berlín, en Gross Glienicke.

Era mayo de 1939 y Olga se reunió asiduamente con Göbbels en la residencia de descanso de Schwanenwerder, al otro lado del río Havel. El día 4 de ese mismo mes, el propio *Reichsminister* fue a ver la actuación de la actriz en la obra teatral *Aimée*, y después fue a visitarla y pasó varias horas charlando y riendo con ella.

A pesar de que en secreto se estaban preparando los ejércitos de Hitler, desde hacía tiempo, para su órdago a Europa, seguía habiendo tiempo para el teatro, el cine, los cócteles y las aventuras sexuales, espacios curiosamente perfectos para la labor de un

18. Según los agentes soviéticos que la interrogaron, Olga, una burguesa chapada a la antigua, odiaba sin embargo a Hitler principalmente por su antisemitismo y se sabe que ayudó a un actor judío de nombre Kaufmann y a su familia, a los que probablemente habría esperado un trágico final en el crematorio de algún campo de concentración.

espía. Ese mismo mes de mayo, durante una recepción en el jardín del ministro de Asuntos Exteriores, Joachim von Ribbentrop, Olga se sentó en primera fila al lado del Führer, un momento que dio la vuelta al mundo a través de la prensa y generó numerosos rumores. Desde luego, la «agente durmiente» se había colocado en una situación envidiable.

Ella misma contaría más tarde en sus memorias que estuvo bailando gran parte de la noche con el conde Galeazzo Ciano, yerno de Mussolini y ministro de Asuntos Exteriores del régimen fascista, a la vez que aprovechaba para escuchar las conversaciones de salón de los invitados, en las que, señala, era patente cierta tensión entre alemanes e italianos.

El verdadero papel de Olga en el entramado de espionaje soviético, en palabras de su biógrafo, continúa rodeado de sombras. Mientras que unos tienen tendencia a exagerar su rol como espía, otros afirman que la actriz perdió todo contacto con Moscú a partir de 1937 a causa de las purgas que afectaron, también, al departamento extranjero de espionaje del NKVD, aunque parece que por mediación de su hermano Liev continuó sirviendo al Kremlin.

Stalin seguía pensando que las democracias occidentales pretendían instigar a Hitler para que arremetiera contra la Unión Soviética, y no sería extraño que un sector de ideólogos y políticos franceses e ingleses pensasen en esos términos. No obstante, la intención del líder ruso era que tanto los nazis como las democracias occidentales se lanzaran a una guerra de desgaste cuyo único beneficiado sería el régimen comunista.

El Hombre de Hierro necesitaba ganar tiempo para rearmar a su Ejército y ese fue uno de los motivos del pacto Von Ribbentrop-Molotov, que indignó a los comunistas de medio mundo y dejó helados a muchos de los agentes al servicio de Moscú, como a Liev. Por aquel tiempo, este había comenzado una relación adúltera con la joven Marina Garikovna Melikova, nada menos que protegida de Lavrenti Beria y una de sus agentes no oficiales. Personaje fascinante de aquel tiempo de contrastes, era hija del fiscal zarista en Tiflis, Garik Melikov, quien había obtenido el perdón de Beria a cambio de trabajar para él también como espía.

En 1932, Marina había comenzado a trabajar en las oficinas del OGPU. Puesto que su madre, de origen ucraniano, estaba emparentada con el príncipe y emigrado blanco Kochubei, que vivía en Bruselas, fue empleada por sus superiores para operaciones contra los exiliados, y fue una agente muy eficaz,[19] tanto o más que su nuevo amante. Juntos habrían de realizar importantes trabajos para el NKVD durante la guerra.

Precisamente, tras la invasión alemana de Polonia en septiembre de 1939, sus jefes de Moscú enviaron a Liev, armado con una pistola Walther, al sureste del país, que, tras el ignominioso reparto que hicieron con los alemanes meses antes, los soviéticos habían rebautizado como «Ucrania occidental». Viajaba, como tapadera, con un grupo de bailarines del Ejército Rojo que, por supuesto, desconocían su verdadera tarea. Siguiendo las declaraciones de Sudoplátov, su misión consistía, en realidad, en «interrogar y cribar a los alemanes detenidos por el NKVD» bajo las órdenes del general Ivan Alexandrovich Serov,[20] cuyo seudónimo era General Ivanov, y que estaba llevando a cabo deportaciones y ejecuciones masivas de ciudadanos polacos.

Durante aquella misión en Polonia, Liev fue el responsable de la identificación de un agente doble alemán cuyo nombre en clave era Alma. A pesar de que tanto Stalin como Hitler no querían desairar al nuevo aliado espiándolo —e incluso dieron órdenes al respecto—, unos y otros sabían que un considerable número de agentes seguía todos sus movimientos. Era la guerra secreta de los espías.

19. Por aquel tiempo, Marina mantenía una relación con un tal general Nikolái Baldanov, destacado oficial del servicio exterior que además era su oficial de control. Sin embargo, en 1937 Baldanov fue arrestado por orden de Yezhov y ejecutado en aquella fiebre persecutoria que azotaba el país, y Marina no fue juzgada, aunque le confiscaron su apartamento y las pertenencias de Baldanov. Un año después, con la progresiva caída en desgracia del jefe del NKVD, Beria pudo convertirla de nuevo en espía al servicio del Estado.

20. Este importante personaje sería, tras la guerra, director del Comité para la Seguridad del Estado (KGB, en sus siglas rusas) entre 1954 y 1958, y del Departamento Central de Inteligencia (GRU, en sus siglas rusas) entre ese 1958 y 1963, año en que cayó en desgracia a causa de su fracaso en las negociaciones de la Crisis de los Misiles con Estados Unidos en octubre de 1962, y le fueron retirados todos sus honores y cargos.

Doble vida

Cuando comenzó la guerra, Olga siguió trabajando como actriz, a la vez que debía realizar actos de patriotismo hacia su país de acogida —lo que también le permitía, a su vez, realizar labores de espionaje—. Por ejemplo, en septiembre de 1940, durante la cruenta batalla de Inglaterra, la actriz visitó una escuadrilla de cazas de la Luftwaffe destinada en Normandía, cerca del castillo de Beauregard, firmando autógrafos a los pilotos y fotografiándose junto a los Messerschmitt 109.

Poco después, en octubre, se encontraba en París para actuar en el Teatro de los Campos Elíseos, y apareció en la portada de *Das Illustrierte Blatt* rodeada de soldados y también visitó a las tropas alemanas que estaban destinadas en Bruselas y en Lille, ciudad donde conocería a su nuevo amor, un joven capitán de la Luftwaffe apodado Jep. Olga contaba entonces cuarenta y tres años, y era mucho mayor que el piloto con el que mantendría una relación prácticamente a distancia cuando este fue destinado al norte de Francia. Entonces, la actriz estaba inmersa en papeles de películas propagandísticas que defendían la causa alemana.

Así estaban las cosas cuando, el 13 de noviembre de 1940, llegaba a Berlín la comitiva soviética de Viacheslav Molotov, ministro de Asuntos Exteriores de la Unión Soviética y responsable ruso del Pacto Germano-Soviético. Beevor cuenta una escena casi esperpéntica que, a quien esto escribe, le pareció uno de los pasajes más sorprendentes de la guerra entre bambalinas: Molotov y su séquito fueron recibidos con todos los honores en la estación de tren de Berlín Anhalter Bahnhof,[21] cerca de la Cancillería del Reich, por su homólogo alemán, Joachim von Ribbentrop, y el mariscal Wilhelm Keitel, comandante del Estado Mayor alemán (OKW), un escenario decorado con banderas rojas en las que se alternaba la cruz gamada nazi y la hoz y el martillo dora-

21. Hoy se mantiene en pie únicamente una pequeña parte de la entrada, pues fue duramente bombardeada durante la guerra. Se trata de la estación desde la que partían los trenes de deportados hacia los campos de exterminio.

dos soviéticos, una verdadera afrenta para los comunistas internacionales, muchos de los cuales habían sido perseguidos de forma implacable en Alemania cuando los nazis llegaron al poder, muriendo a manos de la Gestapo y en los campos de detención y más tarde de exterminio.

Mientras descendían del convoy en Anhalter Bahnhof, los altavoces tocaban «La internacional» mientras los generales alemanes y los altos funcionarios del Tercer Reich se cuadraban en un gesto casi surrealista que mostraba el sinsentido de la política extremista de aquel tiempo. Poco después, una caravana de lujosos Mercedes negros de seis ruedas abandonaba la estación y trasladaba a los invitados, escoltados por motoristas de las SS, hasta su hotel, el Schloss Belleme, y después visitarían la Cancillería del Reich, donde fueron recibidos por el propio Hitler, ataviado con su célebre guerrera de color verde caqui.

Durante aquella insólita reunión a puerta cerrada las cosas habían cambiado bastante desde el pacto por el que ambas potencias se habían repartido de forma vergonzante Polonia, y parece que el Führer no respondió a ninguna de las preguntas e insinuaciones de los soviéticos sobre el creciente número de tropas alemanas apostadas en Finlandia y Rumanía, poniendo en riesgo sus fronteras. Era cada vez más evidente que una gran amenaza se cernía sobre territorio ruso; pero los mandatarios del Kremlin estaban ciegos ante la realidad, en parte por la gran purga de agentes de inteligencia que habían caído en el Gran Terror y por las restricciones impuestas por Stalin para espiar a los alemanes.

No obstante, aquella comitiva que acompañaba a Molotov a la recepción con Hitler en la imponente Cancillería no era tan inocua como podría parecer, ni meramente diplomática: allí se hallaban dos peces gordos de los servicios de inteligencia rusos, algo que parece que pasaron por alto tanto la Abwehr como el SD: el georgiano Vladimir Dekanozov, que sería el primer director del departamento exterior de espionaje del NKVD enviado al extranjero, y Vsevolod Nikolayevich Merkulov,[22] subordinado

22. Antony Beevor, *Stalingrado,* Barcelona, Crítica, 2000.

inmediato del director del NKVD enviado a la capital germana aprovechando como tapadera la visita oficial para «evaluar personalmente la situación operativa de Alemania».[23]

Aquella misma noche, la delegación soviética organizó una recepción en honor de sus anfitriones en el gigantesco edificio de la embajada rusa en la larga y señorial avenida Unter den Linden, a la que no asistió Hitler, pero sí Von Ribbentrop, el vicefÜhrer Rudolf Hess —que no tardaría en protagonizar uno de los episodios más enigmáticos de la guerra— y el mariscal Göring, enormemente vanidoso y pagado de sí mismo, a quien le encantaba lucirse en sociedad, que se presentó con el uniforme celeste y plateado que él mismo había diseñado.

Durante aquella insólita recepción donde brindaban soviéticos y nazis, Merkulov tuvo ocasión de ser presentado a Olga Chéjova, aprovechando el interés que despertaba entre sus compatriotas el hecho de que perteneciera a la ilustre familia Chéjov. Se desconoce lo que hablaron y si este le transmitió alguna orden, aunque es de suponer que se le encargó alguna misión, o al menos que mantuviera los ojos bien abiertos. Lo que sí sabemos es que, al parecer, durante aquel encuentro Merkulov informó a la actriz de que su familia, que aún permanecía en Rusia, se encontraba bien, lo que sin duda era una buena forma, a su vez, de ejercer presión sobre ella.

Durante el primer brindis comenzaron a sonar las sirenas antiaéreas ante el inminente bombardeo de la aviación británica, cada vez más frecuentes en toda Alemania. Y mientras los mandatarios nazis se dirigieron con premura a los refugios antiaéreos construidos muy cerca, en la Wilhelmstrasse, los soviéticos hacían lo propio, según Valentin M. Berezhkov,[24] en una

23. Pavel y Anatoli Sudoplátov, *Operaciones especiales..., op. cit.*

24. Este era el intérprete de Molotov y sus secuaces en aquella visita, pero también lo sería de Stalin en las conferencias que mantuvo con otros líderes como Churchill o Roosevelt durante la guerra, por lo que tuvo un conocimiento íntimo y directo de las reuniones a puerta cerrada entre los grandes protagonistas de la contienda. En 1972 publicó su primer libro de memorias: *On Diplomatic Mission,* al que siguieron *History in the Making* (1982) y *At Stalin's Side: His Interpreter's Memoirs from the October Revo-*

suerte de sala de torturas —que no enseñaron a sus anfitriones germanos— destinada a interrogar a miembros sospechosos del personal, supuestos espías y personajes de la comunidad soviética afincada en Berlín, es de presuponer que simpatizantes blancos.

Olga regresó más tarde a Francia para reunirse con Jep en París, donde, el 23 de diciembre, recibió un paquete navideño enviado por el propio Führer a través de la embajada alemana, con pasteles, chocolate y bizcocho de jengibre, una fotografía del líder nazi firmada y una felicitación navideña de su puño y letra que rezaba: «Para *Frau* Olga Chéjova, con sincera admiración y veneración. Adolf Hitler», lo que indica el respeto que le mostraba un hombre sumergido entonces en la conquista de Europa.

Sin duda, nadie relacionado con el Partido Nazi sospechaba de su faceta como espía, lo que la habría llevado inmediatamente a las manos de la Gestapo para ser torturada a la luz de una bombilla en un oscuro sótano de interrogatorios en Prinz-Albrecht-Strasse, por muy estrella del cine que fuera y por mucho que formara parte de la familia Chéjov.

Por suerte, no fue así, ni mucho menos: en julio de 1941, pocas semanas antes de que Hitler diera la orden de atacar la Unión Soviética, desplegando la mayor operación militar de la historia, Magda Göbbels telefoneó a Olga para invitarla a un almuerzo dominical en su residencia de Schwanenwerder. Ante su respuesta afirmativa, envió un coche oficial a recogerla.

Treinta y cinco personas, entre gente del cine, diplomáticos y funcionarios del Promi, asistieron a la velada, durante la cual parece que Göbbels y la actriz rusa mantuvieron una tensa conversación sobre un hipotético ataque de la Wehrmacht a su patria natal —que por supuesto el ministro ya sabía que era inminente—, al menos si hemos de creer lo que cuenta una vez más en sus adornadas memorias.

Pocos días más tarde sucedía lo que casi todos sabían, pero

lution to the Fall of the Dictator's Empire, Nueva Jersey, Carol Publishing Group, 1994.

nadie quería creer, ni siquiera el propio Stalin:[25] los ejércitos de Hitler comenzaban la invasión de las extensas estepas rusas.

Sangre en los campos del este

Era un escenario largamente anunciado, pero ni siquiera cuando las pruebas de la invasión de Moscú eran evidentes, quisieron creerlo en el Kremlin: el 30 de septiembre Hitler daba luz verde a la Operación Tifón —el ataque principal a la capital soviética—, y el 5 de octubre un avión de reconocimiento soviético divisaba una columna de carros de combate alemanes blindados, de unos veinte kilómetros de longitud, que avanzaba por la carretera de Yuknov, a tan solo ciento treinta kilómetros de la capital soviética. La noticia fue tomada con tal escepticismo en el Kremlin que Lavrenti Beria quiso arrestar al piloto que transmitió el informe por «provocador». Tal era el estado de ceguera del aparato de poder rojo, que había desestimado los informes de sus mejores espías desde hacía meses en este sentido, como Richard Sorge desde Japón, Leopold Trepper desde Bélgica o Rudolf Roessler desde Suiza a través de la red Lucy.

Luego, otros dos aparatos fueron enviados a la zona y corroboraron la información para estupefacción del Hombre de Hierro y su círculo de poder. El pánico cundió en todo el país, aunque la población, acostumbrada a las privaciones y a la violencia, reaccionó mejor que en otros países ocupados: los voluntarios acudieron en tropel a alistarse.

Ante el avance imparable de los alemanes, alrededor de la ciudad se colocaron erizos de acero para frenar el avance de los blindados alemanes, y miles de ciudadanos sin apenas equipamiento fueron enviados a las afueras para cavar zanjas antitanque. Mientras, familias enteras abarrotaban las estaciones de ferrocarril dispuestas a hacerse con un pasaje, quizá su última

25. Radio Moscú transmitió un lacónico mensaje de Molotov anunciando la guerra. Al parecer, Stalin estaba demasiado afectado para poder hablar y permaneció encerrado durante semanas.

oportunidad para salir de la capital. Todo era un caos y pronto comenzaron los saqueos de vecinos y superiores de edificios, pues siempre hay personas sin alma —que parecen multiplicarse en tiempos bélicos— dispuestas a aprovecharse de la adversidad y la confusión.

Por su parte, el Gobierno se dedicó a quemar sus archivos en los patios de los ministerios para que no cayeran en manos de los nazis, y hasta el cadáver momificado del «canonizado» Lenin fue sacado en secreto de su mausoleo en la Plaza Roja y enviado al este, a un sitio entonces desconocido, en un convoy debidamente refrigerado, con el nombre en clave de Objeto Número 1. Hoy sabemos que fue a Tiumén,[26] al otro lado de los Urales, donde permaneció 1.360 días hasta 1944. Fue el único período de tiempo en el que el «semidiós» bolchevique no durmió en Moscú.[27]

El acto más atroz llevado a cabo por orden del Kremlin aquellos días fue que los presos de la Lubianka y otras cárceles utilizadas por el NKVD comenzaron a ser fusilados por pelotones de soldados que trabajaban sin descanso para evitar así que los reos cayeran en manos del enemigo y pudieran revelar «secretos de Estado».

Debido a los desórdenes y a la violencia generalizada, el 1 de noviembre Beria envió varios regimientos de soldados del mismo NKVD para restablecer el orden, que de nuevo se haría en forma de ejecuciones sumarias sin investigación previa para «todo aquel considerado sospechoso de deserción, saqueo e incluso ebriedad». Así se las gastaba también el régimen estalinista. Los ciudadanos de origen alemán[28] fueron rápidamente considerados enemigos del pueblo y detenidos por los departamentos locales de la Policía Secreta por todo el país. Sin embargo, parece que ninguno de los Knipper sufrió aquella suerte, probablemente gracias a la labor secreta que Liev y su hermana realizaban para el Estado.

26. A un sepulcro oculto en lo que actualmente es la Academia Estatal de Agricultura de Tiumén.

27. Gonzalo Aragonés, «La momia olvidada», en *La Vanguardia,* 23 de agosto de 2013.

28. Su número era ingente. Se calcula que en la Unión Soviética había un millón y medio.

Cuando comenzó la gigantesca invasión del país, Liev Knipper se hallaba en el Cáucaso, en un campamento aleccionando a los soldados del Ejército soviético sobre cómo luchar en escenarios montañosos. Luego este, en compañía de Mariya Garikovna, con la que se había casado, regresó a Moscú en octubre, en el momento más oscuro de la Unión Soviética durante la guerra, porque Stalin ordenó a Beria impulsar el ataque de la retaguardia de la Wehrmacht y los sabotajes a través de una quinta columna formada por grupos especiales.

Las órdenes que Beria dio a Pavel Sudoplátov inmediatamente después de nombrarlo, en medio del caos, jefe del destacamento especial del NKVD, eran, según sus memorias, «organizar en la ciudad una red de espionaje que pudiera ser activada una vez capturada la ciudad por los alemanes».

La misión especial —y por supuesto secreta—, que les encomendaron a Liev y Mariya no podía ser más sorprendente: debían acabar con la vida de Hitler y sus más estrechos colaboradores cuando fueran a visitar Moscú para paladear la hipotética victoria y humillar a los soviéticos, como ya había hecho el Führer el 23 de junio de 1940. Entonces realizó un viaje relámpago a París con una pequeña comitiva, donde quedó, al parecer, estupefacto con el Palacio de la Ópera y se fotografió ante la Torre Eiffel con su inseparable Albert Speer, al que encomendaría la misión arquitectónica de remodelar por completo Berlín con un trazado muy similar al de la capital francesa aunque en dimensiones colosales, el megaproyecto Welthauptstadt Germania (Capital Mundial Germania). El nombre lo dice todo.

Mientras tanto, los jefes del NKVD se habían trasladado para protegerse desde las sombrías oficinas de la Lubianka, el gran edificio de ladrillos amarillos cerca de la Plaza Roja que servía también de prisión y centro de detención y torturas, hasta una estación de bomberos más apartada.

Para llevar a cabo los nuevos planes, aquella operación de resistencia clandestina contaría con brillantes agentes como la oficial de enlace con Liev y Mariya, Zoya Vasilievna Zarubina. Esta llevaba el espionaje en la sangre: su padre, Vasili Mijáilovich Zarubin, había sido director de operaciones clandestinas en Alemania y Escandinavia, y más tarde realizaría el mismo trabajo como infiltrado en Estados Unidos, concretamente en Washington, con una brillante tapadera, mientras que su madrastra, Elizabeth Zarubina, que en la capital yanqui era conocida como Lisa Gorskaya, era una brillante agente que había servido con Vasili cosechando enormes éxitos. Según el trabajo de Jerrold L. y Leona Schecter,[29] Zarubina fue «una de las más exitosas agentes en el robo de secretos atómicos de Estados Unidos».

Por su parte, el padrastro de esta era Nahum Isaakovich Eitingon, alias *Kótov,* un importante oficial de inteligencia soviético que durante la Guerra Civil española había dirigido operaciones de guerra de guerrillas bajo las órdenes de Aleksandr Orlov.[30] La flor y nata del espionaje moscovita. Por aquellos años, el mapa europeo, teñido de sangre, era un hervidero de agentes secretos y tapaderas falsas. Con padrinos así, no es extraño que Zoya fuese una pieza fundamental del NKVD durante el asedio alemán de Moscú. Además de esta, existían al menos una docena de «grupos de batalla» con pisos francos y depósitos de armas.

El objetivo principal de la célula de Liev era, pues, acabar con Hitler y cualquier otro dirigente nazi que acudiera a Moscú, pero el jefe Schors[31] apunta que realmente debían trasladarse hasta la neutral Turquía y asesinar a otro de los personajes que jalonan las páginas de este libro, el embajador alemán Franz von Papen, enlace principal en Ankara del espía Cicerón con el centro de inteligencia de Berlín.

Sudoplátov apunta, por otro lado, que la pareja formaba parte de otro plan a medio plazo: debían pasarse al bando alemán como agentes dobles, esgrimiendo como explicación ante

29. Jerrold L. y Leona Schecter, *Sacred Secret: How Soviet Intelligence Operations Changed American History,* Londres, Brassey's, 2002.

30. Oficial responsable de la muerte del organizador del Partido Obrero de Unificación Marxista (POUM) Andreu Nin, y quien también, junto a Sudoplátov, preparó el atentado contra Trotski en México. Cuenta las operaciones en las que estuvo involucrado en su libro *Historia secreta de los crímenes de Stalin,* Barcelona, Destino, 1955.

31. Este llegaría a apuntar tras la guerra, atando cabos, que Liev y Mariya Garikovna habían recibido órdenes secretas de sus superiores de casarse, una práctica que parece que era bastante habitual entonces.

los nazis el pasado blanco de Liev, su conocimiento perfecto del idioma germánico y la «estrecha» relación de su hermana Olga con el régimen de la esvástica, notables ventajas.

Fuera cual fuese la verdadera misión, Liev Knipper disponía de once hombres, incluido un operador de radio, pertrechados con «granadas con control remoto, explosivos, munición y todo lo que necesitaba para realizar un asalto», según recogería su superior de entonces, el citado Sudoplátov. No obstante, aquel magnífico plan para asesinar al líder alemán nunca tuvo que llevarse a cabo, ni estuvo cerca de ser siquiera una realidad, ya que, aunque Moscú nunca cayó en manos de los alemanes, de haberse dado este caso, de impredecibles consecuencias para la historia, todas las fuentes apuntan a que Hitler nunca tuvo intención de visitar la capital soviética. Aun así, Liev y Mariya recibirían dos medallas de honor otorgadas por el NKVD por la defensa de la ciudad.

Antony Beevor indica que fueron dos las razones que permitieron a los soviéticos vencer en la batalla por Moscú: el tiempo atmosférico, que empeoró con rapidez generando temperaturas extremas, favoreciendo al Ejército Rojo, mucho más preparado en este sentido, dejando a los alemanes literalmente petrificados de frío, y los refuerzos que Stalin había hecho llegar del Extremo Oriente, formaciones de caballería a lomos de exóticos ponis cosacos armados con sables que, en colaboración con las unidades soviéticas de esquiadores, arremetían violentamente y por sorpresa contra la retaguardia alemana, rompiendo sus líneas de suministro.

Al gran líder rojo le había costado mucho decidirse a trasladar sus ejércitos siberianos, y solo lo hizo cuando, gracias a varias señales de radio interceptadas por su Estado Mayor, supo que los japoneses pretendían atacar Estados Unidos —en otro de los episodios más oscuros de la contienda— y no la Unión Soviética. Era diciembre de 1941 y la guerra más salvaje conocida por los siglos cambiaba drásticamente de dirección.

Rumbo a Alemania

Justo cuando Liev era condecorado convirtiéndose en un auténtico héroe de la Unión Soviética, el nuevo amor de su hermana Olga, Jep, era derribado a bordo de su Messerschmitt cuando sobrevolaba Inglaterra en una misión. La Chéjova volvía a quedarse sin compañero sentimental. La primera semana de diciembre de 1941, Liev y su esposa recibieron, como decíamos, la orden de pasarse a los alemanes vía Irán, Turquía y tal vez Bulgaria.

El 10 de enero de 1942 se sabe que se hallaban en la ciudad de Taskent, hoy en Uzbekistán, donde también se encontraban, desamparados, su antigua esposa y su hijo, que casi mueren de inanición de no haber terciado el lituano Paul Armand, viejo camarada de Liev que, destinado allí en una unidad base, los alimentaba con parte de sus raciones diarias. Aquel fue uno de los aspectos más oscuros de la biografía del espía soviético.

En ese punto, las «misiones» de los agentes se vuelven bastante confusas, como suele suceder en operaciones de inteligencia y ante la falta de documentación —probablemente inexistente— que las aclaren. Parece que una vez en Alemania, debían unirse a un grupo armado comandado por el antiguo campeón de boxeo Igor Miklashevski, que tenía un tío de nombre Blumental que había desertado y se convirtió en locutor de una emisora de radio de propaganda nazi. El NKVD había asignado a Miklashevski la misión de fingir que se unía a la causa de su tío junto a otros dos agentes para así infiltrarse entre el enemigo. Esos dos agentes parece que eran Liev y Mariya, aunque entonces Sudoplátov les encargó la nueva misión de «desertar» una vez más siguiendo una ruta diferente y convencer a Olga de que emplease sus contactos e influencia entre la cúpula nazi para que estos pudieran acabar con la vida de Hitler «en un ataque suicida». La madeja se enredaba cada vez más.

Con todo, cuando la pareja de agentes había regresado a Irán, Stalin canceló todo el proyecto ante la evidencia de que el Führer había perdido toda posibilidad de derrotar a la Unión Soviética tras el cerco del VI Ejército Alemán en Stalingrado y la reestructuración del Ejército Rojo. Aunque a ojos de sus compatriotas Olga seguía siendo una eficaz pantalla con los nazis, durante la guerra Hitler se había distanciado del mundo del celuloide y de los eventos de sociedad, donde apenas se dejaba ver, sin duda porque su persona había sido objeto de varios atentados, algunos casi exitosos.

Una de las secretarias de Hitler en el Führerbunker de Berlín en los últimos meses de la guerra, Traudl Junge, apunta en sus memorias[32] que, cuando la incombustible y siempre optimista Eva Braun le intentó hacer volver a su pasatiempo favorito, pasión que compartía con Göbbels —quien sí continuó manteniendo su interés por la UFA y el visionado de películas—, este le contestó: «No puedo ver películas mientras dura la guerra, mientras el pueblo tenga que hacer tantos sacrificios y yo deba tomar decisiones tan importantes. Además, tengo que reservar mis sensibles ojos para la lectura de mapas e informes llegados del frente». El mismo pueblo del que, según narró Albert Speer,[33] el Führer llegaría a decir en los últimos días de la guerra, atenazado por un incipiente párkinson y hecho un manojo de nervios: «Si perdemos la guerra me importa un bledo que el pueblo se vaya al infierno [...]. El pueblo es el elemento más débil y su aniquilación se debe a las leyes de la naturaleza. Es algo inevitable». Así se las gastaba el líder del «Reich de los mil años», bastante inestable psicológicamente en los estertores del nazismo.

El 18 de febrero de 1943, las cámaras volverían a filmar a Olga en un acto organizado por su amigo Göbbels en el Sportpalast de Berlín tras la derrota de Stalingrado, el famoso discurso —el más largo de todos los que ofreció el *Reichsminister*— en el que profirió estas palabras: «¿Quieren ustedes la guerra total?» en medio de clamores y aplausos de un pueblo fanatizado por la propaganda nazi. Sin embargo, la realidad era muy distinta: las

32. Traudl Junge, *Hasta el último momento: la secretaria de Hitler cuenta su vida*, Barcelona, Quinteto, 2005.

33. Según una conversación que mantuvo en el búnker con Hitler en relación con la destrucción de infraestructuras para dificultar el avance aliado hacia el corazón del Reich, y que recoge en su libro *Memorias: los recuerdos del arquitecto y ministro de Armamento de Hitler*, Barcelona, El Acantilado, 2008, una crónica fascinante del Tercer Reich.

cosas empezaban a ponerse cada vez más difíciles en Berlín y otras ciudades del país donde, a pesar de que Hitler hubiese reiterado tiempo atrás que jamás las bombas llegarían a Alemania, los bombarderos aliados estaban causando grandes estragos y numerosas víctimas.

El 9 de mayo, la madre de Olga y Liev, Baba Knipper, moría a causa de su avanzada edad y del tabaquismo crónico. Puesto que los bombardeos eran cada vez más frecuentes y las madres alemanas tenían siempre la maleta preparada para cobijarse en los refugios antiaéreos, algo para lo que la población había sido debidamente adiestrada en una fecha tan temprana como 1933 (lo que demuestra que Hitler buscaba la guerra desde el primer momento), la Chéjova abandonó el piso de Kaiserdamm, ya poco seguro, y se trasladó a la casa de campo de estilo ruso de la villa Gross Glienicke, cerca de los estudios Babelsberg en los que aún trabajaba cuando las excepcionales circunstancias no obligaban a suspender los rodajes, que era muy a menudo.

Mientras tanto, Liev y Mariya, tras la suspensión de su misión, volvían a Moscú ese año para instalarse en la capital soviética, donde también lo hicieron la antigua esposa de este, Liuba, que entonces mantenía una nueva relación con un director de orquesta, y su hijo Andréi.

Nuevas actividades clandestinas

Lev se había granjeado ya una más que buena posición en los servicios secretos y en 1944 fue adscrito como oficial político al tercer frente ucraniano que avanzaba hacia tierras rumanas robándole terreno al otrora todopoderoso Tercer Reich. La Unión Soviética se mostraba victoriosa: poco a poco fue liberada Crimea, luego Yalta..., y así el Ejército Rojo avanzaba hacia el corazón de Europa cuando los aliados estaban dando los últimos retoques a su gigantesco plan de atacar a Alemania por el oeste.

En octubre de 1944, con las ciudades alemanas cada vez más asediadas, Olga Chéjova se reunió con Julius Schaub, edecán de Hitler, en Kitzbühel, en una estación de esquí en la zona alpina del Tirol austríaco, donde estaba rodando una película. La actriz tomó un aperitivo con el nazi en el comedor de su hotel, pudiendo comprobar que se había quedado prácticamente sordo porque se encontraba al lado del Führer cuando estalló la bomba preparada por los conspiradores del 20 de julio en la caseta reconvertida en sala de reuniones donde los generales discutían los planes de acción en la Guarida del Lobo, quizá el momento en el que Hitler estuvo más cerca de morir de la extensa lista de atentados que sufrió.

Olga escribió que Schaub, además de contarle los pequeños detalles del magnicidio frustrado, le dijo que «estaban llegando armas y alimentos enlatados al Berghof», un lugar donde los servicios secretos ingleses pretendían llevar a cabo otro plan que nunca fructificó para asesinar al líder nazi y que tomó el nombre en clave de Operación Foxley —encargada personalmente por Churchill al SOE—, a través de un francotirador que finalmente no pudo ser enviado a los Alpes bávaros.

Puesto que Berlín era asediado implacablemente por las bombas aliadas, Praga sustituyó a Babelsberg como centro de los rodajes de la UFA, y allí se hubo de trasladar en varias ocasiones Olga para continuar con su trabajo. A pesar de que ella misma afirmó después de la guerra que se había ganado la animadversión de Göbbels tras su discusión sobre atacar Rusia, entre 1942 y 1944 parece que hizo al menos siete películas.

Ya hacia el final de las hostilidades fue invitada por el régimen a actuar en distintas ciudades alemanas en sus teatros y, en Colonia, el hotel en el que se alojaba fue bombardeado por la RAF y quedó envuelto en llamas, teniendo que evacuarlo y volar inmediatamente de vuelta a Berlín, lo que nos da una idea de cómo se habían tornado los papeles en la contienda.

A pesar de sus diferencias, las invitaciones del doctor Göbbels nunca dejaron de llegar de forma esporádica y en una de aquellas ocasiones celebró la representación número 500 de la obra *Aimée*, ofreciendo un banquete en honor a Olga en su casa de campo de Lanke en el que se sirvió un verdadero lujo en tiempos tan adversos —la élite era la élite—: carne asada de venado y bebidas de calidad.

A pesar de que la «guerra total» estaba casi perdida, incluso aunque de las bases secretas alemanas salían los más avanzados artilugios bélicos de su tiempo, las llamadas «armas milagrosas» del Tercer Reich,[34] a pesar, como decimos, de que su ambicioso sueño de conquista y exterminio se estaba viniendo abajo —aunque conforme más acorralados se sintieron, los nazis mandaban a más personas a la cámara de gas—, y de que, incluso, también había estado a punto de ser ejecutado por militares golpistas en la Operación Valkiria mientras se hallaba en su ministerio en Berlín, y de su siempre apretada, por no decir inabarcable agenda, Göbbels seguía sacando tiempo para sus conquistas, en este caso amorosas.

Una vez que su amada Baarová hubo de exiliarse, el Macho Cabrío de Babelsberg no volvió ni mucho menos al redil de la paz conyugal y durante los años de la contienda su favorita fue la actriz, bailarina y cantante de origen húngaro Marika Rökk,[35] quien al parecer también contaba con el visto bueno de la implacable Magda Göbbels, cornuda pero nazi hasta la tumba.

Göbbels, entusiasmado con sus actrices y amantes, a las que agasajaba y mimaba cual princesas de cuento, estaba rodeado de espías y traidores, pero se creía demasiado listo para saberlo, a pesar de contar con su propia y efectiva oficina de inteligencia. Sin embargo, él mismo se encargaba de proteger a sus divas de cualquier tipo de seguimiento o investigación. Una vez más, su fogosidad lo traicionaba.

Cuando en febrero de 1945 el Ejército Rojo había cruzado el Óder y se hallaba a cien kilómetros de la capital alemana, Olga tuvo tiempo de iniciar una nueva relación sentimental con un joven dieciséis años menor que ella, el oficial Albert Sumser,

34. Expresión acuñada por el propio Göbbels, tras haber definido la partida anterior como «armas de represalia». Todo muy rimbombante.

35. Durante décadas, algunos miembros de los servicios de espionaje soviético dejaron caer que había trabajado para ellos, algo que se corroboró recientemente, en febrero de 2017, mientras daba forma a este capítulo, cuando el periódico alemán *Bild,* basándose en fuentes desclasificadas del Servicio Federal de Inteligencia alemán, publicó que Marika había sido contratada como agente por el KGB durante la Segunda Guerra Mundial.

al que había conocido en otra fiesta en Wannsee, cerca de la mansión donde en 1942 se gestó oficialmente la «solución final» con Heydrich y Eichmann a la cabeza. Sumser, que había sido entrenador del Equipo Olímpico de Atletismo, se hallaba destinado en Potsdam como oficial del servicio de Comunicaciones.

La caída

Dos semanas después de que Olga regresara a Berlín de rodar en Praga, el 14 de febrero, el entonces líder de la SMERSH, la organización de contraespionaje adscrita al Ejército Rojo, Viktor Semiónovich Abakúmov, entraba en el cuartel general secreto de Hitler en Prusia oriental, la Guarida del Lobo (Wolfsschanze), y no tardó en remitir un informe detallado a Stalin y a Beria sobre lo que allí encontraron sus tropas. Alemania y el Reich «milenario» se desmoronaban.

Olga, como harían muchos de sus convecinos, comenzó a enterrar en el jardín de su casa de Gross Glienicke algún que otro objeto de valor y dispuso víveres en el sótano para prepararse para el asedio de los soviéticos ante la negativa del Führer a firmar el armisticio. Berlín era el epicentro del ocaso bélico en el frente occidental, un polvorín del que más de setenta años después aún quedan evidencias en sus calles reconstruidas.

La familia Göbbels, sabedora también de lo que se avecinaba —ahora, para ellos, el desastre—, se dirigió a la residencia de Schwanenwerder y, mientras Magda hacía un inventario del contenido, pensando ingenuamente, quizá, que algún día podría reclamarlo, su esposo destruía su correspondencia y objetos personales, entre ellos la fotografía dedicada de Lída Baarová que llevaba oculta en su escritorio desde 1938 y que arrojó al fuego tras comentarle a uno de sus viejos amigos que había ido a despedirle a la propiedad: «Mire: aquí tiene a una mujer de belleza perfecta»[36].

36. Friedemann Beyer, *UFA in Farbe...*, *op. cit.*

Göring haría poco después lo propio y mandaba dinamitar su casa de campo, Carinhall, una fastuosa mansión rodeada de bosques donde descansaba el sarcófago de su esposa fallecida en 1931, Carin Göring —de ahí el nombre de la propiedad—, y donde el orondo nazi se rodeó de miles de objetos de incalculable valor expoliados en museos y particulares de toda Europa. Se estaba produciendo el ocaso de los dioses del que hablaban las sagas nórdicas, tan queridas de los nazis, y ellos eran los perdedores.

Cada vez más cercano el final, llegó el 20 de abril, el cumpleaños del Führer, el último que celebraría y en el que un pueblo que sobrevivía a duras penas entre escombros aún cantaba alabanzas a su gran líder en pancartas que exponían en lo que quedaba de sus pisos semiderruidos, clamando todavía por una victoria imposible. Aquel día, Olga, mujer decidida y apasionada, de dudosa credibilidad pero sin duda valiente, se trasladó andando al cuartel de Albert Sumser —al que llamaba cariñosamente Bert— para convencerlo de que huyera de su acantonamiento. Y contra lo que cabría esperar, así lo hizo, arriesgándose a ser ejecutado por una patrulla de la Feldgendarmerie[37] o de las SS.

Después, fue a refugiarse, junto a Sumser y su perrito *Kubi*, a un diminuto refugio antiaéreo de los muchos que jalonaban la ciudad en ruinas. Mientras que Olga cuenta en su biografía una versión de tintes algo novelescos, sobre cómo fueron «liberados» por los soviéticos, Antony Beevor apunta que es más creíble la versión de los hechos que dio su compañero sentimental. Según este, cuando los primeros soldados del Ejército Rojo oyeron a la actriz hablar en ruso, llamaron a una comisaria, que agarró a Olga por el cuello mientras la acusaba gritando de traición a la patria. La salvó la aparición casi milagrosa de un coronel que permitió a la diva identificarse y que increpó a su compañera de

37. «Gendarmería de Campaña», expresión empleada para referirse a las unidades de Policía Militar que existieron en las Fuerzas Armadas alemanas hasta el final de la Segunda Guerra Mundial. A estos policías los caracterizaba una enorme insignia metálica colgada alrededor del cuello y su brutalidad en el modo de actuar. Conforme avanzaba la contienda fueron dependiendo cada vez más de Himmler.

armas cuando escuchó el muy respetado apellido Chéjov. Después, el coronel puso a dos soldados a hacer guardia frente a la casa donde se encontraba el búnker e informó de los hechos a sus superiores y estos a su vez a los hombres de la SMERSH.

La noche siguiente, dos oficiales le pidieron que cogiera algunos de sus efectos personales y los acompañara. Probablemente desenterró algunas joyas del jardín para lo que le esperaba en su nuevo e incierto futuro y se despidió de su hija y de su nieto, así como de Bert Sumser. Un coche oficial la trasladó al cuartel general del I Frente Bielorruso del mariscal Zhúkov, al otro extremo de Berlín, dando un gran rodeo para evitar verse sorprendidos por los disparos o las bombas de la batalla que aún seguía librándose en las calles de la ciudad a causa del fanatismo de las «fuerzas de asalto del pueblo», el Volkssturm que había impulsado Göbbels.

Allí se levantaba la antigua escuela de ingenieros militares de Karlshorst, ocupada ahora por los servicios de contraespionaje del Ejército Rojo y donde Olga fue interrogada tras pasar la noche, el 29 de abril, por el coronel de la SMERSH Shkurin, según narra el historiador de cine británico Michael Munn.[38] Mientras se realizaban los interrogatorios, el director de la unidad de la SMERSH adscrita al I Frente Bielorruso, uno de los jefes de contrainteligencia favoritos de Stalin, Aleksandr Anatolevich Vadis, recibió la orden desde Moscú de buscar el cadáver de Hitler, que acababa de suicidarse y cuyos restos habían sido quemados, junto a los de Eva Braun, por orden suya, en el patio del búnker de la Cancillería del Reich, terrenos hoy ocupados por el aparcamiento más visitado por los turistas de toda Alemania, donde una modesta placa recuerda aquel infame lugar, colocada en 2006 por la organización Berliner-Unterwelten e. V., encargada de realizar sorprendentes tours por los búnkeres subterráneos de la capital, de los que pude disfrutar en 2017.

Tras las sesiones con Olga, Shkurin entregó un sobre con el interrogatorio completo a su oficial de escolta y se lo remitió al

38. Michael Munn, *Hitler and the Nazi Cult of Celebrity,* Londres, Robson Books, 2012.

controvertido Viktor Semiónovich Abakúmov, jefe de la SMERSH. Luego, la Chéjova fue trasladada a Poznan, hasta un hangar, donde fue introducida en un avión cuyo piloto tenía instrucciones de llevarla a Moscú.

Así, veinticinco años después, la actriz volvía a su patria, siendo al parecer trasladada a un piso franco del NKVD «para un encuentro de setenta y dos horas», en el centro de la ciudad, donde debía entrevistarse con Abakúmov, a quien al parecer, al igual que a Göbbels, también le apasionaban las estrellas de cine y, a pesar de que Olga contaba con cuarenta y siete años, diez más que el oficial, siempre ha habido rumores de que hubo un romance entre ellos, aunque Munn apunta que no hay indicios en tal sentido. Otro secreto que la actriz se llevaría a la tumba.

En sus memorias, a las que hemos de volver una y otra vez a pesar de la duda razonable, Olga señala que tras el piso franco fue alojada con la esposa de un oficial del Ejército Rojo desaparecido en Alemania, donde recibía visitas de distintos oficiales que hablaban varios idiomas y con los que se entretenía jugando al ajedrez a la espera de ser trasladada al Kremlin para dar detalles sobre su relación con Hitler y la cúpula nazi en Berlín.

Durante el tiempo que estuvo alojada en el apartamento moscovita, escribió un diario en el que, sabedora de que los hombres de la SMERSH lo leerían —a pesar de que lo mantenía oculto—, minimizaba su relación con el Tercer Reich y se reía de los rumores que la vinculaban sentimentalmente con el propio Hitler. Para los servicios secretos rojos su figura revestía una gran importancia —a pesar de que, en realidad, sus contactos directos con el Führer fueron contados—, lo que demuestra el tratamiento de «persona ilustre» que le brindaron apenas ocho semanas después.

Las seis semanas que había pasado en la capital soviética causaron una honda impresión en Olga, que se sentía exhausta y desconcertada, con una visible tensión nerviosa por el tiempo transcurrido entre interrogatorios e intereses creados de los servicios de inteligencia. Beevor insiste en que el NKVD —que mantuvo una lucha de poder con la SMERSH en relación con sus agentes, entre ellos la diva— mantuvo ocultos numerosos informes sobre este punto cuando tomó el nombre de KGB y negó, siguiendo lo declarado por Sudoplátov, oficialmente su existencia, informes que aún hoy no se han hecho públicos y probablemente nunca lo hagan, manteniendo oscurecido aquel período clave de la guerra secreta.

Mientras estuvo en Moscú, no tuvo ocasión de encontrarse con su hermano, ni volvería a hacerlo en toda su vida ante las barreras que impondría el régimen soviético.

Regreso a las cenizas

De lo que no cabe duda es de que Olga recibió la orden del propio Lavrenti Beria de regresar a Berlín, donde se estaba realizando el reparto de la suculenta tarta que fuera el Tercer Reich (archivos, agentes, científicos...) entre los ganadores, ante la evidencia de un nuevo conflicto en el horizonte.

Los servicios secretos rusos le asignaron una nueva residencia, donde una brigada de fusileros del NKVD había desalojado a su antiguo ocupante, como años atrás hicieron los nazis con los pisos y casas de los judíos, obligándolos a abandonar sus hogares camino del exilio, teniendo encima que pagar un alto precio por ello.

La nueva casa de Olga era una hermosa vivienda que recordaba a su antiguo domicilio de Gross Glienicke y se hallaba en el número 2 de la Spreestrasse, en un lugar retirado y tranquilo que daba a un embarcadero, rodeado de arboledas y no pocas comodidades. Allí le suministraron reservas de alimentos y cartillas de racionamiento para toda la familia, además de cinco mil marcos, y apostaron tres centinelas en la entrada al servicio del NKVD —y probablemente instalaron micrófonos en el interior—, pues sus jefes querían mantenerla rigurosamente vigilada. Allí también se trasladó su amante, Albert Sumser.

La vida de la Chéjova seguía sin ser sosegada como la de una persona normal. Eso conllevaba trabajar como espía o al menos como informadora. A pesar de la estrecha vigilancia a la que la sometieron, tenía completa libertad de movimiento, y visitaba de forma frecuente los sectores occidentales de Berlín y la zona soviética en un tiempo en el que las distintas demarcaciones de la capital estaban blindadas y evidenciaban la división que años más tarde haría plenamente efectiva el ignominioso Muro erigido por las autoridades de la Alemania oriental.

Con frecuencia, Olga recibió visitas de periodistas occidentales, que eran seguidos de cerca por los agentes de la SMERSH. A su vez, los medios occidentales publicarían artículos sobre la labor de espionaje de la actriz, llenos de incorrecciones y fantasías, que la convirtieron en una persona aún más célebre pero que arrostraba ya su particular leyenda negra. El 14 de octubre de 1945 la revista británica *People,* con una gran tirada y mucha repercusión mediática, publicó un artículo titulado «La espía que coqueteó con Hitler», firmado por el periodista Willi Frischauer, haciendo públicos numerosos rumores sobre la Chéjova que no tenían viso alguno de autenticidad.

La publicación aseguraba que la actriz poseía incluso un dormitorio reservado en el cuartel de campaña del Führer allí donde este se trasladara, a la vez que, en cuanto a su labor como espía, señalaba que el intermediario con los soviéticos era su chófer, y que después de cada reunión con la cúpula nazi la actriz apuntaba, «con su lápiz incrustado de diamantes» —que nunca tuvo—, todo lo relevante, y se lo entregaba a este, que corría para hacer llegar a Moscú la información. A pesar de las licencias, se creó un gran revuelo entre los medios, que la acechaban insistentemente.

Otras publicaciones en Berlín hicieron lo propio. Encolerizada, la Chéjova fue al cuartel general del Ejército Rojo en Karlshorst y exigió la intervención de las autoridades soviéticas en aquel circo mediático: obligaron a algunos medios a publicar una carta rubricada por la diva donde esta aclaraba su papel en las extraordinarias circunstancias de la guerra, realizándose después toda una peregrinación de periodistas occidentales a su casa. Hubo demandas por difamación que ella ganó, y mantuvo su estrecha relación con los servicios secretos. Ello no impidió que siguieran publicándose rumores sobre su misteriosa vida, como cuando un diario alemán escribió que Himmler había querido arrestarla en 1945, convencido de que era una traidora, algo de lo que no existe prueba alguna.

Tras la guerra, su carrera como actriz fue notablemente menos exitosa que en los años de oro de Babelsberg. Fundó su propia productora, Venus Film Munich-Berlin, pero el fracaso de algunas de sus producciones hizo quebrar a la empresa. Hasta 1949 vivió en el sector soviético berlinés, manteniendo contactos con el NKVD, pero después logró obtener un permiso para trasladarse a un nuevo apartamento en Charlottenburg, en el sector occidental, algo un tanto extraño. Aun así, los servicios de inteligencia soviéticos siguieron manteniendo interés por su persona: el año 1952 —el mismo en que esta publicó el primer volumen de sus especiadas memorias, tituladas no sin cierto eufemismo *No tengo nada que ocultar*—, el director de operaciones del KGB en Berlín Karlshorst, recibió la orden de recopilar toda la información que pudiera sobre la actriz.

Más tarde, se mudaría a Múnich, donde había comenzado la historia frustrada de los nazis, lugar donde abrió su propia compañía de cosméticos: Olga Tschechowa Kosmetik.[39] A su vez, siguió actuando, realizando papeles más bien secundarios y cameos en más de veinte películas.

Liev, por su parte, siguió a las órdenes del general Sudoplátov hasta el año 1949, identificando a los rusos anticomunistas afincados en el extranjero. Alejado de su otrora inseparable Mariya Garikovna, que fue expulsada del KGB por ser una protegida de Beria tras la caída de este, Liev siguió viajando por Siberia y Asia Central, componiendo música de manera casi obsesiva, razón por la que recibió el título de Artista del Pueblo de la Unión Soviética pocos días antes de fallecer, en julio de 1974, en Moscú.

Ese mismo año se retiraba Olga Chéjova, la actriz que cautivó a Hitler y a Göbbels, y que espió para Stalin en el conflicto

39. Beevor apunta que no es descabellado pensar que dicha firma, casi con seguridad financiada por Moscú, ofrecía una oportunidad única de establecer contacto con las esposas de los oficiales de la OTAN para extraer de ellas información.

más sanguinario que había conocido el hombre, en pleno corazón del enemigo, en el Berlín del Tercer Reich. Moría el 9 de marzo de 1980 tras una larga agonía a causa de la leucemia. Lo hizo tras pedir a su nieta Vera, según la costumbre rusa, una copa de champán, que bebió tras pronunciar sus últimas palabras: «La vida es bella». Sin duda, la había vivido intensamente.

Expediente n.º 3

OPERACIÓN BERNHARD: EL PLAN SECRETO PARA HUNDIR LA ECONOMÍA BRITÁNICA

Si hablamos de tesoros ocultos en relación con el Tercer Reich, y por ende «malditos», quizá el más célebre y enigmático sea el que se descubrió —al menos en parte— en las profundidades del lago Toplitz. Situado en una densa zona boscosa de los Alpes austríacos, a noventa y ocho kilómetros de Salzburgo, en Austria occidental, de aguas profundas y gélidas, este lago era el lugar más apropiado para ocultar un secreto, o eso parece que creyeron los oficiales de las SS que una noche de abril de 1945 se presentaron de forma silente en los alrededores.

Sabemos de aquel episodio gracias al testimonio de Ida Weissenbacher, una granjera de entonces veintiún años que vivía en las cercanías con su abuelo y que fue conminada por los nazis, sin recibir ningún tipo de explicación, a preparar el carro y los caballos que tenía en su granja, a una hora intempestiva. La razón: los camiones que conducían aquellos soldados habían quedado atrapados en el fango del camino hacia Toplitz.

«Eran aproximadamente las cinco de la mañana, aún estábamos en la cama, cuando un fuerte golpe en la puerta hizo que se desvaneciera mi plácido sueño. Me levanté inmediatamente y tras abrir la puerta se me heló la sangre. Al otro lado, un grupo de oficiales alemanes me apremiaban para que preparara los carros y los caballos, que a buen seguro habían visto antes en los establos», señaló.

Después de ordenar a Ida y a otros lugareños que trasladaran unas pesadas cajas de madera, señaladas y numeradas con pintura negra, desde los camiones a los carros, y las llevaran lo más cerca posible del agua, Weissenbacher dijo: «Vi que los soldados arrojaban a las profundidades del lago todas y cada una de las cajas que con tanto esfuerzo habíamos llevado hasta allí. El comandante de las SS inmediatamente me alejó del lugar».

Nadie sabe qué sucedió después con los uniformados, ni qué contenían aquellas cajas, aunque pronto comenzó a correr el rumor de un fabuloso tesoro procedente del expolio nazi... Un mes después, algunos vecinos afirmaron haber visto en la zona a Adolf Eichmann, encargado de la «solución final», y a Ernst Kaltenbrünner, responsable del servicio de inteligencia de las SS, el SD. Al igual que Martin Bormann y otros gerifaltes nazis, Kaltenbrünner huiría con su botín cuando los aliados cercaban Alemania. Lo trasladó a la región montañosa austríaca de Salzkammergut, donde se refugió en una casa a orillas de otro lago, a escasos veinticinco kilómetros del Toplitz. Allí intentó contactar con los norteamericanos para firmar un tratado de paz alternativo *in extremis,* pero cuando sus tentativas de negociación fueron rechazadas, huyó, dejando enterrado su botín en el jardín: cajas llenas de oro que fueron encontradas las primeras semanas después de la guerra. Como él, muchos dirigentes nazis ocultaron el fruto de su saqueo.

Hubo numerosos aventureros que se sumergieron en sus oscuras aguas en busca de alguna pista del oro nazi, hasta que un 5 de octubre de 1963, el alemán Alfred Egner, de tan solo diecinueve años, desapareció en sus profundidades. Al parecer, seguía las consignas de dos antiguos agentes de la Orden Negra que lo enviaron para rescatar u ocultar algo en el fondo del Toplitz. No fue la única víctima. Tantas personas se ahogaron en su búsqueda, que ese mismo año el Gobierno austríaco prohibió las inmersiones.[1]

Como sucedió en 2016 con la noticia de un «tren fantasma» en Polonia que habría pertenecido a los nazis y que desapareció en los últimos meses de la guerra,[2] que ha dado titulares en

1. Óscar Herradón, «La maldición del tesoro nazi», en *Enigmas,* 251, 26 de septiembre de 2016.

2. Manuel P. Villatoro, «Comienza la carrera para exhumar el tren fantasma nazi cargado de oro», en *ABC,* 10 de noviembre de 2015; y María del Mar Gallardo, «Misterio resuelto: no hay tren del oro nazi», en *El Periódico,* 26 de agosto de 2016.

todo el mundo y más de una confusión —y alguna que otra farsa—, en su día la leyenda local afirmaba que los contenedores que descansaban en el fondo del lago estaban repletos de joyas y obras de arte, por un valor de ¡cinco millones de dólares!

En 1959, un equipo financiado por la revista alemana *Stern,* comandado por el buzo e investigador local Gerhard Zauner, localizó algunas de las cajas, consiguiendo recuperar 72 millones de libras esterlinas falsificadas, directamente relacionadas con una operación ultrasecreta nazi. La misma expedición informó también del hallazgo de una aeronave hundida en el fondo del lago.

Corría el año 1983 cuando un biólogo alemán, Hans Fricke, mientras investigaba la fauna acuática con su submarino, descubrió municiones, bombas, repuestos de aeroplanos y un búnker camuflado cerca del lago. Después, el Gobierno austríaco se encargó de realizar nuevas pesquisas, pero tan solo se topó —o eso dijo— con escombros y troncos en descomposición en el fondo.

La expedición más famosa fue la llevada a cabo en el año 2000 por la compañía estadounidense Oceaneering Advanced Technologies,[3] que logró, tras obtener un permiso de treinta días para inspeccionar cada palmo del lago, sacar a la luz nuevos contenedores con dinero falso, planchas para billetes, restos de propulsores, cohetes y minas, torpedos y equipo de laboratorio, gracias a un brazo mecánico de tecnología punta (llamado *The Ghost*) y a un pequeño submarino apodado *Wasp*. Pero de oro, nada...

La operación fue seguida de cerca por el Centro Simon Wiesenthal, encargado de perseguir a los criminales nazis fugados, y es que aquel enclave acuático parecía guardar demasiados secretos. Incluso, dicen, se encontraron grandes cajas con escritura rusa que, al parecer, estaban vacías... ¿Qué ocultaban las gélidas aguas de aquel hermoso enclave montañoso?

Los Alpes bávaros continuarían siendo un lugar lleno de secretos muchas décadas después, no solo por lo que escondían sus lagos, sino también sus fortalezas —como el castillo de Neusch-

3. Julieta Rudich, «El rescate submarino del tesoro de Hitler», en *El País,* 8 de junio de 2000.

wanstein, donde los nazis almacenaron las reservas de oro del Reichsbank—, y los numerosos túneles subterráneos que horadaban las montañas y donde los guardias de la calavera ocultaron gran parte de su botín y de sus enormes arsenales de armas milagrosas con la intención de crear un movimiento de resistencia contra el avance aliado.

Cómo llegaron esos montones de libras esterlinas falsas a las profundidades de aquel remoto lugar fue uno de los secretos mejor guardados durante décadas. En las siguientes líneas nos ocuparemos de la operación clandestina que se llevó a cabo en la Alemania nazi precisamente para fabricar aquella gran cantidad dineraria que, entre otras cosas, serviría para pagar —engañándolos— a muchos de sus espías, como a otro de los protagonistas de este libro, Elyesa Bazna, alias *Cicerón*.

Vayamos primero a los orígenes de aquel plan, uno de los expedientes secretos mejor guardados durante décadas que salió a la luz gracias a las memorias de algunos de los implicados y al libro de Lawrence Malkin *El falsificador de Hitler,*[4] una historia que sería llevada al cine con el título de *Los falsificadores,* ganadora del Oscar a la mejor película de habla no inglesa en 2007 y que, a pesar de las licencias narrativas inherentes al espectáculo *per se,* es una experiencia que ningún aficionado al cine debería perderse.[5]

Aunque el director, el austríaco Stefan Ruzowitzky, contó con el asesoramiento del nonagenario Adolf Burger, uno de los supervivientes, para dar forma al guion, el protagonista de la trama es Salomon (Sally) Sorowitsch —interpretado por el actor austríaco Karl Markovics—, personaje inspirado en el judío ruso Salomon Smolianoff, alguien muy distinto a los intelectuales burgueses con los que le tocaría trabajar en el campo de Sachsenhausen y que había llevado una vida delictiva como falsificador profesional antes del estallido de la guerra. Gracias a la voz

4. *El falsificador de Hitler: la estafa nazi y los prisioneros del bloque 19,* Madrid, Aguilar, 2007.

5. Existe una miniserie británica de 1981, titulada *Private Schulz,* que se centró antes en esta historia —con varias licencias— sobre el plan nazi de hundir la economía británica.

de estos personajes que irán apareciendo en el relato, que sobrevivieron a la guerra y que serían interrogados por la Office of Strategic Services (OSS)[6] antes de publicar sus memorias, conocemos muchos de los detalles de este auténtico «expediente secreto».

Lo de falsificar moneda fue algo habitual siglos atrás, práctica que utilizaron casi todos los pueblos de la Antigüedad. Por tanto, los nazis no serían los primeros en idear dicha estrategia, aunque sí los que la llevarían más lejos. La misma Inglaterra había pensado hacer lo propio: arrojar marcos alemanes falsos desde aviones sobre Alemania y los territorios ocupados, una idea que finalmente no prosperó, aunque de vez en cuando se hicieron algunos experimentos limitados similares, como cuando unidades secretas inglesas de «propaganda negra» dejaron caer sobre territorio alemán cartillas de racionamiento falsas para alterar el sistema oficial de distribución de víveres.

Operación Andreas

Para financiar la carísima guerra, sin entrar en asuntos económicos, el caso es que la solución nazi para costear las campañas bélicas pasó por robar dinero y fabricarlo, y harían ambas cosas. Pronto surgió la idea de que se podían hundir las finanzas británicas, saliendo a la palestra una operación de falsificación que se le encargaría al guardia negro Alfred Naujocks, responsable, entre otros turbios asuntos, de la Operación Gleiwitz y del caso Venlo y que sería apodado el Gánster de Hitler.

Heydrich lo puso al mando de la sección técnica del SD y por tanto encabezaba la primera fábrica de documentos falsos del Tercer Reich, sita en la Delbückstrasse 6, en Grunewald, Charlottenburg, al oeste del centro de Berlín. Allí se erigía una imponente

6. En español, Oficina de Servicios Estratégicos. Fue el servicio de inteligencia de Estados Unidos durante la Segunda Guerra Mundial. Considerado el organismo antecesor de la CIA, sus oficiales llevaron a cabo la Operación Paperclip y otras misiones secretas tras el fin de las hostilidades.

mansión hecha de piedra —demolida en la década de 1980—, que había sido un antiguo centro de entrenamiento de la Orden Negra reacondicionado. Con lujosas habitaciones forradas de madera, en su interior se fabricaban todo tipo de documentos falsos: pasaportes, carnés de identidad, informes incriminatorios... y artilugios destinados a la «guerra secreta» de los espías: cámaras en miniatura, transmisores de radio portátiles, etc.

Allí se procedería a fabricar los primeros lotes de dinero falsificado. Dicho plan sería denominado Andreas Angelegenheit —literalmente Asunto Andrés, aunque es más conocido como Operación Andreas—, en alusión a la cruz en forma de equis de san Andrés de Escocia que se reproduce en la bandera inglesa, a la que se superpone la cruz de san Jorge de Inglaterra. Y es que Naujocks creía —siguiendo las previsiones del plan inicial— que los billetes duplicados serían lanzados sobre Inglaterra antes de la invasión de las islas[7] orquestada por Hermann Göring que, sin embargo, parece que sabía muy poco del plan de falsificación de las SS. Ambas misiones fracasarían.

Puesto que Naujocks no estaba cualificado para coordinar un plan en principio tan descabellado —y tan técnico—, puso al frente al doctor Albert Langer,[8] director técnico de su oficina, la sección F de la Oficina Central de Seguridad del Reich (RSHA), el servicio de inteligencia para el extranjero. Este «intelectual ligeramente chiflado», como lo define Malkin, encajaba perfectamente en el conglomerado de pseudociencia que potenció la organización comandada por Himmler. A la muerte del criptógrafo, se encontró entre sus papeles el relato de la Operación Andreas, que serviría a los estadounidenses para dar forma al *Informe McNally,* sobre el que volveremos más adelante, pero curiosamente también hallaron un extravagante tratado sobre

7. La conocida con el nombre en clave de Operación León Marino *(Seelöwe).*

8. Este físico y matemático austríaco había trabajado en el servicio de descifrado de claves durante el período de entreguerras y tras el *Anschluss,* la anexión de Austria, se afilió al Partido Nacionalsocialista Obrero Alemán (NSDAP, en su acrónimo alemán). Aunque Naujocks lo llevó a Berlín para que construyera una máquina de cifrado de claves, o eso parecía, finalmente fue destinado a la elaboración de dinero falsificado.

los procesos mentales en la cura del cáncer y otro sobre el simbolismo de la francmasonería.

En 1939, en el marco de las corrientes místicas que tanto influyeron en algunos nazis como el *Reichsführer*-SS, Alfred Rosenberg o Karl Maria Wiligut, Langer escribió un artículo sobre el simbolismo inglés, donde hablaba desde la Mesa Redonda del ciclo artúrico hasta el «significado mágico astral de la bandera inglesa», entre otras perlas heterodoxas que casaban tan bien con el imaginario de la Ahnenerbe[9] en el tiempo de los llamados «magos de la guerra».

A pesar de su formación académica y de conocer a la perfección la teoría, Langer no tenía conocimientos prácticos del proceso de falsificación. No obstante, Naujocks hizo todo lo posible por contentar a Heydrich, con quien ya había tenido una discusión cuando le ordenó —a él y a su superior, Heinz Jost—, en abril de 1940, que fabricaran billetes falsos noruegos «en una semana», un proceso que el oficial calculaba que les llevaría al menos cuatro meses.

Langer se sumergió en infinidad de obras técnicas sobre grabación, fabricación de papel, etc., y se rodeó de un equipo que obtuvo muestras de libras esterlinas de la Policía. Analizaron el dinero con el microscopio y estudiaron la combinación —nada sencilla— del papel, sometiéndolo a diversas pruebas. Luego, Langer adaptó una máquina holandesa para fabricar dinero falso e intentó reproducir las complejas marcas de agua inglesas, que variaban según las combinaciones alfanuméricas de la emisión, el número de serie de cada billete y el nombre de la persona que ejercía de cajero jefe del Banco de Inglaterra durante los últimos veinte años.

9. La Studiengesellschaft für Geistesurgeschichte, Deutsches Ahnenerbe e. V. o Sociedad para la Investigación y Enseñanza de la Herencia Ancestral Alemana, fue creada en 1935 a instancias de Heinrich Himmler y el teórico nazi Walther Darré, cuya intención era realizar y divulgar investigaciones que apoyaran la ideología nazi y en particular sus teorías sobre la raza aria. Sus miembros buscarían vestigios de los antiguos arios desde el Tíbet a Bolivia, pasando por el Languedoc francés, España, Islandia, Irán o la propia Alemania, además de apoyar las terribles investigaciones médicas pseudocientíficas en los campos de exterminio.

El criptógrafo hubo de realizar más de cien pruebas para reproducir la marca de agua, mientras que un cámara profesional, de nombre Artur Ran, fotografió repetidas veces billetes de cinco, diez y veinte libras. Sin embargo, antes de que las prensas comenzaran a tirar libras falsas la Operación Andreas se vino a pique con la caída en desgracia de Naujocks seis meses después.

Un impresor civil que fue reclutado para la operación informó más tarde de que tras la destitución del Gánster de Hitler tuvo hasta seis jefes distintos de las SS, cada uno con su visión de cómo hacer las cosas, que no siempre coincidía con la del anterior, orgullosos guardias de la calavera que solo sabían mirarse el ombligo y no escuchaban a los técnicos y a los expertos.

Poco después, Heydrich sería nombrado protector del Reich en Bohemia y Moravia, hasta que fuera ejecutado por el SOE, episodio que también se abordará en otro capítulo. Ese mismo año, 1942, antes del atentado, al tiempo que se orquestaba la siniestra «solución final» del problema judío, se daría forma a una nueva operación de falsificación que tendría unos protagonistas de lo más inesperado.

Operación Bernhard: el origen

Poco tiempo antes de ser víctima de un certero atentado en Praga, Heydrich encargó la misión de fabricar, esta vez con éxito, dinero inglés en grandes cantidades, billetes lo suficientemente perfectos como para desafiar cualquier investigación del Banco de Inglaterra o de las autoridades suizas.

El elegido fue el oficial de las SS Bernhard Krüger, líder por aquel entonces de la Unidad VI F 4A que había comandado Naujocks. Hijo de un inspector de telégrafos, estudió mecánica e ingeniería en Chemnitz, Sajonia. Su profesión era la de ingeniero de alta maquinaria textil, aunque estaba formado en distintas disciplinas. En 1939 perdió su empleo y solicitó su ingreso en el Partido Nazi, al parecer, la única forma de triunfar que le quedaba con la guerra a las puertas.

Dos años más tarde pasaba a formar parte de las filas de la Orden Negra, siendo destinado a la sección técnica con la tarea de instalar redes de comunicaciones y radioescuchas para interceptar emisiones desde el extranjero y radios clandestinas. En noviembre de 1940 se hallaba en la Francia ocupada como capitán —*Hauptsturmführer*— y poco después enviaba desde allí al propio Naujocks carnés de identidad galos y otros documentos que pasaban a engrosar la extensa lista de papeles que servirían para la guerra secreta del SD.

Precisamente, siguiendo el trabajo de Malkin, la tarea de Krüger era por aquel entonces «obtener pasaportes y otros documentos de identidad de naciones enemigas y neutrales, como Estados Unidos, y falsificarlos», teniendo acceso al antiguo Ministerio de Asuntos Exteriores galo en el Quai d'Orsay y a los consulados de los países conquistados de Europa occidental.

La historia de Krüger se recoge ampliamente en un dosier compilado por la inteligencia estadounidense, francesa y británica como un anexo de la Operación Bernhard, realizado por un oficial —cuyo nombre no figura, ni siquiera en clave— adscrito al cuartel general supremo aliado de París, aunque la versión completa, que ha servido como vital fuente de documentación al citado historiador inglés y a otros antes que a él, se halló en los Archivos Federales Suizos de Berna, un verdadero puzle difícil de encajar y que todavía hoy suscita muchas preguntas, pues incluso los testimonios llegan a contradecirse entre sí acerca de no pocos puntos.

Era junio de 1941 cuando Krüger fue designado para encabezar el departamento de falsificación del servicio de inteligencia para el extranjero de las SS, con la finalidad de elaborar pasaportes y documentos de identidad falsos para los agentes nazis que operaban fuera del Reich. En otoño de ese mismo año visitaría los puestos de inteligencia militar de la Francia no ocupada, donde su labor consistió en el reclutamiento de agentes, la investigación —o más bien expolio— de archivos y en montar probablemente una red para la distribución del dinero falsificado de la finalmente frustrada Operación Andreas en países neutrales.

El 8 de mayo de 1942, Krüger fue convocado urgentemente al despacho de Schellenberg, una habitación acorazada en la

Berkaer Strasse de Charlottenburg. Quien ya se había convertido por méritos propios en uno de los principales cabecillas de los servicios de inteligencia de las SS, tenía quinientas personas trabajando en su cuartel general veinticuatro horas en turnos de ocho. Discreto y colmado de éxitos en el campo del espionaje a favor del NSDAP, Schellenberg era un apasionado de la tecnología, y hacía un buen uso de ella, como Heydrich en su Salón Kitty:[10] sus hombres tenían falsificaciones de todo tipo, cámaras en miniatura y tintas invisibles o simpáticas. Poseía además un archivo con medio millón de fichas de agentes, contactos y casos al que accedía a través de un mecanismo eléctrico.

Cuando fue detenido, aseguró que había llegado a intervenir los cables submarinos del Atlántico para descubrir los planes de los convoyes y que estos fueran atacados por las jaurías de lobos, como se conocía a los temibles U-Boote que acudían en grupo bajo el agua. De hecho, en su momento, Schellenberg hizo circular una conversación radiotelefónica entre Churchill y Roosevelt transcrita por el servicio de correos alemán.

Según el mismo agente contaría en sus memorias,[11] su despacho, aunque cubierto de gruesas alfombras y suntuosamente amueblado, era casi una fortaleza con numerosas redes de comunicación. Además de disponer, como Himmler o Heydrich, de línea directa con la Cancillería de Hitler y otros lugares —incluido su domicilio—, tenía micrófonos ocultos en las paredes, las lámparas y el escritorio, mientras que las ventanas estaban cubiertas de tela metálica conectada a un sistema de alarma accionado por células fotoeléctricas que recorrían la oficina: «Dos botones controlaban una sirena de aviso y, por si eso no hacía venir a los guardias a tiempo, había dos metralletas empotradas

10. Se trataba de un lujoso burdel en pleno centro de Berlín, donde los diplomáticos extranjeros y los presuntos espías infiltrados en la burocracia nazi eran atraídos por hermosas prostitutas previamente seleccionadas —y debidamente recompensadas—, para después, una vez que se hallaban en las habitaciones, grabar las conversaciones en secreto, pues todas ellas estaban plagadas de micrófonos.

11. Walter Schellenberg, *Al servicio de Hitler: memorias del jefe de espionaje nazi,* Barcelona, Belacqua, 2005.

en su escritorio que apuntaban a todos los visitantes cuando avanzaban hacia él».

Una vez que Krüger penetró en aquel imponente despacho, Schellenberg le comunicó que debían fabricar libras inglesas falsas, tomando todas las medidas que fueran necesarias. Para ello Himmler, responsable del sistema de campos de concentración, había ordenado que se instalara una imprenta secreta en el campo de Sachsenhausen, a las afueras de Berlín.

En mayo de 2017, durante un viaje a la capital alemana mientras daba forma a este libro, acudí al museo y archivo histórico de Sachsenhausen, que se encuentra en Uraniemburgo y que hoy es visita obligada para todo aquel que quiera conocer el oscuro pasado del país. Un impresionante complejo que sería reconvertido en museo del horror por los soviéticos —que también lo reutilizaron como campo de prisioneros— y que a pesar de no conservar en pie casi ningún antiguo barracón, se parece mucho a cómo debía de ser cuando tuvo lugar la «solución final».

Allí parece detenerse el tiempo y, aunque suene un tanto místico, se respira el horror, como si el aire fuera más pesado y a uno le costara respirar. Muchos lugares son estremecedores, como el crematorio antiguo, con su enorme chimenea, que se encuentra en un largo barracón que estuvo destinado, junto a otro contiguo que sigue en pie, a la enfermería y donde se realizaron atroces experimentos científicos de los que queda evidencia y una exhaustiva muestra museística. El crematorio que se construyó después y cuyo techo fue derribado también puede visitarse,[12] al igual que la fosa de fusilamiento con su propio almacén destinado a «amontonar los cadáveres» y, nada más entrar, el espacio que ocupaban la horca y la pista dedicada al llamado «batallón de los patinadores».[13]

12. Se puede apreciar todavía parte de la estructura, las celdas que conformaban las distintas estancias donde los prisioneros esperaban el momento de morir y numerosos hornos hoy desmontados y hacinados allí, cuya sola imagen paraliza.

13. Schuhläufer-Kommando en alemán. Así se conoció eufemísticamente a una unidad penal del campo de Sachsenhausen que utilizaba una pista de pruebas con diferentes superficies —que hoy aún puede verse— que medía al-

En relación con lo que atañe a este «expediente», todavía están indicados los dos barracones que, apartados del resto del campo, se dedicaron a la falsificación de moneda, una operación tan secreta que casi nadie, ni siquiera los guardianes, sabía de su existencia.

La orden de Schellenberg fue: «Los trabajadores se reclutarán entre los prisioneros de ascendencia judía». Algo realmente sorprendente, aunque no tan descabellado en el entramado de ideas peregrinas del jefe supremo de las SS. La ambiciosa empresa, como muestra de confianza hacia Krüger —le dijo su superior—, sería bautizada como Operación Bernhard. Comenzaba así la que sería la maniobra de falsificación monetaria más ambiciosa de la historia.

Existe controversia respecto a la figura de Krüger y a si alguna vez le preocupó realmente la supervivencia de sus trabajadores más allá de que cumplieran con los tiempos de entrega y los requisitos que le pedía Himmler, para lo que, por supuesto, los necesitaba vivos. No hay que olvidar la concepción que de un judío tenía un nazi, y más un SS, después de tantos años de visceral propaganda antisemita.

Aunque su trato sería, según el testimonio de los supervivientes, justo e incluso considerado, la mayoría de los investigadores creen que no fue ni mucho menos un «salvador», a la manera de Oskar Schindler o del español Ángel Sanz Briz, pero tampoco tuvo nada que ver, por el contrario, con la sanguinaria forma de actuar de personajes como Rudolf Höss, comandante del campo de concentración de Auschwitz o Amon Göth, su homónimo en el campo polaco de Plaszow que Steven Spielberg inmortalizaría a través del actor Ralph Fiennes en la oscarizada *La lista de Schindler*. Ni tampoco con el tratamiento aséptico y

---

rededor de setecientos metros de longitud. Allí los prisioneros tenían que probar el calzado destinado a la Wehrmacht para comprobar su durabilidad práctica en el frente. Solía asignarse a dicha unidad, como castigo, a presos normalmente desnutridos que debían marchar hasta cuarenta kilómetros, a veces cargando con pesadas mochilas, bajo la supervisión de un funcionario civil del Ministerio de Economía. Muchas veces las marchas de este «batallón», que llegó a contar con ciento setenta hombres, se hacían a temperaturas bajo cero.

burocrático de la muerte que llevaron a cabo sin pestañear muchos oficiales, como Adolf Eichmann, escudándose en que cumplían órdenes de sus superiores. Lo que es casi seguro es que sin la operación de la libra esterlina aquel oficial habría ocupado apenas un renglón en los libros de historia.

Un equipo reclutado en los campos de concentración

Poco después de la reunión, Krüger visitó las estancias abandonadas de la mansión de Delbrückstrasse, para recuperar el material aún servible de la fracasada Operación Andreas; entre este, se hallaban las prensas de último modelo que no tardarían en embalar y ser enviadas a Sachsenhausen y cinco planchas de cobre para imprimir billetes que estaban en buen estado.

Para Schellenberg era crucial que el plan permaneciera en el más absoluto secreto (los ingleses sospechaban, pero ni siquiera acertaban a intuir su magnitud) y por ello debía ocultárselo por todos los medios a sus colegas —más bien adversarios— dentro del espionaje del Reich, especialmente a la Abwehr del almirante Canaris. Eso implicaba no poder contar con la ayuda del grupo de expertos en falsificación de dicho servicio de inteligencia, formado por veinte grabadores y especialistas gráficos que habrían sido de gran ayuda.

Parece que la confidencialidad —eso, y su formación— fue una de las principales razones para escoger a presos especializados en grabados y emisión de billetes, a los que se amenazaría con la muerte si revelaban el más nimio detalle, ya fuera a otros presos o a los alemanes que trabajaban en otras tareas de Sachsenhausen y que desconocían por completo el plan.

Así, se dio la orden de habilitar unos barracones en el campo y de blindarlos para evitar posibles fugas de información, así como protegerlos de los bombardeos de los aliados, cada vez más frecuentes. Luego, el coronel Hermann Doerner, jefe entonces de la división técnica de la RSHA, se encargó de rubricar la siguiente directriz emitida por la administración central de campos de concentración de Alemania, con sede en Uraniemburgo:

Informe sobre prisioneros judíos

Dirigido a comandantes de KL Buchenwald, Ravensbrück y Sachsensausen.

Deben informarme inmediatamente de todos los prisioneros judíos que hayan trabajado en artes gráficas. Especialistas en papel y otros trabajadores cualificados [...]. Estos prisioneros judíos deben ser de nacionalidad extranjera, pero deben conocer el alemán. Mándenme nombres y nacionalidades para el 3 de agosto de 1942.

Jefe de departamento Doerner
Por orden del *Obersturmführer* de las SS

El campo de Sachsenhausen, una verdadera fábrica de muerte, disponía de varios barracones aislados que servirían para llevar a cabo el plan de «dinamitar la economía británica». Concretamente, se utilizaría el conocido como bloque 19, uno de los lugares más secretos del régimen nazi, incluso para la mayoría de los miembros del partido, cuyo espacio está todavía marcado en el suelo del campo reconvertido en museo de la ignominia.

En el exterior del muro principal del campamento había unas pequeñas chozas de piedra en las que se encontraban prisioneros los miembros de la inteligencia británica a las órdenes del coronel Claude Dansey[14] del MI6 capturados en Venlo por Walter Schellenberg: el capitán Sigismund Payne Best y el mayor Richard H. Stevens. Aquel sería más tarde el llamado «Campo Especial», que reconvertirían los soviéticos en lugar de reclusión propio tras la «liberación».

En una de las extensiones del campo se levantaban media docena de hileras de barracones de madera que recibían el nombre de «Campo Pequeño», construidas en 1938 con la finalidad

14. El teniente coronel sir Claude Edward Marjoribanks Dansey (1876-1947), también conocido como Coronel Z, Tío Claude o simplemente Z, fue el jefe adjunto de la Secret Intelligence Agency, comúnmente conocida como MI6 y miembro de la London Controlling Section (Sección de Control de Londres, LCS), un departamento secreto establecido en septiembre de 1941 bajo supervisión del miembro del Parlamento Oliver Stanley, con el objetivo de coordinar las misiones estratégicas de engaño aliadas.

de cobijar a los judíos detenidos tras la inefable Noche de los Cristales Rotos. Precisamente allí, a mediados de 1942, los nazis pintaron las ventanas con barrotes del bloque 19 y el propio edificio, el último de la primera hilera más cercana al cuartel general, fue rodeado de alambre de espino de manera concienzuda a prueba de fugas y electrificado con alta tensión.

El edificio era diferente a los barracones de los presos comunes en los campos: todo estaba amueblado con catres con sábanas limpias, muebles, mesas y sillas y un moderno taller de imprenta equipado con cámaras fotográficas de última generación y un cuarto oscuro. Con el tiempo sería conocido como el «Taller del Diablo».

Todos los elegidos serían recluidos en el aislado bloque con las ventanas cubiertas. Un prisionero alojado en otra parte del campo se encargaría de llevarles comida a una habitación contigua, pero nunca podía verlos, lo que no tardaría en avivar rumores y conjeturas entre los demás reclusos —e incluso guardias de las SS— de lo que pasaba en el interior de aquel pabellón.

Quienes llevaron a cabo aquella tarea no sabían su finalidad. Krüger fue ascendido a comandante de unidad de asalto —*Sturmbannführer*— y como guardianes de las SS fueron seleccionados el sargento mayor Kurt Werner y los sargentos Herbert Marock y Heinz Weber, que tenían abierto un expediente por mal comportamiento y que, por lo tanto, no eran de fiar, aunque a Krüger no le quedó más remedio que aceptar las órdenes. También se puso en contacto con August Petrich, el maestro impresor de la Operación Andreas, y le comunicó que debía enseñar a los presos a imprimir y grabar en seis meses lo que habitualmente se tardaba tres años en aprender, tarea nada sencilla.

En un primer momento fueron seleccionados ochenta candidatos presentados en formación en el bloque 19, entre los que Krüger debía escoger a sus hombres, aunque luego harían llegar a más de otros campos. Tras pasar revista, el SS acabó seleccionando a treinta y nueve internos, nueve más de lo planeado inicialmente, hombres que no tenían ni idea de por qué habían sido llamados, incluyendo a un tal Norbert Levi, que había sido un reconocido fotógrafo de moda en el Berlín de entreguerras.

También se eligieron peluqueros, evidentemente no por su pericia cortando el pelo en un lugar donde todo el mundo iba rapado y despiojado a la fuerza, sino por la agilidad de sus dedos, algo importante a la hora de ser rápidos contando billetes. E iban a necesitar ser muy rápidos. En Auschwitz-Birkenau, el campo de los horrores, fue escogido Moritz Nachstern, un estereotipista[15] que había trabajado en la imprenta del periódico más importante de Oslo, el *Dagbladet,* detenido tras la ocupación nazi. Junto con él, fueron seleccionados otros seis impresores gracias a la profesión que figuraba en sus fichas de prisioneros.

Otro inesperado golpe del destino fue lo que le sucedió a Avraham Krakowski, que fue elegido en una segunda tanda cuando Krüger ya había seleccionado a sus, en principio, treinta candidatos. Krakowski fue el trigésimo primero. Según recordaba, de manera impulsiva, el jefe nazi de la operación decidió que necesitaba unos cuantos hombres más. ¿Pretendía salvar a más presos de una muerte segura? Es probable, aunque no lo sabemos con certeza. El guardia de las SS Marock insistiría desde el primer momento en que Krüger era demasiado blando con los prisioneros.

De los treinta y un elegidos en primer lugar, diecinueve habían sido seleccionados esa misma mañana para un viaje sin retorno a la cámara de gas. No es de extrañar que algunos achacasen su selección a la intervención divina. Max Groen, un cámara de noticiarios holandés que murió en el año 2004 —y que llegaría a ser un reconocido intelectual en la Alemania del Este tras la guerra—, salvaría su vida porque su amigo de la infancia, de la misma nacionalidad, Dries Bosbon,[16] le susurró cuando estaban pasando revista que dijera que era litofotógrafo. Krüger, aunque enseguida descubrió el engaño, decidió permitirle seguir en el equipo. Después, fueron trasladados a Sachsenhausen, cuyas

15. Especialista que lleva a cabo una impresión a partir del tipo original y prepara las planchas metálicas que se utilizan en la prensa.

16. Ambos habían sido detenidos en Ámsterdam por violar el toque de queda impuesto por el Gobierno de ocupación.

puertas de hierro recibían a los presos con las eufemísticas palabras *Arbeit Macht Frei* («El trabajo libera»), que todavía sorprenden al visitante en la caseta del cuartel general que da entrada al campo.

En el marco de la burocracia del horror, los nazis llevaban un meticuloso registro de la vida anterior de los que engrosaban el sistema de campos de concentración, incluyendo sus profesiones y ocupaciones anteriores a su reclusión. Todos debían ser de sangre judía. Los siete primeros prisioneros, conocidos despectivamente como *Häftlinge,*[17] llegaron a la sección especial de Sachsenhausen el 23 de agosto de 1942.

Ya en el interior del bloque 19, el jefe de la operación los recibió con cierta prepotencia, aunque cordial, y les dio un discurso de bienvenida narrándoles en qué consistiría su misión, según lo recordado por el judío noruego, de profesión tipógrafo, Moritz Nachtstern:[18] «Hemos derrotado a Inglaterra en el terreno militar. Ahora, con los billetes, también minaremos su economía. Ellos nos han lanzado desde el aire cupones de racionamiento de pan falsos. Les contestaremos con estos billetes hasta que la inflación les caiga encima como una tormenta».

Les comunicó que primero tendrían que aprender las técnicas de la maquinaria moderna y que serían supervisados por el maestro impresor Petrich y controlados por los SS Marock y Weber. Cuando Krüger comunicó al equipo el horario de trabajo muchos pensaron que era una broma, acostumbrados a agotadoras jornadas de trabajo esclavo. En un principio el trabajo comenzaría a las siete de la mañana y acabaría a las cuatro de la tarde, con una hora para comer entre las doce y la una del mediodía. Además, librarían los domingos, algo impensable en cualquier campo de concentración. Krüger, incluso, los dispensó de presentarse cuando pasaran lista en el campo, algo que a cualquier otro reo le habría costado muy caro.

17. Expresión que designaba a los obreros o peones y a los prisioneros sometidos a trabajos forzados.

18. Moritz Nachtstern y Ragnar Arntzen, *Counterfeiter: How a Norwegian Jew Survived the Holocaust,* Oxford, Osprey Publishing, 2008.

Después, les espetó: «Si ustedes fracasan, Alemania puede perder la guerra. Si esto sucede, ¡moriremos todos!». Y añadió: «Cuando hayamos ganado la guerra, el Führer piensa enviarlos a todos ustedes a un maravilloso establecimiento del país, donde se reunirán con sus familiares y vivirán tranquilos y felices. El Führer será muy generoso en su recompensa». Cuesta creer que alguno de los presentes se creyera semejante patraña. Ya conocían la «generosidad» de la que hacía gala Hitler desde hacía años.

Pero no todo serían palabras esperanzadoras. Los presos fueron advertidos de que si los cogían comunicándose de cualquier forma con gente extraña serían inmediatamente eliminados. A los guardias de la calavera que vigilaban el bloque 19 también se les advirtió en el mismo sentido.

Los prisioneros dormirían en catres individuales.[19] A los hombres de Bernhard les asignaron también taquillas individuales y en lugar del inefable traje a rayas que haría famosa la solución final, se les permitiría vestir con ropas de civil únicamente con una franja roja sobre las perneras del pantalón y una cruz roja en la chaqueta. Además, podían llevar el pelo algo más largo, no rapado, lo que les brindaba algo de individualidad, aquella que le había sido arrebatada a la mayoría de los presos del sistema carcelario nazi.

Incluso, Krüger les dio unos cuantos cigarrillos marca Zora, hechos de tabaco amarillo de Yugoslavia, y a veces llegaron a disfrutar de mermelada y mantequilla; y los domingos les daban de comer sopa de patata y chucrut, un auténtico lujo en comparación con la sopa, por llamarla de alguna manera, que servían al resto de los presos —hecha normalmente con agua sucia y una remolacha— y que hasta entonces había sido su único sustento junto a unos trescientos gramos de pan diario. Además, los llevaban a las duchas una vez por semana, aunque allí, según puntualiza Malkin, «unos guardias sádicos hacían que el agua pasara bruscamente, y sin avisar, de hirviendo a congelada».

Algunos contaron más tarde que la primera vez que fueron conducidos allí, pensaban que iban a ser expuestos al temible gas

19. A diferencia de las habituales literas de madera de los campos de exterminio, en las que solía haber tres o cuatro internos en cada nivel.

Zyklon B, pues a esas alturas de la guerra la gran mayoría de los presos conocía la terrible realidad de la forma de ejecución en los campos de la muerte. Y el que no lo sabía, lo sospechaba.

Para tenerlos contentos, Krüger llegó a permitirles jugar al ajedrez y a las cartas también los domingos, escuchar la radio estatal e incluso sus guardianes colocaron una mesa de pimpón en el pasillo exterior —el único espacio abierto que había— entre los dos talleres.

Una vez que estuvo todo instalado, incluida la maquinaria de Delbrückstrasse, las puertas del bloque 19 fueron cerradas a cal y canto: además de la alambrada electrificada, al otro lado se colocaron nidos de ametralladoras para evitar que nadie huyera con los secretos del plan de falsificación.

Al tiempo, el taller se fue ampliando hasta ocupar también el bloque 18, que fue unido al 19 mediante una alambrada del doble de espesor. Una verdadera ratonera, a decir de los presos, de la que era imposible escapar con vida. Un universo hermético, aislado del exterior, con su propio médico, el polaco Boris Rojzen, un barbero, un técnico y también un sistema de emergencia con su propio generador de diésel para que las prensas siguieran girando en caso de emergencia.

Una misión sembrada de adversidades

Uno de los problemas en la producción de billetes era el papel utilizado por los ingleses, de fabricación compleja. Puesto que aquel había sido uno de los puntos débiles de la Operación Andreas, Himmler puso a trabajar en la producción de un papel mejor a sus hombres, y los laboratorios de investigación técnica alemanes analizaron el papel original de las libras, creando varias fórmulas experimentales. Dichos experimentos, según recoge en sus memorias Adolf Burger,[20] que en esa época aún no formaba parte del bloque 19, se realizaron en la fábrica de papel

20. Adolf Burger, *The Devil's Workshop: A Memoir of the Nazi Counterfeiting Operation,* Barnsley, Frontline Books, 2009.

de Hahnemühle, en Dassel, en la Baja Sajonia. Para imitar a la perfección el papel, incluidas las fibras, se obligó a trabajar a seis antiguos empleados de la factoría.

Desde otoño de 1942 hasta el otoño de 1944, Bernhard Krüger haría varias selecciones de «personal», hasta reunir a un ecléctico y eficiente grupo de más de ciento cuarenta prisioneros de quince países diferentes, que representaban cincuenta y cinco oficios y profesiones. La gran mayoría eran judíos pero también formaron parte de la plantilla algunos *Mischlinge,*[21] y entre ellos, incluso delincuentes como Salomon Smolianoff, grandes conocedores del «oficio» de falsificar billetes.

Felix Cytrin, grabador en Leipzig hasta su arresto, fue nombrado jefe de la sección de grabado, y se puso a trabajar en las planchas con cuatro ayudantes, planchas probablemente obtenidas del Reichsbank, que preparaban grabadores del Gobierno que trabajaban durante la guerra en el centro del espionaje militar, un plan cuyos secretos eran protegidos por cañones antiaéreos en el interior de un bosque, en el castillo de Friedenthal, cerca de Uraniemburgo, según las memorias de Krakowski,[22] quien fue enviado allí a recoger tintes y otros materiales.

Asimismo, Petrich llegó de la capital berlinesa para supervisar el meticuloso proceso de grabado en Friedenthal y para enseñar a manejar la maquinaria a los prisioneros en Sachsenhausen. En el castillo, el maestro impresor y los técnicos civiles a su cargo fotografiaban billetes auténticos, ampliaban las imágenes de estos hasta seis veces su tamaño original para apreciar distintos detalles, como marcas de agua o barbas,[23] introducidos por

21. Palabra alemana cuyo significado es «cruzado» o «híbrido», y que designa a los medio judíos, que podían ser de primer grado o de segundo grado, de acuerdo a las leyes raciales o Leyes de Núremberg, promulgadas por el Tercer Reich el 15 de septiembre de 1935.

22. Avraham Krakowski, *Counterfeiter Lives (The Holocaust Diaries)*, Nueva York, CIS, 1994.

23. Las largas fibras, en las láminas impresas de billetes ingleses, dejaban un borde ligeramente dentado al arrancarlas del molde y cortar los billetes. Eso se conocía como «barbas» y era muy difícil falsificarlas.

el Banco de Inglaterra, y a continuación reducían las fotografías para grabarlas sobre metal. Después, Cytrin y sus hombres, en el bloque 19, retocaban con minuciosidad las planchas, mejorándolas.

Por muy perfecto que fuera el trabajo, todos sabían que sus falsificaciones serían expuestas a la luz ultravioleta de una lámpara de cuarzo —método utilizado entonces para descubrir el fraude— que podía dar al traste con la operación secreta. Los ingleses tenían verdadera destreza en el arte de cortar papel a mano, técnica que se había perdido en numerosos países, incluida la Alemania industrializada, lo que complicaba sobremanera el proceso.

Krüger llegó a probar con más de cuatrocientos lotes hasta estar seguro de igualar el fuerte y fino papel inglés, su lustre, brillo e incluso el característico sonido que hacía al doblarse. Él y su equipo de especialistas impresores decidieron que los billetes más fáciles de falsificar, una vez solucionado el problema del papel, eran los de cinco libras, porque, en palabras de Malkin, «no muestran sombreado ni figuras geométricas, conocidas como *guilloché,* que son tan difíciles de reproducir y tan complejas que ahora se graban con ordenador». No obstante, tenían un código o clave de unos cuantos números y letras que identificaban cada remesa y que el Banco de Inglaterra utilizaba para evitar las falsificaciones.

Las autoridades británicas idearon diversas estratagemas, como el hecho de que cada billete tuviera su propio número de serie que indicaba la secuencia dentro de la emisión, y cada remesa —de no menos de cien mil billetes— tenía asignado un código alfanumérico que aparecía en letras pequeñas. Los ingleses creían que su sistema era infalible, pero se equivocaban. Un debate abierto desde entonces entre numerosos autores es cómo el criptoanalista Albert Langer y el descifrador de códigos del Reich que le proporcionó los números de serie a Krüger consiguieron descifrar el sistema de numeración británico. Otro misterio más que pone trabas a la hora de desencriptar este «expediente secreto» de la contienda.

El citado investigador británico añade al respecto: «Siempre y cuando el billete falso no llegara a Threadneedle Street[24] para ser inspeccionado —y los bancos extranjeros solo telegrafiaban las fechas, los números y las letras de verificación—, las falsificaciones podían pasar de mano en mano». Y eso fue lo que sucedió.

Fue problemático también emular la tinta utilizada por el Banco de Inglaterra, descubrir las marcas de seguridad diseñadas de forma deliberada para que pasaran desapercibidas como marcas de impresión sin importancia, pues a lo largo de los años los grabadores de la entidad habían llegado a incluir hasta ciento cincuenta marcas de seguridad, variándolas cuando cambiaban de planchas una vez tirados cien mil billetes.

Una de las mayores dificultades con las que se topó el equipo recluido en el bloque 19 fue el grabado conocido como *Medallón Britania* —al que los reos llamaban *Maldita Britania*—, que siempre contenía marcas secretas, diminutas muescas, etc., que debían reproducir lo más exactamente posible para que la misión tuviera éxito.

A medida que iban llegando nuevos presos al bloque, los trabajadores hacían turnos de doce horas —de seis de la mañana a seis de la tarde— como requería el volumen de producción. Krakowski narra en sus memorias que «la sala estaba dividida por zonas para contar, envejecer y clasificar». Tras ser debidamente secadas las hojas impresas, se dividían en cuatro billetes con una regla de acero y después se amontonaban en fajos de mil; se volvían rugosos los lados con limas metálicas y finalmente una doble hilera de prisioneros con las manos deliberadamente sucias debían envejecerlos de manera artificial: los pinchaban con alfileres —como puede verse en la cinta dirigida por Stefan Ruzowitzky—, para imitar la marca dejada por los cajeros de los bancos ingleses que solían amontonarlos así, de la misma forma en que también los portaban muchos ciudadanos, que no llevaban cartera para billetes tan grandes. Además, escribían sobre ellos con tinta inglesa y estampaban en el reverso nombres de

24. The Old Lady in Threadneedle Street es el apodo del Banco de Inglaterra, ya que es el nombre de una de las nueve calles londinenses en la que converge la entidad financiera.

bancos ingleses para que cada billete pareciera haber estado pasando de mano en mano.

Era un trabajo agotador: cada prisionero tenía orden de llevar a cabo una meticulosa inspección de quinientos billetes al día, en turnos que a veces superaban las diez horas, lo que dañaba seriamente su vista. Además, se hacía responsable a aquel que pasara algún defecto por alto. Junto al dinero, los prisioneros también falsificaban pasaportes y documentos de identidad. Según declararía Abraham Jacobson[25] ante las autoridades holandesas el 6 de junio de 1945, «se podía disponer de visados, sellos con la fecha y tampones de un total de 69.000 oficinas gubernamentales, bancos e instituciones de docenas de países, todos ellos robados o copiados de documentos originales». Material que sería de gran ayuda para los agentes que llevaban a cabo la guerra secreta contra los aliados.

El responsable de la contaduría era Oskar Stein, alias *Skale*, que había sido un hombre de éxito en los negocios en Praga durante el período de entreguerras y que contaba e indizaba los billetes en un libro mayor como si se tratara de dinero auténtico.[26] Para Lawrence Malkin, «el suyo es el registro más fiable de los casi nueve millones de billetes distintos con un valor nominal de 132 millones de libras que fabricaron en la Operación Bernhard». Ahí es nada...

La libra esterlina, el primer éxito

En medio del duro y rutinario trabajo, los presos del bloque 19 tuvieron tiempo incluso de forjar amistades —también algunas

25. Capitán de reserva del Ejército holandés, había sido arrestado como comandante regional de la resistencia de los alrededores de Groninga, condenado a muerte, indultado y más tarde, como si estuviera protegido por un halo invisible, fue asignado a la Operación Bernhard como jefe del departamento de fototipia porque había estado al frente de una imprenta en Haarlem, en los Países Bajos.

26. Richard Breitman, *U. S. Intelligence and the Nazis*, Cambridge, Cambridge University Press, 2005.

enemistades— y lograron, con la complicidad del médico interno, ocultar durante un tiempo que uno de ellos, un ruso de nombre Izaak Zubenik, padecía tuberculosis, lo que sin duda suponía un riesgo de contagio en un régimen tan cerrado. Puesto que sufría frecuentes ataques de tos, finalmente levantó las sospechas de los guardias y lo sometieron a examen médico. Cuando se confirmó que padecía la enfermedad, el SS Heinz Beckmann no dudó en llevarlo a uno de los callejones contiguos al barracón y descerrajarle un tiro en la cabeza. Una de las escenas más duras recreadas en la película *Los falsificadores*, aunque en este caso es un personaje de nombre ficticio Kolya Karloff —al que interpreta el germano Sebastian Urzendowsky—, quien recuerda con algunas licencias la historia de Zubenik.

Aquel fue un duro golpe para sus compañeros, que volvieron a ser plenamente conscientes de cómo se las gastaban los hijos del Tercer Reich y lo que suponía haber hecho un trato con el mismo diablo. Durante el tiempo que duró la Operación Bernhard, se cree que otros tres prisioneros con enfermedades graves, además de Zubenik, fueron ejecutados. Morir era lo peor, pero enfermar de algo no contagioso también era un suplicio: a los prisioneros del bloque 19 no se les permitía anestesia, por el temor de sus jefes nazis a que, de forma inconsciente, revelaran algún secreto de la misión.

No fue hasta 1943 cuando obtuvieron éxito en su empresa clandestina. Una mañana, Krüger convocó a los presos y les mostró un billete de cinco libras. Nachtstern recogió la escena: «¡Miren esto, caballeros —dijo el SS—. Este billete ha estado circulando por los bancos ingleses y ha sido aceptado como auténtico [...]. Estoy orgulloso de ustedes, caballeros. Ahora ya podemos ir a la ciudad. Vamos a ampliar la imprenta».

Gracias a aquella noticia, podían posponer una vez más el viaje sin retorno a la cámara de gas. Como recompensa, el oficial de las SS les permitió oír la radio alemana por los altavoces del campo. La producción se fue aumentando de manera exponencial, hasta alcanzar en verano de ese año unos 650.000 billetes al mes en los que trabajaban más de cien presos, ritmo que llegaría hasta los primeros meses de 1945, con el colapso del Reich.

Llegó un momento en el que el plan de lanzar dinero sobre Inglaterra ya no tenía sentido, pues la invasión de la isla ya era una quimera. Ahora, el dinero sería utilizado en operaciones de inteligencia y serviría para pagar a los agentes alemanes en el extranjero, cuyas misiones requerían de grandes partidas económicas que el Tercer Reich no estaba en condiciones de proporcionar.

Cada sábado, Krüger mandaba recoger la producción semanal de Sachsenhausen y la trasladaba entre fuertes medidas de seguridad al cuartel general del espionaje para el extranjero de las SS en Berlín, en la mansión de Delbruckstrasse 6, que ahora estaba rodeada por alambradas y vigilada de forma exhaustiva por centinelas armados de la Orden Negra. Uno de los presos, Maz Nejman, contaría tras ser liberado al capitán del Ejército estadounidense George J. McNally —quien dio nombre al informe sobre la operación— en Bruselas, el 9 de julio de 1945, que, puesto que la producción era tan ingente, el líder de la operación «solo llevaba en su maletín los billetes de primera clase». Llegó a haber hasta de quinta clase, que se consideraban inservibles y que normalmente se reutilizaban.

El mismo informe recoge también la declaración del impresor del bloque 19 Max Bober, quien señaló que parte del dinero era enviado directamente a los agregados comerciales en Noruega y Dinamarca, burlando la prohibición expresa del entonces ministro de Economía del Reich, Walther Funk, de no distribuir en países ocupados; y a otros diseminados en países neutrales como la España de Franco, Portugal, Turquía y Suiza.[27]

Mientras se encontraban con unos días de permiso en Berlín, dos de los guardias de las SS que vigilaban la misión, Marock y Weber, se emborracharon y se acostaron con las esposas de algunos soldados destinados en el frente, según la política de promiscuidad promulgada por el *Reichsführer*. Sin embargo, cometieron el error de jactarse de estar involucrados en una operación secreta de falsificación de moneda. Tras conocer el hecho sus superiores, dos agentes de la temible Gestapo se presentaron en

27. Kenneth Alford y Theodore P. Savas, *Nazi Millionaires: The Allied Search for Hidden SS Gold*, Filadelfia, Casemate Publishers, 2002.

el campo y dieron a los dos hombres una brutal paliza, tras la cual los despojaron de sus insignias y los detuvieron. Juzgados más tarde por un tribunal militar, Marock fue fusilado y Weber condenado a quince años de cárcel.

Así estaban las cosas cuando llegó 1944 y con él nuevos prisioneros, entre ellos el judío eslovaco citado anteriormente, Adolf Burger, trasladado en abril. Precisamente cuando esbozaba las primeras ideas para este trabajo, saltó la noticia de que Burger, el último superviviente de la Operación Bernhard que conoció de primera mano los secretos mejor guardados de Sachsenhausen en los estertores de la contienda, había fallecido el 8 de diciembre de 2016, según comunicó su hija a la radio oficial checa. Tenía noventa y nueve años y era el autor del libro autobiográfico que inspiró la película de Ruzowitzky, una verdadera mina de oro para los investigadores, a pesar de ciertas licencias narrativas e incluso contradicciones en las que incurría su relato frente a las declaraciones juradas de otros presos recogidas en el *Informe McNally*.

Burger había nacido en 1917 en el seno de una familia judía de Vel'ká Lomnica, una región con etnia mayoritariamente alemana. Su padre murió muy joven y se mudó con sus abuelos, su madre y sus cuatro hermanos a la ciudad de Poprad. A los catorce años entró como aprendiz de un impresor y acabó convirtiéndose en tipógrafo de profesión. Cuando la garra nazi se cernía sobre los hebreos, su madre se casó por segunda vez con un cristiano, lo que le otorgó el estatus de «no judía» en Eslovaquia tras la introducción de las leyes antisemitas.

Sin embargo, Adolf, convencido militante comunista y además judío, no estaba a salvo ya en su tierra, aunque rechazó la cobertura de la organización Hashomer Hatzair, que ayudó a sus hermanos a emigrar a Palestina. Comprometido con la realidad social, decidió quedarse y pasar a trabajar en una imprenta de Bratislava en 1938. Allí hizo sus primeras falsificaciones —de gran calidad— para los religiosos de su país que escapaban del yugo nazi, como pasaportes y partidas de bautismo para ayudar a muchos judíos a huir del régimen filonazi del sacerdote católico reconvertido en presidente de la República Eslovaca Independiente —un estado títere de Alemania— monseñor Josef Tiso, por petición expresa de la resistencia.

Finalmente, la actividad clandestina de Burger fue descubierta, y fue detenido el 11 de agosto de 1942, apenas siete meses después de casarse con su esposa Gisela. Tras su arresto, ambos fueron deportados a Auschwitz, donde ella sería asesinada en la cámara de gas antes de que finalizara el año. Burger, por su parte, fue asignado a trabajar en las nuevas rampas de selección de llegadas de nuevos prisioneros en los trenes de la muerte, hasta que fue elegido por Krüger.

Según él mismo confesó años más tarde durante una entrevista radiofónica a Associated Press: «Tenía dos opciones: agarrarme al alambre de hierro con púas por el que pasaba una tensión de mil kilovoltios y morir en el acto, o seguir viviendo. Elegí vivir para poder contar al mundo lo que se hacía allí». Finalmente, su nombre, aunque de forma humilde, engrosaría los anales de la guerra secreta junto a la de sus compañeros de pabellón.

Acciones de sabotaje

Los prisioneros de los bloques 18 y 19 pronto fueron conscientes de que si la operación culminaba con éxito, dejarían de ser necesarios y, sin dar crédito a las promesas de indulto de Krüger, sabían que lo que les esperaba era la ejecución. Así, comenzaron a hacer pequeños pero cada vez más frecuentes actos de sabotaje de su propio trabajo. Por ejemplo, el responsable de la contaduría, Oskar Stein, según el citado *Informe McNally,* se quejaba del papel que les enviaban aunque solo tuviera una mínima imperfección, lo que a veces provocaba que se hiciera un nuevo pedido que retrasaba el proceso.

Felix Cytrin, el grabador jefe, haciendo de la perfección exigida por Krüger su máxima, obstinadamente imprimía y prensaba solamente los mejores billetes, lo que ralentizaba también la operación, y otros ensuciaban los rodillos o dañaban las planchas de grabado. Abraham Jacobson, quien había dirigido una imprenta antes de ser detenido como líder de un movimiento clandestino holandés, afirma que ninguno se negaba a trabajar, pero «coincidíamos, sin embargo, en sabotear las órdenes en la medida de lo posible, pues al hacerlo prolongábamos nuestras vidas».

Por su parte, el Banco de Inglaterra «había tomado como un artículo de fe que su dinero no podía falsificarse, del mismo modo que los alemanes creían que su máquina Enigma convertía sus códigos en indescifrables. Pero, naturalmente, los dos se equivocaban».[28] Aunque entre 1941 y 1943 el banco ya había descubierto billetes falsificados procedentes de los territorios ocupados de Bélgica, Francia, Suiza o Palestina, el ministro de Economía británico, Kingsley Wood, le restó importancia durante una comparecencia ante el Parlamento.

Para entonces, aunque fuera difícil de creer, y más para un lord inglés, circulaban grandes cantidades de dinero procedente de la fábrica clandestina de Sachsenhausen que servía, en gran medida, para comprar oro, las escasas materias primas o para financiar las operaciones de inteligencia del SD en el extranjero.

Conocemos el dinero exacto gracias a los meticulosos registros de Oskar Stein en su diario secreto. El 15 de septiembre de 1943, casi un año después de que fueran detectadas las primeras falsificaciones, el agente doble de origen serbio Dusko Popov, alias *Triciclo,* le entregó a sus superiores del Comité XX[29] del MI5, además de varios informes de gran valor para la guerra secreta, dos paquetes de dinero, veinte billetes de cien libras y dos mil quinientas libras más en billetes de cinco, con los que se hizo en Lisboa, que no tardaron en ser enviados por los servicios de inteligencia al Banco de Inglaterra para su análisis. Resultaron ser falsos, lo que indicaba que una operación de dinero duplicado se había puesto en marcha, aunque no imaginaban a qué escala.

Sin embargo, una cosa era fabricar dinero falso y otra muy distinta hacerlo circular.

28. Lawrence Malkin, *El falsificador de Hitler..., op. cit.*

29. Este era el organismo encargado de supervisar la transformación de los agentes alemanes en agentes dobles en Gran Bretaña durante la guerra, cuyas actividades se conocían como «Sistema de la Doble Cruz».

El mayor estafador de la historia

El encargado de que el dinero de Krüger pasara de descansar en las planchas clandestinas de Sachsenhausen a entrar en circulación fue un oscuro personaje que, como tantos otros, había hecho negocio de la guerra y la muerte y encontró un filón en el régimen de Hitler; un hombre que poseía muchos alias y que acabaría convirtiéndose en uno de los mayores timadores de la historia.

Friedrich Paul Schwend —o Schwendt, según la ocasión y el pasaporte— se hacía llamar también doctor Wendig, comandante Kemp y, en raras ocasiones, Fritz Klemp, y tenía la capacidad digna de un ilusionista para hacer que un poco de dinero le reportase una gran rentabilidad. Con los años, su habilidad se había erigido en virtud: era capaz de estar siempre en el lugar adecuado en el momento justo. Mago soterrado de las finanzas, había nacido en un pueblo cercano a la Selva Negra de Suabia el 6 de noviembre de 1906. De familia humilde, en 1929, mientras trabajaba como un simple mecánico en una gasolinera, conoció a la baronesa Agnes von Gemmingen Guttenberg, a la que no tardó en cautivar y llevar al altar. Agnes era nada menos que sobrina de Konstantin von Neurath, ministro de Relaciones Exteriores de la República de Weimar y uno de los que colaboró para que Hitler tomara el poder.

Agnes, además de con políticos de gran calado en Alemania, estaba también emparentada con la familia Bunge, que poseía un auténtico emporio de empresas, lo que no tardaría en beneficiar al más que avispado Schwend: en 1932 empezó a militar en el NSDAP y fue elegido para dirigir la empresa Bunge & Born en Los Ángeles, que manejaba desde Estados Unidos los negocios agrícolas que la importante firma de una de las hermanas Bunge —tía de su esposa— poseía en Argentina.[30]

En la soleada capital californiana, pero sobre todo en las fiestas de Hollywood en la edad de oro del cine,[31] Schwend, que

30. Jorge Caramasa y Carlos Basso Prieto, *América nazi: América del Sur, un puerto seguro para los peores asesinos del siglo* XX, Madrid, Aguilar, 2014.

31. Fue gracias al cónsul general alemán, Georg Gyssling, con el que trabó amistad, por lo que comenzó a frecuentar los eventos de las estrellas.

disfrutaba sobremanera con la ostentación y la fama, aprendió a rodearse de gente importante, sintiéndose muy pagado de sí mismo, hasta el punto de enviar memorandos a algunos líderes nazis con comentarios críticos sobre las políticas económicas que estaban adoptando.

A cualquier otro aquello le habría costado la vida o la prisión, pero su actitud llamó la atención de Hermann Göring y pronto empezó a cartearse con el *Reichsmarschall,* al que le unía su pasión por los aviones —y por el oro—. Sin duda, parece que también llamó la atención de la Gestapo que, quizá considerándolo una garantía de futuro para los negocios turbios de las SS, lo dejó tranquilo. Su nombre comenzaba a ganar enteros en el régimen de la esvástica. La gestión de aquel dinero de la familia Bunge le reportó unos cincuenta mil dólares al año en plena Depresión.

Tras su estancia en Los Ángeles, Schwend se mudó a Nueva York, a un apartamento en Woodside (Queens), lugar de asentamiento de una pequeña colonia alemana y donde —según contaba el periodista y escritor argentino Jorge Camarasa, fallecido en 2015, quien había sido asesor del Simon Wiesenthal Center y por tanto siguió muy de cerca los pasos de los criminales nazis que escaparon de la justicia aliada— el alemán colaboró en el rearme secreto de Alemania traficando con armas desde China y los Balcanes.

En 1938, la propia familia Bunge lo trasladó a Italia, para representar los intereses de la tía de su esposa. En su nuevo destino, además, compraba alimento para los nazis en el mercado negro. Era un verdadero estraperlista y un oportunista: firmó acuerdos para adquirir arroz, harina y material industrial para los alemanes, realizando al menos la mitad de sus transacciones en el mercado negro. Se instaló en una finca de Abbazia, conocida como Villa de Neboso, en medio de grandes lujos, en la península de Istria, que hoy forma parte de Croacia,[32] momento en que su esposa lo dejó y hubo de abandonar la empresa, tras quedarse sin tapadera para sus opacos negocios.

32. Según se desprende del archivo de la CIA sobre Schwend.

Durante algún tiempo anduvo dando tumbos, trabajando para la Abwehr de Canaris, triangulando dinero entre Alemania, Croacia y algunos bancos suizos. Se volvió a casar y en 1942 finalmente fue detenido por la Policía Secreta, cuando pretendía, en colaboración con un austríaco llamado Rudolf Blaschke, vender planos de submarinos a dos agentes británicos, planes que después se supo que eran falsos y formaban parte de un engaño a la inteligencia enemiga.

Fue salvado *in extremis* de ser fusilado por un viejo amigo que trabajaba para las SS, y que se dedicaba al blanqueo de dinero en Italia y a comprar armas: Willi Gröbl. Este se lo presentó a sus jefes, que quedaron impresionados con aquel granuja. Schwend era un buscavidas y el mejor candidato, por su falta de escrúpulos, para distribuir el dinero falso de la Operación Bernhard.

Friedrich se puso de inmediato a la tarea, instalando su centro de operaciones en el castillo Schloss Labers, en Merano, al norte de Italia, a tan solo doce kilómetros de la frontera con Austria, un lugar estratégico por el que apenas unos años después pasaría una de las principales líneas de evasión de criminales nazis de la conocida como Ruta de las Ratas.

Los que trabajaban en el castillo conocían a Schwend como Fritz Wending. Desde allí, operaba una estructura empresarial que traficaba con lo que estuviera más a mano: armas, joyas, diamantes, alimentos, y dinero falso o real, puesto que a finales de 1942 ya se había comenzado, como dijimos, a introducir libras falsas en Inglaterra.

El verdadero jefe de Schwend era aquel que había sustituido a Heydrich, a su muerte, al frente del SD, el mismo del que hablamos al comienzo del capítulo, Ernst Kaltenbrünner, un gigante de 1,98 metros de altura de fidelidad inquebrantable a Himmler, cuyo rostro estaba surcado de cicatrices obtenidas durante los célebres duelos de honor de esgrima que organizaban las hermandades universitarias alemanas. Era un enemigo declarado de Schellenberg, aunque no le quedaba más remedio que acatar sus órdenes en su condición de jefe de inteligencia en el extranjero.

Por aquel tiempo, la situación en Italia había cambiado notablemente, el régimen fascista se tambaleaba y el veto anterior de Hitler a que sus espías operasen allí fue levantado. Aparte de Kaltenbrünner, el jefe nominal de Friedrich Schwend era el oficial de las SS austríaco Wilhelm Höttl, que en ese momento estaba instalado en Viena ocupando el cargo de jefe de inteligencia de la Orden Negra para Italia y los Balcanes. Tanto Schwend como Rudi Blaschke —al que posteriormente detendría la Policía suiza— llevaban a Viena las maletas cargadas de billetes falsos para contarlos, arrugarlos una vez más y guardarlos entre fuertes medidas de seguridad para cuando fuese necesario utilizarlos.

Kaltenbrünner había ordenado a Schwend que comprara todas las armas que pudiera para las SS, siempre falta de fondos debido a los disparatados planes del *Reichsführer*, que los desviaba continuamente para dar forma a las ideas más peregrinas: expediciones en busca de los orígenes de la raza aria, atrocidades médicas que llevaban a un callejón sin salida y armas milagrosas.

Schwend utilizaría las libras falsas de Bernhard para comprar en Croacia armas a los partisanos. Aquel dinero fue rápidamente distribuido entre campesinos desertores que las ofrecían a cambio de comida y herramientas. En 1943, ante el hundimiento del Ejército italiano, Schwend y otros miembros de la Wehrmacht compraron también las armas de los soldados de dicha nacionalidad que emprendían la huida, y metralletas a los *chetniks*[33] yugoslavos —armas que había enviado el SOE inglés en paracaídas o submarinos—. Ahora, todas esas piezas de artillería formaban parte de la división armada de la Orden Negra, las temibles Waffen-SS.

En medio de aquellas transacciones clandestinas de los «señores de la guerra» nazis, Willi Gröbl fue asesinado durante una

33. Miembros de una organización guerrillera nacionalista, conservadora y monárquica serbia. Durante la Segunda Guerra Mundial se llamaba también «chetniks» a los miembros del Ejército Yugoslavo de la Patria (JVUO, en sus siglas serbias), creado en 1941 como fuerza leal a la monarquía yugoslava en el exilio tras la derrota frente al Eje. Decididos a crear zonas exclusivamente serbias en Croacia y Bosnia Herzegovina, unidades chetniks cometieron atrocidades contra croatas, musulmanes y comunistas en varias regiones. Un siniestro preámbulo de lo que sucedería décadas después en los Balcanes.

emboscada por los partisanos, mientras que Schwend fue herido y se salvó casi de milagro. Mientras tanto, tal movimiento de libras falsas comenzó a alterar el mercado de divisas. Lawrence Malkin apunta que, entre noviembre de 1942 y julio de 1943, más de tres mil billetes falsos de cinco y diez libras fueron interceptados por los bancos suizos. Incapaces de controlar su difusión, recibían largas de las autoridades del Banco de Inglaterra cuando les informaban de las filtraciones. Como reacción, en 1944, los bancos helvéticos dejaron de aceptar libras, lo que no afectaría al emporio de Schwend y compañía, pues por aquel entonces ya tenían millones de billetes falsos circulando por todo el Mediterráneo, lo que sometía a los presos del bloque 19 a una presión tremenda: fabricaban una media de quinientos mil billetes al mes.

La red de distribución y blanqueo de Schwend respondía al nombre en clave de Aktion I y contaba con unos cincuenta agentes y subagentes que operaban en los alrededores de Trieste, al norte de Italia, aunque sus operaciones se extendieron también hacia los Países Bajos y al puerto alemán de Hamburgo, eso sí, intentando no alertar al Reichsbank o evitar que este, por confusión, se quedase con grandes cantidades de dinero falso.

Como buen empresario, Schwend se llevaba una comisión bruta de un tercio de todos los billetes filtrados por sus hombres —cuyo riesgo él asumía con su propia cuenta— lo que le haría un personaje inmensamente rico. Como tapadera para que no descubrieran el verdadero origen del dinero, les decía a sus empleados que las libras procedían de las cámaras acorazadas de los países ocupados o que habían sido capturadas a las tropas británicas y a los agentes del SOE que realizaban misiones de sabotaje en Europa.

Para almacenar el botín proveniente de los hombres de Krüger, Schwend confiscó el Schloss Labus. Su red era cada vez más efectiva y sus cinco principales agentes operaban blanqueando las libras en Suiza, Italia, Holanda, Bélgica y Yugoslavia. Para colmo, el avispado contrabandista utilizaba a varios blanqueadores judíos porque eran menos sospechosos que los agentes nazis y era más fácil que lograran colocar el dinero falso: Georg Spitz y Yaakov Levy, que hacían negocio con los mismos hombres que masacraban a su pueblo y que también traficaban con obras de arte robadas por los nazis, en el mayor expolio de la historia, a través de diversas tapaderas, a cual más opaca.

En las cámaras acorazadas de Schloss Labus, Schwend también protegía un verdadero depósito de armas, comida, ropa y otros bienes. Sus negocios tenían un amplio despliegue, manteniendo contacto también con el otro lado del Atlántico a través de su antiguo colega, el antiguo cónsul general en Los Ángeles, Georg Gyssling, que era su principal asesor en materia artística —prácticamente todo ello arte robado.

Mientras tanto, la vida en los bloques 18 y 19 continuaba, y la incertidumbre sobre su futuro se hacía cada vez más grande ante el retroceso de los ejércitos de Hitler, algo que conocían no solo por la intensidad de los bombardeos aliados fuera del recinto, que a veces hacían temblar la estructura, sino también porque de forma clandestina algunos de los presos lograban sintonizar en ocasiones la BBC.

El tiempo del dólar

Un buen día de 1944, Krüger rompió la rutina de sus ciento cuarenta *Häftlinge* haciéndoles un sorprendente anuncio: «Ya no falsificaremos más libras esterlinas». En ese momento, como declararían más tarde, muchos de ellos se temieron lo peor. Tras realizar su labor secreta durante tantos meses, pensaban que el próximo destino era la cámara de gas. Pero no fue así.

El objetivo entonces, tras el éxito cosechado hasta el momento —les confió el oficial de las SS—, era aún más ambicioso: falsificar el dólar norteamericano. De nuevo, Krüger les ofreció promesas de sobrevivir si hacían lo posible para que no tuviera que presentarse ante Himmler con las manos vacías, en un tiempo en el que este, sintiéndose acorralado, comenzaba a fantasear con la idea de llegar a algún tipo de acuerdo por separado con los aliados. El objetivo era primero hacer billetes de cincuenta y de cien dólares, y después afrontar la falsificación de los de quinientos.

De nuevo, la principal pieza de la operación sería Smolianoff, a quien eligieron sus compañeros para confeccionar las planchas falsificadas de los dólares. De hecho, no era la primera vez que el ruso intentaba duplicar el célebre «verde» norteamericano —razón por la que, como puede verse al comienzo de la película *Los falsificadores,* fue detenido—. El papel que este desempeñó en aquel momento crucial de la Operación Bernhard, casi al final, le fue revelado por el propio Smolianoff años después a A. E. Whitaker, del servicio secreto de Estados Unidos, en Roma, donde este lo encontró casi por casualidad.

El ruso recordó: «Durante un ataque aéreo norteamericano, estábamos tres de nosotros sentados en el cuarto de fototipia cuando se apagaron las luces, y aprovechando la oscuridad concertamos la forma de sabotear el plan nazi de falsificaciones; decidimos que cada uno de nosotros se quejaría del trabajo de los demás para ganar tiempo, porque esperábamos que las tropas aliadas, cada vez más cercanas, nos liberarían muy pronto. Obramos según lo acordado, y a veces nos peleábamos con tanto encarnizamiento que los guardias de las SS tenían que intervenir para separarnos, pese a estas rencillas, no podían despedirnos porque todo el trabajo dependía de nosotros».

Al parecer, la treta les funcionó durante algunos meses, pero el tiempo se agotaba y los dirigentes de la Orden Negra, incluido Krüger, se ponían cada vez más nerviosos al no obtener los resultados previstos. El Reich estaba siendo cercado por todos los frentes y los bombardeos eran cada vez más continuos en los alrededores de Sachsenhausen. Los reos trabajaban expuestos a ser pulverizados en cualquier momento por los aliados, aunque estos no tuvieran ni idea de lo que pasaba en aquellos barracones cercados de alambradas.

El relato de Smolianoff continúa en aquel punto: «Por aquel entonces supimos que los rusos habían tomado Küstrin, a solo sesenta kilómetros de nuestro campo de concentración. Ya no había tiempo para efectuar experimentos prolongados y, finalmente, el jefe de nuestro grupo de ciento cuarenta hombres nos dijo que debíamos dejarnos de peleas y producir, por lo menos, una muestra; de lo contrario, nos matarían a todos. Dos días después hicimos una copia del reverso de un billete de cien dólares que nos pareció bastante buena, y se lo comunicamos al jefe Krüger, que estaba a la sazón en Berlín».

Unas horas después, llegó muy excitado al campo a bordo de un automóvil. Les dijo a sus hombres que necesitaba verlo urgentemente. Smolianoff recuerda: «Extendimos sobre una mesa, con el reverso hacia arriba, catorce billetes auténticos de cien dólares, que habíamos usado como modelos, colocando entre ellos nuestro billete falso. Krüger se detuvo junto a la mesa y permaneció allí durante un rato que nos pareció larguísimo, estudiando cada billete. En la habitación solo se oía nuestra respiración contenida, mientras aguardábamos a que Krüger descubriera la muestra falsa. ¡Imagínese nuestra sorpresa cuando lo vimos señalar uno de los billetes auténticos!... Naturalmente, todos nos alegramos de su equivocación, pero el más contento era el propio Krüger, quien tomó apresuradamente la muestra y partió en su coche hacia Berlín, para mostrársela a Himmler. Esa misma noche recibimos alborozados la noticia de que Himmler aprobaba el trabajo, agradecía nuestros esfuerzos y nos ordenaba continuar la labor».

A pesar de seguir con los sabotajes, el trabajo continuó de forma extenuante, hasta el punto de que Smolianoff, que trabajó en la confección de planchas impresoras más tiempo del que duraba su jornada laboral, estuvo a punto de quedarse temporalmente ciego, según él mismo reconoció a Whitaker.

Según su relato, coincidente con el de otros presos como Burger o Krakowski, un día, de repente, Krüger apareció por sorpresa, los convocó a una reunión y leyó una orden del *Reichsführer-SS* disponiendo la evacuación de la fábrica de Sachsenhausen. Les dijeron que serían trasladados a la ciudad para continuar con el trabajo, aunque la realidad era mucho más siniestra. Aun así, los presos tuvieron que trabajar día y noche para empacar y cargar la maquinaria en dieciséis vagones de ferrocarril detenidos en una estación cercana. Además, no debían dejar rastro del taller de impresión en los barracones que pudiera dar pistas a los aliados, cada vez más cerca de Berlín. Las libras se colocaron dentro de cajas impermeables con forma de ataúdes y se sellaron con tiras metálicas. Cada caja pesaba unos cien kilos. Unos vagones adicionales llevaban cajas selladas de los talleres de espionaje del RSHA del castillo de Friedenthal. Los ciento cuarenta prisioneros iban en otros vagones especiales.

En marzo de 1945, fueron trasladados hasta el campo de Mauthausen, de infausto recuerdo. Cuando los vagones cruzaron cerca de Dresde, según recordaría Avraham Krakowski, la ciudad aún ardía después del implacable bombardeo aliado con proyectiles incendiarios que redujo casi a cenizas la hermosa ciudad medieval la noche del 13 al 14 de febrero. Una vez en el campo, fueron desnudados, despiojados y registrados por si llevaban algún billete falso[34] y allí permanecieron varias semanas sin realizar ningún trabajo, a pesar de que la maquinaria también había sido reubicada en el campo.

A finales de marzo, llegó una nueva orden: los reos debían ser conducidos primero al campo de concentración anejo de Ebensee y luego hasta un lugar oculto, en Redl-Zipf, en Austria, en el interior de la misma montaña, en dos gigantescos túneles donde se estaban construyendo en secreto los cohetes V-2 que caían sin piedad sobre Gran Bretaña. En un túnel cercano se levantaba también una planta de generación de oxígeno líquido.

La imprenta fue montada en este gigantesco espacio subterráneo, pero debido a la rapidez del avance de las tropas aliadas, no se pudieron siquiera reanudar los trabajos. La orden que recibieron los presos del antiguo bloque 19 fue construir con la mayor rapidez posible una edificación de ladrillos con techo de cemento y provisto de dos chimeneas de tres metros de largo y 1,80 metros de alto, donde apenas cabía un hombre. Una vez hecho, los guardias de las SS los obligaron a encender una hoguera y a arrojar todos los billetes falsificados que no habían sido distribuidos, una destrucción rigurosamente vigilada por los guardias de la calavera, que no podían permitir ninguna fuga de información.

34. El único que lo logró fue Abraham Jacobson, el maestro impresor de fototipia, que ocultó, arriesgando mucho su vida, un billete de cincuenta libras en el forro de uno de sus zapatos, probablemente porque quería una prueba, más allá de los testimonios, que demostrase lo que habían estado haciendo.

¿Qué pasaría, pues, con los ciento cuarenta testigos? Eran personajes incómodos porque los nazis no podían dejar ningún cabo suelto. Las promesas de Krüger no habían sido sino humo. Aún faltaban por destruir las grandes reservas de billetes y las máquinas que sirvieron para fabricarlos, pero ante el avance norteamericano, los SS responsables de ocultar los rastros de la Operación Bernhard se encontraron acorralados: la opción fue reunir varios camiones y transportar los arcones restantes y la maquinaria al fondo de varios lagos..., como el Toplitz, donde comenzó la historia de este «expediente secreto».

Otros camiones arrojaron el dinero falso al río Enns, y la corriente arrastró las cajas hacia los rápidos, donde fueron destrozadas por las rocas y los billetes inundaron el caudal... Muchos de ellos fueron recuperados por campesinos que vivían río abajo y que, según las memorias de Adolf Burger, los pusieron a secar en los alambres donde tendían la ropa y luego pudieron gastarlos en varios países europeos sin que nadie les pusiera problemas. De la noche a la mañana se habían hecho ricos.

Otro camión siguió una ruta muy diferente: lo conducía el joven austríaco que servía en el Ejército alemán Robert Mathis, que el 4 de mayo de 1945 había recibido la orden de un oficial llamado Hantsch de las SS de transportar una carga importante y arrojarla a un lago. Sin embargo, Mathis, que sospechaba que las cajas ocultaban algún secreto, acabó descubriendo las libras falsas y, en un acto entre valeroso y temerario, se ocultó en el camión hasta que los norteamericanos conquistaron la región el día 8, momento en el que salió de su letargo y se presentó ante un control estadounidense en Gmünd, contando todo lo que sabía y entregando la valiosa carga.

Fue entonces cuando aquella historia digna de una novela de espías llegó a oídos del capitán George J. McNally, quien entonces ocupaba el cargo de consejero especial de la sección de inteligencia financiera del Ejército norteamericano en Alemania. Gran conocedor del mundo criminal relacionado con el dinero duplicado, pues trabajó durante varios años en el servicio secreto de Estados Unidos persiguiendo a falsificadores de billetes y documentos, en cuanto supo del descubrimiento fue a inspeccionar el camión y después lo comunicó a Scotland Yard. Sus responsables enviaron urgentemente a Austria al inspector Patrick J. Reeves, emisario del Banco de Inglaterra, que se puso a trabajar con McNally.

Tras una minuciosa investigación, ambos dieron con el paradero de nada menos que cuarenta *Häftlinge* que habían trabajado en Sachsenhausen y los sometieron a intensivos interrogatorios que servirían para dar forma al *Informe McNally*, reconstruyendo la operación clandestina que serviría a futuros investigadores. Pero, como se estará preguntando el lector, ¿qué había sucedido con los presos que hicieron posible el plan de falsificación más ambicioso de la historia cuando se encontraban en Redl-Zipf?

Un final inesperado

Una vez que fueron destruidos los billetes y las máquinas para fabricarlos, los alemanes ordenaron a los *Häftlinge* que se despojaran de sus objetos personales: les esperaba, ahora sí, la cámara de gas. El comandante Krüger, que tantas promesas les hizo de que serían liberados e incluso recompensados con un hogar si servían bien al Führer, no aparecía por ningún lado.

Cuando ya se acercaba la hora de andar el difícil aunque corto sendero que conduce a la muerte, descubrieron que en las instalaciones no había ni rastro de los nazis. Todos habían puesto pies en polvorosa ante la inminente llegada de las fuerzas de liberación. Sabían que ser un SS —organización que había sido declarada criminal— era una condena segura al cadalso. Los cazadores pasaban a convertirse en presas.

Los *Häftlinge* eran por fin libres, algo que parecía un imposible. Desorientados, algunos dejaron sus barracas y se instalaron en las reservadas a los oficiales, otros se marcharon a vagar por los campos, uniéndose a las conocidas como marchas de la muerte una vez que los campos de exterminio fueron liberados.

Acabada la contienda, Salomon Smolianoff, que en sus ratos libres en el bloque 19 de Sachsenhausen había estado trabajando en las probabilidades matemáticas de la ruleta junto al oficinista polaco Jacob Lakier, seguros de que podían idear un sistema para hacer saltar la banca de Montecarlo, decidió finalmente hacerlo, aunque sin éxito. Además, volvió a trabajar en sus viejas actividades como falsificador, instalándose en Roma, donde se casó con Carlota Raphael, de ascendencia judía italiana. Luego se marchó a Sudamérica, el destino de muchos de los que habían sido los captores y asesinos de su pueblo.

En 1948, la Comisión Criminal Internacional de París emitió una orden de busca y captura contra el ruso, al que calificaba de «célebre falsificador internacional». En 1955 se trasladó junto con su esposa a Porto Alegre (Brasil), donde, ya enfermo de párkinson —lo que le impedía seguir teniendo el pulso necesario para su viejo trabajo—, se dedicó a fabricar juguetes. Murió en 1978.

Adolf Burger regresó a Praga y trabajó estrechamente con la Policía del país, publicando más tarde sus memorias en checo y después en alemán, y fue, como dijimos, el último de los supervivientes de la Operación Bernhard, muerto en 2016. Como él, publicaron sus impresiones y vivencias Moritz Nachtstern, fallecido en 1969, y Avraham Krakowski, que cruzó el Atlántico y se instaló en Brooklyn (Nueva York), en el vecindario de Flatbush, donde trabajaría como contable y sus conocidos le llamaban el Rabino. Peter Edel se hizo un célebre escritor avalado por el Gobierno comunista de la República Democrática Alemana, y Max Groen, haciendo honor al trabajo de su padre, que antes de la guerra había dirigido la productora 20th Century Fox en Holanda, se dedicó a subtitular películas importadas. Moría en 2004, en Ámsterdam, a los ochenta y seis años.

La historia de Bernhard Krüger la contaría él mismo ante un tribunal en 1955. Justo cuando la guerra estaba perdida, el oficial de las SS consiguió llegar hasta su domicilio en Dassel, cerca de Hannover, donde permaneció escondido ocho días hasta que se entregó a las autoridades de ocupación inglesas, en 1946. Estas lo retuvieron durante un período de un año con cargos como falsificador de moneda extranjera y pasaportes.

Los británicos nunca presentaron cargos contra él, puesto que fabricar moneda enemiga no era ningún crimen, pero es que además no querían dar aún más publicidad a un asunto tan turbio para la Vieja Dama. Quizá tuvo algo que ver en ello sir Kenneth Oswald Peppiatt, cajero jefe del Banco de Inglaterra.

Aun así, la operación llevada a cabo por los nazis obligó a los británicos a emitir nuevos billetes de cinco libras con un hilo metálico que ayudaba a detectar las falsificaciones, y el banco tuvo que admitir en público la razón: fue en una conferencia de prensa el 18 de octubre de 1945, cuando sus autoridades responsabilizaron del asunto a la «falsificación de una gran suma de billetes del Banco de Inglaterra en Alemania durante la guerra».

Aun así, su actuación fue opaca durante décadas. Edward Playfair, un alto funcionario del Tesoro, dio indicaciones a Peppiatt de que no se contara la verdad a los extranjeros, y, aunque durante muchos años siguieron apareciendo billetes falsos, sobre todo en países neutrales o filonazis, en capitales como Madrid o Roma, y por todo el litoral mediterráneo, durante más de medio siglo la Vieja Dama no se refirió a tan espinoso asunto.

Los trabajadores de la entidad ni siquiera se atrevían a pronunciar el nombre de la Operación Bernhard, al menos hasta 2003, cuando, desaparecida la vieja cúpula, el banco reconoció públicamente en un breve comunicado de su página web que el plan llegó a amenazar la estabilidad de la libra durante la guerra —precisamente, lo que pretendían los nazis, aunque en menor grado.

Respecto a lo sucedido con Krüger, los británicos lo entregaron a los franceses a principios de 1948, cuando el capitán S. C. Michel, de la inteligencia gala, intentó que falsificara pasaportes para ellos. Al parecer, el viejo oficial de la calavera se negó, a pesar de que los franceses lo amenazaron con acusarlo de asesinato por los cuatro presos que ejecutaron sus hombres en Sachsenhausen por enfermedad. Permaneció casi un año en la prisión de Wittlich, en la zona de ocupación francesa, y finalmente lo liberaron en noviembre de 1948.

En 1955 sufrió un proceso de desnazificación en el que confesó lo que había sucedido durante la guerra, insistiendo en que él no era más que un «asesor técnico». Por suerte para él, algunos de los prisioneros del bloque 19 testificaron o enviaron declaraciones juradas a su favor, que le valieron ser exculpado. Con el tiempo, entró como vendedor en una fábrica de papel de Hahnemühle, la misma que había facilitado el material para Sachsenhausen. Curiosamente, poco antes de su muerte, a los ochenta y tres años, uno de los buscadores de tesoros del Toplitz, el explorador y biólogo marino Hans Fricke, que citamos al comienzo del capítulo, del Instituto Max Planck, lo llevó en una inmersión de su minisubmarino a las profundidades del lago, descubriendo montones de billetes de libras aún conservados por debajo de la línea de oxígeno. Fricke contó después que Krüger, atónito, pronunció un antiguo eslogan del Tercer Reich: «Todo por el Führer, el pueblo y la patria». ¿Nostalgia o demencia? Tras aquello, entre sollozos, Krüger balbuceó: «Hice todo lo que pude y después de la guerra me trataron como a un bribón». Moría en 1989, el mismo año que caía el vergonzante Muro de Berlín que jamás se habría levantado si décadas antes su jefe máximo no hubiera comenzado una cruzada contra el mundo.

Por su parte, el mercenario Friedrich Schwend fue arrestado por el Gobierno Militar de Estados Unidos en junio de 1945, tras una delación. Al principio, fue utilizado por agentes de la inteligencia aliada para desenterrar tesoros ocultos por los nazis, lo que le valió el apodo de Flush.[35] En los Alpes austríacos, condujo a los vencedores hasta un botín de 7.139 monedas de oro valoradas en doscientos mil dólares de entonces, que había enterrado apenas unos días antes. También los llevó a Merano, donde había escondido otra parte de su botín.

Con la llegada de la Guerra Fría, Schwend y su colega Georg Spitz serían utilizados por la inteligencia estadounidense en Alemania, organizando una red de contrainteligencia local, en una de las acciones más execrables de los vencedores, que ahora temían a la hoz y el martillo, y olvidaban las atrocidades de la cruz gamada. Schwend, para el que ningún dinero era suficiente, intentó también defraudar a la Organización Gehlen,[36] que le daba de comer,

35. Nombre del perro de Virginia Woolf.

36. Formada por antiguos oficiales de inteligencia nazis con la aprobación de la CIA a través de la Operación Paperclip, y comandada por el criminal de guerra Reinhard Gehlen, jefe de operaciones de contrainteligencia en el frente oriental durante la Segunda Guerra Mundial. Su misión era frenar el avance del comunismo en la República Federal Alemana.

y escapó a Roma, donde se hizo con un pasaporte a nombre de Wenceslas Turi y, como muchos otros colaboradores de los nazis, huyó a Lima (Perú), a través de la Ruta de las Ratas.

Después, hispanizó su nombre a Federico Schwend y actuó como confidente de la inteligencia peruana, cuyos responsables finalmente también lo acusarían de «chantaje, contrabando de moneda y venta de secretos de Estado». Un auténtico «fichaje» que continuó codeándose con antiguos criminales de guerra de Hitler como Klaus Barbie, *el Carnicero de Lyon,* en el asentamiento chileno de Colonia Dignidad.

Al parecer, la CIA siguió muchos años sus pasos y en 1963 la agencia sospechó que estaba fabricando dólares para Fidel Castro, un punto no aclarado de su ya de por sí oscura biografía. Permaneció encarcelado por las autoridades peruanas durante años, y finalmente lo deportaron a Alemania occidental, donde vivió en la miseria, pendiente de un cargo de homicidio en relación con la muerte de un agente que había intentado huir con las libras falsas de Sachsenhausen en 1944. Fue juzgado en Múnich y condenado, aunque la pena quedó en suspenso al declararse indigente —para poder, eso sí, reclamar una pensión y asistencia legal—. Enfermo, regresó a Lima, donde murió en 1980, siendo uno de los mayores falsificadores de la historia.

Con la muerte el 6 de diciembre de 2016 de Adolf Burger, se sellaba uno de los dosieres secretos más controvertidos del siglo XX.

Expediente n.º 4

OPERACIÓN ANTROPOIDE. OBJETIVO: REINHARD HEYDRICH

> En una sociedad que se rige por reglas normales, el asesinato no puede estar moralmente justificado. Pero cuando una nación es esclavizada por asesinos fanáticos, el asesinato puede que sea el único medio para destruir el mal.
>
> FRANTIŠEK MORAVEC
> General, jefe de la inteligencia militar checoslovaca

Los motores del bombardero Halifax, manipulados para hacer el menor estruendo posible en la noche, parecían fallar. Pero estaban en perfecto estado. Tan solo era la sensación de la tripulación, que contenía el aliento mientras reducía la velocidad. El pájaro seguía su rumbo. Casi detenido en el aire, se acercaba a su destino poco antes del amanecer. En su interior, piloto, copiloto y varios oficiales al servicio del MI5, disimulaban los nervios con entereza, mientras apuraban sus cigarrillos ingleses.

Los soldados se ajustaban los amarres del paracaídas. La carlinga parecía una lata de sardinas agitada por el viento. La atmósfera era irrespirable; el oxígeno había sido absorbido por la tensión, tan palpable que se masticaba. Había llegado el momento de saltar. Primero, lo hicieron una serie de comandos que se encargarían de establecer comunicaciones con Londres y realizar operaciones de sabotaje en territorio checoslovaco; unos kilómetros más adelante, saltarían dos hombres cuyos nombres están grabados con letras de oro en la historia de la resistencia contra Hitler.

El sol comenzaba a despertarse, la protección que brindaba la oscuridad pronto sería mera ilusión, y sus cuerpos un objetivo visible para las baterías antiaéreas enemigas. Lo habían conseguido, pero debido a un error de cálculo caerían unos kilómetros más lejos de lo previsto. Un campo en medio de la nada, en Moravia, a poca distancia de la mágica ciudad de Praga, cuna de alquimistas, refugio del Golem y ahora tomada por los esbirros de la esvástica. Los nazis, haciendo ondear la bandera de las SS y la cruz gamada, símbolo de la ira de Hitler, sobre el Hradčany, habían emprendido una caza sin cuartel de judíos, «razas inferiores» y miembros de la resistencia, fuerte en aquella capital centroeuropea que había rechazado siglos atrás numerosas invasiones.

Precisamente en Praga, la contrainteligencia aliada daría uno de sus golpes maestros. Un golpe certero al corazón de la Orden Negra. Aunque tendría nefastas consecuencias para los ciudadanos checos y un alto coste en víctimas inocentes. Demasiado alto.

El objetivo de la misión era uno de los personajes fundamentales en la historia más oscura de la Segunda Guerra Mundial, un nombre que se repite una y otra vez como cabeza pensante de los espías y hombres implacables de Hitler, responsable de algunas de las más importantes operaciones secretas, de bandera falsa e incluso pseudogolpes de Estado en el marco del Tercer Reich: Reinhard Heydrich, la mano derecha de Himmler y en la mente de muchos el posible sucesor del mismo Führer.

Aquel que sería conocido como la Bestia Rubia, con un oscuro pasado por el que rondaba incluso la sospecha de judaísmo —«pruebas» que se guardaría como as en la manga su antiguo jefe y más tarde enemigo Wilhelm Canaris—, se había convertido en el segundo de las SS, escalando posiciones de forma asombrosa, en 1936. Gracias a su aguda inteligencia, su desmesurada ambición —aunque nunca precipitada, dando cada paso premeditadamente calculado—, su conocimiento de los servicios de inteligencia —admiraba, curiosamente, la impecable efectividad de los servicios secretos de su enemigo británico— y su capacidad de organización y habilidad burocrática, no tardó en estar al frente de la Gestapo, el SD y otras fuerzas policiales de la Alemania nazi que más tarde unificaría bajo su mando absoluto. Cuentan que el propio *Reichsführer-SS* lo temía y Hitler lo consideraba un hombre extremadamente dotado y peligroso. Lo llamaba «el hombre del corazón de hierro», y no precisamente porque estuviera hecho de cristal de Bohemia.

En 1939, con el estallido de la guerra, por decreto del propio Himmler, se estableció la RSHA, la Oficina Central de Seguridad del Reich, una inmensa organización formada por múltiples departamentos que se convertiría en centro neurálgico del espionaje nacionalsocialista, desbancando incluso a la Abwehr de Canaris —con la que tendría abiertos enfrentamientos hasta el final, como veremos en los últimos «expedientes»—. Heydrich sería su principal responsable, y sus más eficientes colaboradores, Karl Wolff y Heinrich Müller, este último al frente de la temible Gestapo, uno de los personajes más sanguinarios de aquella pléyade de «angelitos» vestidos de impecable negro, con trajes de una elegancia exquisita, cuya sola visión ya inspiraba temor, diseñados, aunque parezca increíble, por la marca alemana Hugo Boss.[1]

Heydrich, cuya forma de actuar en técnicas de «guerra sucia» ya conocemos, organizó con eficiencia burocrática impoluta —aunque no pocas veces se descontrolaría su gestión— una red de control que se instalaría en cada territorio conquistado. A las fuerzas de élite de la Wehrmacht, que conseguían éxito tras éxito al comienzo de la contienda, les seguía una tropa de asesinos de las

1. En septiembre de 2011, los herederos de Hugo Ferdinand Boss pidieron públicamente perdón por el pasado nacionalsocialista del fundador de la marca, hoy uno de los referentes de la alta costura mundial. La firma sería la que diseñaría los inmaculados trajes negros de los SS. Existen autores que ponen en duda este punto cual leyenda urbana bélica, pero lo cierto es que, más allá de que fueran exclusivamente los trajes de los guardias negros o que la marca se centrara más en los uniformes del NSDAP o de las Waffen-SS, la compañía no habría emitido comunicado alguno si lo de su pasado hubiera sido completamente apócrifo. En todo caso, habrían hecho público un comunicado para desmentirlo. Queda bastante clara esa colaboración con el régimen, incluso recurriendo, como era el procedimiento habitual, a mano de obra esclava de los campos de exterminio. Así consta en el libro de Roman Koester, profesor de Historia Militar en la Universidad de Mónaco, *Hugo Boss, 1924-1945*, Múnich, C. H. Beck, 2011.

SS organizados en Einsatzgruppen,[2] escuadrones de la muerte formados por miembros de la Orden Negra, el SD y la Policía Secreta del Estado, encargados de la represión política y quienes comenzaron ya una auténtica limpieza étnica en Polonia que con el paso del tiempo se convertiría en la sistematizada ejecución en masa.

Regresando a territorio checoslovaco, tras la ocupación alemana se había unificado aquel territorio bajo el nombre de Protectorado de Bohemia y Moravia, y para controlarlo se había designado como *Reichsprotektor*[3] al gobernador Freiherr Konstantin von Neurath, ayudado del jefe de las SS de la ciudad, Karl Hermann Frank. Sin embargo, la resistencia se hacía cada vez más fuerte y sus golpes eran de una eficiencia hasta entonces impensable para los todopoderosos alemanes.

Así, entre el alto mando alemán comenzó a circular el rumor de que Neurath trataba a los enemigos del Estado con demasiada ductilidad. Hacía falta mano dura y ya se encargaría de ello, precisamente, el jefe de la RSHA. Así, el 29 de septiembre de 1941, este se convertía en el nuevo *Reichsprotektor*. Un paso más, decisivo, en su meteórica carrera hacia el poder.

Aspiraba a conseguirlo todo, era implacable y se creía invulnerable, y ese, precisamente, sería su punto débil: su creencia absoluta en que los checos eran incapaces de hacer nada en su contra y en su superioridad, en la que el distorsionado ideario nazi de la cuestión racial tenía mucho que ver. Reinhard Heydrich se consideraba a sí mismo una suerte de «superhombre ario» —a pesar de su supuesta «mácula» hebrea sobre la que Hitler y Himmler hicieron la vista gorda, en consonancia con el eslogan de Göring de «yo decido quién es judío y quién no lo es»—, pero lo cierto es que las circunstancias demostrarían, no mucho tiempo después, que era tan vulnerable como cualquier otro ser humano.

Fanático, ambicioso, retorcido, tal era la sed de poder y la confianza en sí mismo, que acabó por descuidar peligrosamente su protección. Creía que era imposible que alguno de sus forza-

2. Estos comandos de la muerte serían responsables de la ejecución de al menos 1.400.000 personas en el este de Europa.

3. Protector adjunto del Reich de Bohemia y Moravia.

dos súbditos se atreviera a atentar contra él, temeroso, sin duda, de las gravísimas consecuencias. De hecho, había sido objeto de advertencias tanto de Himmler como de Hitler, que insistían en que debía ir escoltado en todo momento, y de las que haría caso omiso.

Una vez que ocupó su cargo, Heydrich, el responsable de convertir el entramado policial nacionalsocialista en el más efectivo cuerpo de represión de su tiempo, mandó encarcelar a Konstantin von Neurath, para después declarar la ley marcial contra toda la intelectualidad checa. En menos de cinco semanas al frente del Protectorado, el Carnicero de Praga, como no tardaría en ser conocido por sus opositores políticos, ordenó ejecutar a quinientos cincuenta checos y envió a muchos otros a campos de concentración. Asentado cual nuevo César de Bohemia en el castillo de Praga, que un día sirviera de hermética residencia de Rodolfo II de Habsburgo —el Rey de los Alquimistas o el Emperador de las Sombras—, llevó a cabo una despiadada política de represión y germanización.

Heydrich ordenó asimismo que todos los judíos checos lucieran la infamante estrella amarilla de David cosida a sus chaquetas, y estableció un gigantesco gueto en la ciudad de Theresienstadt, donde fueron hacinados hasta ciento cuarenta mil judíos.[4] A principios de octubre de 1941, Heydrich y Adolf Eichmann organizaron una conferencia en Checoslovaquia sobre lo que llamaban «el problema judío». El líder del SD parece que propuso deportar a noventa mil judíos a un protectorado y después exterminarlos, estremecedor preámbulo que anunciaba la Conferencia de Wannsee, que se celebraría el 20 de enero de 1942 al suroeste de Berlín, donde Heydrich daría el pistoletazo de salida a la «solución final» del problema judío, en el burocrático y eufemístico

4. La inolvidable novela de Jirí Weil, *Vida con estrella* (1949), que reeditó recientemente en castellano Impedimenta (Madrid, 2017), retrata la ocupación nazi de Checoslovaquia y la implacable política de exterminio de los judíos con un lenguaje conmovedor y directo, aunque sin concesiones al mero sentimentalismo; un relato del horror instalado en la vida cotidiana que reivindico desde estas páginas. Su autor sobrevivió no solo al nazismo sino también a una terrible estancia en los gulags de Stalin.

lenguaje del Reich, es decir, al Holocausto, la Shoa, la limpieza étnica de judíos y la represión de otras minorías.

Como apunta el escritor inglés Roger Manvell,[5] las intenciones de Heydrich en Checoslovaquia correspondían a las de su superior Himmler en Europa del Este: el exterminio de los «elementos raciales indeseables» y la germanización de los demás checoslovacos y de su territorio. El jefe del SD pretendía asentar de nuevo en Bohemia a población germana. A medida que los alemanes se desplazaban hacia la Europa oriental —dijo—, convertirían a las razas inferiores que no destruirían en ejércitos de ilotas (esclavos), diseminados desde las playas del Atlántico hasta los Urales, con la misión de proteger de los pueblos de Asia al Gran Reich y al futuro Estado SS.

El este, además, a través del trabajo forzado hasta la muerte de los «indeseables» en su distorsionada cosmovisión, produciría el sustento para el Occidente ario. Así, el nuevo *Reichsprotektor* pidió a sus guardias negros un panorama racial completo del pueblo checo, compuesto mediante la compilación de un censo electoral de toda la población, realizado por oficiales de la Oficina de Raza y Reasentamiento (RuSHA), para seleccionar a aquellos individuos que serían germanizados y a aquellos que serían exterminados.

El SOE inicia los preparativos

Antes de que aquellos hombres aterrizaran casi al amanecer en tierras checas con la misión de aniquilar al temible Carnicero de Praga, como sería conocido en la República Checa por sus atrocidades, fue el mismo Churchill quien convenció al presidente checo en el exilio, Edvard Beneš, de que había que asestar un golpe mortal a los dirigentes nazis en el país ocupado, un magnicidio que frenase el éxito del segundo de Himmler en Bohemia-Moravia.

Y es que Heydrich, a pesar de su terrible fama de sanguinario, justamente merecida, comenzaba a ser visto de forma positi-

5. Roger Manvell, *Gestapo,* Madrid, San Martín, 1971.

va por un sector cada vez más amplio de la población checa, gracias a su estudiada estrategia de gobernar utilizando la política del palo y la zanahoria: Checoslovaquia era un centro vital de la producción armamentística del Tercer Reich y el SS mejoró los salarios y elevó las raciones de víveres, a la vez que imponía una mano de hierro en el Gobierno y en la represión de las actividades de los grupos de la resistencia. El aparente estado de bonanza económica logrado por dicha política en el Protectorado despertó cierto grado de filiación entre la población autóctona hacia el nacionalsocialismo.

Aquello se veía con preocupación en Londres y atentaba contra los intereses aliados, ya que la sumisión de la población de Checoslovaquia podía generar un efecto dominó en otros países ocupados en los que había importantes grupos rebeldes clandestinos que podían correr peligro por las delaciones y la animadversión de sus compatriotas. Indirectamente, también podía desembocar en la aniquilación de la resistencia y fortalecer el asentamiento del nazismo en el Viejo Continente.

Así, el servicio de espionaje checo, comandado por František Moravec,[6] en colaboración con el SOE, decidió que debían llevar a cabo un atentado en el corazón del Reich ocupado. Se eligió para la misión a dos soldados checos que se hallaban en Inglaterra y se habían propuesto luchar contra Hitler: Jan Kubiš y Jozef Gabčík, que serían sometidos a un duro entrenamiento en los centros que el grupo de operaciones tenía en Inglaterra. Fueron adiestrados en el manejo de granadas de mano especiales contra los blindajes y en el tiro al blanco, convirtiéndose pronto en muy buenos tiradores, así como en otras especialidades de la guerra secreta (sabotaje, reconocimiento, lucha cuerpo a cuerpo...).

Antes de partir, Moravec le dijo a Jozef Gabčík: «En Praga hay dos personas que representan el exterminio. El líder sudetoalemán Karl Hermann Frank y el recién llegado Heydrich. Es necesario que uno de los dos pague por ello».

El 28 de diciembre de 1941 despegaba de un aeropuerto londinense un bombardero de gran radio de acción, momento en el

6. František Moravec, *Maestro de espías*, Madrid, Martínez Roca, 1977.

que comenzamos este capítulo. El nombre en clave de la operación era Antropoide. Una vez en Nehvizdy, a unos veinte kilómetros de Praga, los oficiales del SOE, tras vagar durante algún tiempo, algo desorientados, se ocultaron en las galerías de una cantera abandonada. Al día siguiente, sucedió algo que estuvo a punto de dar al traste con la misión: fueron descubiertos por un molinero de una localidad cercana a Praga de apellido Baumann, quien dijo que les facilitaría el contacto con la resistencia de la capital, pues él mismo pertenecía a una de las muchas ligas patrióticas declaradas «fuera de la ley» por los ocupantes nazis, concretamente al movimiento Sokol. Tras cuatro días cobijados en la cantera, Baumann trasladó a los oficiales al hogar de una familia de Praga, y los pondría después en contacto con el jefe de la resistencia, el profesor de química Ladislav Vaněk, alias *Jindra,* líder de Sokol.

Janusz Piekalkiewicz recoge el testimonio del profesor Vaněk sobre su primer encuentro con Jan Kubiš:[7]

> Como jefe del grupo de resistencia checoslovaco, supe a principios de 1942 que se planeaba llevar a cabo un atentado contra la persona de Heydrich. Desde 1939, el movimiento Sokol constituía el núcleo de la resistencia checa. [...] Cuando ambos jóvenes llevaban ya una semana en la ciudad, les mandé aviso de que deseaba hablarles.
>
> Solo uno acudió a la cita. Hasta el momento únicamente sabíamos que dos hombres se habían lanzado en paracaídas desde un avión [...] que bien podría ser alemán. Aunque fuera cierto que se hubieran lanzado desde un aparato británico, cabía la posibilidad de que los verdaderos agentes estuviesen detenidos, y que dos espías alemanes los hubieran reemplazado. En aquellos tiempos había que extremar mucho la cautela.
>
> Le pedí que exhibiera su documentación, naturalmente falsificada, que nombrara algunos oficiales checos en Inglaterra y que describiese el lugar donde había nacido. El joven Jan Kubiš —este era su nombre auténtico— se mostró un tanto irritado ante mis

7. Janusz Piekalkiewicz, *Espías, agentes, soldados,* Barcelona, Bruguera, 1972.

vacilaciones. Después de todo eran los primeros hombres que nos enviaban, y como quiera que nuestras comunicaciones con Londres eran bastante irregulares desde hacía algún tiempo, no nos habían avisado de su llegada. En el curso de la charla —que más parecía un interrogatorio, pues había una pistola sobre la mesa—, tuve la impresión de que todo estaba en orden. Pregunté a Kubiš lo que él y su camarada pensaban hacer. Al principio se refirió a su misión especial, pero acabó por manifestar, tras cierto rodeo, que había llegado para matar a Heydrich.

Aquel plan no entusiasmó en ningún momento a la resistencia en el país, ya que temían las terribles represalias que sin duda los nazis desatarían sobre los checos. Vaněk recuerda: «Debo admitir que no sentí mucho entusiasmo por el intento. Las consecuencias de un atentado suelen ser grandes, pero, en este caso, tratándose de uno de los pilares fundamentales de la jerarquía nacionalsocialista, las represalias superarían lo imaginable. Ninguno de ambos había considerado esta cuestión, ni tampoco parecían tener el menor interés en ello. Expliqué a Kubiš mi postura, mas al parecer no le causé la más mínima impresión, habían recibido la orden en Londres, y nosotros, como miembros de la resistencia, teníamos la obligación de ayudarles en su tarea».

Lo primero que hizo el líder de Sokol fue confiarles uno de sus mejores hombres, Jan Zelenka, alias *Tío Hajsky*, que lo primero que hizo fue proporcionarles alojamiento en el hogar de la familia Moravec. La señora Moravec, conocida como María, era una comprometida luchadora de la resistencia. Además, su hijo mayor servía en la RAF en su lucha contra el Tercer Reich. Cuando Zelenka puso en contacto a los agentes del SOE con otros miembros de la red que debían enseñarles qué modelo de coche conducía Heydrich y cuáles eran los de escolta, se pusieron manos a la obra y estudiaron los movimientos del *Reichsprotektor:* las horas en que salía del castillo, sus actividades habituales, sus recepciones...

En la primavera de 1942, los agentes del SOE, provistos de los documentos necesarios para no ser detenidos, recorrieron en bicicleta en muchas ocasiones el itinerario habitual de su objetivo, en busca del lugar más propicio para realizar su misión. Les pareció ideal la gran avenida, flanqueada de castaños, por la que Heydrich pasaba dos veces al día.

En un primer momento decidieron tender un cable de acero entre ambos lados de la calle, para obligar a que el automóvil se detuviera y después disparar sobre el líder nazi y su chófer; otra opción era levantar el cable hasta la altura de las cabezas en el momento en que pasaran a toda velocidad —algo que le encantaba al SS— y decapitarlos.

Sin embargo, dicha opción no dejaba la más mínima posibilidad de huida a los atacantes en caso de que se malograra el intento. Kubiš y Gabčík eran dos jóvenes patriotas entregados a la lucha contra los nazis, pero en principio no tenían aspiración de convertirse en mártires. Así, otro día encontraron un lugar más apropiado en el suburbio de Liben: una curva cerrada que se encontraba poco antes de rebasar un puente —llamado Troya— en dirección al centro de Praga. El vehículo de Heydrich se vería obligado a reducir la marcha y se convertiría durante unos segundos en un blanco perfecto para cualquier buen tirador. Y los dos oficiales del SOE habían sido instruidos para ello.

El día de la venganza

Para llevar a cabo su plan, necesitaban a una tercera persona que los avisara de la llegada del Mercedes-Benz 320: sería su colega Josef Valčík, que como los otros dos había sido entrenado en técnicas de sabotaje y guerra de guerrillas por el SOE en Inglaterra y lanzado varios meses antes en paracaídas, y que se había unido a estos cuando escapó de las garras de la Gestapo. Valčík, desde un punto más alto, vigilaría la carretera a unos doscientos cincuenta metros, en una colina cercana, y avisaría a los otros realizando una señal luminosa con un espejo. Un cuarto hombre, Adolf Opálka, debía conseguir que el coche redujera aún más su velocidad interrumpiendo el paso. Asimismo, repararon sus bicicletas para huir del lugar del atentado de forma inmediata.

Sobre aquellos preparativos, el profesor Vaněk diría:

La situación no era nada fácil. Kubiš y Gabčík se empeñaban en ejecutar el atentado, pese a que nuestra organización se hallaba en peligro desde finales de marzo de 1942, por haber sido capturados un radiotelegrafista y varios de nuestros hombres. Al informarles de los riesgos de la operación, ellos insistieron en que habían recibido una orden, y tarde o temprano la llevarían a cabo. Hablé varias veces del asunto con el teniente Bartos; también él procedía de Inglaterra, y junto con Valčík se había comunicado con Londres desde Lazy, cerca de Pardubice. Convinimos en llamar a Londres, para preguntar si el atentado se tenía que ejecutar durante aquella época o no.

La respuesta de Londres fue como sigue: «Es del todo punto necesario». Nuestro Gobierno en el exilio deseaba mostrar que el pueblo checo no tenía nada en común con el gabinete marioneta presidido por Emil Hácha, y alentaba la organización de un poderoso movimiento de resistencia.

Por otro lado, se sabía que el atentado desencadenaría violentas represalias, y con ello se activaría la labor de los elementos de la resistencia.

A mediados de 1942, Kubiš y Gabčík me informaron acerca de los detalles de su plan, que me pareció excelente. A los pocos días, uno de mis contactos en el Hradčany me comunicó que Heydrich saldría el 27 de mayo de 1942 en dirección a Berlín, y se pensaba que tal vez no regresaría a Praga, al menos ostentando un importante cargo que le obligara a residir en la capital. Hice saber a ambos que la mejor fecha para realizar el atentado sería la del 27 de mayo, ya que sería casi seguro que Heydrich viajaría sin escolta.

Como señalamos anteriormente, a pesar de su obsesión por los asuntos policiales, Heydrich estaba descuidando por completo su propia seguridad en Praga, a pesar de que había por aquellos meses serios indicios de una amenaza contra su vida. Robert Gerwarth[8] escribe que en marzo de 1942, la Gestapo detuvo a un músico durante una patrulla rutinaria en la estación central de

8. Robert Gerwarth, *Heydrich, el verdugo de Hitler,* Madrid, La Esfera de los Libros, 2011.

ferrocarril de Varsovia. Aunque sus papeles estaban en orden y demostró ser un «músico alemán» de viaje a Praga, su maleta completamente nueva y de excesivo tamaño despertó sospechas. Durante el registro, los agentes de la Gestapo encontraron un compartimento secreto que ocultaba un arma de francotirador con mira telescópica y un silenciador. Después de varios días de interrogatorios brutales, sometido a tortura, el enigmático individuo se derrumbó y confesó que era un agente ruso enviado por Moscú para asesinar a Heydrich.

No fue el único indicio de que la integridad física del nazi peligraba. Un informe del SD fechado el 18 de abril de 1942 que, como era habitual, fue enviado al propio Heydrich y a otras figuras capitales del Gobierno de ocupación, recogía rumores sobre «paracaidistas que ya han aterrizado en el Protectorado y ya han cometido actos de sabotaje, huelgas en grandes fábricas, un intento de asesinato contra el protector del Reich, etc.». Finalmente, los rumores se tornarían certezas.

Tal era la forma del *Reichsprotektor* de descuidar el asunto, que unos meses antes, cuando en diciembre de 1941 el ministro de Armamento y arquitecto predilecto de Hitler, Albert Speer, visitó Praga, se quedó sorprendido por la falta de interés de su colega por su seguridad personal: «Heydrich, cuya casa en Berlín estaba totalmente comunicada con timbres de alarma (incluso en el baño) con las comisarías de Policía más cercanas» y cuyos coches estaban «equipados con matrículas de sustitución, con pistolas enfrente de cada asiento y metralletas delante de los que iban en los asientos traseros», estaba contraviniendo las regulaciones que él mismo había impuesto para la protección de las principales personalidades del Estado y del partido. Así, rechazó categóricamente una escolta, argumentando que «dañaría el prestigio alemán y crearía la sensación de que temía a los checos». Aquello le costaría muy caro.

Y llegó el día 27 de mayo de 1942. Los guerrilleros del SOE habían supuesto que el *Reichsprotektor* pasaría por allí cerca de las diez de la mañana, como acostumbraba, pero excepcionalmente no fue así. Al parecer, Heydrich se había retrasado media hora más en el castillo para atender un asunto urgente de última hora. Sin embargo, cuando lo resolvió, subió al Mercedes descapotable, conducido por su chófer, el suboficial de las SS Johannes Klein, y tomaron la ruta habitual.

Cada vez más impacientes ante la demora, y temerosos de que el plan hubiera sido descubierto, los miembros del comando estaban a punto de dejar sus puestos y perderse en las calles de la ciudad mágica cuando Valčík hizo la señal convenida. Volvieron a sus puestos corriendo y al llegar a la curva, el Mercedes-Benz 320 de Heydrich tuvo que reducir la velocidad. En ese justo momento, Gabčík empuñó su ametralladora Sten de nueve milímetros[9] para lanzar una ráfaga de balas contra los ocupantes, pero el arma se encasquilló y el checo, ante la mirada penetrante del líder de las SS, lanzó el arma al suelo y fue a por la bicicleta. Heydrich, con el coche aún en marcha, se puso de pie y echó mano a su Luger, enfundada en el cinturón, mientras Klein frenaba bruscamente, momento en el que Kubiš lanzó su granada, que cayó en el costado de la rueda trasera derecha y explosionó con violencia.

Tras esos eternos y confusos segundos, Klein, que no había resultado herido, logró bajarse del automóvil y emprendió la persecución de Kubiš empuñando su revólver. Heydrich también salió del vehículo, en apariencia ileso, pero según los testigos que presenciaron el atentado, caminó unos pasos y se derrumbó en el suelo: esquirlas de metralla y jirones del tapizado del asiento penetraron en su espalda. El chófer, que pensaba que su jefe se encontraba bien, continuó la persecución de Kubiš, pero el agente del SOE, que se metió por una calle lateral, consiguió dispararle por sorpresa desde la puerta de una tienda y dejarlo malherido para después coger un tranvía y emprender la huida.

Debido a que la situación se les había ido de las manos, los agentes del SOE dejaron en el lugar de los hechos las armas y las maletas, y Kubiš, además, debido a su precipitada huida, dejó atrás su cartera y su gorra. Por su parte, Gabčík había dejado la

9. Esta sería el arma más utilizada por el SOE, debido a su resistencia y facilidad para transportar, gracias a la sencillez con que se desmontaba. No obstante, solían encasquillarse.

bicicleta en el lugar de los hechos, que para más inri era propiedad de la señora Moravec.

Heydrich, malherido al lado del capó del coche humeante, fue auxiliado por una mujer checa y trasladado al hospital de Bulovka en Praga, donde, todavía consciente, insistió a los sanitarios en que solo podía ser atendido por médicos alemanes. Sospechaba de todos los checos, pero aquella decisión, sin duda, contribuyó a empeorar su estado.

Una vez conocida la noticia en toda Alemania, Himmler envió al médico de las Waffen-SS Karl Gebhardt[10] para que lo tratara con sulfamidas. Sin embargo, no pudo cortar la infección de las heridas del *Reichsprotektor,* que se extendió por el torrente sanguíneo a través del bazo, abierto debido a la explosión. Una septicemia generalizada lo dejó en coma y, ocho días después, Heydrich fallecía. Era el 4 de junio de 1942, una fecha negra en el calendario nacionalsocialista. El asesino despiadado sería convertido en mártir por el régimen.

Algunas fuentes afirman que, cuando conoció la noticia, el propio Hitler rompió a llorar, aunque es cierto que también este, al igual que Himmler, parecía temer la influencia cada vez mayor de la Bestia Rubia, por lo que puede que respirara aliviado. El *Reichsführer,* por su parte, fue informado en su cuartel de Prusia oriental por Hans Frank y el SS Karl Wolff diría que el líder de la Orden Negra rompió a llorar desconsoladamente, lo que no casaba con un plan oculto para acabar con la vida de su segundo.

Fuera cual fuese la verdad, lo cierto es que, mientras el *Reichsprotektor* de Bohemia y Moravia aún permanecía con vida, las

10. Había sospechas de que Himmler había estado vinculado de alguna forma con la muerte de Heydrich. En estrechos círculos nazis corría el rumor de que el *Reichsführer* había permitido que este muriera porque lo consideraba una amenaza a su propio poder y que el médico que envió para atenderle en Praga, Gebhardt, un retorcido personaje que había promovido los experimentos humanos con prisioneros de guerra en los campos de Ravensbrück y Auschwitz, recibió órdenes secretas de que no se salvara. Este punto nunca ha sido aclarado. Por otro lado, parece que la inteligencia británica sospechaba que Hitler pretendía nombrar a Heydrich gobernador de París, lo que aceleraría los preparativos para su atentado.

SS salieron, implacables, a las calles de Praga en busca de venganza, precisamente lo que habían temido los miembros de la resistencia que no eran partidarios del golpe.

El nuevo mártir del movimiento nazi

La misma noche del 27 de mayo, se ofreció un millón de coronas como recompensa a cualquiera que aportara algún tipo de información sobre los asesinos del guardia negro, a la vez que se advertía a los ciudadanos de que cualquiera que les prestase la más mínima ayuda sería ejecutado. Se paralizó la ciudad de Praga y se tomaron rehenes; hubo miles de arrestos de sospechosos, mientras los agentes del SOE lograban permanecer ocultos.

Tras su muerte, el cuerpo del Carnicero fue expuesto en el patio del castillo de Praga, escoltado por soldados de las SS armados. Decenas de miles de personas de etnia alemana y también civiles checos —algunos de forma voluntaria, otros «animados» por las autoridades nazis— le rindieron su último homenaje. El día 8, el féretro fue transportado a la Sala de los Mosaicos de la nueva Cancillería del Reich, donde, el 9 de junio, tuvo lugar una de las ceremonias fúnebres más elaboradas que jamás se celebraron durante el Tercer Reich. Un espectáculo rodeado de gran solemnidad orquestado por el Ministerio de Propaganda del doctor Göbbels en un intento de retratar a Reinhard Heydrich como el «nazi ideal», un heroico mártir de la causa nacionalsocialista.

Los periódicos del NSDAP, cuyos informes estuvieron sujetos a una estricta censura y a una terminología precisa, como todo en aquel régimen policial e intimidatorio, subrayaban que el *Reichsprotektor* era un «nórdico» de la «más exquisita estirpe racial», algo que sonaba eufemístico ahora que sabemos de la «mácula» judía del susodicho, que también conocía el sibilino Göbbels.

En Berlín, el cuerpo de Heydrich fue expuesto al público cubierto por una bandera con la esvástica, el símbolo sagrado del régimen. La guardia de honor de las SS fue encabezada por su inseparable Himmler y también fue él quien, visiblemente afectado, pronunció el discurso en su honor. En el estrado, el Mago Negro del Tercer Reich diría que el fallecido era un modelo que «inspiraría a generaciones futuras». El *Reichsführer* proclamó: «Temido por los subhumanos, odiado y calumniado por judíos y otros criminales [...]. Cualquier medida que tomara o acción que emprendiera, siempre la afrontó como un nacionalsocialista y como un hombre de las SS. Desde lo más profundo de su corazón y de su sangre, sintió, comprendió y se dio cuenta de la cosmovisión de Adolf Hitler. Asumió todas las tareas que se le encomendaron desde su comprensión fundamental de una genuina cosmovisión racial y desde el conocimiento de que la pureza, la seguridad y la defensa de nuestra sangre es la ley suprema».

A continuación, Adolf Hitler le concedió póstumamente «la más alta condecoración, la dignidad superior de la Orden Teutónica», creada ex profeso por el régimen en honor a aquellos que habían prestado un servicio excepcional tanto al NSDAP como al país.

Después, el féretro fue transportado desde la nueva Cancillería del Reich hasta el cementerio de los Inválidos, fundado en el siglo XIX como lugar de descanso de la élite militar prusiana. El nuevo mártir del nacionalsocialismo era enterrado donde descansaban Von Moltke y otros grandes militares alemanes.

El mismo día de su muerte, el Führer añadió a Heydrich a la «lista honorífica de los caídos por el movimiento nazi» y consiguió que la VI División de Infantería de las SS, que entonces combatía en el frente oriental, fuese rebautizada con su nombre. Varias calles y plazas de dieciocho ciudades del Protectorado de Bohemia y Moravia fueron rebautizadas en honor del guardia negro.

Represalias a sangre y fuego

Con esta visión distorsionada acerca de la heroicidad y la «justicia», comenzó la caza del hombre de la mano del sucesor de Heydrich, el fanático SS y secretario de Estado nazi Karl Hermann Frank. Mientras el cuerpo del líder nazi era enterrado en

Berlín, la cúpula del partido buscaba vengarse por lo que Joseph Göbbels describió en su diario como la «irreemplazable» pérdida del «más radical y exitoso perseguidor de todos los enemigos del Estado», lo cual ponía los pelos de punta al más valeroso.

Se difundió un mensaje por radio a toda la ciudad, declarando la ley marcial y el estado de sitio, así como el toque de queda. Se enviaron a Praga tres batallones del Ejército: cuatro mil quinientos soldados y los agentes de la Gestapo de Checoslovaquia registraron cada rincón de la ciudad y los alrededores, mientras la Policía Forense realizaba un minucioso análisis de las pruebas recogidas en el lugar de los hechos, los objetos abandonados por los agentes del SOE en su precipitada huida.

Por su parte, el presidente del Protectorado, Emil Hácha, con la intención de suavizar la furia nacionalsocialista por el atentado, y a su vez desmarcarse de cualquier posible implicación en él —y la consiguiente represalia—, responsabilizó del golpe al presidente en el exilio, Edvard Beneš —quien, efectivamente, junto con los dirigentes de la sección checoslovaca del SOE había dado luz verde a la operación—, al que durante un discurso radiado tildó de «enemigo público número uno del pueblo checo», organizándose a su vez, en los días siguientes, manifestaciones masivas en contra de Beneš y los políticos de Londres, un ejercicio de colaboracionismo que acabaría pasándole factura.[11]

Los noticiarios pidieron la colaboración ciudadana, mostrando imágenes de la gabardina y la bicicleta de Gabčík, así como la metralleta Sten cuyo seguro se había encasquillado. La furia nazi caería con todo su peso sobre la aldea de Lidice. Este pequeño pueblo de unos quinientos habitantes, al noroeste de Praga, había despertado por primera vez las sospechas de la Gestapo a finales de otoño del año anterior, 1941, cuando un paracaidista checo detenido declaró durante el interrogatorio que dos

11. Emil Hácha fue detenido el 13 de mayo de 1945 cuando los rusos tomaron Praga y encerrado en la prisión de Pankrác, donde moría mes y medio después, a los setenta y dos años. Las causas de su deceso no han sido nunca aclaradas.

familias que vivían allí, los Horák y los Stříbrný, servían de contacto con los miembros de la resistencia que saltaban sobre el Protectorado. Dos miembros de dichas familias, Josef Horák y Josef Stříbrný, huyeron de Checoslovaquia en 1939 y se unieron a la Brigada Checa en Gran Bretaña.

Puesto que el sanguinario oficial de las SS Horst Böhme, jefe de la Policía de Seguridad y del SD en el Protectorado, consideraba la aldea de Lidice implicada en el atentado, el día del fallecimiento de Heydrich los hombres de la Gestapo en Kladno detuvieron a quince miembros de dichas familias.

El día del funeral del nazi, Böhme había llamado a Himmler a Berlín para informarle de que los asesinos parecía que habían recibido el apoyo de los habitantes de esta pequeña población. El *Reichsführer* informó a su vez a Hitler, quien decidió que Lidice debía ser arrasada hasta los cimientos.

Inmediatamente después de la reunión con el Führer, el 9 de junio, Karl Hermann Frank había telefoneado a su vez a Böhme para transmitirle la orden de emprender cuanto antes una acción de represalia en Lidice, incluido el asesinato de todos los varones —en total, fueron ejecutados 199 hombres— y la deportación de todas las mujeres al campo de concentración de Ravensbrück. Por su parte, los niños serían sometidos a un examen racial: aquellos que eran germanizables a ojos del régimen debían ser enviados al Reich, donde serían acogidos por padres adoptivos, tras darles nuevos nombres alemanes y documentos de identidad. La mayoría no superaron la prueba y fueron asesinados sin piedad.

Tras la destrucción de Lidice, los alemanes informaban orgullosos de aquella barbarie en los noticiarios y en sus discursos propagandísticos, para conmoción de la comunidad internacional, que —por otro lado— ya sabía cómo se las gastaban los nazis. En recuerdo de las víctimas, varias comunidades en México, Estados Unidos, Perú y Brasil cambiaron sus nombres por el de Lidice, momento en que se hizo famoso Heydrich en todo el mundo, también en el cine y la literatura: Luiz Heinrich Mann, exiliado en California, escribió la novela *Lidice* (1943), mientras su hermano, el premio Nobel Thomas Mann, clamaba desde Estados Unidos: «Los nazis son bestias estúpidas». En Hollywood, Humphrey Jennings dirigió *La aldea silenciosa* el mismo año y los alemanes en el exilio Bertolt Brecht y Fritz Lang colaboraron en la cinta *Los verdugos también mueren,* dirigida por el segundo, cuyo título aludía al atentado contra el *Reichsprotektor*.

Mientras se sucedían las atrocidades contra la población checa, la Gestapo no había logrado, con la consiguiente vergüenza que suponía para el NSDAP, su principal objetivo: dar con los asesinos de Heydrich. A la vez que los tribunales militares, de forma prácticamente sumaria, no dejaban de firmar sentencias de muerte de personas que pudieran estar relacionadas con los terroristas, las autoridades del Protectorado aumentaron la cantidad de la recompensa para cualquiera que ofreciese una pista, poniendo como fecha límite el 18 de junio. Una vez que llegara dicha fecha, nadie sabía qué podía ocurrir. Pero viendo el panorama estaba claro que nada bueno.

Dos días antes, el 16, un paracaidista que había saltado sobre Checoslovaquia a finales de marzo de 1942, también checo, Karel Čurda, con la intención de salvar su vida y proteger a su familia —y de paso cobrar la suculenta recompensa—, traicionó a sus compañeros del SOE en uno de los gestos más vergonzantes de aquella guerra: se personó en el cuartel general de la Gestapo en el palacio Pecek de Praga. En aquel momento, no sabía dónde se refugiaban Gabčík y Kubiš, pero facilitó los nombres de todos aquellos que los habían alojado en pisos francos desde su aterrizaje, incluidos los de la familia Moravec en el distrito de Zizkov.

Unas horas después, ya el día 17, se produjo una ola de detenciones. Los que más sufrirían a manos de los carniceros de la Policía Secreta serían los Moravec: la madre de la familia, María, se suicidó con una cápsula de cianuro, ya tristemente célebre veneno en aquella contienda, cuando llegaron los oficiales nazis. Su marido, Alois, que al parecer desconocía los vínculos de la familia con la resistencia, y su hijo adolescente, Vlastimil, fueron trasladados a los calabozos del palacio Pecek.

Entonces tendría lugar uno de los momentos más infames de la terrible venganza nazi, al margen de la masacre de Lidice: tras soportar casi veinticuatro horas de un brutal interrogatorio, y al ver que ninguno de los dos hablaba, el joven Vlastimil se derrumbó cuando los oficiales nazis le mostraron la cabeza seccionada de su propia madre dentro de un acuario, mientras lo amenazaban con hacer lo mismo con su padre. Vlastimil dijo a la Gestapo lo que tantos días llevaba queriendo escuchar: los asesinos de Heydrich se refugiaban en la iglesia ortodoxa de San Cirilo y San Metodio, en el centro de Praga. De poco sirvió que confesara, puesto que padre e hijo fueron deportados a Mauthausen y ejecutados.

En las primeras horas del 18 de junio, en torno a las cuatro de la madrugada, los alemanes cercaron el edificio sacro en el que se refugiaban siete guerrilleros, entre ellos Kubiš y Gabčík:[12] ochocientos oficiales de las SS, comandados por Karl Fischer von Treuenfeld por orden de Karl Hermann Frank, rodearon la iglesia ortodoxa, con la orden de coger con vida a los «criminales» para poder interrogarlos. Los agentes del SOE, que tenían previsto al día siguiente, por fin, ser trasladados a un lugar más seguro fuera de Praga, no se rindieron en ningún momento. Estaban dispuestos a morir antes que caer en manos de los hombres de Hitler. Abrieron fuego desde los asientos del coro y lograron rechazar a los alemanes durante varias horas.

A pesar de la orden de que se capturara con vida a los fugitivos, los soldados alemanes intentaban penetrar en la iglesia usando granadas de mano y fuego de ametralladora hasta que consiguieron herir a dos resistentes, entre ellos Kubiš, que morían pocos minutos después, mientras un tercero se suicidaba.

Sacaron sus cuerpos fuera de la iglesia y llevaron a Čurda para que los identificara. El delator señaló que uno de los combatientes muertos era Gabčík, pero que ninguno de los otros dos era Kubiš. Los hombres de las SS dedujeron entonces que seguía habiendo resistentes en el interior, algo que confirmaron cuando hallaron otra prenda de ropa en el templo que no correspondía a los cadáveres.

Efectivamente, los cuatro combatientes restantes se habían refugiado en la cripta, oculta bajo una plancha de hierro. Puesto

12. Además de los perpetradores del atentado, se hallaban en el interior del templo Josef Bublík, Jan Hruby, Adolf Opálka, Jaroslav Švarc y Josef Valčík.

que atacar directamente era muy arriesgado, los alemanes ordenaron a los bomberos de la ciudad que introdujesen agua a través de un canal de ventilación. La cripta se estaba inundando. Ante el temor de que los forajidos se escapasen por la red de alcantarillado o algún túnel subterráneo, un grupo de asalto se introdujo por el estrecho pasillo que conducía a aquel claustrofóbico habitáculo. Se produjo entonces un fuerte intercambio de disparos y el estallido de granadas de mano. Los alemanes fueron rechazados de nuevo y esta vez Von Treuenfeld ordenó a sus hombres que utilizaran dinamita.

Viéndose acorralados, los cuatro guerrilleros, incluido Kubiš, se quitaron la vida de un disparo en la cabeza, poniendo punto y final a la Operación Antropoide. Kubiš fue el único que no murió al instante. Lo hizo varias horas después en el hospital. Los alemanes, como infamante nuevo símbolo de represalia, mandaron decapitar los cadáveres.

En 2007 eran encontradas las cabezas seccionadas y los cuerpos de Kubiš y Gabčík en las inmediaciones del cementerio de Dablice, en Praga, junto a las de otros miembros de la resistencia, en una fosa común. Un año después, las autoridades de la ciudad colocaban una placa recordatoria en la iglesia catedralicia de los santos Cirilo y Metodio, testigo mudo de los últimos momentos de la vida de aquellos mártires de la causa aliada.

Debido a las brutales represalias, el Gobierno inglés, así como el francés en el exilio, declararon nulo el Pacto de Múnich de 1938 y garantizaron a los checos que, una vez caído el Tercer Reich, no solo recuperarían las fronteras anteriores al acuerdo, sino que se expulsaría de los Sudetes a toda la población alemana, un doloroso exilio que se erigiría en nueva tragedia de aquel sanguinario conflicto.

Expediente n.º 5

CASOS PERDIDOS: AGENTES TRIPLES, TRAIDORES Y HÉROES OLVIDADOS

Al comienzo del libro se aludió a los numerosos expedientes que por razones de economía narrativa hubieron de quedarse en el tintero cuando preparaba mi anterior trabajo. Insisto en que hay muchísimos más que me habría gustado incluir, también, en las presentes páginas para ofrecer una visión de conjunto lo más minuciosa posible, pero como siempre, no queda sino elegir y, tras una difícil selección no exenta del temor —que siempre existe— de que algo quede incompleto, descartar.

No querría, no obstante, dejar de tocar toda una serie de asuntos de forma algo más breve que otros enigmas de la guerra, y los abordaré en este epígrafe de «Casos perdidos: agentes triples, traidores y héroes olvidados», dedicados en su mayor parte a operaciones de bandera falsa, injerencias en asuntos internacionales e incluso en los servicios secretos enemigos —decisiones que influyeron notablemente en la evolución de las hostilidades— y la mención a varios villanos contrapuestos a otros auténticos héroes de la contienda que también tienen un pequeño hueco y que, por lo general, estuvieron de una u otra manera relacionados con el espionaje y las operaciones clandestinas. Hay muchísimos casos más, claro, ya que aquel gigantesco conflicto, de una manera más o menos directa, durante seis largos años, cambió la vida de una gran parte de la población mundial, en un sentido en ocasiones abominable. Estos que siguen, no obstante, me parecieron capitales en el marco de las historias que venimos narrando.

El Asunto Tujachevski

Mijaíl Nikolayevich Tujachevski, nacido en Penza (Rusia) en 1893, vino al mundo en el seno de una familia aristocrática de origen lituano, aunque empobrecida: su padre había sido un terrateniente ruso. En 1914 concluyó sus estudios militares y en 1915 fue hecho prisionero por los alemanes. Se escapó hasta en tres ocasiones de sus captores, pero volvió a ser detenido, hasta que en 1917 pudo escapar a la entonces ciudad de Petrogrado. Con tan solo veinticinco años fue ascendido a general, demostrando sus brillantes dotes luchando contra los enemigos de los sóviets, cuya causa había abrazado con devoción a pesar de su ascendencia aristocrática, llevando a cabo la implacable política de socialización de la tierra impuesta por Stalin a los campesinos.[1] De 1922 a 1924, Tujachevski dirigiría la Escuela de Guerra, hasta ser nombrado mariscal del Ejército Rojo en 1935.

En enero de 1937, el almirante Canaris y el oficial de inteligencia de las SS Walter Schellenberg —más tarde sustituto del propio Canaris al frente de la Abwehr tras la caída en desgracia de este— conversaban sobre la creación por parte de Stalin del grado militar de «mariscal de la Unión Soviética», el máximo rango del Ejército Rojo. El más joven de los militares que ostentará este título será precisamente Tujachevski, quien, según el servicio secreto, conocía bien Alemania, puesto que entre 1925 y 1932 visitó el país hasta en tres ocasiones, trabando amistad con algunos generales germanos. Esto precisamente sería aprovechado por el conspirativo Reinhard Heydrich para orquestar una maniobra que daría lugar a uno de los enredos más grandes del preámbulo de la guerra global.

En una ocasión, la Bestia Rubia pidió a Canaris que le entregara «durante unos días» los expedientes de «varios generales

1. En abril de 1922 estuvo al frente del gigantesco operativo que acabó por aplastar la llamada rebelión de Tambov, uno de los mayores levantamientos del campesinado contra los bolcheviques, en el marco de la Guerra Civil rusa. Su líder era Aleksandr Antónov, quien murió en combate, junto con su hermano menor Dimitri, el 24 de junio de 1922, cuando su partida de guerrilleros fue acorralada por la Checa, la Policía Secreta, en el pueblo de Shybriay.

del Ejército Rojo», puesto que sabía que el almirante tenía fácil acceso a los archivos del Estado Mayor de la Reichswehr. Su intención era «informarse acerca de los actuales jefes del Ejército Rojo», principalmente sobre Tujachevski.

Puesto que el jefe de la Abwehr sabía que las SS estaban tramando algo turbio, tras dos años de dura negociación con Heydrich acerca de las competencias de sus respectivos servicios, su desconfianza hacia el guardia negro iba en aumento. Al parecer, le contestó lo siguiente:[2] «Lo lamento, pero sin una orden exacta y terminante, firmada por el Führer, no puedo comunicar nada de los expedientes del Estado Mayor de la Reichswehr». «Un fulgor de odio centelleó en los ojos de Heydrich —según confesaría más tarde Canaris—. Pero se dominó enseguida.»

El jefe del SD y la Gestapo, de cuyo final en Praga en 1942 ya nos ocupamos en el capítulo precedente, tenía otras formas de conseguir lo que le vedaban. Varios días después de aquella negativa, se declaró un incendio en los locales de la Abwehr y del Estado Mayor de la Reichswehr en la Bendlerstrasse, causando importantes daños materiales. Entre las oficinas incendiadas, curiosamente, se encontraban las del servicio T-3, donde se hallaban, según el historiador y periodista galo André Brissaud,[3] los expedientes relativos a las cuestiones rusas y a los generales soviéticos.

No hay duda de que habían sido los hombres de Heydrich quienes iniciaron el fuego, en otra de sus características acciones soterradas, aunque Canaris nunca podría demostrarlo. El encargado de incendiar y desvalijar de noche los locales del Ministerio del Ejército sería —como se sabrá años después— Gert Gröthe, oficial del SD, acompañado de un comando formado por tres grupos y un experto saqueador, especializado en quebrar cajas fuertes, del departamento de investigaciones criminales, por orden directa del propio Heydrich.

2. Esta conversación sería referida después de la guerra por uno de los confidentes del jefe de la Abwehr y amigo de Wilhelm Canaris, el coronel Hans Piepenbrock.

3. André Brissaud, *Historias del servicio secreto nazi*, Barcelona, Noguer, 1975.

Entre los papeles robados, los hombres de la Gestapo se hicieron con un nutrido expediente relativo al general citado, además de distintos informes provenientes de Londres y de París que servirán de base al que ha sido denominado por los historiadores como el Asunto Tujachevski, acerca del que probablemente nunca sepamos toda la verdad. El propio Brissaud escribió: «Cuanto más he estudiado este asunto, en el transcurso de los últimos veinticinco años, menor ha sido el número de consecuencias certeras a las que he llegado».

La traición de un camarada

Aquel maquiavélico ejemplo de emponzoñamiento político que llevó a cabo Heydrich comenzó tiempo atrás, concretamente en diciembre de 1936, cuando el líder SS se reunió en un gabinete privado del célebre hotel Adlon, que hoy sigue siendo uno de los edificios más visitados de Berlín, con un enigmático personaje que respondía al nombre de Nikolái Skoblin, residente en París, una alta personalidad entre la comunidad de emigrantes rusos en Francia, miembro de la Organización Mundial de Militares Rusos en el Exilio, una verdadera madriguera de espías y conspiradores contra la Unión Soviética.

Al parecer, Skoblin, feroz anticomunista y germanófilo, según confesarán varios guardias negros, entre ellos Schellenberg y Naujocks, en los juicios posteriores a la derrota alemana, entregó en el Adlon a Heydrich un detallado informe según el cual el general Tujachevski conspiraba con parte del Estado Mayor alemán con la finalidad de llevar a cabo un doble pronunciamiento militar. Por un lado, en Moscú, para derrocar a Stalin, y por otro, en Berlín, con la intención nada menos... ¡que de acabar con Adolf Hitler!

Tujachevski era un brillante militar, pero sin duda no estaba lo bastante loco como para emprender planes tan ambiciosos y arriesgados. Sin embargo, Heydrich quiso creer aquella historia porque será la forma de interferir en la política interior de la Unión Soviética y descabezar el Ejército Rojo, enemigo en potencia de la Alemania nazi, a pesar del Pacto Germano-Soviético que se firmará en 1939.

Skoblin era enemigo jurado de Tujachevski, cuya vinculación a la Revolución rusa consideraba «una felonía». El general del Ejército Blanco afirmará que su sueño era ponerse al frente de una «cruzada contra el bolchevismo», hacer fusilar al mariscal y «expulsar a Stalin del Kremlin», depositando sus esperanzas en los alemanes desde que Hitler subiera al poder.

Sin embargo, para rizar el rizo de esta ya de por sí enrevesada historia aún no aclarada, parece que Skoblin era a su vez un agente doble al servicio de los soviéticos.[4] Casado con la bella bailarina Nadezhda Vasilievna Plevitskaya, antigua estrella de la Ópera de Petrogrado y agente secreto que llevaba años trabajando para la Unión Soviética, primero para el GPU, la Policía Política, y luego para el NKVD. Precisamente este organismo acabará contratando los servicios del antiguo general del Ejército Blanco, desencantado con su situación en aquel entonces. Muchos investigadores piensan, de hecho, que Stalin estaba probablemente al tanto del engaño de la Gestapo, o al menos de gran parte del mismo.[5]

Aunque el líder soviético, el 20 de noviembre de 1933, confirió la dignidad de mariscal de la Unión Soviética a los generales Kliment Voroshílov, Vasili Blücher, Semión Budionni, Aleksandr Yegórov y al citado Mijaíl Tujachevski, sospechaba de ellos, principalmente de este último; de su independencia con respecto al partido y de su «conciencia de clase». Temeroso de que un día estos respetados hombres de armas no reconocieran su autoridad y pudieran levantarse contra él (al igual que le sucedería a Hitler con Röhm y sus Sturmabteilung —las célebres SA o sec-

4. No ha trascendido si Heydrich estaba al corriente de este delicado punto.

5. Brissaud indica que en noviembre de 1936 Skoblin se encontró en Egreville (Sena y Marne) en la terraza del hotel de los Viajeros, con dos agentes del NKVD, Alexandre Siegelglass y Vasili Sarovski, que le propusieron desembarazarse de su jefe en la Organización Mundial de Militares Rusos en el Exilio, el general Miller —al parecer una «piedra en el zapato» de las ambiciones de Skoblin—, a cambio de que este los ayudase a derribar a Tujachevski, proporcionándoles la prueba «de su connivencia con los trotskistas y determinados ambientes del Estado Mayor alemán».

ción de asalto— en 1934), prefirió dar pábulo al complot orquestado por los hombres del SD alemán. O esa es la versión más creída, pues todo está envuelto en un densa bruma.

Al día siguiente de su entrevista con el general Skoblin, Heydrich llamó a su despacho al jefe del servicio del este del SD, el *Brigadeführer* Hermann Behrends, y al especialista de la Orden Negra en asuntos internacionales, el *Hauptsturmführer-SS* Erich Jahnke,[6] a los que comunicará, según el testimonio posterior de estos: «Correctamente utilizada, esta información podría descargar sobre el alto mando del Ejército Rojo un golpe del que sin duda tardarían largos años en recuperarse».

En cuanto a los planes internos, le servirá también al cabecilla del SD para introducirse en los círculos del Ejército alemán que ya empezaban a conspirar contra Hitler, y que culminarían en la denominada Operación Valkiria el 20 de julio de 1944. Heydrich indicará a sus hombres: «En lo que concierne al gran Estado Mayor alemán, podría ayudarnos a quitar de en medio a los elementos que se mantienen hostiles al nacionalsocialismo». El jefe de la RSHA, junto a su inseparable Himmler, comunicará su retorcido plan a Hitler, en presencia de Rudolf Hess y Martin Bormann, y el Führer, al que le agradaba la idea, dará luz verde para que se lleve a cabo sin demora.

Puesto que necesitaban preparar documentos falsos creíbles a ojos de Stalin, planearán y ejecutarán el citado incendio en la Bendlerstrasse. Después, las SS tendrían en su poder documentos oficiales relativos a los distintos contactos que años atrás mantuvo Tujachevski con los generales alemanes. El diabólico plan del futuro Carnicero de Praga consistía en despertar el interés de los servicios secretos soviéticos al investigar «el lado alemán de la traición». La idea era localizar al mejor grabador de Alemania para que falsificara cartas y documentos que diesen la sensación de haber sido sustraídos de los archivos de la Abwehr y del SD. Heydrich dio por finalizada la reunión con las siguientes palabras: «Si Stalin consigue ese legajo de documentos por conductos de su propio servicio secreto, el NKVD, y se convence de que es

6. Grado equivalente al de capitán en la Wehrmacht.

auténtico, destrozará a Tujachevski». El nazi no se equivocará en sus predicciones.

Aunque Schellenberg dirá en sus memorias[7] que en solo cuatro días le entregaron a Hitler el voluminoso expediente, es de nuevo Brissaud, bastante más creíble, quien aclara que realmente transcurrirán cerca de dos meses desde el incendio y su presentación al Führer, y que este constará de treinta y dos páginas.

En los papeles señalados por los hombres de Heydrich, parece que no había prueba de ninguna conspiración militar soviética, pero sí informes, estudios y copias de correspondencia del tiempo que duró la colaboración entre ambos países, material que el SD transformará en un expediente de conspiradores en el que una misiva del propio Tujachevski, naturalmente falsificada, hará referencia a «una correspondencia secreta anterior», y se citará en los diversos documentos a varios oficiales rusos partidarios del mariscal y a cierto número de oficiales alemanes, arrestados en el transcurso de los cuatro años anteriores —desde 1933— por haber manifestado supuestamente ideas contrarias al nazismo.

El expediente de Tujachevski llevará el distintivo del servicio secreto de las SS, pero gran parte de los informes darán la sensación de que proceden de la Abwehr. Un encomiable ejercicio de manipulación. Una vez que el dosier, minuciosamente manipulado por los nazis, llegó a manos de Stalin, se decidió acabar con el condecorado mariscal. Para festejar el vigésimo aniversario de la Revolución rusa, Tujachevski fue invitado, como todos los años, a presenciar desde la tribuna del Kremlin el desfile del Ejército Rojo, pero tan solo unos días después se reunió en Moscú el *Presidium* del Sóviet Supremo, bajo la presidencia del propio líder soviético, donde se enunciaron los cargos que pesaban contra el general, fruto de la viva imaginación de la Gestapo y los intereses del propio Stalin.

El Hombre de Hierro gritó en la sesión que «el país se poblaba de chivatos y Judas», sentenciando que era necesaria una depuración completa del Ejército. Y vaya si la llevó a cabo. Una

7. Walter Schellenberg, *Al servicio de Hitler...*, *op. cit.*

persecución implacable que inauguraba la política de los gulags y las ejecuciones sumarias entre las propias filas de sus viejos camaradas que hicieron la revolución.

Tujachevski fue degradado a jefe de distrito y se le comunicó que sería sometido a interrogatorio, que sin duda sería despiadado teniendo en cuenta el *modus operandi* habitual de los hombres del NKVD. Ese mismo día lo acusaron de alta traición por las pruebas contenidas en el falso expediente. Un día después, los medios del Partido Comunista comunicaban que el mariscal y otros siete generales del Ejército Rojo habían sido juzgados como traidores y espías, y condenados a la pena capital. La sentencia, sin embargo, ya había sido cumplida cuando las prensas estaban funcionando. El comunicado señalaba, no exento de eufemismos, que «todos los inculpados se reconocen enteramente culpables de las acusaciones presentadas contra ellos». Nunca ha trascendido a qué clase de suplicios los sometieron para que confesaran algo que parece que nunca llevaron a cabo.

Al día siguiente, 12 de junio de 1937, otro breve comunicado oficial expedido por el Kremlin anunciaba que Tujachevski, Iona Yakir, Ieronim Uborévich, Avgust Kork, Robert Eideman, Borís Feldman, Vitali Primakov y Vítovt Putna habían sido fusilados, y que Yan Gamarnik se había suicidado. Aquella ejecución supuso el inicio de las gigantescas purgas en las filas del Ejército Rojo: de los nueve jueces que constituyeron el tribunal judicial especial de la Corte Suprema de la Unión Soviética, siete serían fusilados a su vez en las semanas siguientes, entre ellos, el general Yákov Alksnis, jefe de las Fuerzas Aéreas del Ejército Rojo.

La Gran Purga estalinista acabará con la vida de 11 comisarios adjuntos de Defensa, así como con la de 3 de cada 5 mariscales, 75 de los 80 miembros del Consejo Superior de Guerra, 13 de los 15 jefes del Ejército, 57 de los 85 jefes de cuerpo, 110 de los 195 jefes de división, 200 de los 406 jefes de brigada... Se calcula, aunque no existen datos concluyentes,[8] que el número de oficiales eliminados físicamente en el curso de este sombrío

8. André Brissaud, *Historias del servicio secreto...*, *op. cit.*

período fue de entre 30.000 a 50.000 hombres, lo que representaba cerca de la mitad del cuerpo de oficiales especializados.

Para regocijo de Hitler y de Heydrich, los efectos de esta purga sin precedentes, que ni siquiera en sus mejores sueños habrían podido prever, se dejarán sentir hasta 1943 y debilitarán a los soviéticos frente a los ejércitos de la Wehrmacht. Los motivos por los que el líder ruso actuó de esta manera tan sanguinaria e implacable continúan rodeados de interrogantes.

André Brissaud señala que «la cuestión que queda en el aire, y a la que sin duda no se podrá nunca responder, estriba en precisar si es Heydrich quien se la jugó a Stalin y logró un golpe maestro al inducirlo a decapitar al Ejército Rojo, o si es Stalin quien se valió de Heydrich para eliminar a un adversario potencial y estructurar su Ejército».

No obstante, aquel sería un gran paso en los planes nazis en pro de una victoria militar cuatro años antes de que se desencadenara, por obra y gracia de Hitler, la invasión de la Unión Soviética. El Asunto Tujachevski constituye, sin duda alguna, una de las cumbres del arte del espionaje, donde nada es lo que parece y nunca sale a la luz toda la verdad.

Tras la muerte de Stalin, en 1953, el antiguo jefe del Estado Mayor soviético, Aleksandr Vasilevski, dijo al escritor ruso Konstantín Símonov, también miembro del Partido Comunista de la Unión Soviética y nombrado héroe del trabajo socialista en 1974, lo siguiente: «Cuando Hitler optó por la guerra, jugó un gran papel en su decisión el hecho de que una considerable parte de nuestro cuerpo de oficiales habían sido liquidados».

El caso Sosnowski: el donjuán polaco

Como ya hemos mencionado, Walter Schellenberg fue uno de los oficiales de las SS más brillantes y ambiciosos del Tercer Reich, jefe de información y contraespionaje alemán, al frente del Ämter (Amt) VI de la RSHA y responsable de algunos de los golpes de inteligencia más importantes previos al estallido de la guerra.

El primer caso archivado que deberá revisar Schellenberg al frente del SD será el del espía polaco Jurik von Sosnowski (Jerzy), conocido también como caballero Von Nalecz. El expediente del caso remite a 1929, cuando se produjo en el seno del Ministerio de la Reichswehr uno de los casos más curiosos del espionaje de entreguerras. Heydrich le encargará al SS revisar el expediente para ver si, entre todos los inculpados en aquel momento, había alguno susceptible «de ser recuperado para nuestro servicio», es decir, «vuelto del revés», reconvertido en agente doble.

Sosnowski era un mayor que trabajaba para el servicio secreto polaco, primero en el interior del país y más tarde, tras la ocupación por los alemanes, desde el exilio en Londres. Antiguo oficial de caballería del Ejército de su país, Sosnowski pasaría a trabajar como espía gracias a una de sus amantes, la condesa Maria Wlotny, que trabajaba para el servicio de inteligencia polaco con el nombre de agente Z-30 y el alias de Antoinette, quien un día le había confesado su verdadera actividad al servicio del Gobierno, lo que explicaba sus continuos desplazamientos de Varsovia a Berlín, de la capital alemana a París, a Dantzig, Budapest...

Sosnowski no tardó en acompañarla en sus «misiones», hasta que un día fue testigo de la muerte de la condesa a causa de un incendio en un compartimento de tren en Varsovia, mientras él era llamado para presentarse en la comisaría militar de la estación. Años después, el teniente coronel Waclaw Lipinski, jefe del servicio de información polaco e historiador de profesión, le contará la verdad: «El accidente de que fue víctima [Maria] en la estación de Varsovia le evitó la vergüenza de un proceso por alta traición. Fue lo mejor para ella».

En un principio, Sosnowski, según relata Brissaud, montó en cólera, pero después sería sugestionado por Lipinski para trabajar a su servicio: el antiguo oficial, amante del lujo y aficionado al juego, había dilapidado su fortuna, y además se había visto obligado a casarse con la baronesa Anna Romel, que había sido esposa de un comandante de su regimiento, a la que sedujo en Cracovia y a la que no soportaba.

Así que el antiguo oficial, que no tenía mucho que perder, decidió trabajar para el servicio de inteligencia a cambio de dinero y experiencias al límite. En 1928 se instaló con su esposa en Berlín y desde allí envió un informe diplomático de gran valor, aunque no tardó en pedir un aumento de sueldo y en solicitar a su vez que Anna fuese repatriada. Una vez que esto sucedió, Sosnowski se sumergió en la vida cosmopolita de la alta sociedad berlinesa, cumpliendo a la perfección su papel de donjuán combinado con el de agente secreto.

En el expediente de su caso, no procedente de la Gestapo sino del servicio de información del Ejército, la Abwehr, una nota adjunta señala: «Jurik von Sosnowski no es un agente profesional de información. Se trata de un individuo despreciable, sin ningún ideal político. Su ética son las mujeres, el dinero, los caballos y la vida mundana. Se hundió durante el interrogatorio, sin que hubiera necesidad de insistir mucho. Acompañamos una lista de los informes que, sobre nosotros, ha vendido a los servicios de inteligencia polaco, francés e inglés. Es posible que haya estado en contacto con el checoslovaco», una nota rubricada por el capitán de corbeta Richard Protze, responsable del seguimiento de la red y su neutralización.

Su periplo en Alemania comenzaría a finales de 1929, cuando, gracias a su don de gentes y a sus dotes como seductor, cautivó a varias mujeres que trabajaban directamente para la Reichswehr. La primera en sucumbir a sus «artes amatorias» fue Benita von Zollikofer-Altenklingen, que estaba al servicio del teniente coronel Bender en un despacho del Estado Mayor general, en la Bendlerstrasse. Tras el Tratado de Versalles —que limitó a cien mil hombres los efectivos de la Reichswehr—, las soldadas y pensiones, debido a la inflación desorbitada, eran irrisorias y, como faltaba personal en las administraciones, las mujeres pertenecientes a la otrora alta sociedad hubieron de aceptar, a cambio de unos salarios famélicos, cubrir las vacantes producidas en los servicios del Ejército. Fue el caso de la baronesa alemana reconvertida en secretaria y encargada de mecanografiar las misivas y órdenes de Bender.

Sosnowski cautivará a la joven, de veintinueve años, recién divorciada del conde Kurt von Falkenhayn (nada menos que hijo de un *Feldmariscal* del káiser), en un bar del hipódromo de Berlín. Alto, dotado de exquisitos modales, de grandes ojos azules y boca pequeña, el oficial polaco parece que no tuvo problemas en seducir a la secretaria. Según Brissaud, el expediente del caso recoge que un día Benita descubrió por casualidad que los puños de la camisa de su amante estaban cubiertos de notas escritas a lápiz. Fue entonces consciente de que se hallaba ante un espía. Aunque en principio se mostró enfurecida, acabó por ceder a sus sentimientos y pasó a trabajar para Sosnowski, obteniendo información vital de su puesto en la Reichswehr.

Años más tarde, el oficial polaco declararía al periodista británico de origen austríaco E. H. Cookridge:[9] «Aquella noche destruí a la mujer que más quería en este mundo». Había aprovechado además el pánico que, como muchos alemanes de clase alta, mostraba Benita por los soviéticos.

Poco después, Sosnowski también incorporó a su red a un funcionario de las oficinas de la Abwehr en Berlín, Günther Rudloff, al que convenció gracias a que debía al polaco una importante cantidad de dinero por una apuesta jugando al polo. Fue la única excepción en su forma de reclutar a enlaces. El espía, una suerte de donjuán de la guerra subversiva, no tardó en seducir a otras jóvenes, con las que, incluso, en compañía de Benita (que según todos los testimonios de posguerra se convertirá en una mujer sin voluntad dispuesta a satisfacer en todo a su amante), realizarán sesiones de *ménage à trois*.

Una de aquellas jóvenes amantes era Irène von Jena, que trabajaba también, como la baronesa, en el Ministerio de la Reichswehr. En medio de orgías desenfrenadas, viajes a Niza y promesas de una vida mejor, la joven Irène no tardó en sucumbir a los encantos del agente, desempeñando un papel de importancia capital en la red.

Pronto, la joven demostró una gran habilidad para el trabajo que Sosnowski le había encomendado: le entregará el plano detallado del Ministerio de la Reichswehr, la lista de los principales jefes y agentes de la Abwehr que trabajaban contra Polonia y, después, toda una serie de documentos sobre el presupuesto mi-

9. E. H. Cookridge, *Nuevas Dalilas: relatos de espías famosas,* Barcelona, Luis de Caralt, 1962.

litar alemán que demostraban que, contrariamente a lo que pensaba el Gobierno polaco, en realidad Alemania —a pesar de que se supone que estaba hundida por los planes Dawes y Young—,[10] estaba procediendo a su rearme. Documentos clasificados que fueron después transmitidos en parte por el Gobierno polaco a París, Londres y Washington, pero que no se tendrían en cuenta todo lo que habría cabido esperar.

Con tales éxitos, Sosnowski engatusó a otra mujer con un papel clave a través de Benita, quien reclutó a una *rara avis* que también pertenecía a la nobleza alemana y trabajaba en el Ministerio de la Guerra, concretamente en el departamento de fuerzas acorazadas: Renate von Natzmer. Pronto se convirtió en amante del oficial y después en su agente de información en el marco de una red cada vez más eficiente, pero también más descarada. Renate facilitaría informes detallados sobre el desarrollo de las fuerzas motorizadas alemanas, y señaló que sus superiores le habían encomendado una tarea altamente confidencial: era precisamente ella quien, cada miércoles, tenía el cometido de guardar en una caja fuerte los documentos que habían de destruirse (notas taquigráficas, borradores, hojas de papel carbón, informes modificados...) y, acompañada de un oficial que esperaba en la puerta —lo que permitió a la nueva recluta hacerse con algunos informes relevantes— quemarlos en un incinerador.

A partir de entonces, Renate conservará y transmitirá una gran cantidad de documentos de la mayor importancia. A cambio de una gran suma de dinero —como Sosnowski, no daba un paso sin una contrapartida económica—, filtrará el plan detallado del despliegue del Ejército alemán y de la invasión de Polonia

10. Con el nombre de Plan Dawes se denominó al proyecto que el financiero y político estadounidense Charles Dawes propuso para reducir las cantidades que Alemania debía abonar a los vencedores de la Primera Guerra Mundial —especialmente a Francia— en concepto de reparaciones de guerra y que contemplaba la flexibilización de los pagos y la concesión de importantes créditos. Por su parte, el Plan Young era un programa establecido entre 1929 y 1930 para resolver también el problema de las reparaciones de guerra y que sustituyó al anterior. Debía su nombre al banquero estadounidense Owen D. Young.

en caso de guerra. Parece que se trataba, con algunas pequeñas modificaciones, del Plan Blanco que iban a realizar los alemanes a partir de la declaración de guerra el 1 de septiembre de 1939, cuando lanzaron una operación relámpago para la conquista del primer país que caería en la ofensiva nazi. A pesar de su enorme valor estratégico, que podría haber cambiado radicalmente la historia, parece que el servicio de inteligencia polaco consideró la suma pedida demasiado excesiva y no compró tan valiosa información.

Sosnowski, que frecuentaba las más selectas fiestas de la noche berlinesa, no tardaría en llamar la atención del servicio de contraespionaje alemán. El coronel Oscar Reile, que durante la ocupación sería uno de los jefes de la Abwehr en Francia y que durante la época en que transcurre este expediente se encargaba del sector polaco, confirmaría años más tarde a André Brissaud que el capitán de corbeta Richard Protze vigilaba al espía desde comienzos de 1932.

Adulado por toda una cohorte de mujeres embelesadas, Sosnowski fue perdiendo cada vez más la noción del peligro, tan importante para mantener la tapadera, al igual que le sucedería a su red de agentes femeninas. Durante una solemne recepción en Berlín, conocerá a la iraní Katia Berberian, a la que convertirá, cómo no, también en su amante, a pesar de que poco después esta contraerá matrimonio con un tal Joseph von Berg. Mientras, Benita seguía haciendo sus funciones de celestina y espía para el polaco, que se jactaba de haber visto pasar por su lecho a un mínimo de cien mujeres... ¡solo en el año 1933!

Tras la aventura con Katia, que no se mezcló en las actividades secretas de Sosnowski, este inició una relación con la estrella de la danza Lea Niako, a quien había conocido durante un viaje a Budapest. Esta, sin embargo, de regreso en Berlín, acosada por los celos hacia Benita, a la que el espía tenía en mayor estima que a las demás, confesó a un agente del SD varias informaciones comprometidas. Mientras tanto, a finales del otoño de 1933, la joven Renate von Natzmer visitó a sus padres en Baviera y a pesar de su escaso sueldo trabajando para la Reichswehr y de los graves problemas económicos que atravesaba Alemania, hizo una visible ostentación de su tren de vida: se presentó ataviada con vestidos de los mejores modistas, con lujosas pieles y carísimas joyas. La explicación que dio a sus asombrados padres fue que sus superiores, los generales Von Hollmann y Heinz Guderian, la tenían en alta estima y la recompensaban enormemente por los servicios que prestaba en la Reichswehr.

Quiso el destino, tan caprichoso a veces, que su progenitor hubiera coincidido cuarenta años atrás con el general Von Hollmann, cuando ambos eran cadetes, en la Academia Militar de Postdam, por lo que, sin comunicárselo a su hija, escribió al militar para agradecerle el «honor que ha recaído sobre toda la familia». Dio nombres y datos, y ese fue el desencadenante, sin que el orgulloso hombre lo supiera, de que su hija acabara siendo detenida.

Von Hollmann, extrañado por la carta y al que todo aquel embrollo le parecía sospechoso, ordenó a la Abwehr que investigase a la muchacha. El encargado de ello fue Richard Protze, al frente de la Abwehr III hasta 1939, quien no tardó en poner sobre aviso al jefe de Renate, el coronel del que era secretaria. Al conocer la impactante noticia de los servicios secretos, este fue consciente de que en su caja fuerte se encontraban los últimos planes de eventuales operaciones contra Checoslovaquia y Polonia, así como estadísticas sobre el estado actual de la Reichswehr: cuadros de producción, divisiones, nuevas armas, etc. A partir de ese momento no dejaría, aunque discretamente, de vigilar a Renate, hasta que esta fue descubierta in fraganti con la caja de caudales abierta de par en par y expedientes de alto secreto en sus delicadas manos.

Mientras los agentes al mando del capitán de corbeta Richard Protze estrechaban cada vez más la red formada por Renate, Irène, Benita y Sosnowski, el SD, alertado por Lea Niako, había estado realizando sus propias pesquisas. Aunque la bailarina se retractó de sus desafortunadas declaraciones, los agentes del servicio secreto de las SS seguían día y noche al oficial polaco y hasta a catorce mujeres que podían estar trabajando para él.

Protze pudo avanzar en la investigación cuando, en otoño de 1933, se arrestó en Stettin, hoy en Pomerania occidental (Polonia) al espía también polaco Helmut Zühlker, cuyo verdadero nombre era Walter Kudzierski. Sometido a duros interrogatorios por la Gestapo, su confesión permitió el arresto de otros dos espías de la misma nacionalidad, Kazimir Zielinski, portero en la embajada de Polonia, y Leopold Langer, que poco después afirmó haber mantenido contactos con Sosnowski, quien fue acorralado en el transcurso de una de esas grandes veladas que tanto le gustaba organizar en su casa de Berlín, el 24 de febrero de 1934.

Fue detenido por el comisario Kubitzky cerca de medianoche —quien ya tenía en su poder pruebas para justificar el delicado arresto de un oficial de nacionalidad polaca—, sospechoso de espionaje a favor de una potencia extranjera, cayendo con él también la baronesa Von Falkenhayn. El 27 del mismo mes se procedió al arresto de Irène von Jena, a su regreso de unos días libres en Checoslovaquia. Renate von Natzmer fue detenida en Pomerania, durante un viaje romántico con su novio Eric Gruse. La misma suerte corrió Benita, la primera agente de la red reclutada por Sosnowski.

Aunque en un principio todos negaron firmemente las acusaciones de espionaje tanto a los agentes de la Abwehr como del SD, acabaron confesando. Tras la lectura del expediente, Schellenberg decidió encontrarse en un cara a cara con Lea Niako y Katia Berberian, y después le confesó a Heydrich que ambas eran «recuperables». El segundo de Heydrich intercedió personalmente ante el ministro de Justicia para que el tribunal procediese a separar el caso de estas dos mujeres del resto de los acusados.

En sus memorias, el nazi refiere a propósito de Katia Berberian: «Siguiendo nuestras instrucciones, continuó trabajando para los polacos, quienes, tras someterla a estrecha vigilancia, volvieron a tomarla a su servicio. Katia Berberian se convirtió en una de nuestras colaboradoras más valiosas y seguras, y acabó por entregarnos a más de diez agentes polacos».

La instrucción del caso Sosnowski duró cerca de un año. A pesar de las críticas hacia su figura, el oficial intentó exculpar a sus antiguas amantes, asumiendo toda la responsabilidad de los delicados hechos, pero los cargos contra Benita, Renate e Irène eran tan abrumadores que el Ministerio Fiscal no las exculpó. El presidente del tribunal dictó sentencia un frío 16 de febrero de 1935: condenó a Benita von Zollikofer-Altenklingen a pena de muerte, al igual que a Renate von Natzmer, que fueron esa misma madrugada ejecutadas en el patio de la prisión de Plötzensee, en Charlottenburg, a golpe de hacha,[11] después de que el propio Hitler rechazara el recurso de petición de clemencia.

Irène von Jena y Jurik von Sosnowski corrieron mejor suerte: fueron condenados a trabajos forzados de forma perpetua, debido, según adujo el tribunal, a que el espía había nacido en territorio polaco anexionado antiguamente a Austria. El desprecio nazi por los pueblos a los que consideraba «inferiores» salvó al espía de la pena máxima. Al menos en aquel momento.

En abril de 1936 el agente fue intercambiado por tres agentes alemanes que habían sido detenidos por los polacos, un procedimiento bastante habitual en inteligencia. El 17 de agosto de ese mismo año la prestigiosa revista estadounidense *Time* publicaba unas declaraciones suyas en las que hablaba sobre lo que supuso la ejecución de sus amantes: «Estoy horrorizado por la muerte de esas mujeres. Hasta que no me liberaron en un intercambio de prisioneros, no había visto un rostro humano durante catorce meses. Los guardias me pasaban comida a través de una trampilla. Las trágicas muertes de mis dos antiguas asociadas me acechan día y noche y solo puedo intentar alcanzar la paz mediante la oración por sus almas».

La libertad le duraría poco tiempo: una vez en Varsovia, donde las autoridades siempre habían desconfiado de su persona, fue acusado de ser un agente doble y en marzo de 1938 conducido ante un tribunal militar con una acusación de traición a la patria. Aunque negó todos los cargos, el 17 de junio de 1939 fue declarado culpable de traición y colaboración con Alemania y condenado a quince años de prisión. Debido a su importancia como responsable de la creación de los servicios de inteligencia polacos y a algunos importantes éxitos como ofi-

11. Aquellas fueron las últimas ejecuciones por hacha en Alemania. A partir de entonces, el propio Führer ordenó que solo se utilizaran la horca y la guillotina.

cial, pensaba recurrir la sentencia, pero la invasión del país por los nazis el 1 de septiembre de ese mismo año paralizó los trámites.

En medio del caos provocado por la guerra relámpago, se perdió la pista de Jerzy Sosnowski, generándose un auténtico misterio en torno a su destino. Existen varias versiones de lo que sucedió: según un documento del servicio de inteligencia polaco, fue evacuado de la cárcel de Varsovia tras la invasión, trasladado al este y finalmente fusilado por traición por sus guardianes cerca de Brześć nad Bugiem o Jaremcze —lo que tampoco está claro— el día 16 o 17 de septiembre de 1939.

Otro informe consultado por Brissaud apunta que Sosnowski efectivamente recibió un disparo pero que sobrevivió y cayó en manos del Comisariado del Pueblo para Asuntos Internos, el NKVD, cuyos oficiales lo arrestaron el 2 de noviembre y lo trasladaron a la Lubianka, la sede y prisión de la organización en Moscú, por orden de Pavel Sudoplátov.[12] En la capital soviética parece que los funcionarios de inteligencia rusos, que conocían su pasado, le propusieron cooperar y Sosnowski aceptó, trabajando como experto en asuntos polacos y alemanes y ayudando en los interrogatorios de algunos de sus compatriotas.

Cuando comenzó la Operación Barbarroja, en 1941, según dichas fuentes, parece que el polaco ya se había convertido en un experimentado agente del NKVD, lo que no sería extraño teniendo en cuenta su pasado. Luego serviría como instructor en una escuela de espionaje en Sarátov, y en 1943 fue ascendido al rango de coronel. Supuestamente, ese año, cuando los ejércitos de Hitler comenzaban a retroceder, fue destinado a la Polonia ocupada por los alemanes para colaborar con un grupo clandestino comunista conocido como Armia Ludowa (Ejército del Pueblo). Su pista vuelve a oscurecerse, de ser cierta esta versión de los hechos, pues tras el alzamiento de Varsovia —la mayor rebelión civil hasta el momento contra los nazis—, en septiem-

12. Este personaje capital en las operaciones secretas de la Unión Soviética durante la guerra tuvo un papel capital en el expediente de Olga Chéjova, como recordará el lector.

bre de 1944, no se sabe muy bien cuál fue su final, aunque se cree que murió.

Uno de los hombres de confianza de Lavrenti Beria, Ivan Serov, de quien también hemos hablado en relación con la Chéjova, señaló después de la guerra que Sosnowski había sido asesinado en 1944 por la organización de resistencia polaca anticomunista Armia Krajowa (Ejército Nacional). Por el contrario, Sudoplátov declaró en 1958 que el polaco había sido ejecutado en 1945 por orden de Nikita Jruschov, entonces primer secretario del Partido Comunista de la República Socialista Soviética Ucraniana y en 1956 sustituto de Stalin al frente de la presidencia de la Unión Soviética.

Sin embargo, otras fuentes rusas negaron que Sosnowski aceptase colaborar como agente para el NKVD y señalan que murió efectivamente en mayo de 1942 en Sarátov, pero no ejecutado, sino durante una huelga de hambre mientras permanecía prisionero de los soviéticos. El misterio sobre su final nunca se ha aclarado; forma parte de otros muchos de la Segunda Guerra Mundial que siguen sin resolverse y que probablemente nunca lo hagan. Como buen espía que era, es posible que él mismo se encargara de no dejar pistas sobre su paradero.

Un agente triple en la Francia ocupada

En los años que duró el Tercer Reich hubo numerosos problemas internos entre la Abwehr, el servicio de inteligencia del Ejército alemán, y el SD y la Gestapo, en diversos campos y operaciones, problemas que acabaron en ocasiones en abiertos enfrentamientos entre sus agentes y sus máximos líderes, el almirante Canaris y el implacable guardia negro Reinhard Heydrich.[13] Pues bien, el Secret Intelligence Service (SIS), más conocido como MI6 britá-

13. Esta lucha de poder y sus numerosas ramificaciones es uno de los temas centrales de mi anterior trabajo, *Espías de Hitler: las operaciones secretas más importantes y controvertidas de la Segunda Guerra Mundial*, Barcelona, Luciérnaga, 2016.

nico, la agencia de inteligencia exterior del Reino Unido, también tuvo numerosos choques con el SOE, creado a instancias de Winston Churchill en 1940 para llevar a cabo acciones de guerrilla y sabotajes en los países ocupados por Hitler y que tan lejos estaba, por sus funciones, de parecerse al pulcro y moralista servicio secreto de Su Majestad.

Tal fue el desencuentro entre ambas agencias, que en una ocasión los hombres comandados por sir Claude Dansey, director entonces del MI6, llegaron a poner en peligro las vidas de varios agentes del SOE y todo parece indicar que provocaron indirectamente la detención y posterior ejecución de varios miembros de una red de la resistencia francesa comandada desde Londres a manos del enemigo alemán. Se debió en parte a la ocultación de informes y al doble juego que llevaría a cabo el SIS a través de un enigmático personaje, un agente francés que estaba en nómina del SOE, colaborando en las misiones de este en la Francia ocupada.

Entre marzo de 1943 y febrero de 1944, cuarenta y tres agentes aliados fueron introducidos en territorio galo con la misión de crear el caos tras las líneas enemigas, en el marco de la guerra subversiva impulsada por Hugh Dalton: sabotaje, terrorismo, asesinato... Sin embargo, en cuanto pusieron los pies en la Francia ocupada, fueron detenidos por la Gestapo, convirtiendo la misión en uno de los mayores fracasos del organismo y de los servicios secretos aliados durante la Segunda Guerra Mundial, que acabaría con la triste muerte de todos ellos.

Todas las pruebas acerca de qué sucedió apuntaban a un hombre: Henri Déricourt, un agente doble del que se sospecha que pudo haber sido incluso un triple agente, pues todavía hoy sus acciones permanecen rodeadas de claroscuros: ¿fue Déricourt un traidor?, ¿delató a sus compañeros?, ¿para quién trabajaba realmente? Es difícil, a pesar de los años transcurridos, saber qué sucedió con total seguridad.

Su historia comienza cuando Francia es ocupada el 14 de julio de 1940. Los ejércitos de Hitler entraron en París y sobre la Ciudad de la Luz se cernía una gigantesca sombra con forma de cruz gamada. Muchos opositores al nazismo tuvieron que inmigrar a Londres, entre ellos grandes militares galos, como el general Charles de Gaulle, que se pondría al frente del Gobierno de la Francia libre.

Uno de los miles de ciudadanos que buscaron protección frente a las garras nacionalsocialistas en el Reino Unido fue precisamente el misterioso Déricourt. Este había nacido en Coulonges-Cohan, en el departamento francés de Aisne, en septiembre de 1909, y había llegado a convertirse en piloto civil y luego en piloto de prueba de la Fuerza Aérea francesa. Luego se puso en contacto con los servicios secretos ingleses. Su ruta de escape hacia Inglaterra fue organizada por el MI6 tras contar a sus responsables en Marsella que había sido piloto para la compañía Air France, añadiendo además que en 1936 la propia inteligencia británica lo había «invitado» a pilotar a su servicio. En aquel momento comenzaba su peregrinaje salpicado de mentiras.

El SIS, sin embargo, jamás había contactado con él, y mucho menos para encargarle un trabajo de tal responsabilidad, así que en Londres no tardaron en desmontar su historia. Sin embargo, en vez de tomar precauciones, lo recomendaron al SOE, algo insólito que apunta a que desde el primer momento el MI6 pretendía introducir un topo en dicha organización para, probablemente, debilitarla desde dentro y conocer además cada uno de sus pasos y misiones secretas. Es uno de los episodios más extraños e infamantes de los servicios de espionaje aliados durante la guerra.

La sección francesa del SOE impulsó y apoyó a la resistencia en uno de los países más activos contra la ocupación nazi. Precisamente Francia constituiría su mayor área de operaciones, donde la ejecutiva del SOE libraría una verdadera guerra secreta en el corazón de la Europa ocupada, con unas formidables redes clandestinas formadas por centenares de hombres dispuestos a lo que fuera por combatir al invasor. A cargo de las operaciones en Francia se hallaba Maurice Buckmaster, que debía su posición más a sus buenas relaciones sociales que a sus habilidades: había estudiado en la selecta y elitista escuela de Eton, antes de convertirse en un exitoso hombre de negocios.

Los jefes de inteligencia británicos, en un principio, solo se fiaban del «grupo de amigos» del instituto, de la universidad o de los diversos clubes de los que eran socios, de los que sabían que mantendrían silencio sobre sus actividades clandestinas, y no decidían en función de si estaban o no cualificados para ser buenos agentes, algo que les pasaría factura, como apunta el profesor M. R. D. Foot, historiador oficial del SOE.[14]

Buckmaster se hallaba en 1940 con el problema de introducir a sus agentes en el norte de Francia sin ser detectados por el enemigo. El procedimiento habitual era que fueran lanzados en paracaídas desde escuadrones especiales de Lysanders. Sin embargo, estos modelos de avión no podían aterrizar en algunos terrenos, por ejemplo, en los muy cenagosos —lo cual era bastante habitual en la orografía—, donde los aparatos solían quedar atrapados, lo que provocaba que el SOE fracasara a la hora de facilitar a sus agentes lugares de aterrizaje adecuados para llevar a cabo sus arriesgadas misiones secretas.

La situación se complicó soberanamente cuando la RAF les comunicó que tendrían que cancelar sus vuelos, puesto que los aparatos, en plena contienda y con los nazis intentando la invasión a gran escala de las islas, serían necesarios en otros lugares. No podía perderse tan importante material para la causa bélica en un momento de escasez de recursos por parte inglesa.

Fue entonces cuando apareció de nuevo en escena Henri Déricourt. A pesar de las reticencias de Vera Atkins,[15] que no se fiaba del francés, se había comunicado a Buckmaster que era uno de los pocos hombres disponibles que tenían los conocimientos necesarios sobre aviones para saber qué tipo de campo de aterrizaje requerían tanto los Lysanders como los modelos Hudson.

Vera Atkins, cuyo verdadero nombre era Vera Maria Rosenberg, había nacido en Rumanía en 1908, de padre alemán y madre británica, ambos de origen judío. Debido a que el antisemitismo

14. M. R. D. Foot, *SOE: An Outline History of the Special Operations Executive,* Londres, Pimlico, 1999.

15. Parece ser que esta inspiró al único personaje femenino que aparece en casi todas las entregas de las novelas de James Bond, de Ian Fleming: la hermosa secretaria de M, Moneypenny. Aunque también se cree que quien inspiró a Fleming para el personaje fue su secretaria en la inteligencia naval durante la Segunda Guerra Mundial, Paddy Bennet.

era cada vez más fuerte en el Viejo Continente, la familia de Vera, como tantas miles de personas en la encrucijada, se trasladó a Londres. Después, Atkins marchó a París, donde estudió en la Sorbona, pero cuando Francia fue invadida, logró regresar a Inglaterra a finales de 1940 gracias a la ayuda de una red de resistentes belgas.

En febrero de 1941, la joven comenzó a trabajar en la sección F del SOE como secretaria de Buckmaster. El periodista canadiense William Stevenson,[16] fallecido en 2013, contaba que Atkins «recibió una de las más delicadas misiones: reclutar y colocar a mujeres espía. Con una inteligencia feroz y excepcionales habilidades de informadora, Vera dirigió numerosas misiones. Después de avanzar en las posiciones ejecutivas del SOE [...], se convirtió en la jefa del ejército clandestino. Su equipo se infiltraba en las líneas enemigas, entraba en contacto con los combatientes de la resistencia, destruía los objetivos vitales y ayudaba a los prisioneros aliados a escapar; mataba a los soldados alemanes y enviaba informes a Londres».

El periodista español José Luis Caballero Fernández[17] apunta que hasta 1944 Vera fue una funcionaria civil y en agosto de ese año se alistó como oficial de la Fuerza Aérea sin dejar su trabajo en el SOE, mostrándose «como la mejor reclutadora y preparadora de agentes». Llegó a ser responsable de treinta y siete agentes femeninas de la organización. Volveremos con ella unas líneas más adelante.

Parece que la razón por la que Déricourt fue elegido, además de por su conocimiento de los aparatos de vuelo, era que conocía desde antes del estallido del conflicto a Nicolas Redner Bodington, subjefe de la sección F del SOE. Sin embargo, Déricourt también mantenía amistad con una oscura figura que según parece estaría detrás de la detención de los agentes encubiertos en suelo francés: el oficial del SD Karl Bömelburg, quien estaba al frente de la Gestapo en Francia.[18] Según quienes lo conocieron, la única

16. William Stevenson, *Spymistress: The Life of Vera Atkins, the Greatest Female Secret Agent of World War II*, Nueva York, Arcade Publishing, 2006.

17. José Luis Caballero, *Espías y la guerra secreta*, Teià, Robinbook, 2014.

18. Se tienen indicios de que Déricourt llegaría incluso a dejarle leer la correspondencia del SOE.

motivación de Henri era el dinero, como también fue la principal aspiración de Elyesa Bazna, *Cicerón,* por lo que es más que probable que el galo trabajara para varios bandos.

Todo parecía indicar que había un topo en la sección F, algo que se vería confirmado cuando el contraespionaje alemán detuvo a un radiotelegrafista que enviaba información secreta al SOE. Tras interrogarlo, hasta cuarenta agentes enviados a la Francia ocupada cayeron en manos enemigas. Era verano de 1943 cuando el SD arrestó a estos agentes y varios miembros de la resistencia francesa informaron a Londres de que Déricourt mantenía contacto con altos oficiales del servicio secreto de las SS.[19] Sin embargo, Buckmaster se negó a creer dichos informes y Henri siguió trabajando en Francia hasta febrero de 1944, algo insólito.

La noche del 24 de febrero, en las cercanías de la comuna de Rambouillet, un equipo de tres agentes —dos hombres y una mujer—, comandado por el mayor France Antelme, fueron lanzados en paracaídas con la misión de encontrar a Henri Déricourt y trasladarlo de nuevo a Londres, ya que el MI5 tenía serias sospechas de que podía estar trabajando para los alemanes y querían interrogarlo. Cuando el equipo tomó tierra, agentes de la Gestapo los estaban esperando en la penumbra con perros y las armas preparadas para disparar. Su destino sería un campo de concentración, el de Gross-Rosen, en la Baja Silesia, donde encontrarían la muerte.[20] A Déricourt se le perdió la pista hasta 1946, cuando fue detenido por las autoridades francesas.

19. En enero de 1943, el SOE lo había enviado a la Francia ocupada, con el cometido de crear una red secreta de aterrizaje en el distrito del Loira y transportar agentes del SOE de Gran Bretaña al continente y viceversa, estableciendo contacto con la red Prosper y otras organizaciones clandestinas, llegando a transportar alrededor de sesenta y siete agentes.

20. Otra de las agentes del equipo comandado por Antelme, Madeleine Damerment, fue ejecutada de un disparo en el campo de concentración de Dachau el 13 de septiembre de 1944 con otro grupo de agentes femeninas del SOE: Yolande Beekman, Eliane Plewman y Noor Inayat Khan, en la que nos detendremos en el siguiente epígrafe.

¿Agente doble o triple agente?

Vera Atkins sospechó desde el principio de Henri Déricourt. Mientras estuvo al frente de la sección F, y a pesar de su habilidad en el campo del espionaje, fueron demasiados los agentes a su servicio que cayeron en manos de los alemanes. Cuando finalizó la contienda, la otrora secretaria de Buckmaster y más tarde reclutadora de agentes, incapaz de perdonarse aquel fracaso, se dedicó en cuerpo y alma a desenmascarar al traidor, pues estaba segura de que hubo uno infiltrado en el SOE.

Atkins viajó en persona a Alemania para conocer de primera mano el destino de todos sus agentes dados por desaparecidos: unos habían muerto en las cárceles de la Gestapo y otros en campos de concentración, como France Antelme y los otros dos oficiales encargados de encontrar a Déricourt. Lo hicieron como valientes, sin delatar durante los brutales interrogatorios a sus compañeros ni poner en riesgo futuras misiones.

Vera vio confirmadas sus sospechas: un infiltrado —agente doble— delataba sus posiciones. Era, o al menos a esa convicción llegó tras sus pesquisas, Henri Déricourt, al que llevó a manos de la justicia. El antiguo espía fue juzgado en 1948, pero se le absolvió gracias a las declaraciones de su antiguo jefe, Nicolas Bodington. Aunque siempre existió la certeza de que había pasado información al SD, aquello parece que se le perdonó, probablemente a cambio de que pasara información aún más delicada al SIS británico.

Durante su proceso, su testimonio fue tan ambiguo como su actuación durante la guerra; salió absuelto cuando Bodington declaró a su favor, bajo juramento, que había sido él quien autorizó a Déricourt a establecer contacto con los alemanes, lo que parecía indicar que todo se debía a la incompetencia del SOE y de Maurice Buckmaster, que no supieron estar a la altura. No obstante, todavía hoy existen dudas sobre el verdadero papel desempeñado por el piloto francés. Con los años, él mismo afirmaría que los agentes del SOE habían sido sacrificados deliberadamente para desviar la atención de los planes aliados para una invasión de Francia que, efectivamente, ya se estaba gestando en Londres.

Todo ello —según creía el jefe adjunto del SOE Harry Sporborg,[21] encargado de interrogar al francés— pudo formar parte de una maniobra de desinformación —con tristes resultados— orquestada por el SIS. Este señaló: «No cabe duda de que Déricourt estaba siendo empleado por el MI6 para realizar funciones que escapaban a la esfera de competencia del SOE».

Aunque absuelto, su reputación había sido dinamitada. En los años cincuenta el exespía trabajó para varias compañías, Aigle Azur, Air Liban y la Société Auxiliaire de Gérance et de d'Exploitation Transport Aerius (SAGETA), sin embargo, poco después se involucró en actividades relacionadas con el tráfico de drogas en Indochina.

El 21 de noviembre de 1962 un avión que él mismo pilotaba y en el que iban cuatro ocupantes, al parecer cargado de oro, se estrelló en Laos. Los motivos del accidente se desconocen, y Déricourt se llevó a la tumba el secreto de sus actividades de espionaje durante la Segunda Guerra Mundial. Fue el final de uno de los personajes más enigmáticos de la lucha secreta, quizá un agente triple que trabajó para el SIS, el SOE y el SD, a la vez ávido de enriquecerse, sin importarle la muerte de sus compañeros.

La princesa espía del SOE

Los miembros de la red Prosper fueron las principales víctimas de aquella filtración de información que tuvo a Déricourt en el ojo del huracán. Francia era uno de los teatros más activos de los servicios secretos en la guerra y una de las agentes más sorprendentes que trabajó para aquella organización clandestina en suelo galo fue la agente del SOE Noor Inayat Khan.

Esta hermosa joven había nacido el 1 de enero de 1914 en Moscú, hija de un hindú de religión musulmana, Hazrat Inayat Khan, músico y maestro de sufismo, creador del movimiento Sufismo Universal, y de una estadounidense proveniente de Nuevo México, Ora Ameena Ray Baker (que había conocido a su futuro

21. En la cadena de mando de la organización solo estaba por encima de él sir Colin Gubbins.

marido durante uno de los viajes de este por Estados Unidos). La sangre de Noor era la de una princesa, ya que era descendiente directa del sultán Fateh Ali Tipu, conocido como el Tigre de Mysore, llamado así porque murió a manos de un felino en un tiempo, a finales del siglo XVIII, en el que defendía esta región de los británicos, ironías del destino, aquellos para los que acabaría trabajando la propia Noor.

El mismo año de su nacimiento, poco antes del estallido de la Primera Guerra Mundial, la familia Khan emigró a Inglaterra, y se instaló en el barrio de Bloomsbury, en Londres, donde Noor, la mayor de cuatro hermanos, comenzó sus estudios de primaria. Pero en 1920 la familia se trasladó a una casa en Suresnes, cerca de París. En 1927 murió su padre y Noor estudió psicología infantil en la Sorbona y música en el conservatorio de la Ciudad de la Luz. Luego, escribió poesía y cuentos infantiles, siendo colaboradora habitual de revistas para niños y de la radio gala.[22]

Cuando Francia fue ocupada por tropas alemanas, la familia huyó de París a Burdeos y alcanzó Londres por vía marítima, llegando al puerto de Falmouth el 22 de junio de 1940. En noviembre de ese año, con la capital inglesa asediada por las bombas de la Luftwaffe, Noor se alistó en la Women's Auxiliary Air Force, donde fue adiestrada como operadora de radio. Gracias a su dominio del francés y a su capacidad para trabajar en condiciones de gran presión, así como debido a la escasez de agentes experimentados, la joven de ascendencia hindú fue reclutada por el SOE para trabajar como agente secreto en Francia, país que conocía bien, adonde fue enviada el 16 de junio de 1943 para convertirse en la radiooperadora de la citada red Prosper, liderada por el agente especial del SOE en el interior de Francia Francis Suttill. Una vez que aterrizó en suelo galo, Noor tomó el nombre en clave de Madeleine.

Seis semanas después de su llegada, los integrantes de la red Prosper comenzaron a caer en manos de la Gestapo y Noor, haciendo oído sordos a las advertencias de sus superiores para que regresara a Londres, pues corría un serio peligro, continuó reali-

22. En 1939, su libro *Twenty Jataka Tales*, inspirado en los cuentos *jataka* de la tradición budista, se publicaba en Londres con gran éxito.

zando su arriesgado trabajo, cambiando frecuentemente de domicilio e incluso de nombre y de aspecto.

Sin embargo, los celos de la novia francesa de uno de sus compañeros provocaron que esta la denunciara a la Gestapo. Poco después era detenida. Entonces los alemanes llevaron a cabo una treta similar a la del Sistema de Doble Cruz del Comité XX inglés: se hicieron con los códigos de transmisión, recepción y seguridad de la agente del SOE y puesto que en Londres ignoraban que había sido capturada, se pusieron en comunicación con estos, solicitándoles el envío de nuevos agentes de campo. Fue otro de los imperdonables errores del SOE en Francia.

La suerte de Noor no fue mejor que la de sus compañeros de armas. Aquella valiente luchadora contra el nazismo fue enviada a los calabozos de la Gestapo de París, en el número 84 de la avenida Foch. Llegó a escapar de prisión, pero fue recapturada horas después y sometida a durísimos interrogatorios. En noviembre de 1943 fue trasladada a la prisión de Pforzheim, en el suroeste de Alemania, donde fue encadenada y sometida a un severo régimen de confinamiento. A pesar de las terribles torturas que padeció, jamás dijo nada acerca de las misiones del SOE o de la situación militar inglesa. Su destino estaba sellado: el 12 de septiembre de 1944, ella y otras dos agentes fueron transferidas al horrendo campo de concentración de Dachau en calidad de prisioneras del Decreto Nacht und Nebel.[23] Al día siguiente, las tres mujeres fueron ejecutadas de un tiro en la nuca.

A Noor se le otorgó de manera póstuma la Cruz de San Jorge y una Cruz de Guerra francesa. Hoy, su memoria se mantiene viva gracias a la organización Noor Inayat Khan Memorial Trust, creada por su descendiente Runi Khan, con base en Wembley, Reino Unido. Un precioso busto de bronce de la agente que perdió su vida en la Segunda Guerra Mundial preside la entrada.

23. En castellano, Noche y Niebla. Así se conocía eufemísticamente a los presos de los que no se guardaba registro alguno que debían «desaparecer de inmediato y sin preguntas». El mismo título lleva la película documental de 1955 dirigida por Alain Resnais sobre el infierno del Holocausto. A numerosas víctimas británicas del SOE se les aplicó dicho decreto, negándoles la protección de la Convención de Ginebra por su apoyo directo a la resistencia francesa.

Expediente n.º 6

SEFTON DELMER, UN PROPAGANDISTA CONTRA HITLER

La lucha en las ondas también ocupó una parte importante de la «guerra secreta». Ya vimos cómo el cine fue un eficaz vehículo de propaganda que utilizarían ambos contendientes, principalmente Göbbels, que a través de sus estudios berlineses de Babelsberg produciría una ingente cantidad de películas que promulgaban el ideario nacionalsocialista. El ministro de Propaganda nazi también hizo un eficaz uso del medio radiofónico, e impulsó la producción de un receptor que se popularizó en Alemania y que tenían numerosas familias.[1] Pero existió una figura en el bando aliado que merece su propio espacio en este trabajo por su contribución a dinamitar la moral e imagen de los nazis y que nos parece realmente deslumbrante: el periodista y locutor radiofónico Sefton Delmer.

Fue él quien estableció los cimientos de la Oficina Política de Guerra (Political Warfare Executive, conocida por las siglas PWE) y dirigió la ofensiva propagandística más ambiciosa y contumaz orquestada jamás contra el Tercer Reich. Siguiendo el revelador trabajo de Stanley Newcourt-Nowodworski,[2] que luchó en la Segunda Guerra Mundial, «durante dos años creó un concepto nuevo de guerra psicológica, y hasta que apareció en el escenario en la primavera de 1941 nadie tuvo la menor idea de lo que se podía hacer en un departamento dedicado a la propaganda negra».

1. El aparato de radio más vendido en Alemania era el Volksempfänger, diseñado para la recepción casi exclusiva de las emisiones en onda larga y media de la Deutschlandsender, el equivalente alemán de la BBC.

2. Stanley Newcourt-Nowodworski, *La propaganda negra en la Segunda Guerra Mundial,* Madrid, Algaba, 2006.

Pero ¿quién era este singular personaje que a través de sus discursos ante el micrófono hizo temblar los cimientos del nazismo, contribuyendo de forma notable al esfuerzo de guerra —que ni mucho menos se libró solo en las trincheras— colaborando en algunas de las operaciones de engaño y desinformación claves para neutralizar a Hitler, incluido el enorme despliegue del Día D?

Denis Sefton Delmer había nacido en 1904 en Berlín, ciudad donde su padre, de origen australiano, era catedrático. El joven Delmer cursó sus estudios primarios y secundarios en colegios alemanes: estudió en el prestigioso Friedrichwerdersches Gymnasium, adquiriendo un dominio perfecto del idioma germano, hasta el punto de que podía hablar utilizando todo tipo de acentos y giros del lenguaje.

En 1917, en plena Gran Guerra, él y su familia fueron deportados como «enemigos extranjeros» y continuó su educación en Inglaterra, estudiando primero en la St. Paul's School de Londres y después la carrera de Historia en la Universidad de Oxford. Pronto se naturalizó británico y en 1927 comenzó a trabajar para el *Daily Express*, que comandaba William Maxwell Aitken, más conocido como lord Beaverbrook, uno de los magnates de la prensa del Reino Unido. Delmer dirigió de 1928 a 1933 la corresponsalía en Berlín de este mismo periódico, donde vivió el ascenso del nazismo al poder y los vertiginosos —y preocupantes— cambios que estaba viviendo la sociedad alemana.

Sefton Delmer estuvo cerca de los gerifaltes nazis, y se las arregló para estar presente en muchas de sus reuniones, donde hablaban —unas veces con más cuidado que otras— de sus planes, ambiciones y métodos, permitiéndole recopilar información muy interesante sobre los máximos responsables del NSDAP cuando pocos lo habían hecho, así como comprender cómo funcionaban sus retorcidas mentes, conociendo mejor su objetivo, una de las principales metas de un buen propagandista. De hecho, sería el primer periodista británico en entrevistar al mismísimo Adolf Hitler. Se reunió en numerosas ocasiones con él en un tiempo en el que el nazismo pretendía aparecer ante la opinión pública como mucho más inofensivo de lo que realmente era, y llegó a preguntarle al líder nazi si era cierto que había ganado su

Cruz de Hierro en la Gran Guerra al hacer prisioneros a catorce soldados ingleses, a lo que el Führer respondió: «Por supuesto que no. Todo el mundo sabe que no se puede capturar a catorce soldados ingleses sin ayuda. Eran franceses, evidentemente».

En 1932, durante la campaña electoral propagandística sin precedentes en la que Hitler visitó toda Alemania, Delmer lo acompañó en varias ocasiones en su avión privado, y estaba también con este cuando se incendió el Reichstag en, casi con seguridad, una operación de bandera falsa orquestada por los propios nazis. Ello provocó que fuera criticado como simpatizante nazi y despertó la inquietud entre algunos miembros del Gobierno británico, que pensaban que estaba a sueldo del régimen de la esvástica. Nada más lejos de la realidad.

Sin embargo, aquella relación llegó bruscamente a su fin cuando Delmer publicó la lista de las personas asesinadas durante la Noche de los Cuchillos Largos —la purga de las SA que tuvo lugar entre el 30 de junio y el 2 de julio de 1934—, convirtiéndose en persona non grata para un régimen que comenzaba a mostrar su verdadero rostro al mundo. Le dieron veinticuatro horas para que abandonase Alemania si no quería correr la misma suerte que los cabecillas de los camisas pardas.

Siempre en primera línea de la noticia y sin temor a lo que pudiera sucederle —y si lo tenía, lo ocultaba a la perfección—, en 1936 se encontraba en la España asolada por la Guerra Civil, informando sobre ambos frentes, y en 1938 se trasladó a Checoslovaquia, durante la anexión de los Sudetes, momento en el que la situación en Europa comenzaba a ser crítica. En 1939, como es fácil imaginar, se hallaba en Polonia, donde no tardaría en informar sobre el estallido de la guerra el 1 de septiembre.

Y cómo no, también estaba en mayo y junio de 1940 en la Francia asediada por la Wehrmacht, en primera línea del frente. Tras la caída del país galo, regresó al Reino Unido y continuó su trabajo en el *Daily Express*. En la hora más oscura para la historia de Inglaterra, en palabras del propio Churchill, le pidieron que trabajase para la sección alemana de la BBC, aunque muchos no le consideraban la persona más idónea para representar los valores y la moral británicos. Acertaron, pues ni tenía pelos en la lengua ni se amilanaba ante las críticas, alejándose a veces de lo políticamente correcto tan valorado por los ingleses, pero su elección sería, mal que les pesara a algunos, uno de los mayores aciertos en la lucha propagandística contra Hitler.

Sefton Delmer inauguró una nueva etapa ante el micrófono, según él mismo cuenta en su grandilocuente autobiografía,[3] para responder a la oferta de paz que Hitler hizo el 19 de julio de 1940. Puesto que tan solo dispuso de una hora para preparar la emisión y, cosa extraña en la BBC, nadie revisó el texto, la réplica de Delmer fue épica y contundente, con perlas como las siguientes: «*Herr* Führer y *Reichskanzler,* le devolvemos [la oferta de paz] directamente, justo a su boca, que apesta a maldad».

No era, para nada, el tono de la cadena de radio más importante del país,[4] pero su estilo estaba en la línea del sentimiento del hombre de la calle, y caló profundamente entre el inglés medio, que era lo que Delmer buscaba. El propio Churchill escribiría después de la guerra que la réplica del periodista a la oferta de paz del Führer no estuvo inspirada por el Gobierno de Su Majestad. Los pacifistas del Parlamento británico se enfurecieron, pero en general su contestación al líder nazi fue aplaudida.

En Berlín, Delmer subía un escalafón en la animadversión del régimen, que no olvidaba los sucedido durante la Noche de los Cuchillos Largos: pasó a ocupar el puesto 33 de la *Sonderfahndungsliste GB,* la lista de personas a las que habría que detener en cuanto Alemania conquistase Gran Bretaña, algo que nunca sucedió. En castellano, podría traducirse como *Lista de búsqueda especial de Gran Bretaña,* un compendio de personajes relevantes de la sociedad británica y residentes en las islas que debían ser arrestados tras el éxito de la Operación León Marino. Después de la guerra esta lista sería conocida como *Libro negro* y surgió en el seno de los Einsatzgruppen-SS, compilada por Walter Schellenberg, con el tiempo el máximo responsable de la inteligencia germana.

3. Sefton Delmer, *Black Boomerang,* Londres, Secker and Warburg, 1963.

4. Muchos de sus peces gordos se indignaron, como algunos lores, con la propaganda negra y la guerra subversiva llevada a cabo por el SOE, ya que las consideraban contrarias a la moral y honorabilidad británicas.

La *Sonderfahndungsliste GB* era un apéndice del manual de la Gestapo para la invasión de Gran Bretaña —el *Informationsheft GB*—, que contenía 144 páginas de información crucial sobre aspectos políticos de la sociedad inglesa, incluyendo instituciones como embajadas, universidades, periódicos, presencia de judíos, aparato policial y servicios secretos e incluso logias masónicas, lo que facilitaría la ocupación nazi y la posterior administración del país. Encabezaba la lista Winston Churchill, quien debía ser entregado al Amt VI —es decir, a la inteligencia militar extranjera—, aunque la mayoría de los detenidos pasaría a manos de la Gestapo —Amt IV de la RSHA—; incluía también al que fuera *premier* del Gobierno, Neville Chamberlain —que moría el 9 de noviembre de 1940— y al general Charles de Gaulle, líder de la Francia libre, así como a autores como E. M. Forster, H. G. Wells —el célebre escritor de ciencia ficción, que era militante socialista— o a Virginia Wolf, aunque también contenía algunos errores, como nombres de personas ya fallecidas —el caso del escritor Lytton Strachey— o que no residían en el país —como el actor, atleta y cantante afroamericano Paul Robeson.

Saltándose al Comité de Programación de la BBC —que señaló que el periodista era magnífico ante el micrófono, «pero sus guiones necesitan corregirse»— e incluso al Comité de Retransmisiones y Programación del Ministerio de Asuntos Exteriores, Delmer logró su primer éxito en las ondas en tiempos de guerra. Aunque como es ya habitual en todos los que escribieron sus memorias durante aquel tiempo tan oscuro, incluyó alguna que otra fantasía y numerosas exageraciones, la mayoría de sus relatos han sido corroborados por documentos oficiales desclasificados décadas después.

En noviembre de 1939 nuestro protagonista se hallaba en Lisboa como corresponsal del *Daily Express*, uno de los lugares neutrales de Europa que, junto a Madrid, Ginebra o Estambul, registraba más movimientos de espías de ambos bandos. Muchos refugiados alemanes, de hecho, habían encontrado asilo en la capital lusa, o simplemente se encontraban allí, como también numerosos ingleses, mientras esperaban para trasladarse a otros lugares. En sus decadentes y hermosas callejuelas, salpicadas de bares, Delmer se encontró con viejos amigos germanos que le presentaron a otros tantos que habían vivido de cerca los últimos años del nazismo antes del estallido de las hostilidades, y que le narraron todo lo que habían visto en Alemania, también acerca de los escándalos que involucraban a miembros del NSDAP y todo tipo de cotilleos que le serían de gran ayuda en su nueva andadura propagandística. Asimismo, según Newcourt-Nowodworski, descubrió que estos exiliados compartían sus puntos de vista sobre «cómo preparar una guerra política eficaz contra Alemania». Él mismo dejó escrito por esas fechas lo siguiente: «Para charlar, uno de los mejores temas es el de la corrupción de los dirigentes. Tendríamos que trabajar con noticias veraces de última hora. Las charlas radiofónicas deben tener un tono duro, ser groseras e insultantes».[5]

Mientras realizaba dichas averiguaciones e ideaba un gigantesco plan de contraataque a través de las ondas, Delmer fue reclamado desde Londres por el Special Operations 1 (SO1) a través de un breve telegrama que rezaba: «Le espera un trabajo importante». Diez días después estaba en la City, había dimitido del *Daily Express* a pesar de ser un trabajo muy bien remunerado y se unió a las filas del SO1 a cambio de un sueldo tres veces menor que el que ganaba como periodista.

Instituciones de la guerra clandestina

Antes de penetrar de lleno en el plan de Delmer para dinamitar la moral alemana, haremos un breve repaso por los organismos que integraban la máquina propagandística británica, un tema extenso y complejo que David Garnett describió minuciosamente en una obra muy documentada y voluminosa, *The Secret History of PWE*,[6] no publicada hasta el momento en castellano.

5. David Garnett, *The Secret History of PWE, 1939-1945: The Political Warfare Executive*, Londres, St. Ermin's, 2002.
6. Ibíd.

El departamento que se encargaría de la guerra subversiva sería la PWE, siglas en inglés de la Political Warfare Executive (Ejecutiva de Guerra Política); sin embargo, al comenzar la guerra, muchos de los grandes dirigentes británicos estaban en contra, como Horace Wilson, entonces consejero principal de Neville Chamberlain, entre otros: para ellos, *propaganda* era una palabra sucia y «no veían ventaja alguna en la existencia de un único organismo que se encargara de todos los aspectos de la subversión», por lo que la PWE tardó tres largos años en ser constituida (lo haría formalmente en agosto de 1941).

Empapados de un espíritu parlamentario centenario, muchos consideraban un anatema el concepto de *guerra secreta* —creían que sus métodos violaban la moralidad existente en tiempos de paz y que no solo eran indecentes, sino delictivos—, que abarcaba el espionaje, el contraespionaje, la guerra de guerrillas, las operaciones paramilitares por tierra y mar, y también la propaganda negra a través de medios escritos y radiofónicos. Sin embargo, en mi anterior trabajo, *Espías de Hitler,* toda la documentación que manejé me llevó a pensar en un sentido totalmente opuesto: sin toda esa labor de zapa clandestina, sin la llamada *guerra sucia* tras las líneas —que por otro lado también llevaron a cabo los países del Eje—, no habría sido posible o al menos se habría alargado más en el tiempo la victoria sobre los ejércitos de Hitler, cuestiones éticas aparte.

El primer ministro anterior a Churchill, Neville Chamberlain, cuando abandonó la idea de «no beligerancia» contra el Tercer Reich, valiéndose del almirante Sinclair, jefe del SIS, pidió al magnate de la prensa de origen canadiense sir Campbell Stuart que estudiase los problemas de la propaganda en los países enemigos y que creara un nuevo departamento de propaganda clandestina. Fue así como nació en enero de 1939 —apenas seis meses antes del estallido de la guerra— el Departamento EH, cuyo nombre provenía del lugar donde se encontraba su sede, la Electra House de Victoria Embankment, en la orilla norte del Támesis. También fue conocido como CS (iniciales de su creador) pero su nombre oficial era Departamento de Propaganda o Publicidad en Países Enemigos.

Precisamente en Electra House tenía sir Campbell Stuart su oficina, y desde allí prestaría cobertura durante un tiempo a las actividades de la nueva operación secreta de propaganda, en virtud de su cargo: era presidente del Comité Imperial Asesor de Comunicaciones. En abril de ese mismo año, definió los tres principios fundamentales de la propaganda británica: debía estar relacionada con unas políticas claramente establecidas, ser rigurosamente verídica y nunca contradictoria. No previó nada respecto a la propaganda negra y precisamente ese sería el campo en el que se movería como pez en el agua Sefton Delmer, cuya epopeya enseguida retomaremos.

Ya en 1938 existía un pequeño departamento, conocido como sección D, dedicado exclusivamente a la subversión, y que según el autor citado no esperó a que comenzara la guerra para actuar. El otro nombre por el que se lo conocía era sección IX, y dependía completamente del SIS. El informe sobre su creación en abril de 1938 decía que su función era «analizar toda forma de llevar a cabo sabotajes en Alemania», lo que incluía dinamitar la moral enemiga, en lo que Delmer sería maestro de maestros, encabezado por el comandante Lawrence Grand.

El 1 de septiembre de 1939, el Departamento EH fue trasladado: las secciones de inteligencia, planificación y editorial se mudaron a Woburn Abbey, a unos cincuenta kilómetros de Londres, y pasaron a conocerse por las siglas CHQ (Country Headquarters o Cuartel General del Campo), un alejamiento geográfico que empeoraba los intercambios de información con otros departamentos políticos con los que trabajaba y con la BBC.

Sir Stuart Campbell se quedó en Londres con el ala militar encargada de mantener los enlaces con las Fuerzas Armadas. En un principio, el Departamento EH únicamente estaba interesado en Alemania, pero conforme esta fue ocupando cada vez más países, extendió su radio de acción. Tenía también una sección de países neutrales con agentes situados en los lugares donde fuera probable descubrir información de inteligencia o desde los que se pudiera enviar material de propaganda a Alemania. En 1940, tras la caída de Francia, nacía el SOE, que ya conoce el lector a grandes rasgos. Hugh Dalton, al frente del mismo por obra y gracia de Winston Churchill, afirmó que la subversión podría destruir la moral alemana de forma que las fuerzas invasoras aliadas se toparan con poca resistencia. Pero no todo iba a ser tan sencillo.

En una directriz interna del SOE podía leerse: «Coordinará todas las acciones subversivas y de sabotaje contra el enemigo en el exterior». En palabras de Newcourt-Nowodworski, dieron a Dalton amplios poderes y objetivos ilimitados. Entonces el SOE absorbió al Departamento EH, a la sección D —lo que generó una gran tensión con el director del SIS, al que dejaron fuera— y a una pequeña organización del Ministerio de la Guerra conocida como Mi(R). La letra R aludía a Research (Investigación) y una de sus especialidades era inventar todo tipo de artilugios no convencionales para los agentes del SOE. Por ello quizá fue conocida coloquialmente como «la tienda de juguetes de Churchill». Con todo, su principal objetivo era organizar y apoyar la guerra de guerrillas.

Dalton dividió el SOE en dos: el SO1 ya citado, donde trabajaría Delmer, basado en el antiguo Departamento EH, a cargo de la propaganda negra y subversiva, y el SO2, compuesto principalmente por la sección D y el Mi(R), encargados del sabotaje, aunque las relaciones entre ambos departamentos no fueron sencillas ni muy amistosas. Al comienzo, existió también un SO3 encargado de la planificación. No obstante, Kim Philby, uno de los grandes espías del siglo XX, escribiría en *Mi guerra silenciosa*[7] que las rivalidades, los celos, los solapamientos y la falta de órdenes claras siguieron paralizando la guerra política británica. Según sus palabras: «El asunto de la propaganda negra se convirtió en el juego de una serie de departamentos marginales del Gobierno que iban dando tumbos en la oscuridad, chocando unos contra otros. El pequeño milagro consistió en que las repercusiones fueron mínimas».

Los fracasos no ensombrecieron la labor llevada a cabo por Sefton Delmer a la hora de socavar la moral alemana. La existencia legal de la PWE puede fecharse el 12 de septiembre, cuando el primer ministro anunció en el Parlamento su reorganización,

7. Kim Philby, *Mi guerra silenciosa,* Barcelona, Plaza & Janés, 1979.

que incluía la mayor parte del SO1, algunas oficinas del departamento de publicidad en el extranjero del MOI[8] y la sección europea de la BBC, considerada siempre portavoz del Gobierno de Su Majestad.

El lado negro de la PWE, formada por toda una serie de pequeños grupos separados, operaría bajo unas condiciones de seguridad en extremo rigurosas, completamente aislados de los dedicados a la propaganda blanca, mucho más grande. De hecho, la mayoría de sus miembros, en palabras de Nowodworski, «ni siquiera supieron que estaban involucrados en la propaganda negra».

Los fines y medios de las operaciones negras británicas quedaron descritos en un documento sin fecha ni firma preparado para la que sería denominada Operación N,[9] mientras se establecía la cooperación entre las dos citadas organizaciones. Recogemos algunos de sus párrafos más descriptivos antes de introducirnos de lleno en las actividades llevadas a cabo por Delmer y su equipo en el SO1:

> El fin de la guerra política contra Alemania es reducir a este país a un estado en el que ya no pueda combatir. El objetivo de nuestra propaganda subversiva es hacer creer que son alemanes los que se dirigen a otros alemanes aparentemente desde Alemania, al contrario de la propaganda de la BBC y de las octavillas de la RAF, en las que Gran Bretaña se dirige a Alemania desde fuera.
>
> La naturaleza limitada de los medios de los que disponemos para este trabajo en el interior de Alemania nos ha obligado a centrarnos en los rumores, en el tipo de asuntos que con más probabilidad atrapen la imaginación del alemán común y corriente y que corran de boca en boca. Estos rumores deberán tener lo que llamamos un valor «operacional», es decir, el que obliga a la gente a creer o a actuar de la forma que haga más daño al esfuerzo bélico alemán [...]. Alentaremos estos rumores mediante murmuraciones

8. Siglas de Ministry of Information (Ministerio de Información).
9. Era una misión conjunta del SOE y la PWE para difundir la propaganda negra.

iniciadas por agentes que operen en Alemania, emisoras clandestinas y material impreso difundido dentro de Alemania.

Después, señalaba con detalle qué tipo de publicaciones podían utilizarse, incidiendo en un aspecto tan curioso como poco conocido, como es el engaño a través de la «guerra mágica», aquella que utilizó las armas del ocultismo, la astrología, la adivinación o los objetos de poder para inclinar la balanza a su favor, una fuerza de corte místico —al margen de creer o no creer en ella— y de la que me ocupé en el libro *Los magos de la guerra:*[10]

> El material impreso abarca dos categorías: octavillas que simulan ser documentos oficiales alemanes auténticos o publicaciones comerciales, y aquellas que aparentan provenir de organizaciones clandestinas [...]. Nuestros mensajes no están dirigidos a sectores concretos del público, sino que buscan interesar a todos ellos. Sin embargo, para aumentar su credibilidad y dotarlos con la autoridad de una fuente fiable fingiremos, en muchos casos, que provienen y se dirigen a ciertos grupos del pueblo alemán. [...] Nuestras publicaciones astrológicas se concebirán para proporcionar pruebas al lector escéptico de que sus dirigentes son ardientes seguidores de la astrología y que se guiarán por las supersticiones antes que por la razón.

El documento, detallado y amplio, no conocido hasta décadas después, contiene un lenguaje directo y en ocasiones implacable para convencer al enemigo a través del engaño *(deception),* la desmoralización e incluso generar el pánico aludiendo a los horrores del frente:

> De la misma manera, nuestros documentos «oficiales» alemanes buscan proporcionar al lector pruebas de situaciones que socaven su estado de ánimo [...], por ejemplo, [la que] dice que los trabaja-

10. Óscar Herradón, *Los magos de la guerra: ocultismo y espionaje en el Tercer Reich,* Barcelona, Cúpula, 2014.

dores extranjeros están propagando enfermedades venéreas entre las mujeres alemanas, o la que cuenta que «los británicos dejan que a los prisioneros de guerra alemanes se les entreguen tierras en Canadá. Y esto tiene que ser cierto porque el OKW así lo dice». [...]

Todas las presuntas publicaciones clandestinas de la oposición, ya aparenten provenir de alemanes de clase media, comunistas, socialistas, sindicalistas, de oficiales del Ejército de derechas opuestos a lo que estos llaman nacional-bolchevismo [...] tienen un triple objetivo: proporcionar pruebas de una resistencia auténtica al régimen; difundir información subversiva cuyos pretendidos autores puedan considerarse como una fuerza autorizada, y propagar opiniones que ofrezcan a los alemanes pruebas de la creciente hostilidad hacia el régimen nacionalsocialista, apoyen o no a este régimen [...]

Tratamos de provocar la angustia entre los soldados del frente sobre las condiciones de sus familias y hogares en la retaguardia e intranquilizar a estas sobre las condiciones del frente. Al mismo tiempo, buscamos aumentar el derrotismo en amplios sectores de la población. Cuando nos dirigimos al personal militar insistimos en el peligro al que están expuestas sus familias durante los ataques aéreos, las epidemias y enfermedades consecuencia de estos, a la mala salud en general, pérdida de atractivos femeninos,[11] incapacidad para cuidar a los hijos y de los hogares, por culpa del llamamiento a filas y la obligación de trabajar en la industria de la guerra. Además, está la influencia corruptora de los trabajadores extranjeros como estímulo para la infidelidad y como transmisores de enfermedades venéreas y otros padecimientos. [...]

Alentaremos la deserción fomentando las preocupaciones sobre las familias en la retaguardia, advirtiendo al soldado de los peligros y horrores que le aguardan en el frente. Insinuaremos que ha habido muchos desertores con éxito a los que la Policía y otras fuerzas de seguridad son incapaces de encontrar porque no disponen de agentes suficientes para mantener el orden y, además, que el gran número de trabajadores extranjeros que hay en Alemania proporciona una buena cobertura para los desertores, ya que, de-

11. Se puede apreciar el lenguaje sexista e incluso racista de dichos comunicados en aquel tiempo, empleado también por los aliados.

> bido a la falta de mano de obra, muchos empresarios contratarán a un tipo decente sin hacerle demasiadas preguntas. [...]
>
> Parecida a la campaña de deserción es la destinada a fomentar la simulación de enfermedades tanto en las tropas como en los trabajadores alemanes. Su objetivo es igualmente levantar entre los médicos alemanes la sempiterna sospecha; [...] los medios principales serán los folletos con instrucciones camufladas como las guías normales que cada soldado alemán llevaría consigo normalmente. Además, se enseñarán los métodos seguros para fingir enfermedades y adiestrar al simulador para que responda correctamente a las preguntas del médico suspicaz.

Después, el documento que servirá de base a la Operación N ofrece información detallada sobre las técnicas de sabotaje y guerra subversiva que llevarían a cabo los agentes del SOE en los países ocupados:

> Daremos instrucciones sobre sabotajes permitiendo que los miembros de las Fuerzas Armadas alemanas eludan sus deberes y escapen del peligro. Por ejemplo, tenemos un manual para las tripulaciones de sus submarinos sobre cómo impedir que zarpe tu submarino y cómo obligarlo a volver a puerto rápidamente. Este manual ofrece información técnica a la tripulación [...] sobre cómo volver innavegable su nave y la instruye sobre cómo disimular los sabotajes para que parezcan auténticos accidentes.

Contraataque en las ondas

En un primer momento, el medio radiofónico no les pareció a los ingleses la mejor manera para hacer propaganda negra. De hecho, el Subcomité Conjunto de Planificación se reunió el 18 de noviembre de 1938 y esgrimió que «en una guerra futura, las emisiones de radio no serán medios adecuados para transmitir propaganda a un enemigo [...]. Los alemanes ya han tomado medidas para impedir que le lleguen emisiones del extranjero a su propia gente».

A pesar de las reticencias y dudas acerca de la utilidad de las ondas en una inminente guerra propagandística, por suerte no todos en el Gobierno pensaban así y durante un consejo de ministros se habló de la viabilidad de crear una emisora «pirata», pensando que el método más efectivo sería instalarla a bordo de barcos en el mar del Norte para que tuviera un mayor poder de emisión sin ser descubierta:

Las emisoras negras británicas, cuyo nombre en código era Research Unit (Unidad de Investigación, RU), fueron sin duda las más poderosas y eficaces de todos los medios clandestinos que se crearon para la lucha contra el Tercer Reich. Sefton Delmer sería su figura más destacada y el mejor «guerrero» del éter.

Según la política de documentos de «máximo secreto» en tiempos de guerra, una RU era «una emisora de radio de onda corta que, aunque situada en Gran Bretaña y controlada por la PWE, de conformidad con la actual política del Gobierno de Su Majestad, aparenta la mayor parte del tiempo, implícita o explícitamente, operar en el país en el que emite, bajo las circunstancias peligrosas y difíciles que dicha situación acarrea. Sus llamamientos y credibilidad concretos en la audiencia en este caso nacen en parte de dicha ficción».

Según Garnett, el valor específico de una RU residía en que «se podía hablar sin tener en cuenta las exigencias de la alta política o del buen gusto diplomático, y en el mismo sentido y con los modismos que los oyentes utilizarían, si tuviesen libertad para hacerlo».

De nuevo en Londres, y ya al servicio del SO1 tras abandonar su puesto en el *Daily Express,* a Sefton Delmer le dieron una pequeña oficina, aunque por el momento ninguna tarea, por lo que siguió con sus dos o tres intervenciones semanales en la sección alemana de la BBC. Entonces estudió una oferta de sus colegas de la inteligencia naval para dirigir una RU en alemán. Al periodista le encantó la idea y decidieron que la radio clandestina tendría el nombre de Gustav Siegfried Eins (Golf Sierra One, en el código de transmisiones), y su señal de identificación sería GS-1, unas siglas que pretendían sembrar también la confusión entre los oyentes y aumentar el misterio sobre quién se hallaba en los micrófonos. Delmer dejó a estos decidir qué podía significar GS-1: Geheim Sender 1 (Emisora Secreta 1), General Stab 1 (Estado Mayor 1)... Nadie tenía ni idea y el periodista y su personal disfrutaban como muchachos recibiendo de Alemania y de otros rincones del Viejo Continente informes sobre las más intrigantes hipótesis. El número 1 implicaba la existencia de otras emisoras con números distintos y, de hecho, los mensajes codificados estaban dirigidos, deliberadamente, a una o más estaciones de radio numeradas del 2 al 18.

Mientras ponía en marcha su emisora, la BBC le ofreció un nuevo trabajo. Hans Fritzsche,[12] el periodista y propagandista radiofónico estrella en Alemania, daba charlas muy convincentes y emotivas todas las semanas desde Berlín —haciendo un llamamiento al sentimiento del pueblo alemán—; Delmer debía responder una hora y media después con la intención de hacer pedazos sus argumentos. No le fue difícil, ya que antes de la guerra había conocido bien al propagandista alemán y sabía sus puntos débiles. En palabras de J. Baker White,[13] «el resultado de sus réplicas fue verdaderamente devastador. Según sus informes, podía reducir a Fritzsche a un estado de rabia balbuciente».

Delmer, que conocía muy bien el oficio de periodista por sus días en Fleet Street, la calle londinense donde hasta hace no muchos años estaban las sedes de los principales periódicos ingleses, cuenta en *Black Boomerang* que estaba convencido de que un remedio infalible para aumentar la circulación de un periódico era iniciar una campaña contra cualquier conducta inmoral des-

12. Veterano de la Gran Guerra, en 1932 se vinculó al mundo de la radio y pronto se afilió al NSDAP, manteniendo contactos con el propio Hitler en los que le mostró las ventajas del medio radiofónico para divulgar el mensaje del nazismo. Cuando Göbbels se puso al frente del Promi, Fritzsche ocupó un cargo destacado en su departamento de prensa, hasta convertirse en jefe de prensa durante la Segunda Guerra Mundial, cargo que asimiló en 1942 el propio Göbbels. El periodista continuó en la radio como alto comisionado del Promi y en mayo de 1945 sería capturado en Berlín por el Ejército Rojo. En los Juicios de Núremberg se le acusó de conspiración y crímenes de guerra, pero fue absuelto por falta de pruebas. Detenido más tarde y condenado a nueve años de prisión como parte de un proceso de desnazificación, fue puesto en libertad en 1950.

13. J. Baker White, *The Big Lie*, Londres, Evans Brothers Ltd., 1955.

cribiendo detalladamente lo que se condenaba. Ahora aplicaría esa estrategia a las ondas. No obstante, sabía que la BBC no cambiaría el perfil de sus programas, tampoco de sus radios «clandestinas» a pesar de su convencimiento de que el único camino que tenía el «portavoz del Gobierno de Su Majestad» para tener éxito era que el alemán corriente viera que la guerra estaba perdida, y que lo mejor que podía hacer era abandonar a Hitler en lugar de seguir luchando por él.

Su conclusión fue que con el fin de despertar dicho pensamiento entre los alemanes y animarlos a su vez a cometer actos perjudiciales para el esfuerzo bélico alemán, había que engañarlos. Y ahora tenía su oportunidad al frente de los micrófonos de Gustav Siegfried Eins. Toda la operación GS-1 —cuyo nombre en código era G-3— estaría basada en un gigantesco truco negro. Siguiendo el revelador trabajo de Garnett, «el objetivo era socavar subrepticiamente a Hitler no oponiéndose a él, sino fingiendo apoyarlo. Había que debilitar la máquina de guerra alemana no ganando a los alemanes para el bando aliado, sino poniendo a los alemanes contra sus propios compatriotas. Al adoptar un programa político superpatriota, las ideas subversivas podían camuflarse bajo la cobertura de los tópicos nacionalistas. El objetivo era despertar a ese *bastardo* interior al que se refería Hitler».[14]

El propio Delmer definió en los siguientes términos los objetivos de su nueva emisora clandestina:

> El objetivo de GS-1 es subversivo. Queremos propalar noticias inquietantes y perjudiciales entre los alemanes que los muevan a desconfiar de su Gobierno y a desobedecerlo, no tanto por nobles motivos políticos, sino por las normales debilidades humanas (por las que, sin embargo, estaremos encantados de proporcionar una noble excusa política). No buscamos la creación de un movimiento político en Alemania. No alimentamos a los idealistas. Nuestra política es un ardid publicitario. Fingimos que tenemos a un grupo

14. Garnett alude a un capítulo entero dedicado a la propaganda de guerra en el libro político de cabecera del líder nazi, *Mein Kampf*.

de seguidores activos a los que enviamos noticias y órdenes. El propósito de esto es proporcionarnos un programa político desde el que vender nuestra mercancía.

Una de las ideas más acertadas de Delmer y con las que obtendría más resultados, nacería de sus relaciones con el Partido Nazi en los años treinta en Berlín. Recordó que el círculo íntimo de Hitler solía referirse al líder nazi como Der Chef (el Jefe). Así, añadiendo un fino toque de ironía, decidió que ese sería el título del jefe anónimo de la misteriosa organización que estaba tras GS-1. Algunos trabajos indican que fue el propio periodista quien representó el papel de Der Chef, pero Newcourt-Nowodworski apunta que no fue así, puesto que, aunque lo hubiese hecho de manera impecable, su voz era conocida en Alemania y Gustav Siegfried Eins habría sido rápidamente identificada como una emisora negra británica, algo que había que evitar a toda costa.

Así, se le ofreció el papel del Jefe al primer miembro del que acabaría por ser el equipo de Delmer en GS-1, el periodista berlinés Peter Seckelmann, que también escribía novelas policíacas, como varios de sus colegas en la inteligencia británica. Aunque en un principio, tras su llegada a Gran Bretaña, tuvo problemas con el micrófono, con el tiempo se convirtió en una de las voces más valiosas de la PWE.

Para su nuevo cometido, Seckelmann adoptó un nuevo nombre, el de Paul Sanders, aunque normalmente era conocido como el Cabo —la graduación que tenía cuando se alistó en los Royal Pioneer Corps al estallar la guerra—. Pronto se le unió otro periodista alemán, Johannes (Hanns) Reinholz, como ayudante y locutor suplente, y un tercero, Max Braun, que estaba a cargo de la inteligencia. Este controlaba un extenso índice de fichas, creado originalmente por Delmer, que contenían todo tipo de información relevante sobre decenas de miles de alemanes, la mayoría pertenecientes al NSDAP. Asimismo, se encargaba de leer con detenimiento la prensa germana y extraía con una habilidad sin igual toda la información que pudiera ser de valor para su equipo.

Der Chef fue tomando forma: sus locuciones lo definieron como un oficial de alta graduación de la vieja escuela prusiana, un veterano con un alto cargo en la Wehrmacht. Era un hombre leal y adicto al Führer que estaba haciendo reales sus sueños imperialistas, pero mostraba su desdén y repugnancia hacia lo que denominaba la «canalla del partido», que según él se había apoderado de la patria en nombre de Hitler, arremetiendo a su vez contra los funcionarios nazis que no tenían más interés que saciar su propio egoísmo.

Para simular que se trataba de una emisora no británica, mostraba un odio exacerbado no solo hacia los pequeños *Gauleiters* (líderes de zona) regionales del NSDAP que dilapidaban, según él, «lo que pagaban en sangre los oficiales y soldados de la Wehrmacht en la línea del frente», sino también a los judíos, a los rusos y a los británicos, refiriéndose en una de sus alocuciones a Churchill como el «bastardo pies planos de un viejo judío borracho», para evitar que cualquiera sospechara que GS-1 podía tratarse de una emisora inglesa. Probablemente el *premier* se riera para sus adentros con estos ingeniosos insultos hacia su persona por parte de Delmer.

Otra de las características de la emisora clandestina era la utilización de lenguaje pornográfico que, en aquella época y en plena guerra, no era habitual escuchar, y ya sabemos del fuerte poder de atracción del sexo. Así Delmer se aseguró una audiencia constante. Aunque en su libro autobiográfico no se extendió sobre este delicado aspecto de GS-1, en 1972, un artículo publicado en *The Times Library Supplement* explicaba que este se valió de la pornografía «para socavar la moral de su audiencia. La usaba para llamar la atención del oyente, tal como hacen algunos periódicos que publican historias salaces para aumentar sus ventas. Se aseguró de que el locutor procurara no disfrutar con los detalles obscenos de los excesos sexuales de la élite del Partido Nazi; de hecho, parecía asqueado por la depravación y perversión de los funcionarios del partido».

No obstante, la pornografía era solo el anzuelo con el que atraer cada vez a más oyentes para luego informarlos de los detalles de la corrupción existente en las altas esferas del Gobierno alemán: mercado negro, sobornos, destinos cómodos y sin riesgos lejos del frente para los miembros del Partido Nazi llamados a filas mientras los demás se desangraban en el campo de batalla, cartillas extras de racionamiento, inmunidad ante las imputaciones por fraude en los suministros de la Wehrmacht... Revelaciones —muchas falsas, pero otras completamente ciertas— que tenían la intención de minar la confianza del alemán común y corriente hacia sus dirigentes, alejando a los soldados y patriotas «honrados» de la chusma del NSDAP.

Las emisiones de la radio negra solían empezar al menos siete minutos antes de cada hora, ampliándose con el paso del tiempo, una vez que el ayudante repetía durante cuarenta y cinco segundos el indicativo de llamada: «Aquí Gustav Siegfried Eins, aquí Gustav Siegfried Eins...», luego venía la sintonía, a la que seguía un mensaje en un sencillo código alfanumérico.

Todo estaba pensado al milímetro para engañar al enemigo a través de las ondas.

Fuentes de información clandestinas

Para que las retransmisiones de GS-1 desde una mansión en Larchfield, Leeds, West Yorkshire, fueran convincentes, Sefton Delmer necesitaba un flujo constante de información secreta, preferiblemente de tipo escandaloso. En un principio hizo uso de todo lo que había recabado en Lisboa y de lo que recordaba de sus tiempos en la capital de Reich hitleriano, pero llegó un momento en que necesitó echar mano de información actual sobre lo que sucedía en Alemania. Aunque tenían en su fichero un abultado número de recortes acumulados de los periódicos teutones y los países ocupados, que además resultaban de gran utilidad, requería de «cotilleos» de primera mano, de información que solo se daba entre los oficiales de la Wehrmacht y las SS cuando creían que nadie podía escucharlos. Y eso fue posible gracias a una operación de contrainteligencia que el MI5 estaba realizando en la propia Inglaterra por aquel tiempo.[15]

15. Conversaciones privadas de prisioneros de guerra alemanes fueron grabadas en secreto y transcritas palabra por palabra, lo que arrojó luz incluso

Además de la información más o menos reservada que el equipo de Delmer pudiera sacar de las grabaciones de los oficiales prisioneros, uno de sus principales objetivos era mantenerse al tanto de las evoluciones lingüísticas y de la jerga militar alemana, gracias a las cartas y los diarios de los reos.[16]

Gracias a ello, Delmer dispuso de informes de máximo secreto sobre los prisioneros de guerra alemanes: transcripciones de los interrogatorios y conversaciones grabadas de aquellos en todas las situaciones narradas. Otras informaciones igualmente productivas para GS-1 fueron las cartas y diarios encontrados entre los cadáveres de los prisioneros de guerra alemanes, la correspondencia interceptada y lo que descubría el departamento encargado de la censura, aunque el grueso de información provenía de fuentes públicas y un hecho tan increíble como esperpéntico que permitió a los ingleses ir por delante en la lucha de la propaganda negra. Cuando estalló la guerra, en septiembre de 1939, el director en Londres de la agencia alemana de noticias Deutsches Nachrichtenbüro (DNB) tuvo que regresar presto a su patria, y se olvidó en las oficinas de la City su máquina Hellschreiber, entonces lo último en tecnología de teletipo inalámbrico, diseñada por el ingeniero e inventor alemán Rudolf Hell.

Gracias a este imperdonable descuido, la PWE estuvo recibiendo durante la contienda todos los despachos de la DNB, controlada por el Ministerio de Göbbels, y las directrices del Promi

sobre crímenes de guerra que no solo cometieron las SS. Tras destruir las grabaciones, las transcripciones fueron ocultadas durante cincuenta años hasta ser desclasificadas tras el descubrimiento en unos archivos del historiador alemán Soenke Neitzel, profesor en la Universidad de Maguncia, que publicó entre otros el libro *Soldados del Tercer Reich: testimonios de lucha, muerte y crimen,* Barcelona, Crítica, 2011.

16. Se dio el caso de la esposa de un industrial alemán, nacida en Estados Unidos, que a menudo era invitada a las fiestas que organizaban los gerifaltes nazis, quien se escribía de forma frecuente con una amiga de Nevada contándole con detalle todo lo que sucedía en aquellas reuniones. Aquellas cartas interceptadas fueron una mina de información personal y psicológica de la gente con la que esta señora se reunía. El GS-1 pudo construir más de una suculenta historia con esas misivas, aunque el material de base no era usado en bruto, sino que siempre se «mejoraba» y disimulaba, de forma que nadie pudiera identificar el origen de la información.

al mismo tiempo que la prensa alemana. Gracias a este mecanismo, Delmer estaba menos controlado por los periodistas germanos, podía actuar más rápido, adelantarse a las noticias antes de que los propios alemanes las leyesen en los periódicos e incluso antes de que las retransmitiesen las emisoras del país.

A su vez, existían oficinas de prensa abiertas por la PWE en distintos lugares para configurar la guerra política: el MOI abrió una en Estocolmo, donde se entrevistaba a los viajeros no alemanes que regresaban del territorio del Reich, y otras dos más en Berna y Estambul. Fue también crucial la prensa alemana que se recibía vía Lisboa y que llegaba a manos del periodista británico con rapidez.

Uno de los departamentos que más satisfecho se mostró con el logro de Delmer, además del Almirantazgo, fue la unidad operativa de propaganda del Departamento de Inteligencia Naval (NID, por sus siglas en inglés), que puso todos sus recursos a su disposición, iniciando una cooperación de gran éxito de 1943 en adelante, sentando las bases de la inminente y estrecha colaboración entre la propaganda negra británica y el cuartel general de las Fuerzas Expedicionarias aliadas (SHAEF).

La intención de Delmer, según él mismo reveló, fue siempre emitir boletines de noticias, mezclando la verdad con mentiras adecuadamente aderezadas, copiando el formato de las emisoras del Ejército alemán como las que había creado la Wehrmacht en Smolensk, Lvov (Leópolis) y Belgrado, enfoque que intentó aplicar al crear una RU denominada Wehrmacht Sender Nord (WSN), cuyo objetivo eran las unidades alemanas en Noruega y que fingía estar dirigida por una de estas.

Delmer describía la forma en que se nutriría la nueva RU para atacar la moral del Ejército alemán: «El material para nuestras emisiones provendrá casi en su totalidad de los despachos de la DNB que recibimos del Hellschreiber antes de que aparezcan en la prensa alemana [...]. Al añadir unos pocos detalles o quitando otras pocas frases en los despachos de agencia alemanes se puede ofrecer una imagen desmoralizadora de las condiciones de vida en Alemania [...], al negar los rumores les damos publicidad [...], al informar detalladamente de las sentencias de los tribunales, mostramos cómo pueden saltarse las normas [...]. Otro objetivo permanente es ridiculizar y animar el odio a los altos funcionarios del Partido Nazi».

La caída de GS-1 y nuevos proyectos

A pesar de los logros de Delmer, uno de los inconvenientes a los que se enfrenta una operación de propaganda negra exitosa es que no solo puede engañar al enemigo, sino también a su propio bando y aliados. Tras haber emitido durante varias semanas, la embajada estadounidense en Berlín informó de un relevante aumento en la animadversión que el Ejército tenía hacia el NSDAP y lo achacaron a que habían una nueva emisora de radio en la que hablaba un oficial desconocido denominado Der Chef, cuya audiencia crecía rápidamente y los expertos alemanes en radiogoniometría eran incapaces de acabar con la misma. El informe apuntaba, según Garnett, que muchos oficiales alemanes «creían que la Wehrmacht la apoyaba en secreto».

Todo ello generó un problema inesperado: Churchill estaba impaciente por que los norteamericanos entraran en la contienda y ahora la inteligencia temía en Londres que estas supuestas manifestaciones de una creciente oposición a Hitler por parte de oficiales de sus Fuerzas Armadas animarían a Estados Unidos a seguir «viendo la situación desde la barrera», en palabras de Delmer, y a pasar por alto las negociaciones británicas para que entraran en la guerra como un aliado activo y no pasivo. Sin embargo, era complicado que el Gobierno de Su Majestad pudiese contar la verdad a Washington sin comprometer toda la operación negra, tan magistralmente orquestada.

Así, se decidió que el aristócrata David Bowes-Lyon, miembro entonces de la PWE, llamara al propio presidente estadounidense Franklin Delano Roosevelt y le revelara, en el más absoluto de los secretos, lo que estaba sucediendo. Al jefe de la Casa Blanca parece que le hizo gracia aquella historia, pero, siguiendo a Newcourt-Nowodworski, «desgraciadamente, su concepto de secreto era bastante amplio y al cabo de unos días Gustav Siegfried Eins era la comidilla de Washington».

El autor citado apunta que en Berlín, que disponía de espías y soplones diseminados por todo el mundo, también en la Casa Blanca, como veremos en los últimos expedientes que dan forma a este libro, tenían que saberlo, pero aquello no dañó lo más mínimo la popularidad de la emisora clandestina. En un informe de máximo secreto de la época se puede leer: «Los interrogatorios de los prisioneros de guerra siguen revelando la siempre creciente audiencia que esa emisora ha ganado entre los miembros de las Fuerzas Armadas alemanas. Se informa de que en Viena los oficiales alemanes jóvenes escuchan habitualmente, con bastante entusiasmo, GS-1. Uno de los prisioneros, un terrateniente bávaro, no solo la oye, sino que su ama de llaves le ha dicho que las emisiones son muy apreciadas entre los campesinos de la zona».

Tras funcionar durante treinta meses seguidos, finalmente el excelente servicio de radiogoniometría alemán descubrió la localización de GS-1 y la Reichs-Rundfunk-Gesellschaft —la principal red de emisoras de Alemania— desveló el origen de sus emisiones, y aunque pocos de sus oyentes lo creyeron, su final estaba cerca. Debido a los numerosos rumores sobre su verdadera localización, el 20 de julio de 1943, el propio Der Chef decidió hablar sobre el asunto en una emisión con su lenguaje soez y sarcástico que impedía al fiel oyente discernir la verdad sobre lo que decían las autoridades de Berlín: «Primero emitimos desde Rusia; luego, cuando no se nos oyó durante una semana, caímos estrellándonos contra el pavimento de la Friedrichstrasse, la culpa seguramente era de la RAF, porque todos nos rompimos el cuello. Entonces, y más tarde, esos tontos del culo localizaron un camión de mudanzas en Holanda mientras nos seguían al mismo tiempo en un barco por las costas de Noruega. Después, según el doctor Göbbels, estábamos en Escocia. Dentro de poco estaré con los judíos pies planos en el norte del África estadounidense». Lo cierto es que nunca habían salido de la campiña inglesa.

El nacimiento de Atlantik

En las Navidades de 1942, Delmer, que en medio de varios éxitos también cosechó fracasos, recibió una sugerente oferta: crear una RU que pudiera emitir boletines de noticias en directo. Su nombre sería Deutscher Kurzwellensender Atlantik (Estación de Radio de Onda Corta Alemana Atlantik), llamada en código G-9. Hasta ese momento, la razón por la que Delmer no había podido emitir en directo era la falta de medios y la escasez de estudios. Sin embargo, ahora le ofrecían unos estudios de reciente construcción en Milton Bryan, cerca de Woburn, Bedfordshire (Inglaterra), donde el periodista deseaba emitir sin interrupciones y, por tanto, necesitaba más oficinas y personal para acomodar a los empleados. Alrededor de los estudios se erigieron casas prefabricadas, y todo el complejo, de unas dos hectáreas, fue rodeado por una alambrada de unos cuatro metros de altura. Según cuenta en su libro, había también policías armados con metralletas y rifles que vigilaban la zona por la noche para disuadir a los intrusos.

El coste de la RU no era grande, ni tampoco el del funcionamiento de los emisores de onda corta. La media de trabajadores empleados en las radios negras era de seis personas: un supervisor británico responsable de que se asegurase el cumplimiento de las directrices políticas, del control de los guiones y de la disciplina dentro del equipo, cuatro guionistas y locutores y un ama de llaves. Sin embargo, con el tiempo, Delmer tendría un equipo cada vez más grande con pocas injerencias de las altas esferas gracias a su locuacidad. Los equipos de la RU estaban alojados en su propia casa, separada e independiente, en Woburn. Las relaciones con los otros equipos estaban prohibidas, así como con los habitantes de las localidades cercanas. Con este aislamiento, que también se llevaba a cabo en Bletchley Park y en otras instalaciones del Ejército, se trataba de impedir cualquier intercambio de ideas sobre los programas y sus contenidos, pues, en palabras de Newcourt-Nowodworski, «los parecidos entre las emisiones de distintas RU delatarían su origen común».

La Navidad de 1942, cuando el periodista comenzó con el proyecto Atlantik, era una fecha crucial para el país. La supervivencia de Gran Bretaña estaba amenazada por los U-Boote alemanes y el Almirantazgo británico pretendía defender cualquier proyecto que redujese tal posibilidad, incluidos los destinados a socavar la moral de las tripulaciones enemigas. Así que Deutscher Kurzwellensender Atlantik contó con el apoyo entusiasta del periodista y agente secreto Bruce Lockhart, director de la propaganda británica durante la guerra y los peces gordos del Almirantazgo. El que dieran a Delmer luz verde para comenzar sus emisiones negras en directo —su verdadero sueño—, fue la gota que colmó el vaso de la paciencia de la BBC, que consideraba algo lamentable este tipo de retransmisiones.

Según narra Garnett, uno de los directivos de la BBC se quejó de que «la atención se enfocaba en los fines a corto plazo de ganar la guerra en vez del objetivo a largo plazo de conseguir una civilización ordenada de acuerdo con las ideas británicas, los valores británicos y las necesidades británicas». Y el director de la cadena para las emisiones en Europa, N. F. Newsome, afirmó en un documento sobre normas generales que «la mejor guerra política es la que se libra con las armas del periodismo responsable y no con las herramientas de un publicitario listillo».

Sin embargo, no tenían nada que hacer frente a decisiones provenientes de las más altas instancias en tiempos de guerra. También hubo muchas voces en contra del «ejército clandestino» de Churchill, el SOE y su lucha de sabotaje y actos terroristas, y el gabinete de guerra decidió seguir adelante con su creación y financiación para «prender fuego a Europa». Era, según creían los miembros menos complacientes del Gobierno, entre ellos el *premier,* la única manera de frenar a los bárbaros nazis.

Al igual que la GS-1, Atlantik no utilizaría periodistas ingleses que redactasen las noticias para después traducirlas al alemán, sino que tendrían que escribirse desde un principio en alemán y por periodistas alemanes. El nuevo «juguete» de Delmer se haría pasar por una emisora dedicada al entretenimiento, que ofrecía un lenguaje radiofónico más cercano a los oyentes germanos, con noticias breves, coloquiales y fáciles de comprender por los soldados movilizados.

Puesto que fingía ser una emisora de la Wehrmacht, esta vez no podía hacer uso de la pornografía, como en Gustav Siegfried Eins, para conseguir oyentes y el sagaz locutor decidió emitir música que cautivara y mantuviera fieles a los seguidores, como el jazz americano, que estaba prohibido en Alemania por decreto gubernamental y que supuso —con acierto— que cautivaría a los oyentes más jóvenes de uniforme. Curiosamente, además de disponer de una serie de éxitos americanos grabados de nuevo en el lenguaje teutón, disponía de una banda en directo que los interpretaba, una de las principales orquestas alemanas, dirigida por Henry Zeisel[17] que, en el momento que estaba realizando una gira por el norte de África para amenizar las veladas de descanso de las tropas de Rommel, fue capturada por el VIII Ejército británico. Trasladados sus músicos a Inglaterra, gracias a Delmer les dieron la oportunidad de seguir con su carrera musical y no ingresar en prisión. Curiosamente, tocando para sus mismos oyentes originales, los soldados de la Wehrmacht. También emitían música interpretada por la banda de los Royal Marines.

Llegados a este punto, tuvo lugar una anécdota una vez más relacionada con el mundo del cine. Se escribieron letras en alemán especialmente para las nuevas canciones que se emitían y, a menudo, las interpretaban artistas famosos como Marlene Dietrich. En realidad, aunque siempre se declaró contraria al régimen de Hitler, se hizo creer a la diva de Hollywood que grababa para la Voz de América. No supo la verdad hasta que después de la guerra, cuando visitaba su Berlín natal, los ultraderechistas la recibieron con una lluvia de tomates podridos porque la consideraban una traidora.

Además, Delmer y su equipo consiguieron, como útil tapadera, fingir una conexión simultánea con una emisora alemana auténtica que emitía desde los Balcanes, la Soldatensender Mittelmeer. En un documento de máximo secreto redactado en octubre de 1943, catalogado bajo el epígrafe *TNA: PRO FO 898 51* —se cree que destinado al ministro de Asuntos Exteriores bri-

17. Nicholas Rankin, *A Genius for Deception: How Cunning Helped the British Win Two World Wars,* Oxford, Oxford University Press, 2008.

tánico, Anthony Eden—, se describía el *modus operandi* de Atlantik:

> Emitirá sin interrupciones desde las 18.30 a las 08.00 horas BST —horario de verano en Gran Bretaña— [...], emitirá música de baile continuamente con breves interrupciones para noticias de última hora y otras más extensas. Las crónicas y los boletines de noticias durarán de quince a veinte minutos. Los boletines consistirán en reportajes del frente, del interior de Alemania y de los aliados de esta junto con otros temas que interesan a los militares alemanes, en los que se incluirá la información extraída directamente de las agencias alemanas de noticias, así como otros materiales ligeramente manipulados con fines subversivos y noticias absolutamente falsas aunque plausibles, además de invenciones. Asimismo, en las noticias auténticas habrá que incluir siempre historias de interés humano, así como una sección de deportes perfectamente informada con el fin de mantener la tapadera.
>
> El objetivo es socavar la moral de las Fuerzas Armadas alemanas que están en Europa occidental —sobre todo en las tripulaciones de los submarinos que operan en el Atlántico— inquietando sus ánimos sobre las condiciones de vida en sus hogares, quebrando su confianza en su armamento y en sus dirigentes, y ofreciendo explicaciones razonadas para una baja disciplina e incumplimiento general de los deberes militares; y cuando sea posible, alentar la deserción. Es fundamental ganarse la confianza y el interés de los militares alemanes que escuchan esta emisora ofreciéndoles informaciones sobre hechos actuales, además de entretenimiento con buena música de baile, algo que ya no encuentran en las radios del Reich.

La música de Atlantik era de tal categoría, que el Promi de Göbbels se vio obligado a imitarla con su propio programa de entretenimiento, aunque cosechando mucho menos éxito, ya que la emisora negra británica siguió siendo la preferida de las Fuerzas Armadas alemanas. Delmer completó su equipo con alemanes antinazis o desertores del Ejército alemán que se encontraban en los campos para prisioneros de guerra (*prisoner of war* o POW), buscando especialmente a los hombres de la Marina alemana que estaban al día del argot auténtico y de la jerga de las tripulaciones, y también con los términos técnicos y los procedimientos correctos, así como en conocimiento de las quejas y los desalientos de los marineros.

Se reclutaron unos diez antiguos tripulantes de U-Boote, que se unieron al personal de la emisora negra. El más valioso fue un tal Mander, cuyos conocimientos técnicos, principalmente en el campo de las transmisiones, con muchos amigos y conocidos en la Armada y gran pericia en la jerga de la marinería de la plana menor, resultaron verdaderamente útiles.

El momento de Aspidistra

Conocida también con el código 7890, Aspidistra era el nombre en clave del transmisor de onda media de seiscientos vatios que estaba situado cerca de Crowborough, Sussex (Inglaterra), el más potente de Europa. La PWE lo había importado de sus aliados estadounidenses, donde se había considerado demasiado potente para que le concedieran una licencia de emisión, y puesto temporalmente en manos de la BBC, que no tardó en hacerlo suyo. El Ministerio de Guerra psicológica pensó en este transmisor como una suerte de «contrabatería», puesto que, según Garnett, podía ahogar la voz de cualquier emisora de radio enemiga e imponer la suya propia.

Tras no pocas disputas, una vez más, con los altos cargos de la BBC, Delmer hizo uso por primera vez de Aspidistra el 21 de julio de 1943. Sin embargo, no se pondrían de acuerdo los mandos de la Junta de Estado Mayor, los principales departamentos de guerra ni la BBC hasta que pasaron varios meses. Era el 14 de noviembre, a las ocho de la tarde, cuando empezó a emitir la primera estación de radio gris de onda media. Su anuncio fue el siguiente: «Aquí Soldatensender Calais emitiendo en las longitudes de onda de 360, 410 y 492 metros, y en cadena con la emisora alemana de onda corta Atlantik, que emite en las bandas de onda corta de 30,7 y 48,3 metros. Traemos música y noticias para nuestros camaradas en las zonas militares del oeste y de Noruega».[18]

Los aliados estaban preparando entonces el mayor despliegue para una invasión por mar de la historia, el Día D, rodeado de un alto secreto, en el que precisamente Calais sería uno de los lugares claves del gigantesco plan de engaño orquestado por la inteligencia militar, entre otros por el Comité XX. Delmer estaba al tanto de muchos de esos planes gracias a su cargo en la PWE y utilizaría Aspidistra para contribuir a través de la «guerra por las ondas».

En un principio, la emisora de Calais solo emitía tres horas diarias, pero con el paso del tiempo fue aumentando paulatinamente su programación hasta que en 1945 emitía prácticamente las veinticuatro horas. Después del Día D cambiaría su nombre por el de Soldatensender West. Tras la invasión que supondría el principio del fin del Tercer Reich, con los aliados ya desplegados en el Viejo Continente, las comunicaciones militares alemanas serían un caos. Siguiendo el documentado trabajo de Garnett, se podía conectar con sus longitudes de onda fácilmente y se hizo buen uso de esta posibilidad: la de defender a los bombarderos británicos de los cazas nocturnos alemanes. Así, el trabajo de Delmer y sus hombres ya no era solo el de desmoralizar al enemigo y empujarlo a la deserción o el levantamiento, sino que contribuían al esfuerzo de guerra con todo el sentido que ello suponía.

La red de radares alemana por aquel entonces había llegado a tal estado de desarrollo que podía dirigir con éxito a sus cazas nocturnos contra sus objetivos, dando sus instrucciones en código, ocultas en programas normales. Gracias al sistema Aspidistra, los aliados pudieron interferir dichos programas, usando grabaciones con las interferencias adecuadas, algo que también podía hacerse a través de la programación habitual de Calais. De esta manera, los británicos, que llevaban años sufriendo una desastrosa pérdida de barcos y aviones, pudieron neutralizar la mayoría de los ataques de la Luftwaffe. Una ambiciosa operación cuyo nombre en código era Dartboard (Blanco de Tiro), que obtuvo un éxito sin precedentes, hasta el punto de que el jefe del

18. Sefton Delmer, *Black Boomerang*, *op. cit.*

mando de bombarderos estimó que se salvaban de seis a siete aparatos cada noche, lo que allanaba el terreno para la derrota del Reich en su propio territorio.

Fue durante los últimos meses de la guerra cuando se usó todo el potencial de la muy eficiente Aspidistra, a la que Delmer bautizó como la Gran Berta, en el momento en que las tropas aliadas ya estaban combatiendo en suelo alemán, en una lucha desesperada por la victoria. En un principio el SHAEF no quería que la población civil huyera de los combates porque la multitud de refugiados colapsaría las carreteras, impidiendo el avance deseado de los aliados así como la retirada alemana. Pero cuando este punto llegó a conocimiento de Churchill, este persuadió a Eisenhower de que debían hacer justo lo contrario: que los refugiados salieran de los sótanos y refugios donde aguantaban los bombardeos aterrados, que horadaban toda Alemania como hoy puede comprobarse en varias visitas guiadas en Berlín.

Sin embargo, ni la BBC ni la Voz de América —la emisora oficial de Estados Unidos— podían retractarse de los llamamientos anteriores sin quedar en ridículo y se encargó tal tarea, como el lector podrá imaginar, al equipo de Delmer, que llevaba mucho tiempo entrenándose para este tipo de operación de «intromisión». Así, interceptarían con Aspidistra la emisora de radio de Colonia y de otras ciudades alemanas, y asumirían su papel. Sabían que cuando los bombarderos británicos volaban hacia una de esas grandes urbes, las emisoras locales de radio dejaban siempre de emitir para no servir de baliza de navegación al enemigo, curiosamente, porque la defensa aérea germana desconocía que la RAF jamás había hecho tal uso de sus emisoras —en la guerra, la desinformación puede ser en ocasiones muy peligrosa.

La tarde en que los bombarderos de la aviación británica volaban hacia Colonia, a las 21.20 horas la emisora de la ciudad dejó de emitir y, justo entonces, Aspidistra la sustituyó, retransmitiendo la programación habitual «pinchada» desde otra emisora alemana en su frecuencia habitual. Delmer disponía además de dos locutores, un hombre y una mujer, germanohablantes, que podían imitar a la perfección a sus colegas de la auténtica Radio Colonia. Invitaban a la población civil, a las mujeres y a los niños, a huir —advirtiéndoles de que se acercaban unidades armadas enemigas—, llevando únicamente consigo sus pertenencias básicas con un peso máximo de quince kilos, añadiendo que «los dirigentes del partido formarían columnas y los llevarían a unos puntos de reunión donde los esperaban los trenes de evacuación que los llevarían a zonas seguras en Baviera». Sin embargo, advertían que los hombres debían quedarse y unirse a las Fuerzas de Asalto del Pueblo, el Volkssturm, un retorcido plan para separar a las familias y dejar a los que podían aún suponer algún peligro casi indefensos en aras de la victoria final, donde ya no había tiempo para la clemencia.

Delmer disponía de un plan secreto de emergencia para evacuar el área, de manera que podía incluir órdenes auténticas y los nombres en código adecuados que confundirían incluso a los miembros del NSDAP. Un llamamiento que se repitió varias veces más en «visitas» similares a las emisoras de radio de Fráncfort y Leipzig. Unas personas obedecieron las órdenes radiadas mientras que otras optaron por seguir las instrucciones de las emisoras aliadas que, como la BBC, pedían que se permaneciera en los sótanos y refugios antiaéreos.

Las autoridades alemanas, en medio del caos en el que estaban sumergidas, no reaccionaron inmediatamente y cuando lo hicieron y desenmascararon el engaño, Aspidistra reaccionó desmintiendo que dichas instrucciones provinieran de las verdaderas autoridades alemanas, lo que generó un estado de confusión tal que ya nadie estaba seguro de qué emisiones eran verdaderas y cuáles falsas, qué programas controlaban las fuerzas del Eje y en cuáles se habían infiltrado los organismos de propaganda aliados.

Finalmente, en medio de un auténtico caos y sin poder ponerle solución, las autoridades alemanas dejaron de usar la onda media para dar instrucciones a la población civil y optaron por la onda larga y la HF-Drahtfunk, una red de difusión de cable telefónico de cobertura reducida pero en la que Aspidistra no podía penetrar. Anticipándose a dicha decisión, Delmer y compañía advirtieron a la población alemana de que el enemigo estaba haciendo uso de las líneas telefónicas no dañadas entre las zonas ocupadas y de aquellas que no lo estaban para transmitir órdenes engañosas. Fue otro golpe maestro de engaño y confusión. Aspidistra, la Gran Berta de Sefton Delmer, dejó de emitir el 1 de mayo de 1945, ya con Hitler muerto y cuando el derrumbe de la resistencia alemana era evidente. La propaganda negra ya había cumplido su relevante y ultrasecreto cometido.

Aunque emitieron otras nueve RU en alemán, incluida una de gran éxito comandada por el padre Andreas, un sacerdote alemán —que operó desde septiembre de 1942 hasta abril de 1945—, cuyo nombre en clave era G7, ninguna ganó en audiencia y efectividad a las comandadas por el mejor propagandista de la Segunda Guerra Mundial, un hombre que no empuñó fusil alguno, pero neutralizó de forma asombrosa e implacable al enemigo a través de la guerra en las ondas.

Finalizada la contienda, Delmer regresó al *Daily Express,* convirtiéndose en su principal reportero en el exterior, cubriendo durante los siguientes quince años las más importantes noticias extranjeras para el rotativo, como hiciera en los tiempos de la Guerra Civil española y el ascenso del nazismo en Alemania. Fue despedido en 1959 por el que fuera su padrino, el magnate lord Beaverbrook, por una cuestión de malversación de gastos, y entonces se retiró a Lamarsh, en Essex, cerca de Little Sampford, donde, curiosamente, su exesposa Isabel vivía con su tercer marido, lo que no impidió a todos una convivencia cordial.

Durante su retiro, Delmer publicó tres volúmenes autobiográficos, *Trail Sinister,* en 1961, y un año después el texto citado varias veces en este capítulo, *Black Boomerang,* así como varios libros históricos de bastante éxito como *Counterfeit Spy* (1971) y *Weimar Alemania* (1972). *Black Boomerang* inspiraría el capítulo «Liking Hitler» de la longeva serie de televisión de la BBC *Play for Today,* sobre los avatares de la emisora negra comandada por el periodista.

Sefton Delmer, la voz de la lucha clandestina contra Hitler, moría en Lamarsh el 4 de septiembre de 1979.

Expediente n.º 7

PAUL THÜMMEL, UN TOPO EN LOS SERVICIOS DE INTELIGENCIA ALEMANES

Por la parte aliada, las «traiciones» de Henri Déricourt y Mathilde Carré[1] fueron dos de los mayores fracasos en el campo del espionaje durante la guerra. Por la parte alemana, de entre todos los reveses que tendría la Abwehr —no hay que olvidar las numerosas detenciones de espías alemanes en Inglaterra y su vuelta «del revés»—, quizá la filtración de información clandestina por uno de los altos cargos de inteligencia, antes de los complots en el seno del Estado Mayor alemán para acabar con Hitler, fue el más flagrante. Un enigmático personaje que se movía en las esferas de poder del Tercer Reich, cuya historia no empezó a ser conocida hasta mediados de los años setenta, fue su insólito protagonista.

El periodista Roger Gheysens[2] —junto con sus colegas checos Cestmir Amort e Ivo Jedlicka, además del periodista Rudolf Ströbinger y el semanario alemán *Stern*— investigó su caso. Gheysens

1. Mathilde Carré, alias *la Gata,* formó con su amante, el capitán de la Fuerza Aérea polaca Roman Czerniawski, alias *Brutus,* la red Interallié en la Francia ocupada en 1940. Después de un enredo digno de un serial televisivo, una de las amantes de Czerniawski, Renée Borni (también espía), provocó la detención de otros miembros de la red, al no soportar los interrogatorios de la Gestapo. Mathilde, que tampoco estaba dispuesta a sufrir el tormento, pasaría a trabajar como agente doble, tras delatar a sus compañeros, para los alemanes, y sería juzgada por un tribunal francés en 1949 por traición, siendo condenada a muerte, pena que le fue conmutada por la de veinte años de cárcel. Sin embargo, salió en 1954 y cinco años después publicaba su autobiografía, *On m'appelait la Chatte* («Me llamaban la Gata»).

2. Roger Gheysens y Jacques de Launay, *Grandes espías,* Barcelona, Daimon, 1973.

se topó con el personaje casi por casualidad, en 1965, en Praga, mientras se hallaba en la preciosa capital checa para realizar una investigación sobre la actividad del almirante Canaris en Bohemia y Moravia. Disfrutaba de un refrigerio bajo la vieja bóveda gótica de la taberna U Bindru cuando oyó hablar por primera vez del que, junto con Sorge o Garbo, fue sin duda uno de los grandes espías de la contienda, injustamente relegado al olvido.

El 10 de agosto de 1936, una misteriosa carta llegaba al Ministerio de Defensa checoslovaco en Praga-Dejvice con el siguiente contenido: «El autor de estas líneas se ofrece al servicio secreto checo. Los motivos que tiene para ello apenas son de interés. Estoy en situación de realizar lo que sigue».

El coronel Alois Frank, entonces teniente del servicio secreto checo recordaría años más tarde, ya finalizada la guerra: «Un alemán deseaba revelarnos los métodos empleados para transmitir información de Checoslovaquia a Alemania, la organización del espionaje alemán en nuestro país, y los planes subversivos del Partido de los Sudetes alemán».

Por su parte, Josef Bartík, entonces mayor y jefe del contraespionaje del II Buró checo, contó cómo comenzó la colaboración de Paul Thümmel con su servicio secreto. Aquella extraña misiva en sobre azul tenía faltas de ortografía, algo extraño en un oficial alemán, y pensaron que podía tratarse de una provocación de la inteligencia germana. Sin embargo, el remitente, que firmaba únicamente con las iniciales F. M., les manifestó que nunca sabrían su verdadero nombre —y así fue— y que jamás se entrevistaría con oficiales del servicio secreto checo. A cambio de sus servicios, pedía quince mil marcos en moneda alemana y señalaba en la carta que necesitaba una cámara fotográfica que, por razones de seguridad, deseaba adquirir en Alemania. Les brindaría información procedente de las más altas instancias de la Alemania nazi, la Abwehr, el SD y sobre las actividades de los servicios alemanes de espionaje contra Checoslovaquia: nombres y direcciones de sus agentes, organización, infraestructura...

Alois Frank señala que, para concluir su misiva, el enigmático remitente advertía que una vez entregado el material prometido, interrumpiría el trabajo durante un año. Apuntaba además que esperaba su contestación para el próximo 14 de febrero y que de esta iba a depender que se pusiera al servicio de los checos u ofreciera el material al servicio secreto francés. A continuación indicaba las siguientes señas: «F. M. 137, lista de correos, Annaberg/Erzgebirge».[3]

Ante lo prometedoras que parecían sus informaciones, que los checos necesitaban con urgencia debido a la política cada vez más hostil de Hitler, y viendo que el personaje parecía necesitar también imperiosamente el dinero, contestaron afirmativamente al enigmático F. M. a la dirección convenida con remite de Karl Schimek, Dostalgasse, 19, Praga, que en realidad se trataba de una de las direcciones secretas de la agencia.

El general František Moravec,[4] citado ya en relación con varios de nuestros «expedientes», apunta en sus memorias que la información que envió aquel misterioso personaje fue escueta pero muy relevante: identificó a varios agentes alemanes que operaban en Checoslovaquia y a otros que trabajaban en Alemania en contra de los intereses del país apoyando las aspiraciones independentistas de la población germana de los Sudetes.

Un encuentro secreto

En una nueva carta del 17 de mayo, el agente, al que los checos no tardaron en bautizar con el nombre en clave de A-54, propuso una entrevista en un principio en Francia, Bélgica o Suiza, encuentro que finalmente tendría lugar el lunes 6 de abril de 1936, a las 20.30 horas, entre Weipert y České Hamry, en la bifurcación de Neugeschrei, cerca de un viejo molino, en la frontera checo-alemana. Temerosos de que pudiera tratarse de un intento de secuestrar a los emisarios del II Buró —los agentes del SD de Heydrich eran muy aficionados a este tipo de acciones, como sucedió con el incidente de Venlo—, se tomaron numero-

3. Janusz Piekalkiewicz, *Espías...*, *op. cit.*
4. František Moravec, *Maestro de espías*, *op. cit.*

sas medidas de seguridad, incluida una línea telefónica especial de Louny a Praga.

Tras darse el santo y seña «Altvater» con un hombre alto, de traje oscuro y con boina, este fue trasladado en coche a Komotau (Chomutov), al despacho del comandante del Regimiento 46, en el cuartel Masaryk, según recoge el dosier redactado por la inteligencia checa, donde estuvieron reunidos unas tres horas. A-54 dijo que su verdadero nombre era Jochen Breitner —aunque mentía— y que para mayor seguridad no llevaba documentos de identidad encima. Afirmó que era dibujante y fotógrafo en las oficinas de la Abwehr en Dresde, y que tenía acceso al material secreto gracias a su novia, encargada del archivo del servicio secreto, alegando a su vez que lo hacía porque tenía necesidad de conseguir dinero para saldar varias deudas y contraer matrimonio.

Los informes que facilitará serán, efectivamente, de capital importancia para el contraespionaje checoslovaco. El general Bartík apunta que «era un muchacho de unos treinta y dos a treinta y cinco años, de talla y aspecto normal. Cráneo pelado a la prusiana: en su rostro destacaban unos ojos grandes y penetrantes. Hombre sereno, tranquilo, poco hablador».

Después del encuentro, A-54 sería devuelto a la frontera, escoltado por dos oficiales del II Buró, tras devolverle dos fajos de documentos que el servicio secreto había fotocopiado en Louny. A partir de ese momento el intercambio de información capital para los intereses checos sería constante: reveló las organizaciones de combate de los *Freikorps,* cuna de antiguos combatientes, la mayoría afectos al régimen nazi; la situación de los depósitos clandestinos de armas; los espías de Hitler que actuaban en territorio checoslovaco, y lo más capital, los planes nazis para la región de los Sudetes, que el Führer pretendía anexionar al Tercer Reich.[5]

A-54, como le conocían los checos, se hará llamar sucesivamente R. V., Jochen Breitner, doctor Paul Steinberg, doctor Holm, Voral..., incluso escogerá el nombre femenino de Eva en alguna ocasión. Y no serán los únicos. Maestro del disfraz, el

5. Roger Gheysens y Jacques de Launay, *Grandes espías, op. cit.*

12 de mayo de 1938, ya caída la noche, informará de forma precisa sobre un inminente ataque en los territorios fronterizos por grupos de choque de la Wehrmacht con apoyo de formaciones de SS y de la fecha de la acción armada: el 22 de mayo. Aquello provocará que el Gobierno checoslovaco dé la orden de cerrar la frontera y movilizar al Ejército, que el 21 de mayo, adelantándose a los planes de Reinhard Heydrich, para estupefacción de este, ocupará las posiciones de las líneas de defensa fortificadas, lo que obligará a los alemanes a cancelar sus planes de conquista.

Tras la Conferencia de Múnich, donde Neville Chamberlain se entrevistó con Hitler, se firmó el infame tratado por el que los alemanes se anexionaban los Sudetes, un atropello a las democracias europeas que allanó el camino a la guerra. La situación de Checoslovaquia se volvió cada vez más delicada. Nuevos encuentros secretos, nuevas direcciones «falsas» y nuevas identidades. En 1939, A-54 asumirá la de un tal doctor Paul Hans Steinberg, «representante de material óptico», según constaba en su nuevo y perfectamente falsificado pasaporte, que se alojaba en el hotel Pato Dorado, situado en la plaza de San Wenceslao, en Praga.

Más adelante se hará llamar doctor Holm, con domicilio oficial en Dejvice, en la llamada Casa de Cristal, sede de la Abwehr, cuyos oficiales no sospechaban —o eso parece— lo más mínimo de él. ¿O acaso Canaris sabía de sus filtraciones? ¿Pudo ser el propio almirante el que facilitó los informes secretos a Thümmel, como apuntan algunas hipótesis? Por el momento, esta cuestión sigue todavía sin respuesta.

Un feudo de los uniformes negros

A-54 continuará brindando informes de importantísimo valor para la inteligencia del país vecino. Sin duda, se trataba de un hombre con recursos, muy bien situado en las esferas de poder del Tercer Reich. Desde comienzos de 1939, su contacto en Praga será el teniente František Fryc, del servicio secreto checo, el II Buró. En sus encuentros, el agente alemán se hará llamar Voral, y dirá, según declaraciones posteriores del oficial checo, algo muy revelador sobre su decisión de traicionar a su patria: «¿Qué quiere saber de Alemania? Aquello es un feudo de los uniformes negros, y los odio a muerte».

El 3 de marzo, en el café de la estación de Turnov, comunica a Fryc: «Los países checos, la Bohemia y la Moravia, serán invadidos el 15 de marzo. En esa misma fecha, Eslovaquia se proclamará Estado independiente». El teniente se quedará de piedra, pues estaba asistiendo al aviso del desmembramiento de su país. Aquella información podría haber evitado el desastre, pero como tristemente sucedió en otras ocasiones, el Gobierno checoslovaco hará oídos sordos a las advertencias. Parecía como si únicamente unos pocos, entre ellos Winston Churchill, todavía condenado al ostracismo en Inglaterra, estuvieran seguros del peligro que suponían las aspiraciones territoriales de Hitler. Un error que costaría muy caro a las democracias europeas.

Los ministros de Asuntos Exteriores y de la Defensa Nacional del Gobierno checo se mostrarán escépticos, incluso ofendidos con la información facilitada por el esquivo agente alemán, advirtiendo a los servicios secretos de que sus informadores les estaban mintiendo y de que eran noticias alarmistas «perniciosas para el orden público». Sin embargo, los hombres del servicio secreto, seguros de la veracidad de la información de un contacto tan valioso, la noche del 13 al 14 de marzo de 1939, quemarán en el patio del Estado Mayor general de Praga cientos de documentos comprometedores. Los nazis no podrán hacerse así con sus informes de inteligencia.

Aquellos que no consumieron las llamas, los más valiosos, incluidos los facilitados por A-54, serán embalados y enviados a Inglaterra al día siguiente gracias a la colaboración de la embajada británica por vía aérea, a través de un aparato de la KLM fletado especialmente para ello, un vuelo que, tras una breve escala en Róterdam, aterrizará en el aeródromo londinense de Croydon, mientras Moravec se ponía en contacto con el primer ministro, Beneš, que había abandonado el país tras la anexión de los Sudetes y Fryc era enviado de nuevo a París.

Efectivamente, como anunció el agente que ahora se hacía llamar Voral, el 15 de marzo de 1939, a las seis de la madrugada, las tropas alemanas invadían Checoslovaquia, y mientras Konstantin von Neurath se instalaba en el castillo de Praga, A-54, con sus diferentes alias, continuaría enviando información al II Buró desde la ciudad que tres años después será la tumba de Reinhard Heydrich.

Los servicios secretos checos en el exilio establecieron en La Haya, a instancias del teniente coronel Alois Frank —cuya tapadera era la de representante de la firma Foster & Co., que se dedicaba a la exportación de carbones—, una central encubierta, en un comercio que regentaba el matrimonio de origen también checo Jelinek: una tienda de antigüedades en el centro de la ciudad.

El 13 de abril de 1939, según el informe de Frank, en la empresa de Jelinek se recibió una postal del agente A-54 en la que este comunicaba que había conseguido una representación comercial en Praga. Así, además de transmitir noticias de carácter militar, el espía podría enviarles informes precisos acerca de las condiciones de vida en el Protectorado que serían muy valiosos para los grupos de la resistencia. Después, A-54 anunció su próxima llegada a La Haya, donde el 3 y el 4 de junio se reuniría con los checos en casa del matrimonio Jelinek. A primeros de agosto, según el expediente, manifestó que Alemania se preparaba para atacar Polonia. A partir de ese momento decidió cambiar, una vez más, de nombre: ya no sería Voral, sino Franta.

Sus filtraciones eran tan relevantes en el marco de la guerra secreta que llegó al punto de informar, en una fecha tan temprana como 1939, sobre el diseño y fabricación de un arma secreta desarrollada por los nazis, la bomba volante V-1, que causaría enormes estragos en Londres y otras ciudades inglesas pocos meses después. El informe del agente germano rezaba: «Se trata de una especie de torpedo que, una vez en el aire, se transforma en avión».

Después, utilizará la sección de anuncios por palabras del diario de información popular de Praga *Národní Politika,* donde se comunicará con el servicio de inteligencia checo ya con el alias de Franta. Junto a los anuncios por palabras, el II Buró recibirá el 20 y 21 de febrero de 1940 dos cartas, fechadas ambas en Praga el mes anterior —una enviada vía Estocolmo y la otra vía

Zúrich—, con textos aparentemente anodinos que sin duda escondían algo más. Tras mandar las misivas al laboratorio, donde las sometieron a una reacción química, apareció un mensaje del agente alemán bastante alarmante en el que anunciaba: «Preparación de una ofensiva en el oeste. No está tomada la decisión de ocupar Bélgica y Francia, pero las tropas se agolpan en las fronteras. En el momento oportuno, informaré con un anuncio en el periódico *Národní Politika*».

Efectivamente, en mayo de 1940, la Wehrmacht ocupará Bélgica y Holanda en su imparable guerra relámpago y continuará hacia Francia, que no tardará en caer. Durante unos meses, el esquivo A-54 permanecerá en silencio, hasta que, ya próximo el verano, el capitán Václav Morávek —al frente de una red clandestina conocida por los hombres de la Gestapo como Los Tres Reyes Magos, en referencia a este y a sus dos compañeros, Josef Balabán y Josef Masín— será el encargado de encontrarlo y transmitir sus informes a Londres gracias al apoyo de la resistencia checa, que agrupaba varios movimientos bajo las siglas UVOD. Desde 1939, estos hombres disponían de un servicio autónomo de información y estaban en comunicación por radio con la central en Londres, gracias a dos aparatos emisores-receptores de gran potencia que mantenían ocultos.

Gheysens y Lamay señalan que hacia finales de junio Franta ya enviaba de nuevo informes al capitán Morávek, que este transmitía a Inglaterra utilizando la emisora clandestina. Estos serán tan extraordinarios como los enviados hasta el momento: facilitó detalles sobre la Operación León Marino, el plan de invasión del Reino Unido; envió extractos detallados del manual de bolsillo editado por la RSHA para sus agentes; las directrices dadas por Heydrich a los escuadrones de ejecución, los Eisantzgruppen, que en caso de pisar suelo inglés debían detener a los hombres de Estado y a los miembros más importantes de la resistencia aliada con sus gobiernos en el exilio. Gracias a estas valiosas transmisiones, los británicos estarán al corriente de los planes de Hitler, que contrastarán con los informes obtenidos en Bletchley Park por cientos de analistas y criptógrafos con la misión de desencriptar la máquina Enigma.

En agosto, Franta informará también sobre el plan del Führer de restaurar en el trono inglés al duque de Windsor, que reinó como Eduardo VIII apenas un año, de enero a diciembre de 1936,[6] convirtiendo en reina a la plebeya Wallis Simpson, motivo principal de su abdicación.

En septiembre, se produjo un nuevo envío de información clasificada: A-54 anunció el aplazamiento de la Operación León Marino o *Seelöwe*.[7] También en septiembre, el agente alemán advirtió que se estaba preparando una nueva ofensiva militar a gran escala y el 2 de octubre brindó una de sus comunicaciones más relevantes: la invasión de la Unión Soviética por los ejércitos de Hitler, cuyo nombre en código era Operación Barbarroja. Es casi seguro que aquella información llegó también al Kremlin.

Ya eran, pues, tres las advertencias sobre la ofensiva nazi en el este que recibía Stalin antes de producirse. Y llegaban de tres de los mejores espías de la contienda: el camarada Richard Sorge desde Japón, Rudolf Roessler desde Suiza y A-54 desde el corazón de la desmembrada Checoslovaquia. Sin embargo, sorprendentemente, el líder soviético siguió sin creer dichas informaciones. No sería hasta que los ejércitos del Tercer Reich invadiesen territorio ruso con un despliegue colosal de hombres y medios, como vimos en el expediente dedicado a Olga Chéjova, cuando el líder soviético hubo de quitarse bruscamente la venda que le cubría los ojos.

Los informes siguieron llegando de forma puntual sobre la ofensiva en la Unión Soviética: ejércitos, divisiones en prepara-

6. Germanófilo declarado, realizó en compañía de su amante y después esposa Wallis Simpson un polémico viaje a la Alemania nazi en octubre de 1937, donde se reunieron con el mismo Hitler en el Obersalzberg, que ponía en evidencia al Gobierno británico. Incluso existió un plan secreto de las SS, conocido con el nombre en clave de Operación David, que se encargó a Schellenberg, como este recuerda en sus memorias, para secuestrar a la mediática pareja cuando estalló la guerra, que finalmente se canceló.

7. Probablemente, a causa del fracaso de la Luftwaffe para despejar el espacio aéreo inglés, gracias a la habilidad de los pilotos de la RAF. Como ventaja sobre los alemanes, contaban con información privilegiada del Proyecto Ultra, por lo que podían salir al acecho de las avanzadillas de aviones enemigos, y con un ingenio de última hora: el radar, que fue creado en 1935 por el físico escocés Robert Watson-Watt e incorporado a los aparatos de vuelo británicos.

ción, objetivos principales... La información de A-54 era cada vez más vital para el esfuerzo de guerra aliado. El 27 de junio el agente notificó también a Londres los planes hitlerianos para ocupar Islandia; gracias a ello, los ingleses podrán adelantarse y tomar posesión militar de la isla. Un auténtico as del espionaje militar.

El cerco se cierra

Sin embargo, las comunicaciones de A-54 eran cada vez más arriesgadas, por lo que el alemán optó por marcharse de Praga y viajar a Belgrado. Asumió entonces el alias de Karl Voral y, tras una serie de señales previamente acordadas, estableció de nuevo contacto con la central de Londres, informando sobre la Operación Marita en Grecia como apoyo de Alemania a la Italia de Mussolini, y acerca de los planes de la Wehrmacht en los Balcanes, que los aliados transmitirán a su vez al II Buró del Estado Mayor del Ejército yugoslavo.

En Praga, siguiendo el trabajo de los autores citados, parece que el contacto con A-54 quedó asegurado con regularidad. Sin embargo, la Gestapo desplegará sobre las emisoras clandestinas del UVOD sus redes de agentes. Aunque el capitán Václav Morávek, informado por el propio espía alemán del seguimiento de la Policía Secreta, enviará los mensajes desde diferentes lugares en cada transmisión, el 3 de octubre de 1941 ocurrió lo inevitable: su emisora fue descubierta y capturada. A su vez, los alemanes se apoderaban del material secreto suministrado por René, que era como se hacía llamar en ese momento el protagonista de este expediente.

Una vez descifrados los documentos, la Policía Secreta del Estado supo que un alto funcionario alemán trabajaba para la resistencia checa. Heydrich, nuevo *Reichsprotektor* de Bohemia y Moravia, se ocupó personalmente del caso, ordenando que se formase una comisión especial, que se instaló en un inmueble de oficinas en la plaza de San Wenceslao, blindando a su vez el caso como «secreto oficial».

Unos días más tarde supieron, por medio de dos agentes capturados, que René era «un alto funcionario alemán residente en algún lugar al norte de Praga». Solo tres personas tenían acceso a los documentos más confidenciales: el coronel Hans von Kornatski, el coronel Engelmann y el *Haupt-V-Mann*[8] Paul Thümmel. Los tres tenían acceso a la caja fuerte blindada de la Abwehr. Sin embargo, los dos coroneles fueron pronto descartados, ya que cuando se produjeron las filtraciones se encontraban en el frente, lejos de Praga. Revisados los archivos, se descubrió que Thümmel, sobre el que no existía hasta entonces sombra alguna de duda, respondía a los seudónimos de doctor Holm y doctor Steinberg, y residía en Praga-Brevnov, en la zona norte de la capital checa.

Ahora sí, conocían su verdadero nombre. El cerco se estrechaba. Nacido el 15 de enero de 1902 en Neuhausen, Sajonia, en los Montes Metálicos, en la cordillera entre Alemania y la República Checa, había sido panadero y cofundador en 1927 del grupo local del Partido Nazi. Janusz Piekalkiewicz apunta que «con motivo de la fundación de dicho grupo local, comenzó su actuación política» y que Himmler, durante su estancia en Neuhausen, «se alojó en casa de Thümmel».

Una vez que los nazis llegaron al poder, el que ya era uno de los hombres más poderosos del régimen, el *Reichsführer-SS,* demostró a este su agradecimiento, proporcionándole un trabajo en Dresde, en la Abwehr. Thümmel, con el número de militante del NSDAP 61.574 y distinguido con la Medalla de Oro del partido, no tardaría en ser el hombre de confianza de la organización de Canaris en Dresde, momento en que empezó la historia que hemos contado: el contacto con el servicio de inteligencia checoslovaco.

La Gestapo, cuya investigación corría a cargo del *Kriminalobersekretär*[9] Willi Abendschön —conocido en los círculos de las SS como el Implacable— y por Otto Geschke, jefe de la Policía en Praga, no tardó en detener a Thümmel. Lo hacía el 13 de

8. Jefe de los hombres de confianza.
9. Cargo de la Policía Criminal o Kriminalpolizei, abreviada como Kripo.

octubre de 1941. Durante el interrogatorio, declaró que sus actividades en el seno de la resistencia checa y los contactos con los servicios secretos del país tenían como finalidad «preparar el golpe definitivo contra la red Morávek». No obstante, Thümmel mentía, pues realmente colaboraba con ellos.

Tras estas declaraciones, fue puesto en libertad bajo «palabra de honor», pero seguido muy de cerca por los temibles hombres de gabardina de la Policía Secreta. Así, pretendían detener también al jefe de la inteligencia checa, que había conseguido escapar. Los agentes nazis sabían que en cualquier momento el espía intentaría una nueva reunión, así que su estrecha vigilancia incluía el que un agente de la Gestapo durmiera todas las noches en el salón de la casa de Thümmel. Este se retiraba siempre a altas horas a su dormitorio y según declaraciones posteriores, el nazi, fatigado, se quedaba dormido y A-54 salía a la calle por la ventana de su habitación para encontrarse con Morávek, por lo que los agentes checos pudieron seguir enviando información de alto secreto a Londres hasta el último momento.

Sin embargo, el 20 de marzo de 1942, cansados de esperar, los alemanes obligaron a Thümmel a que contactara con el líder de la resistencia. Su casa se llenó de miembros de la Gestapo que habían formado un cordón policial, pero regresó solo a su domicilio, por lo que volvió a ser detenido. No había tenido oportunidad de poner sobre aviso a Václav Morávek, con el que en realidad se había citado para el día siguiente, el 21 de marzo. No obstante, la Gestapo conocía el lugar de la cita: el capitán checo abrió fuego sobre los agentes alemanes y finalmente se suicidó de un disparo.[10]

El 27 de marzo de 1942, pocos meses antes de su asesinato, el jefe de la RSHA, Reinhard Heydrich, escribía a Martin Bormann, secretario privado del mismo Führer y uno de los hombres más fuertes del NSDAP:

10. Sus dos compañeros de la red no habían corrido mejor suerte: en abril de 1941 había sido detenido Balabán, interrogado durante meses y ejecutado. En mayo de 1941 la Gestapo irrumpió en el apartamento de Nusle, desde donde Los Tres Reyes emitían clandestinamente al Gobierno en el exilio en Londres, como apuntamos. Tras un tiroteo, Masín fue detenido; acabó siendo ejecutado en junio de 1942.

> Estimado camarada Bormann:
>
> El 20 de marzo fue detenido en Praga el súbdito alemán Paul Thümmel [...]. Existen fundadas sospechas de que es un traidor. [...] Será inmediatamente transferido a la jefatura provincial de Dresde. Ha confesado que desde 1933-1934 hasta su detención, ha venido trabajando para los servicios secretos checo e inglés, y que por su traición ha percibido cuarenta mil marcos.

Bormann dio la orden de que Thümmel fuese inmediatamente borrado del Partido Nazi. Para evitar que la Abwehr interviniese en su defensa, las SS lo internaron en la cárcel de Praga-Pankrac, en Terezín, bajo la identidad del «comandante holandés Peter Toman, antiguo agregado militar en Praga». Entre rejas jamás le oyeron hablar holandés, sino alemán —más tarde las autoridades holandesas confirmaron que nunca existió un agregado militar con dicho nombre—, así que pronto llegó a oídos de su madre, panadera en Neuhausen, que Thümmel había sido detenido. Esta, que había acogido a Heinrich Himmler en su hogar años atrás, escribió una carta pidiendo clemencia para su hijo al *Reichsführer-SS*. Contra todo pronóstico, este la contestó el 12 de septiembre de 1944:

> Estimada señora Thümmel:
>
> He recibido su carta del 25-8-1944 relativa a su hijo Paul, y lamento no poder corresponder a sus deseos. Su hijo deberá comparecer ante un tribunal militar, acusado de alta traición, tan pronto como se concluyan las oportunas averiguaciones. *Heil Hitler!*
>
> Firmado: Himmler

A pesar de las palabras del líder de la Orden Negra, el agente doble alemán no sería juzgado por ningún tribunal. Fue fusilado en el campo de concentración de Theresienstadt el 20 de abril de 1945. Cuando los checos aún lo conocían únicamente como A-54, gracias al valor de sus informes, el propio Churchill dijo al general František Moravec en su retiro en Londres: «¡Es el agente más fantástico de todos los tiempos! ¿Se conoce su nombre? ¿Se sabe por qué trabaja para nosotros?».

El jefe del servicio de inteligencia checoslovaco no supo entonces qué responder al *premier*. Tuvieron que pasar décadas hasta que todos conocieron su verdadera identidad, pues había llegado a utilizar hasta veinte seudónimos diferentes. Hoy, sin embargo, Paul Thümmel, uno de los mejores espías de todos los tiempos, continúa siendo, injustamente, un gran olvidado de la guerra secreta.

Expediente n.º 8

OPERACIÓN CARNE PICADA: CÓMO LOS BRITÁNICOS ENGAÑARON A LOS NAZIS EN ESPAÑA

Una de las operaciones secretas más extrañas y decisivas de la Segunda Guerra Mundial, orquestada por el británico MI5, tuvo a la «neutral» España como eje para su consecución. El protagonista involuntario de esta singular historia fue el cadáver de un mendigo galés al que se haría pasar por un alto oficial de la Marina británica, y cuyo cuerpo, vestido con uniforme y portando valiosos documentos, sería arrojado frente a las costas de Huelva en 1943. Esta es la historia de la conocida como Operación Carne Picada, que ha hecho correr ríos de tinta y que durante décadas estuvo marcada por el «secreto oficial», las lagunas informativas e incluso versiones algo contradictorias entre sí.

Como vemos en cada expediente, la Segunda Guerra Mundial no solo se libró, ni mucho menos, en los frentes de batalla, aunque en estos escenarios la tragedia fuera de tales dimensiones que evidentemente ocupan un lugar más que destacado. Si no se ganaban las batallas, no se ganaba la contienda. Es evidente. Pero para su desenlace en una u otra dirección también fue decisivo el papel de los servicios de inteligencia de cada contendiente y las operaciones orquestadas entre bambalinas por los mejores espías de aquel tiempo. Sus actos fueron tanto o más valiosos que los llevados a cabo por las unidades militares.

Precisamente, las operaciones de engaño y desinformación fueron vitales en el éxito de futuras invasiones. La que nos ocupa fue una operación de alto secreto cuyo éxito permitiría un avance importantísimo para la victoria aliada en el Viejo Continente, concretamente para la invasión de Sicilia.

Pero vayamos al comienzo de esta historia llena de interrogantes, el primer golpe en términos de invasión que asestarían los ejércitos aliados, previo al célebre —y también rodeado de claroscuros— Día D, el desembarco de Normandía.

El origen de uno de los más brillantes señuelos del espionaje británico lo encontramos en la Conferencia de Casablanca —celebrada entre el 14 y el 24 de enero de 1943—, cuando se determinó que la invasión de Europa a través de las islas del Mediterráneo tendría lugar en el mes de julio de ese mismo año. Así lo decidieron los mandatarios reunidos en el marroquí hotel Anfa: Franklin D. Roosevelt, Winston Churchill, Charles de Gaulle y el general Henri Giraud. Un movimiento minuciosamente estudiado para asestar un golpe mortal a los ejércitos de Hitler.

El Führer y su Estado Mayor (OKW) eran conscientes de la inminencia de un desembarco en el Viejo Continente, sin embargo, la topografía del terreno favorecería a los defensores, por lo que ingleses, franceses y norteamericanos debían mantener en secreto el lugar exacto, dando forma a un elaborado plan de engaño que desde el principio se topó con no pocas dificultades y sí con mucho escepticismo. La operación recibiría el nombre en clave de Husky.

Tras la derrota de los ejércitos de Erwin Rommel, *el Zorro del Desierto,* y finalizada con éxito la campaña del norte de África, la llamada Operación Antorcha *(Torch),* Sicilia se había convertido en un lugar estratégico fundamental, pues era el punto más indicado para iniciar una invasión del sur de Italia y pasar de allí al continente, hacia el centro de la Europa ocupada por los nazis. Esto también lo sabían los ejércitos del Eje, por lo que dotaciones alemanas e italianas permanecían en constante alerta. En la isla, la Luftwaffe de Göring tenía una de sus principales bases, desde la que hostigaban las posiciones enemigas en Malta.

Existía también la posibilidad, aunque menor, de que el desembarco aliado se realizara en otro lugar y precisamente ese sería el objetivo de los servicios secretos ingleses: desviar la atención de los alemanes de Sicilia a otros supuestos puntos de acceso. La idea era hacer creer a Hitler y a la Abwehr que las primeras incursiones que darían paso a la invasión se producirían simultáneamente por Grecia y Cerdeña, en ningún caso por Sicilia, que, tratándose del lugar exacto, serviría para fingir una maniobra de distracción. Era necesario, pues, que la operación de engaño hiciera cambiar a Hitler de opinión en dos direcciones diferentes: reducir sus temores acerca de Sicilia y aumentar su preocupación por Cerdeña, Grecia y los Balcanes.

Gestando un plan perfecto

Fueron dos oficiales ingleses los encargados de dar forma a la que acabaría siendo conocida con el nombre en clave algo escatológico de Operación Carne Picada o Picadillo *(Mincemeat Operation)*. Se trataba del capitán de la Fuerza Aérea británica sir Charles Cholmondeley,[1] que trabajaba en la sección B1A del MI5, y del capitán de corbeta Ewen Montagu, que pertenecía entonces a la división de inteligencia naval del Almirantazgo, y trabajaba para el ultrasecreto Comité XX o Doble Equis, al que ya nos referimos en relación con la Operación Bernhard.

Este era el grupo encargado de supervisar el aprovechamiento de los agentes dobles, comandado por el brillante jefe de inteligencia Tommy *(Tar)* Argyll Robertson. El nombre del organismo se debía a que los dos números romanos permitían un elegante juego de palabras cuando se los describía como una «doble cruz»: en inglés, *double cross* significa, además, «traición». Por otro lado, hay autores que piensan que el nombre quizá fuera un irónico homenaje a Charles Chaplin, en cuya mítica película *El gran dictador*, estrenada en 1940 —precisamente el año de creación de la unidad secreta—, llevaba a cabo una parodia sin concesiones del régimen de Hitler. El realizador, en este filme, sustituyó la esvástica por una doble equis.

Abogado de profesión, Montagu acababa prácticamente de comenzar a ejercer, seis meses antes de que estallara la guerra. Tras un corto período en el mando de transportes con el grado de te-

1. La función de Cholmondeley en el departamento de inteligencia naval era «imaginar lo inimaginable, e intentar atraer la verdad hacia allí».

niente comandante, se incorporó a la citada división de inteligencia naval, como oficial de enlace con el organismo encargado de coordinar a los agentes dobles alemanes, oficina que asestaría algunos de los mejores golpes del espionaje al Tercer Reich.

Montagu daría a conocer dicha operación a la opinión pública en 1953 en un libro que tituló *El hombre que nunca existió* —que se convertiría en la película homónima de 1956—, pero en virtud de la Ley de Secretos Oficiales y ante el hecho de que los servicios secretos de su país se hallaban en plena Guerra Fría, Montagu hubo de omitir no pocos detalles. Es más, había sido el propio Comité Conjunto de Inteligencia británico quien encargó al oficial escribir el libro, ante el riesgo de que apareciesen en la prensa informaciones fuera de control. Y es que algo parecido es lo que había sucedido con tan delicado asunto, que no fue ni mucho menos un camino de rosas, ni antes, ni durante, ni después de que tuviera lugar. Pero la historia empieza antes...

El escritor inglés especializado en historia militar James Hayward[2] apunta que la Operación Carne Picada «hubiera permanecido en secreto si no hubiera sido por las aspiraciones literarias de Alfred Duff Cooper,[3] un hábil político conservador, que sirvió a Churchill como ministro de Información entre 1940 y 1942 y después como embajador británico en Francia». Era noviembre de 1950, con la resaca de la guerra aún muy presente, y antes de que Montagu editara su obra, cuando Cooper publicó una novela titulada *Operation Heartbreak (Operación Corazón Roto* u *Operación Angustia),* en la que un oficial de avanzada edad y de nombre Willie Maryngton muere de desesperación —y también de neumonía— tras ver a su prometida, Felicity, salir de lo que pensaba que era un prostíbulo. Nada más lejos de la realidad; en una historia muy inglesa, resulta que la dama en cuestión trabajaba como secretaria en la inteligencia militar y sus

2. James Hayward, *Mitos y leyendas de la Segunda Guerra Mundial,* Barcelona, Inédita, 2006.

3. Primer vizconde de Norwich. Fue uno de los británicos que en la época de entreguerras estuvo, como Churchill, más abiertamente en contra de la llamada política de apaciguamiento que cultivaron los *premiers* anteriores con el fin de evitar un conflicto armado con Alemania.

superiores, tras la tragedia, decidieron utilizar el cuerpo inerte de Maryngton para «una operación militar muy importante».

Después, su cadáver sería lanzado desde un submarino en las aguas de un país neutral próximo al Eje —que el autor no especifica, pero que, evidentemente, recuerda mucho a España—, junto con una maleta que contenía documentos falsos del jefe del Estado Mayor imperial y cartas de su novia, documentos que volverán a sus legítimos dueños —el Gobierno británico— después de que, supuestamente, hubiesen sido fotografiados por el enemigo. Vamos, como enseguida podrá comprobar el lector, la Operación Carne Picada algo maquillada...

La publicación de la novela, que no fue revisada por la censura —se presupone que debido a la relevancia de su autor—, generó un verdadero vendaval en el Gobierno inglés: los jefes del Estado Mayor y los del MI5 consideraron que Cooper había cometido una grave infracción de la Ley de Secretos Oficiales de 1911, la misma por la que el pueblo inglés no conoció hasta los años setenta la existencia, por ejemplo, del complejo militar de Bletchley Park y la historia de los hombres que descifraron el código Enigma, ya que sacaba a la luz los entresijos de una operación que los servicios de inteligencia podían volver a realizar.

El escándalo llegó a tal punto que decidieron procesar a Duff Cooper por ello. Aunque, puesto que este aún vivía en la capital francesa y por tanto se sentía a salvo, amenazó a las autoridades con revelar que había sido nada menos que Winston Churchill quien le había revelado aquella historia; apuntaba que, como el *premier* estaba bajo los efectos del alcohol, al que era bastante aficionado a diferencia de los abstemios y pseudovegetarianos Hitler o Himmler, no le avisó de que la seguridad nacional estaba en juego si se iba de la lengua, una historia no demasiado creíble, no obstante.

El Gobierno de Clement Attlee,[4] con el que el aristócrata no hacía demasiadas migas, hubo de contenerse y únicamente envió un telegrama a Cooper en el que le advertía que si pisaba Gran Bretaña de nuevo sería juzgado, amenaza que duró poco

4. Primer ministro británico entre 1945 y 1951, líder del Partido Laborista.

tiempo, pues en 1952 Duff no solo regresó a la patria, sino que fue nombrado vizconde de Norwich. Dos años después fallecía y varios periodistas pensaron —y acertaron— que había una buena historia detrás de lo que contaba en su provocadora novela, entre ellos, Ian Colvin, entonces redactor de la sección internacional del *Sunday Express* —más tarde sería redactor jefe adjunto del *Daily Telegraph*—, que había sido corresponsal en Berlín antes de que estallara la guerra y que informaba personalmente a Churchill de lo que ocurría en Alemania. Siguiendo la pista de aquella sugerente historia, llegó hasta la tumba de un tal mayor Martin, de la inteligencia británica, en Huelva, un punto geográfico que se demostrará más tarde de vital importancia en esta truculenta historia. La fecha de la muerte que indicaba la lápida, 24 de abril de 1943, coincidía con la invasión de Sicilia y Colvin, sagaz, rápidamente se dio cuenta de que había gato encerrado en aquel turbio asunto.

Puesto que el periodista había servido como oficial en la Real Infantería de Marina, sabía que debía abstenerse de contar lo descubierto —al menos todo— en virtud de la Ley de Secretos Oficiales. Lo que ocurrió después lo recogió el científico R. V. Jones en sus memorias[5] unos años más tarde. En 1952 Jones fue convocado por el ministro de Defensa para ocupar el cargo de director de la inteligencia científica, que le daba acceso al Joint Intelligence Committe (JIC, Comité Conjunto de Inteligencia). El JIC era —y es— un reducido grupo de trabajo cuya misión es coordinar la seguridad y los servicios de inteligencia, y prepararse ante posibles amenazas a la seguridad del Reino Unido. Jones sabía bien, pues, de lo que hablaba en su texto, que también sería objeto de polémica.

Es este quien contó que el JIC invitó al propio Ewen Montagu a escribir un relato oficial sobre lo sucedido, el mismo que aparecería en 1953 bajo el título *El hombre que nunca existió*. Curiosamente, solamente contó con tres días para elaborar el relato, que sería publicado por entregas en el *Sunday Express*

5. R. V. Jones, *Most Secret War: British Scientific Intelligence (1939-1945)*, Londres, Penguin Books, 2009.

entre el 1 y el 22 de febrero de ese año. Tras aquellos reportajes, la editorial Evans Brothers publicó el texto en verano, convirtiendo el libro en un *best seller*. El caso es que el relato estaba, evidentemente, sesgado, y en él Montagu relegó a su compañero Cholmondeley a un injusto segundo lugar en la historia. A partir de entonces comenzaron las confusiones y los enredos sobre aquel «expediente secreto», completamente verdadero, de la contienda.

Había autores, siguiendo el trabajo de Hayward, que pensaban que Duff Cooper había conocido la historia de lo ocurrido no por Churchill, sino de boca del propio Montagu, curiosamente —o no tanto— compañero suyo de estudios en el Trinity College. Aún hoy, no se ha aclarado este punto. En cuanto al *Sunday Express*, el mérito por destapar la historia del hombre que nunca existió, como pasa injustamente en muchas ocasiones, fue para su editor, Howard Keeble y no para Ian Colvin, que hizo las investigaciones. Este hubo de conformarse con la introducción de la serie que apareció en prensa rubricada por Montagu y el que las altas esferas le permitieran ver dos informes del Ministerio de Guerra sobre el asunto, en palabras del historiador citado, «tan extensos como carentes de contenido, que no decían nada que no mencionara Montagu en su obra y le dieron permiso para publicar su propio relato de la operación, que a esas alturas no aportaba ninguna información nueva».

Sin embargo, la historia no quedó ahí. En 1974, un ya anciano Montagu amenazó con demandar a la editorial de un libro escrito por el veterano de guerra Janusz Piekalkiewicz, una verdadera joya bibliográfica sobre el espionaje que tengo el gusto de tener entre mis libros favoritos.[6] Al parecer, las fotografías que aparecían en el tomo y decían mostrar el cuerpo del «mayor Martin» en la morgue de Londres y en el muelle de un puerto español, tras encontrarlo en la playa, no le gustaron nada al otrora oficial de la Marina. Aunque no hubo mandato judicial, la editorial tuvo que pagar daños y perjuicios, y Montagu hizo lo posible para que nadie publicara otras investigaciones hasta su

6. Janusz Piekalkiewicz, *Espías..., op. cit.*

muerte, en julio de 1985. Después se publicaron más trabajos en los que el objeto del debate fue en este caso la verdadera identidad del falso mayor, sobre el que tampoco los investigadores eran capaces de ponerse de acuerdo, asunto que prefiero no adelantar todavía.

En 2010 sería el periodista británico del diario *The Times*, Ben Macintyre, quien arrojaría luz prácticamente definitiva —aunque quedan algunos claroscuros— sobre uno de los episodios más singulares de la Segunda Guerra Mundial. Es el propio autor quien señala que la idea original surgió de la imaginativa mente del almirante John Godfrey, director del departamento de inteligencia naval del Almirantazgo, en el que ingresaría después Montagu. En el seno del MI5, Godfrey, concibió un plan conocido como *Memorando trucha*[7] que distribuyó a los demás jefes de los servicios de inteligencia el 29 de septiembre de 1939, menos de un mes después del estallido de la Segunda Guerra Mundial.

Aunque el *Memorando* llevaba la firma de Godfrey, tenía los rasgos característicos de su segundo en el mando, Ian Fleming, entonces capitán de corbeta y agente de inteligencia que años más tarde se convertiría en el célebre creador de las novelas de James Bond que mucho habían bebido de lo sucedido entre bambalinas durante la guerra.[8] Y precisamente parece que el mismo Godfrey fue el modelo que el escritor utilizaría para crear al personaje de M de las vertiginosas historias de su agente secreto.

Aunque a simple vista muchas de las propuestas que contenía parecían un tanto fantásticas, el *Memorando trucha* era una obra maestra del engaño que incluía hasta cincuenta y una propuestas para «introducir ideas en las mentes de los alemanes», un gran número de ellas para embaucar a los nazis en el mar, cual simples «peces», mediante «el engaño, las tretas bélicas, el traspaso de información falsa».

7. Lo denominó así porque decía que engañar al enemigo en tiempos de guerra era como «la pesca de trucha con mosca». Lo importante era que el enemigo mordiera el anzuelo.

8. Ben Macintyre, *For Your Eyes Only: Ian Fleming and James Bond*, Londres, A&C Black, 2008.

Algunas de ellas, un tanto peregrinas, incluían arrojar balones de fútbol con pintura luminosa para atraer a los U-Boote alemanes; distribuir, mediante botellas lanzadas al mar, mensajes ficticios donde el capitán de un submarino denunciaba al régimen hitleriano —y que de ser interceptado podría generar aún más malestar entre las fuerzas armadas y el partido—, o el envío de informaciones falsas a través de ejemplares falsificados del periódico *The Times* —un medio moralmente intachable cuyo director acabaría negándose en redondo a dicha idea por considerarla una afrenta a la ética periodística— o, incluso, dejar a la deriva latas de explosivos que aparentaran ser conservas «con instrucciones en varios idiomas grabadas en la superficie», con la esperanza de que marineros o tripulantes de los submarinos alemanes hambrientos y a la deriva las recogieran y volaran por los aires.

La propuesta número 28, germen de la futura Operación Carne Picada, que Fleming encontró en un libro de Basil Thompson, consistía en arrojar en la costa «un cadáver vestido de aviador, con despachos en los bolsillos», para que pareciera que había tenido un accidente con su paracaídas, y señalaba que, a pesar de las dificultades para obtenerlo, debía emplearse «un cadáver fresco».

Thompson había sido ayudante del primer ministro de Tonga (reino integrado en la Polinesia), director de la prisión de Dartmoor, jefe de la división de investigación criminal de Scotland Yard y novelista de cierto éxito. Durante la Primera Guerra Mundial obtuvo una gran fama, al parecer, por dar caza a espías alemanes en Gran Bretaña, e incluso entrevistó en prisión a Mata Hari —concluyendo, como una gran mayoría, que era inocente, lo que no la libró de la pena máxima.

Maestro temprano del engaño, en las diez novelas de detectives que Thompson escribió, protagonizadas por el inspector Richardson, dio forma a un sórdido universo, muy *british,* de delincuentes, cadáveres y prostitutas. Concretamente, en *The Milliner's Hat Mystery* (1937) plantó la semilla de la futura operación de engaño, cuando en su trama aparecía un cadáver en un granero que llevaba una serie de documentos falsos en los bolsillos —tarjetas de visita, facturas, pasaporte...—. El resto de la historia se centraba en cómo el ingenioso Richardson resolvía el misterio de la identidad del cuerpo. Precisamente, en 1939, el año en que moría Thompson, Ian Fleming, que conocía de memoria sus libros, ingresaba en el servicio de espionaje británico. Lo demás vino rodado.

La idea recuperada por Fleming y retomada por Cholmondeley, consistía en enviar información falsa a los alemanes a través de un oficial muerto en combate o, como finalmente se decidiría, fallecido durante un accidente aéreo mientras transportaba información vital a los altos mandos aliados en el norte de África.

Hubo otros intentos parecidos que fueron llevados a cabo antes que la Operación Carne Picada, aunque no tan elaborados. Una operación de este tipo había sido realizada en 1942, en la batalla de Alam el Halfa: se abandonó un cadáver en un coche que explotó —o eso se hizo creer— cuando atravesaba un campo de minas. Dicho cuerpo llevaba consigo un mapa falsificado de otros supuestos campos minados. El plano se le entregó de forma inmediata a Rommel, que parece que mordió el anzuelo: sus temibles Panzer, los camuflados y letales carros de combate alemanes, quedaron atrapados en las abrasadoras arenas del desierto.

Carne Picada era mucho más ambiciosa y comportaba mayores riesgos que este precedente. Los aliados sabían que de ser hallado el cadáver, este sería sometido a una minuciosa autopsia y los documentos que portaba, bajo el marchamo de alto secreto, sometidos a un meticuloso análisis para detectar cualquier fraude, por pequeño que fuera. De fracasar la operación, los alemanes sabrían que se hallaban ante un engaño y no les sería difícil prever el verdadero punto de la invasión. Algo muy parecido sucedería un año después, en el marco del Día D.

El plan orquestado por Ewen Montagu consistiría, pues, en hacer llegar hasta las costas de Huelva el cuerpo sin vida de un alto oficial de la Marina que había «muerto» ahogado al estrellarse su avión. Y es aquí donde entraba en liza España. El MI5 decidió escoger las costas onubenses por varias razones: entre otras, las corrientes de la zona, que podían trasladar el cuerpo sin demasiadas dificultades hacia tierra. Además, Huelva quedaba de paso en la ruta aérea entre Londres y el cuartel general aliado en Argel, dando consistencia a la hipótesis de un supuesto accidente. Otra de las razones esgrimidas era que, a pesar de ser oficialmente neutral y después «no beligerante», nuestro país era campo abonado para las maniobras de los nazis, pues todo el mundo sabía que el régimen franquista daba cobertura a los servicios secretos de Hitler. La costa andaluza era abundante en espías alemanes, y de hecho Cádiz sería uno de los lugares donde más número de estos encontrarían refugio tras la guerra.

La última y más importante razón de aquella elección, probablemente, era que precisamente en Huelva operaba uno de los más eficientes espías de la Abwehr en el sur de Europa, Adolf Clauss, cuyo padre ejercía como cónsul en la región y, por tanto, mantenía importantes contactos con los altos mandos del Gobierno de Franco, la mayoría de los cuales no le hacían ascos a la esvástica. Hacia 1920, Clauss ya se había convertido en el principal agente del servicio de inteligencia del Ejército alemán en Huelva, donde en teoría trabajaba como técnico agrícola —se había formado en Alemania como arquitecto e ingeniero industrial hasta que estalló la Gran Guerra—. Bajo esta falsa fachada, y desde su residencia en La Rábita, llegaría a organizar sabotajes de los barcos ingleses.

Durante la década de los años treinta, se casó con la hija de un importante oficial del Ejército español, lo que le permitió introducirse en las filas de la Falange. Cuando estalló la Guerra Civil, se alistó inmediatamente como capitán en la Legión Cóndor, la unidad de voluntarios alemanes que combatió por el bando franquista y cuya fuerza aérea bombardearía el pueblo vasco de Guernica el 26 de abril de 1937, un atroz antecedente de cómo actuarían los nazis durante el conflicto mundial que se avecinaba.

Para 1943, cuando se desarrollan los hechos que venimos narrando, el agente Clauss dirigía la red de espionaje más grande y eficaz de la costa española. Situada entre la frontera portuguesa y Gibraltar, Huelva adquirió por tanto una importancia estratégica clave durante el conflicto.

Era vital que una vez que se descubriera el cadáver, los documentos que este portaba no fueran directamente enviados a la embajada británica, como requería el procedimiento oficial en un país neutral, sino inspeccionados primero por los hombres de la Abwehr antes de ser devueltos a sus dueños. Existía la posibilidad de que el cuerpo fuese enviado de forma casi inmediata a Gibraltar, colonia británica, para rendirle honores y darle sepultura, pero entonces la misión fracasaría, así que se puso en alerta a varios altos cargos ingleses tanto de Huelva como del Peñón.

Un cadáver sin identidad

Enseguida descubriremos cómo se las ingeniaron los agentes ingleses para lograrlo, pero veamos antes quién era «el hombre que nunca existió».

Cuenta Montagu en su libro citado de 1953 que se puso en contacto con el reconocido patólogo forense sir Bernard Henry Spilsbury, responsable de haber realizado miles de autopsias,[9] quien aconsejó al oficial de inteligencia, durante una reunión en el prestigioso Junior Carlton Club —fundado en 1864—, el cuerpo de una víctima de neumonía, «que presenta un encharcamiento de los pulmones similar al de los ahogados por líquido pleural», siendo así —añadió— muy difícil de detectar por otro patólogo forense al servicio de los alemanes que se trataba de alguien fallecido previamente.

Ahora hacía falta hacerse con un cadáver y eso no sería ni mucho menos sencillo. Así que el siguiente paso que dio Montagu fue ir a visitar a un viejo amigo de sus días como abogado, el médico forense Bentley Purchase, que trabajaba en el siniestro hospital St. Pancras, al noroeste de Londres, un hombre fascinado con la muerte y el crimen al que le dijo que debía contarle un asunto del más estricto secreto. Veterano de la Gran Guerra —donde perdió la mayor parte de la mano izquierda por el estallido de un

9. Aunque con el tiempo acabarían cuestionándose sus métodos e incluso lo acusarían de fraude en algunos de sus procesos, en 1938, en pleno apogeo de su fama, *The Washington Post* lo aclamó como «el moderno Sherlock Holmes inglés».

obús—, ya había demostrado su disposición a ayudar a los servicios de inteligencia y, si era necesario, «distorsionar la verdad para contribuir a la seguridad».

Precisamente se trataba de eso, y, aunque en un principio el forense se mostró reticente a conseguir «un cadáver de un varón para una operación bélica» secreta, puesto que, de saberse —esgrimió— podía verse afectado el sistema legal encargado de los cadáveres y la opinión pública se volvería contra los patólogos, quiso saber en qué nivel se había aprobado dicho plan. Montagu le soltó una media verdad: «En el del primer ministro».

Bentley quedó convencido de inmediato de la importancia de colaborar y explicó al viejo colega del MI5 que en determinadas circunstancias podía ocultarse un fallecimiento y obtenerse un cuerpo sin necesidad de un permiso oficial.[10]

El viejo hospital St. Pancras se encontraba limítrofe al tribunal forense, y Bentley hizo de cicerone de Montagu en un siniestro paseo para mostrarle los cuerpos que en ese momento se encontraban en refrigeración. Sin embargo, los descartaron por diversos motivos. Había que seguir buscando.

Rumbo a la morgue

La misma noche en que Montagu visitaba el St. Pancras, al otro extremo de Londres, un joven galés sin techo tragaba una dosis letal de raticida en un almacén abandonado cerca de King's Cross. Hasta muchas décadas después, la opinión pública no conocería su identidad, ni siquiera el propio Montagu.[11] Su nombre

10. Por ejemplo, «un forense siempre podía deshacerse de un cadáver mediante un certificado de que se le iba a enterrar fuera del país; en tal caso se asumía que un pariente lo llevaría a su patria para ser enterrado allí, y el médico podía hacer lo que quisiera sin obstáculos de ningún tipo».

11. Montagu apunta en su libro que lograron localizar a un hombre de treinta y cuatro años que había muerto por neumonía en un hospital londinense, tras obtener el permiso oficial de su familia, a la que dijeron que daría un gran servicio a su país, aunque sin especificar los pormenores de la misión. Lo único que sus parientes pidieron a cambio, según el oficial de inteligencia, fue que se le diera cristiana sepultura. La realidad era bastante distinta.

era Glyndwr Michael[12] y había nacido el 4 de enero de 1909 en Aberbargoed, Gales, en una situación bastante precaria. Su padre, Thomas Michael, era un transportista que trabajaba en la mina con una fuerte adicción al alcohol. La familia vivía casi en la miseria y en 1934, Thomas se clavó un cuchillo de trinchar en la garganta. Aunque no murió inmediatamente, falleció tiempo después en el hospital, probablemente azotado por una enfermedad mental, cuando su hijo tenía tan solo dieciséis años. Las tendencias suicidas, que según algunos expertos podrían tener un componente genético, ya formaban parte del universo del futuro «hombre que nunca existió».

El 15 de enero de 1940, la madre de Glyndwr falleció también, en la cama, de un ataque cardíaco y un aneurisma aórtico. Con el país en guerra, las instituciones de beneficencia que hasta entonces habían ayudado a la familia poco podían hacer por Michael, un hombre desamparado que había sido, además, descartado para el servicio militar. Finalmente, no se sabe cómo, en invierno de 1942 Glyndwr estaba en Londres, donde durmió un tiempo al raso y también estuvo alojado en un albergue al oeste de la ciudad.

El 26 de enero de 1943, cuando la Operación Carne Picada ya estaba dando sus primeros coletazos, se encontró el cuerpo sin vida del vagabundo en el almacén citado. Existe controversia entre los expertos sobre si este se suicidó o si comió restos envenenados empujado por el hambre, siendo así una muerte accidental.[13]

No obstante, parece casi seguro que murió por suicidio. Durante la Segunda Guerra Mundial, en palabras de Macintyre, los suicidas británicos solían recurrir al desinfectante Lysol, y tam-

12. En 1996, el Ejército británico desclasificó varios documentos que analizó el historiador aficionado Roger Morgan, quien llegó a la conclusión de que Martin fue en realidad esta persona, según informaba el diario *El País* el 30 de octubre de ese año en un artículo titulado «Héroe después de muerto», firmado por Lola Galán.

13. Era habitual que el raticida se pusiera en pan rancio y desechos por el estilo: brillaban en la oscuridad a causa del fósforo que contenía el veneno y los roedores llegaban hasta ellos atraídos por el olor y la luz.

bién a otras sustancias como alcanfor, opio, ácido carbónico, alcohol, cloroformo y gas ciudad. Es bastante probable que Glyndwr hubiese ingerido el raticida marca Battle's Vermin Killer, una pasta enormemente tóxica compuesta en gran medida por fósforo blanco. Una forma al parecer terrible de morir: se cree que nuestro inerte protagonista tardó más de dos días en exhalar su último suspiro, en medio de una agonía indescriptible, aunque fue ingresado en el hospital St. Pancras cuando aún estaba relativamente consciente, y relató a las enfermeras quién era y qué había comido, lo que permitiría, con el paso de los años, revelar su identidad, que habría pasado inexorablemente al olvido de no ser así.

Quedó registrado que el acta de defunción del joven se levantó el 28 de enero de 1943. Tenía treinta y cuatro años, y no había nadie que lamentara su pérdida o lo reclamara. En el mismo momento en que el cuerpo de Glyndwr entró en la morgue del St. Pancras, Bentley Purchase envió un mensaje urgente a Montagu en el que le informaba de que había llegado a su jurisdicción un candidato idóneo para el proyecto y que el cadáver se guardaría «en una cámara frigorífica hasta que estuviésemos listos para la operación». Aunque cuando existían indicios de muerte por envenenamiento el protocolo exigía una autopsia, Purchase calificó en su informe al vagabundo como un «lunático», lo que indicaba, según Macintyre, que había sido declarado demente y estaba recibiendo tratamiento —por lo que ingirió veneno en un momento de enajenación mental—, consiguiendo impedir así que se le realizara la autopsia, lo que habría delatado el engaño ante los expertos españoles.

En privado, el célebre forense le dijo a Montagu que el fallecido había ingerido «una dosis mínima» de raticida: «Esta dosis no fue suficiente para matarlo en el acto, y su único efecto fue dañar el funcionamiento del hígado a tal punto que murió poco después». Añadió que puesto que el cuerpo humano contiene rastros de fósforo en condiciones normales, y este es muy difícil de rastrear después de mucho tiempo —al contrario que otros venenos, como el arsénico o la estricnina—, el raticida habría dejado restos únicamente de forma mínima en el hígado y que por lo tanto podría hacerse pasar por el cuerpo de un ahogado: tras su inmersión en el agua y permanecer en ella varias horas, determinar cómo había muerto requeriría, en palabras de Purchase, «un químico forense muy preparado que tendría que sopesar la composición química de cada órgano antes de poder llegar a alguna conclusión».

Entonces Montagu volvió a reunirse con Spilsbury para tener una segunda opinión, aún más autorizada. A pesar de su prestigio en el campo de la medicina forense, el patólogo no pasaba por sus mejores horas, pues era un hombre prematuramente envejecido de sesenta y seis años —pero aparentaba muchos más—, que trabajaba en exceso y había sufrido un pequeño ictus; lo que más le había afectado, no obstante, fue la pérdida de su hijo, víctima de los bombardeos alemanes. Él mismo había estudiado con detenimiento este tipo de muertes en 1915, durante el espectacular caso de las «novias de la bañera», en el que fue acusado George Joseph Smith, estafador, bígamo y asesino en serie.

Por entonces, el patólogo se había familiarizado con los síntomas del ahogamiento en las víctimas: una fina espuma blanca —conocida como *champagne de mousse*— que aparece en labios y pulmones; el aspecto hinchado y jaspeado de estos a causa del agua inhalada; agua en el estómago y hemorragias en el oído medio. Además, durante el ahogamiento, la víctima muere de forma violenta, causándose con frecuencia contusiones e incluso rotura de los músculos del cuello y de los hombros.

El cuerpo que finalmente utilizarían Montagu y Cholmondeley no presentaba estos síntomas, aunque Spilsbury, haciendo alarde de su vanidad, señaló a Ewen cuando se reunieron por segunda vez en el elitista Junior Carlton Club: «No tiene usted nada que temer de una autopsia española; para descubrir que este joven no ha muerto como resultado de un accidente de aviación en el mar, haría falta un patólogo de mi experiencia... y en España no hay ninguno». Según Macintyre, esto no era cierto: en aquel tiempo había al menos un patólogo con excelente formación trabajando para el espionaje alemán que estaría en condiciones de reconocer la impostura tan rápido como el propio Spilsbury, o incluso más rápido aún.

Luz verde a la Operación Carne Picada

El mismo primer ministro Winston Churchill, muy interesado en las operaciones de espionaje, dio luz verde a la misión secreta el 15 de abril de 1943,[14] y los hombres al servicio de Montagu se dedicaron a la minuciosa tarea de construir una identidad al cadáver.

Nacía así el capitán de los Royal Marines con función de mayor William Martin, nacido en Cardiff, Gales, en 1907, y con treinta y seis años en el momento de su supuesta muerte, que estaba destinado en el cuartel general de Operaciones Combinadas. Era un capitán eventual habilitado como comandante para aquella misión, puesto que nadie con una graduación inferior hubiese podido llevar documentos de alto secreto como los que portaba si querían que los alemanes se tragaran el engaño.

Se le construyó una personalidad a medida, una historia con algún que otro claroscuro e incluso una relación ficticia, mientras los departamentos especializados en falsificaciones preparaban a conciencia los documentos que lo identificaban y aquellos que había de portar en su ficticio viaje hasta Argel, destino al que nunca llegaría.

La identidad del personaje creado por Montagu, aprobada por el departamento de inteligencia naval, fue la siguiente: el tal Martin se trataba de un oficial de enlace destinado en el Cuerpo de los Reales Infantes de Marina, que prestaba entonces un gran servicio realizando correos de conexión entre las tropas de África y la dirección en Londres, y que encontraría la «muerte» en un accidente aéreo durante el viaje de Gibraltar a Londres, mientras transportaba información vital para el desarrollo de la guerra en el Mediterráneo.

Para dotar de credibilidad a la misión de contrainteligencia, se le inventó una relación formal con una joven bautizada como Pam —que en realidad era la agente del MI5 Jean Leslie, muerta

14. El *premier* lo hizo con la colaboración previa y el apoyo del general Eisenhower, comandante supremo del Ejército aliado en África, que obtuvo instantáneamente.

en 2012, que posó para un par de fotografías que se guardaron en la cartera del falso mayor Martin, como si formaran parte de su vida privada—, a las que acompañaban también cartas de amor que estaban desgastadas para dar la apariencia de que habían sido releídas muchas veces. Entre sus pertenencias se incluyeron un juego de llaves, entradas de teatro recientes de una función londinense, una factura por el alojamiento de su club en Londres e incluso un descubierto del Lloyds Bank en el que se le apremiaba a reingresar el dinero debido.

Montagu y su equipo querían hacer creer que se trataba de un oficial responsable, pero a la vez algo descuidado, para lo que incluyeron facturas sin pagar y una tarjeta de identidad duplicada que servía para reemplazar la que había perdido, así como un pase caducado del cuartel general de Operaciones Combinadas. Era la única forma de poder explicar que la maleta que portaba el cuerpo estuviese atada mediante una cadena a su gabardina, dando la impresión de que quería estar cerca del material a lo largo del trayecto, pero también de su tendencia al descuido.

Lo más importante de todo, una vez definida su identidad, fue preparar toda una serie de documentos que convenciesen a los alemanes de que el desembarco aliado se iba a efectuar en algún otro punto que no fuese Sicilia. Se optó para ello no por informes oficiales, sino por cartas entre altos cargos del Ejército donde destacaban opiniones y propuestas sobre el desembarco.

Los falsos planes se sugerían por medio de una carta personal del teniente general sir Archibald Nye, segundo jefe del Estado Mayor general imperial, dirigida al general sir Harold Alexander, comandante en jefe de las tropas aliadas en el norte de África y Oriente Medio, donde el primero le decía al segundo por cauces no oficiales —*off the record*—, que se llevarían a cabo dos operaciones conjuntas: mientras Harold Alexander atacaba con sus tropas Córcega y Cerdeña, el mariscal de campo Henry Maitland Wilson desplegaría las suyas en Grecia, dando a dicha operación el nombre de Husky —con el que verdaderamente se conocerían los planes de invasión de Sicilia, que ya mencionamos—. Maestros en el arte de la desinformación, los agentes del MI5 indicaban en la carta que se estaban elaborando planes «para engañar a los alemanes» y convencerlos de que el desembarco se haría en Sicilia. Así, obligaban a la Wehrmacht a dispersar sus fuerzas, facilitando el desembarco del enemigo.

Pero aquella no era la única misiva que incluía el maletín del mayor Martin; se introdujo otra —con el conocimiento previo de los altos cargos implicados, que dieron su consentimiento—: una carta dirigida por lord Louis Mountbatten, jefe de Operaciones Combinadas, al almirante sir Andrew Browne Cunningham, comandante en jefe del Mediterráneo, donde se ensalzaba la habilitad del comandante Martin en operaciones de tipo anfibio, señalando el ficticio Mountbatten que era una información tan delicada con planes tan relevantes que no podía seguir el curso oficial, de ahí el motivo del vuelo del hombre que nunca existió. En una hábil maniobra se apuntaba como centro de la invasión la isla de Cerdeña.

La sepultura olvidada

El cadáver de William Martin fue vestido con el uniforme de los Royal Marines —algo que no fue sencillo debido a la rigidez del cuerpo— e introducido en un contenedor estanco relleno de amianto. El tubo metálico medía dos metros de longitud y sesenta centímetros de ancho, y la idea era trasladarlo en un submarino rumbo a las costas de Huelva, en el *HMS Seraph,* al mando del teniente comandante Norman Limbury Auchinleck Jewell.

Este ya había participado en operaciones de sabotaje y espionaje en la guerra, entre ellas, el desembarco en el norte de África del general estadounidense Mark W. Clark para realizar negociaciones secretas con oficiales franceses del Gobierno de Vichy, y el rescate del general galo Henri Giraud —que más tarde estaría en la Conferencia de Casablanca—, que fue detenido por la Gestapo y encerrado durante dos años en la fortaleza de Königstein hasta que consiguió realizar una fuga de película.

Una vez introducido en el cilindro, los oficiales cubrieron el cuerpo con nieve carbónica para retrasar todo lo posible su descomposición y grabaron en la superficie la inscripción «instrumentos ópticos», para disimular su contenido ante la tripulación del submarino,[15] a la que se diría que era material para uso meteorológico de última generación. No se podía dejar ningún cabo suelto.

Cholmondeley y Montagu alquilaron una furgoneta civil de reparto que les hiciera pasar completamente desapercibidos, introdujeron el «paquete» y condujeron durante toda la noche para cubrir los ochocientos kilómetros que separaban Londres de la base británica para submarinos de Holy Loch, en la costa escocesa. Se tomaron incluso una fotografía posando con el vehículo. Una vez en su destino, entregaron el cilindro a Jewell y lo introdujeron en el submarino en medio de grandes medidas de seguridad.

El transporte del «hombre que nunca existió» partió a las 18.00 horas del 19 de abril de 1943 de Holy Loch con rumbo a la isla de Malta. Navegaron durante diez días, sumergidos de día y en la superficie durante la noche. El día 30 de abril, a una milla marina de la costa onubense, el aparato subió a la superficie. Esperó a que unas barcas de pescadores acabaran de faenar y, sobre las 4.30 horas, se subió el contenedor a cubierta y lo abrieron en presencia únicamente de los oficiales de a bordo.

Puesto que hasta ese momento Jewell era el único que conocía la verdad, tomó en aquel instante juramento de silencio a sus subordinados. Ante el peculiar catafalco, se celebró un responso fúnebre. Jewell pronunció el muy apropiado Salmo 39, titulado «Caducidad de la vida»:

> Señor, indícame mi fin
> y cuántos van a ser mis días
> para que comprenda cuán caduco soy.
> Me concediste unos palmos de vida,
> mis días son como nada ante ti;
> el hombre no dura más que un soplo,
> es como una sombra que pasa;
> solo un soplo son las riquezas que acumula,
> sin saber quién será su heredero.
> Entonces, Señor, ¿qué espero?
> Mi esperanza está en ti.

15. Cuando se llevó a cabo la Operación Carne Picada, la dotación del *HMS Seraph* era de cuarenta y tres marineros y cinco oficiales.

A continuación, le colocaron al cadáver, ya bastante deteriorado, un salvavidas de la RAF —conocidos como Mae West, por el típico humor británico—, para que pareciera la víctima de un accidente aéreo, se aseguraron de que el maletín, clave en la operación, permanecía enganchado por su cadena al mayor Martin y arrojaron sus restos al agua, esperando que las corrientes del Estrecho arrastraran el cuerpo a tierra, en el lugar previsto. Dejaron también al lado del cuerpo flotando un bote salvavidas de la RAF y un remo para dar la impresión de que se había producido un accidente aéreo. Una vez que el submarino se había alejado lo suficiente, Jewell transmitió a Londres el siguiente mensaje: «Carne Picada completada».

Cuando estaba todavía en la morgue, en la City, en el cuello del cadáver Montagu y Cholmondeley habían colocado una cadena con una cruz de plata y placas de identificación en las que podía leerse: «Mayor Martin, R. M., R/C», cuyo significado era el siguiente: Mayor Martin, Royal Marine, Roman Catholic. Esto último se decidió para que, si todo salía según lo previsto, el cuerpo fuera enterrado en el cementerio católico de Huelva y no en la colonia inglesa de Gibraltar, lo que daría al traste con la operación. Además, los espías alemanes controlados por Adolf Crauss se movían con gran facilidad en el camposanto onubense y tendrían un acceso casi directo a la información restringida que contenía el maletín.

El cuerpo del mayor Martin fue encontrado cerca de la playa La Mata Negra —aunque otras versiones apuntan a la playa de El Portil—, por el marinero de Punta Umbría de origen portugués José Antonio Rey María. El descubrimiento del ya pestilente cuerpo fue puesto en conocimiento de las autoridades pertinentes una vez que fue depositado bajo unas matas, cerca de la arena. El juez instructor de la Marina de Huelva, Mariano Pascual del Pobil, fue el encargado de trasladarse al lugar de los hechos para realizar el levantamiento del cadáver (cuyas fotografías pueden verse en internet).

La autopsia corrió a cargo del forense Eduardo Fernández del Torno, quien, contrariamente a la opinión del británico Spilsbury, realizó un análisis preciso y muy profesional del cuerpo, determinando que este llevaba fallecido entre cinco y diez días. Si los alemanes le hubiesen prestado más atención a su informe, se habrían dado cuenta de que Martin no podía haber estado en el teatro la noche del 22 de abril, como indicaban los resguardos de las entradas que portaba, y tampoco acudir al día siguiente al Club Naval de Londres, pues en dicha fecha debía llevar varios días muerto. Del Torno, familiarizado con este tipo de casos por las autopsias realizadas a marineros muertos de las inmediaciones, dejó constancia de su extrañeza ante el hecho de que el mayor no mostrase las habituales mordeduras de peces de otros cuerpos que llevaban días en el mar. Aun así, determinó que había muerto de «asfixia por inmersión».

La operación estuvo a punto de irse al traste cuando el maletín que portaba iba a serle entregado por Pobil al vicencónsul británico, Francis Haselden, evitándose así numeroso papeleo. Haselden, sin embargo, estaba *al corriente* de la Operación Carne Picada gracias a Alan Hillgarth, que le indicó al juez español que debía seguir los cauces oficiales. Por ello, el maletín estuvo trece días en manos de las autoridades franquistas, tiempo más que suficiente para que los «zorros» de la Abwehr o del SD accedieran a la información clasificada.

Para dar más consistencia al engaño, el nombre del mayor Martin apareció incluido en una lista de bajas publicada por el diario *The Times* el 4 de junio, junto al de otros dos oficiales que, efectivamente, habían muerto en un accidente aéreo sobre el mar. El Almirantazgo hizo lo propio publicando su baja. Además, se enviaron una serie de mensajes de máxima urgencia del propio Almirantazgo al agregado naval británico en Madrid, pidiéndole la devolución «a cualquier precio» de los documentos que portaba el cadáver, debido a su contenido altamente sensible. Así —sabedores de que la inteligencia de nuestro país seguía de cerca las comunicaciones británicas— alertarían a las autoridades españolas sobre la importancia capital de los papeles. La neutralidad que daría paso a la «no beligerancia activa» del régimen español no era ni mucho menos transparente.

Cuando el maletín regresó a Londres tras pasar por las manos de Hillgarth, el examen microscópico reveló que los alemanes habían abierto y vuelto a cerrar las cartas. ¿Y cómo lo supieron? En otro alarde de genialidad, Montagu había dejado unas minúsculas pestañas dentro de los sobres, que, aunque parecían intactos, habían sido abiertos, porque estas ya no estaban en su sitio.

Parecía que la misión había salido bien, y la confirmación llegó con las escuchas en Bletchley Park: las emisiones descifradas mediante el Proyecto Ultra a la máquina Enigma alemana por un grupo de brillantes criptoanalistas comandados por Alan Turing indicaban que los nazis estaban desviando fuerzas para defender Córcega, Cerdeña y la costa griega. A raíz de esta noticia, desde un despacho del MI5 se envió un breve despacho telegráfico a Winston Churchill sobre el éxito de la operación: «Carne Picada tragada entera» («Mincemeat Swallowed whole»).

El enemigo había mordido el cebo; ahora solo quedaba esperar los resultados. La noche del 9 al 10 de julio de 1943, alrededor de ciento sesenta mil soldados aliados desembarcaron en la isla de Sicilia. El Estado Mayor alemán había determinado el traslado desde territorio siciliano a Kalamata y cabo Aroxos, en Grecia, de varias divisiones acorazadas. Una división de Panzer se desplazó desde Francia al frente del Egeo y otras fueron dirigidas a los Balcanes cuando se estaba librando en el este una de las batallas decisivas de toda la guerra, la de Kursk. La flota de dragaminas de Sicilia también recibió la orden de poner rumbo al Egeo. Algunas baterías antiaéreas de la zona quedaron desiertas, y Córcega y Cerdeña fueron fortificadas, dejando Sicilia, el verdadero objetivo de la secreta Operación Husky, desguarnecida.

Algo que se vería confirmado tras la guerra, cuando se realizó una investigación en todos los archivos del Tercer Reich, y en los de la Kriegsmarine se encontró, etiquetado como alto secreto, el diario del almirante Karl Dönitz, más tarde sucesor del Führer tras su suicidio, quien, en una entrada del 15 de mayo, señaló que las cartas habían llegado efectivamente a su destino, acelerando la victoria aliada. Dönitz escribió: «El Führer no está de acuerdo con la idea del Duce de que el punto más probable de la invasión sea Sicilia. Según su opinión, los documentos anglosajones encontrados en España confirman que el desembarco se producirá en la isla de Cerdeña y el Peloponeso». El mismo Hitler emitía una orden el 12 de mayo de 1943 que rezaba: «En lo concerniente a las medidas en Córcega y el Peloponeso, estas tienen prioridad sobre todas las demás».

Aquel fue uno de los golpes más efectivos de los aliados y sin duda acortó la duración de la guerra, contribuyendo a la agonía del Tercer Reich. El teniente William Martin, en realidad el inquilino de una morgue londinense, tuvo mucho que ver en ello. Hoy, una lápida en el cementerio onubense de Nuestra Señora de la Soledad sigue recordando a aquel héroe post mortem de la contienda. En ella pueden leerse sobre el mármol los nombres de William Martin y el de Glyndwr Michael —que se añadió hace unos cuantos años—, con la inscripción de Horacio *dulce et decorum est pro patria mori* («dulce y honroso es morir por la patria»).

El hecho de que aún existan claroscuros sobre aquel asunto lo demuestra la publicación en 2014 del libro *El misterio de William Martin,*[16] en el que los investigadores locales Enrique Nielsen y Jesús Copeiro afirmaban que no está tan clara la identidad del cadáver enterrado en el cementerio de Nuestra Señora de la Soledad. En este mismo sentido, seguían la teoría de otros autores que apuntan que parece poco probable que Michael, el fallecido por ingesta tóxica, fuera el elegido, ya que esta circunstancia podía detectarse fácilmente en la autopsia —ya vimos que no tanto.

En su libro dedicado al *HMS Dasher,* el portaaviones británico hundido en un error bélico fatal por los propios aliados el 27 de marzo de 1943, que se cobró 379 muertos, los autores John y Noreen Steele[17] apuntan que el cuerpo que se dejó flotando frente a Punta Umbría no era el de Michael, sino el de una de las víctimas de dicho accidente. La razón: que el cadáver del vagabundo fue obtenido en enero de 1943 y que debía estar en un avanzado estado de descomposición para cuando Carne Picada se llevase a cabo.

16. Jesús Copeiro y Enrique Nielsen, *El misterio de William Martin: desenterrando la trama,* Huelva, Diputación de Huelva, 2014.

17. John Steele y Noreen Steele, *The Secrets of HMS Dasher,* Argyll, Argyll Publishing, 2002.

Afirman también que lo lógico habría sido que Montagu y Cholmondeley trasladaran el cuerpo directamente al puerto de Blyth, donde estaba amarrado el *HMS Seraph;* sin embargo, el submarino recibió órdenes de acudir a la costa este de Escocia, hacia el norte, para luego dirigirse hacia el sur, al fiordo de Clyde, lugar del accidente del *Dasher,* para hacerse con un nuevo cadáver que sirviera para la misión.

¿Quién se halla, pues, enterrado en Huelva? La hipótesis del sin techo galés Gwyndyr Michael parece la más factible, pero cumplido el septuagésimo quinto aniversario de la Operación Carne Picada, este «expediente secreto» de la Segunda Guerra Mundial aún no ha podido ser cerrado por completo. De lo que no cabe duda es de que, fuera quien fuese el verdadero «hombre que nunca existió», se trató del único héroe de guerra que allanó el camino para la invasión de Europa tras su muerte. Valgan estas humildes páginas para recordarlo.

Expediente n.º 9

OPERACIÓN CICERÓN: UN ESPÍA DE LA ABWEHR EN ANKARA

En el amplio y complejo teatro de la guerra, algo más recordado que agentes como Paul Thümmel, pero ni mucho menos reconocido como merece por la historiografía, se erige la figura del espía al servicio de la Abwehr Elyesa Bazna, alias *Cicerón,* que sería el más eficiente agente al servicio del almirante Canaris en el extranjero. Su trabajo fue tan brillante que llegó a informar con tiempo del desembarco en Normandía, una información a la que sus superiores no prestaron atención y que acabaría por suponer, gracias a las operaciones orquestadas por los servicios secretos británicos, con el español Juan Pujol, *Garbo,* a la cabeza, el principio del fin del Tercer Reich.

Sin embargo, su codicia —entró en el mundo del espionaje con el fin de enriquecerse, aunque años después afirmaría que fue por «patriotismo»— y su traición a Turquía espiando para los nazis lo condenaron al ostracismo. De hecho, su verdadero nombre no se conocería hasta una década después de su desaparición, tras el fin de las hostilidades.

Veamos quién fue este personaje tan relevante en el marco de los servicios secretos durante la Segunda Guerra Mundial. Elyesa Bazna vino al mundo el 28 de julio de 1904 en Prístina, a trescientos sesenta kilómetros de Belgrado (Kosovo),[1] entonces perteneciente al Imperio otomano. Su abuelo, Tahir, tenía el título de pachá, mientras que su padre, Hafiz Yasar, era profesor de reli-

1. Algunos autores disconformes con esto afirman que Bazna nació realmente en Skopie, en Macedonia, y que su verdadero nombre era Verasevitch, un aspecto aún no aclarado.

gión musulmana, fe que profesaba toda la familia. Sin embargo, cuando Prístina pasó a formar parte del reino de Serbia, la familia Bazna se trasladó primero a Salónica y después a Estambul, un centro de unión de diferentes culturas, con un papel estratégico en la política internacional.

Siendo adolescente, ingresó en la escuela militar de Faith, pero al negarse reiteradamente a someterse a la disciplina, su progenitor hubo de retirarlo de la academia. Tras la Gran Guerra, que redibujó las fronteras del Viejo Continente, los ejércitos aliados ocuparon Turquía y por aquel tiempo Elyesa pasó a trabajar como auxiliar en una unidad de transporte francesa. Tras sufrir un accidente conduciendo un camión fue despedido, y entonces entró a trabajar como chófer de un oficial británico, experiencia que le serviría años después.

Rebelde y ya entonces deseoso de convertirse en alguien con medios, robó una motocicleta a un oficial francés, por lo que fue detenido. En prisión, arrebató la pistola a su guardián y logró escapar, siendo apresado de nuevo. Otra vez logró escabullirse —esta vez por un tragaluz de los lavabos de la cárcel—, y empezó a vagabundear por las calles de Estambul, para ser detenido una vez más en la estación de tren de Yenikapi, donde intentaba robar también el arma a un soldado francés que dormía en un banco.[2]

Volverá a prisión tras ser condenado a tres años de reclusión por un tribunal militar francés. Puesto en libertad antes de cumplir la pena total, trabajará como mecánico en una fábrica de camiones pesados en Marsella y, de nuevo en Estambul, se convertirá en jefe del parque automovilístico de la ciudad turca, y jefe de brigada de bomberos de Yozgat. Puesto que tenía pendiente realizar el servicio militar, fue llamado a filas, donde trabajó como chófer del inspector del I Grupo de Ejércitos, Alá Saít Pachá.

Después de un tiempo como taxista, pasó a convertirse de nuevo en chófer, esta vez del embajador de Yugoslavia, de apelli-

2. VV. AA., *Los grandes enigmas de la guerra secreta*, Madrid, Círculo de Amigos de la Historia, 1970.

do Jankovic. Por entonces Bazna hablaba con fluidez tres lenguas —turco, francés y croata—, y se defendía en griego y en alemán, lo que le facilitará las cosas tras el estallido de la Segunda Guerra Mundial.

Durante el tiempo que permaneció al lado del embajador, siete largos años, Elyesa contrajo matrimonio y tuvo cuatro hijos, a la vez que se aficionó a la fotografía. Intentó además iniciar una carrera como cantante que fue un verdadero fracaso. Sin duda, era un hombre multifacético e inquieto. Nuevo trabajo, nuevos jefes de las más altas instancias: pasará a trabajar al servicio del agregado militar de la embajada de Estados Unidos en Estambul. De ahí, a la casa del consejero Jenke, de la embajada alemana, cuya esposa era nada menos que la hermana de Joachim von Ribbentrop, ministro de Asuntos Exteriores de la Alemania nazi. Todos estos trabajos se sucedían uno tras otro ya en plena contienda.

Según narrará en su autobiografía[3] —escrita una vez que por fin salió del anonimato y su figura fue conocida por la opinión pública, muchos años después del final de la guerra—, por aquel entonces Elyesa comenzó a fotografiar —al principio por mera curiosidad— documentos secretos de las embajadas en las que trabajaba. Con el tiempo se dio cuenta de que esa información de alto secreto tenía un valor incalculable para los servicios secretos de ambos bandos. Su sueño de enriquecerse, que nunca lo había abandonado, tomaba forma.

Bazna coleccionaba embajadas. Tras servir en las de Yugoslavia, Estados Unidos y Alemania, pasará a trabajar para la embajada británica, al servicio del secretario, míster Douglas Busk, tiempo durante el que mantendrá una relación extramatrimonial con la niñera de los hijos del alto cargo inglés —a lo largo de su vida, serían habituales los escarceos adúlteros—, de nombre Mara. Al servicio de Busk, continuará engrosando su colección de documentos confidenciales registrados con su Leica, de fabricación alemana. Aprovechará las visitas a su amante para inspeccionar el domicilio del embajador, incluido su despacho, un magnífi-

3. Elyesa Bazna, *Yo fui Cicerón,* México, Diana, 1965.

co campo de operaciones para dar rienda suelta a sus aspiraciones como espía.

En la magnífica película de Joseph L. Mankiewicz *Operación Cicerón* (*Five Fingers*, en su título original), de 1952, que adapta el libro de Ludwig Carl Moyzisch,[4] quien ocupaba un cargo en la embajada alemana en Ankara, toda esta apasionante etapa del agente, al que da vida en la gran pantalla un sobrio y soberbio James Mason, se omite completamente, no porque no hubiese contribuido a mejorar el guion de una ya de por sí redonda cinta, sino porque en aquellas fechas ni siquiera el autor conocía la identidad real del agente que le pasó en la embajada documentos confidenciales del enemigo. Pero no adelantemos acontecimientos.

Después, pasará de servir al primer secretario al mismísimo embajador británico, sir Hughe Knatchbull-Hugessen,[5] como ayuda de cámara, gracias a la recomendación de Busk. Una vez en su nuevo puesto, observará que los documentos y telegramas que debían ser revisados por el embajador eran enviados a su casa —donde prefería trabajar lejos de miradas indiscretas, sin sospechar absolutamente nada de su chófer—, en valijas rojas. Los más delicados, con el marchamo de alto secreto, los guardaba en una cartera negra.

Durante el día permanecían sobre la mesa del despacho del embajador y por la noche eran introducidos en una caja fuerte. Por su parte, la cartera negra, con los documentos más comprometedores, solía permanecer por lo general sobre la mesilla de noche del dormitorio de Knatchbull-Hugessen. Este, con dificultades para conciliar el sueño, tomaba somníferos, lo que facilitaba a Bazna su trabajo como aprendiz de espía. Su osadía se tornará temeridad al hacer un duplicado del juego de llaves que abrían los cofres donde se guardaban las valijas rojas y la enigmática cartera negra. Su plan funcionaba a las mil maravillas: se

4. L. C. Moyzisch, *El espía Cicerón*, Madrid, Véspero, 1953.

5. Veterano de la Gran Guerra, donde sirvió en el Departamento de Contrabando, fue nombrado embajador extraordinario y plenipotenciario de la República de Turquía el mismo año que estalló la guerra, 1939.

hizo con un amplio archivo de secretos diplomáticos que pretendía cambiar por dinero contante y sonante al mejor postor.

Primer contacto con los servicios secretos

Será el 26 de octubre de 1943 cuando el avezado aprendiz de espía dará el paso definitivo para convertirse en agente secreto: tras hacerse con una copia de una lista que aglutinaba los nombres de todos los agentes británicos en Turquía, decidió ofrecérsela a los alemanes.[6] Con el rollo de película en el bolsillo, se encaminará al bulevar Ataturk y penetrará en la embajada alemana, donde en otro tiempo él mismo había trabajado para Albert Jenke.[7]

Bazna afirmó: «Con mi Leica puedo fotografiar los más secretos documentos de la embajada inglesa. Estoy dispuesto a vender mis películas a quien interese comprarlas», pero advirtió a su antiguo jefe de que si no le pagaban lo que pedía, se iría con los documentos al mejor postor. Sin embargo, el precio era desorbitado: estaba dispuesto, según dijo, a ceder dos rollos de película con las relevantes informaciones sobre espías ingleses a cambio de veinte mil libras, toda una fortuna de la época. Las siguientes entregas serían por quince mil libras el rollo.

Jenke, que pensaba que era demasiado dinero incluso para el cuñado de Von Ribbentrop, puso a Bazna en contacto con el que acabará siendo su controlador, el agregado de la embajada Ludwig Carl Moyzisch, con la misión de tantearlo. En realidad, el agente, de origen austríaco, pertenecía al SD, el servicio de inteligencia de las SS. Él y Bazna se encontrarán por vez primera en un discreto salón de Estambul y acabarán por llegar a un acuerdo, a

6. La razón por la que decide pasar a trabajar para el Gobierno nazi no está clara. En su libro de memorias intentará exculparse y afirmar que en realidad pretendía dinamitar la organización alemana desde dentro, contribuyendo a la desinformación de los nazis y la victoria de los aliados, algo que no parece muy convincente.

7. Este era contratista de arte antes de contraer matrimonio con la hermana de Von Ribbentrop, lo que le abrió las puertas de los servicios diplomáticos del Tercer Reich.

pesar de que la primera impresión de Moyzisch sobre Bazna no sería muy positiva.

Más adelante declarará que, al ver por primera vez de cerca al espía, su cara le pareció «la de un payaso sin maquillar, la de un hombre habituado a disimular sus sentimientos, al que se sorprende en un momento de descuido». Por su parte, Bazna tan solo quería amasar dinero. Años después escribirá que al acariciar los gruesos fajos de billetes que obtenía por los documentos clasificados sentía «un estado de intensa exaltación, que le hacía desear ser dueño de sumas todavía más grandes».

Moyzisch le advirtió que jamás debía hablar de aquel asunto con nadie: «Cualquier indiscreción por su parte pondría en peligro mi vida. Pero usted perdería la suya. De ello me encargaría yo personalmente, así hubiera de ser la última de mis acciones en este mundo». Puesto que al principio el oficial de enlace se mostraba reacio a dar una respuesta afirmativa a una cantidad tan abultada de dinero, Bazna le dijo que esperaría tres días y que al cabo de ellos llamaría a su oficina: «Preguntaré si se ha recibido carta para mí. Mi nombre será Pedro. Si me contestan que no, usted jamás volverá a verme. Si la respuesta es que sí, significará que acepta mi oferta, en cuyo caso le veré ese mismo día a las diez de la noche. Nos veríamos en el patio trasero de la embajada, cerca del pabellón del jardinero, en el cobertizo de las herramientas. Usted traerá el dinero: veinte mil libras en billetes de banco. Yo le entregaré a usted las dos bobinas. Mientras las revelan y usted las examina, yo esperaré. La embajada arriesga veinte mil libras, pero yo arriesgo mi vida. El dinero me será entregado después de comprobarse que las películas lo valen. Si les parece que mi primera entrega es conforme, podré prepararles otras remesas. Por cada nuevo rollo habrán de pagar quince mil libras».

El espía puso como condición que, además, la embajada le facilitara una nueva cámara fotográfica; debían proporcionarle también película virgen cada vez que entregara un nuevo rollo. Al día siguiente de aquel sorprendente encuentro, Moyzisch, tras reunirse con Jenken, fue a ver a Franz von Papen, por entonces embajador en Turquía —lo sería de 1939 a 1944—, donde servía al Gobierno nazi a pesar del descalabro político que sufrió en 1933[8] y al asesinato de su secretario, Herbert von Bose, y el del autor de sus discursos, Edgar Julius Jung, durante la Noche de los Cuchillos Largos, ordenada por el propio Hitler.

Aunque Von Papen y Moyzisch creían que podía tratarse de un engaño, o que aquel individuo fuese en realidad un agente doble que trabajara para los británicos, la potencial relevancia de los documentos que afirmaba poseer hicieron que el embajador enviase un telegrama cifrado a Berlín, a nombre de Von Ribbentrop, quien le dio una respuesta afirmativa a la continuidad del trabajo de Bazna con el siguiente telegrama: «Al embajador Von Papen. Personal. Asunto secreto. Sigan asunto del ayuda de cámara de embajada británica, pero mantengan prudencia. Correo especial llegará a Ankara día 30 por la mañana. Inmediatamente después de recibir documentos envíen informe. Firmado: Von Ribbentrop».

Precisamente, el mismo día en que daban luz verde a su plan, Bazna tenía el camino despejado en casa del embajador británico debido a que se celebraba la fiesta nacional y había numerosas recepciones. Cuando el alto diplomático abandonó su dormitorio tras vestirse con sus mejores galas, el espía, bajo su tapadera como ayuda de cámara, mientras simulaba estar limpiando el dormitorio, tomó fotografías de todos los documentos a su alcance, llegando a copiar dos telegramas secretos. Durante meses, realizará la misma operación, en ocasiones, incluso, llegando al límite de esconder documentos entre la camisa y el chaleco.

El 30 de octubre, el espía se reunió con Moyzisch a las tres de la tarde, una vez concluida la conferencia de los ministros de Asuntos Exteriores que desde el día 18 se celebraba en Moscú,

8. Conocido como el Diablo con Sombrero de Copa, este intrigante personaje, hijo de una rica familia de Westfalia, había servido como soldado en el frente turco durante la Primera Guerra Mundial. Después inició su carrera política, facilitando a Hitler —en medio de un juego político que se volvió en su contra— la Cancillería del Reich, mientras él se convertía en vicecanciller, puesto que abandonaría en 1934, año en que fue puesto bajo arresto domiciliario por los mismos nazis en el marco de la Operación Colibrí, que descabezó a las tropas de asalto. Luego fue nombrado embajador alemán en Ankara.

muy lejos de allí. ¿Y qué tenía de relevante este hecho para nuestro protagonista? Pues precisamente que Bazna había fotografiado el cable ultrasecreto que aquella misma tarde sir Hughe había recibido con las condiciones impuestas por los rusos. Molotov exigía un inmediato desembarco en Francia a fin de precipitar el desenlace de la contienda, a la vez que insistía en convencer a Turquía de que entrase en la guerra y emprendiese una acción firme en Suecia para que este país permitiese la instalación de bases rusas en su territorio. Para concluir, el telegrama señalaba que Anthony Eden,[9] en su viaje de regreso a Inglaterra, se detendría en El Cairo. El embajador inglés debía concertar una entrevista con el ministro de Asuntos Exteriores turco, Hüseyin Numan Menemencioğlu, para el día 4 de noviembre.

Bazna tenía un verdadero tesoro de la diplomacia secreta entre sus manos, y estaba dispuesto a sacar provecho de él. A las diez de la noche se encontraba con el agregado alemán en su embajada para, en el edificio de los servicios de seguridad, llevar a cabo el revelado de sus películas y a continuación recibir sus veinte mil libras. Comenzaba una fructífera colaboración que brindaría a los alemanes importantes informes. Moyzisch escribiría: «Yo no salía de mi asombro. Allí estaban, sobre mi mesa de trabajo, los más íntimos secretos políticos y militares del enemigo. Y no había trampa posible: eran documentos auténticos, de valor incalculable. El sueño imposible de cualquier agente secreto. Me daba cuenta de que el servicio que aquel criado acababa de prestar al Reich era de una importancia trascendental. El precio pagado resultaba bajo».

Aquellos dos rollos de película contenían cincuenta y dos negativos, algunos eran documentos de fecha muy reciente —menos de una semana—, mensajes secretos intercambiados entre el Foreign Office y la embajada de Ankara; instrucciones, demandas de información y respuestas a dichos asuntos. Una vez analizados por Von Papen, el 31 de octubre de 1943 será el el propio embajador

9. Secretario del Foreign Office entre 1935 y 1938. Su oposición a la política de apaciguamiento frente a Alemania hizo que dimitiera del cargo antes del estallido de la guerra.

quien le brinde su nombre de guerra: «La criatura debe ser bautizada. A efectos de correspondencia hemos de dar un nombre a nuestro agente. Puesto que los documentos que nos procura son tan elocuentes, lo llamaremos Cicerón». Comenzaba, entonces sí, su carrera en el apasionante y peligroso mundo del espionaje.

De octubre de 1943 a abril de 1944, el agente Cicerón entregará con regularidad rollos de película con toda clase de documentos confidenciales británicos: las actas de las conferencias de El Cairo y Teherán e importantes detalles sobre la inminente invasión de Normandía. Gracias a esta excepcional información, los alemanes podían haber conocido el día exacto del desembarco y el lugar donde se produciría, pero no los tuvieron en cuenta.

Poco antes, Cicerón había fotografiado un alarmante documento que sir Hughe Knatchbull-Hugessen había escrito de su puño y letra, y que rezaba: «Von Papen sabe más de lo que sería menester». Entonces el espía y Moyzisch descubrieron que los ingleses se habían dado cuenta de que estaban siendo espiados, que había una fuga de información probablemente en la misma embajada. Seguía sus pasos, al parecer, un agente secreto inglés de nombre Sears.

Unos días después, Bazna tenía que servir el té en el edificio oficial a unos desconocidos que acaban de llegar de Londres. Tras conversar con sir Hughe, estos registraron cada rincón de las habitaciones del servicio, examinaron las líneas telefónicas, verificaron que no había fugas... A partir de entonces, todas las cajas de seguridad fueron provistas de un dispositivo de alarma y, sin embargo, Cicerón, más decidido que nunca, probablemente impulsado por la adrenalina que le generaba el propio riesgo, continuó realizando su peligrosa tarea. Los documentos seguían filtrándose a los alemanes.

Pero las medidas de seguridad se extremaron: se prohibió que los documentos de alto secreto permanecieran en la valija negra antes o después de que el embajador los examinase. Parecía que Cicerón no tenía posibilidad alguna de hacerse con ellos y, sin embargo, como señala Paul Baton,[10] sorprendentemente

10. «Hitler nunca creyó en Cicerón», en *Los grandes enigmas de la guerra secreta, op. cit.*

fue en aquella época cuando conseguirá hacer llegar a Berlín la información más sensacional de su carrera como agente: el plan del segundo frente y del futuro Día D. A Bazna lo intrigaba una palabra que aparecía de forma recurrente en la documentación inglesa, *Overlord,* algo que también inquietaba a Moyzisch. Una orden procedente de Berlín urgía para que, por todos los medios, se intentase descubrir el significado de aquella palabra que no era sino el nombre en clave de la operación de desembarco aliada en las playas de Normandía.

Para Cicerón era evidente que dicho nombre en clave se refería a un segundo frente, el desembarco en Francia que los soviéticos reclamaban con insistencia. Comunicará sus sospechas a su supervisor, Moyzisch, que se las transmitirá a la capital alemana, aunque sin éxito. No será creído. Por aquellos días, el agregado alemán no sabía que tenía un topo en su oficina: poco antes había contratado a una nueva secretaria, una atractiva joven de veintitrés años cuyo nombre era Cornelia Kapp.

Esta adoptó la identidad de hija de un cónsul alemán educada en Estados Unidos, pero en realidad era una agente de los servicios secretos norteamericanos, la OSS, que se infiltró con la misión de descubrir de dónde partían las filtraciones que llegaban a Berlín. Quién era el avezado espía. El 6 de abril, la hermosa secretaria rubia abandonará su puesto en la embajada y desaparecerá sin dejar rastro. Cumplida su misión, los ingleses se encargarán de ponerla a salvo.

Fue el momento en que Moyzisch supo que corría un gran peligro. En los círculos más íntimos se decía que había ayudado a su secretaria a desertar, lo que obligó a abrir una investigación en Berlín para determinar su grado de implicación. Era consciente de que no había sido completamente transparente con el implacable gigante de rostro surcado de cicatrices, el SS Ernst Kaltenbrünner.[11] Sabedor de que estaba siendo acorralado y de la importante información que poseía, los servicios de inteligencia

11. Moyzisch, desoyendo las órdenes del jefe de la RSHA tras la muerte de Heydrich, siguió manteniendo contactos y facilitando información al embajador alemán en Ankara Franz von Papen.

británicos le ofrecieron trabajar para ellos a cambio de protección. Eso fue al menos lo que Moyzisch aseguró más tarde en sus memorias.

También Elyesa Bazna sentía que corría serio peligro. El 20 de abril solicitó al embajador británico autorización para cesar en el servicio, señalando que deseaba regresar a Estambul con su mujer y sus hijos, algo que le concedería sir Hughe sin sospechar nada. Cicerón sacó entonces los fajos de billetes facilitados por los alemanes de su escondite y los guardó en una caja fuerte de un banco, una ingente cantidad que ascendía por entonces a trescientas mil libras, y se instaló en una nueva residencia con una nueva amante, una cantante griega de nombre Ai'ka, tras arrojar su cámara fotográfica al mar.

Cuando llegó el alba del día 6 de junio de 1944, el célebre Día D que cambiaría el teatro de la guerra en Europa, los servicios secretos alemanes, para su estupefacción, fueron conscientes de que la información secreta facilitada por Bazna sobre Overlord era correcta. Pero ya era demasiado tarde.

La lucha entre Von Ribbentrop y el SD

Joachim von Ribbentrop estaba orgulloso de la fuente de información vital que poseía en Estambul. Sin embargo, las luchas internas entre su ministerio y el servicio secreto de las SS hicieron que el Eje no pudiera sacar provecho de aquellas sensacionales filtraciones. En un principio, Von Ribbentrop, que elogió el material de Cicerón, se convirtió después en detractor del espía, cuando Kaltenbrünner,[12] como sabemos sucesor de Heydrich al frente del SD, se hizo con el control de los informes enviados por Bazna.

En julio de 1944, el ministro de Asuntos Exteriores del Reich había sufrido un duro golpe de sus enemigos en el entramado nazi del poder cuando se descubrió la participación de numerosos diplomáticos en la conspiración contra Hitler que pasaría a la historia con el nombre de Operación Valkiria. Entonces, Von

12. L. C. Moyzisch, *El espía Cicerón, op. cit.*

Ribbentrop fue acusado por el *Reichsleiter* Martin Bormann de no haber llevado a cabo una eficaz «depuración» del ministerio del que tenía la cartera. Debido a ello, los funcionarios de la Orden Negra purgaron el cuerpo diplomático, ante la impotencia de Von Ribbentrop, que perdió totalmente la influencia ante Hitler, quien ni siquiera lo recibiría en los estertores de la contienda en el Führerbunker. Poco después caería la Abwehr, que ya estaba siendo investigada por la Gestapo.

La falta de entendimiento entre Von Ribbentrop y Kaltenbrünner sería la causa principal de que no se prestase la debida atención a los informes de capital importancia que envió Cicerón. Si lo hubieran hecho, quizá, y solo quizá, habrían tenido una ventaja capital sobre el enemigo. El nuevo jefe de la RSHA, que a su vez odiaba al embajador Von Papen, llegó a minimizar la importancia de los informes de Bazna para no dar crédito a la operación orquestada por su rival. Los intereses creados de los mandamases nazis lo echaron todo por la borda.

Hasta el bombardeo de Sofía, que tuvo lugar el 15 de enero de 1944, que provocaría cuatro mil bajas civiles, no se hizo evidente la vital relevancia de las informaciones facilitadas por el espía. Cicerón había fotografiado dos semanas antes un telegrama que informaba del ataque, que pudo haberse evitado. La información fue desestimada, y volvería a serlo en el momento más crucial de la contienda, en junio.

El 2 de agosto, Turquía rompía sus relaciones diplomáticas con el Tercer Reich. El 31 de ese mismo mes, Moyzisch era confinado en los mismos locales de la embajada. No podría salir de allí hasta el final de la guerra, cuando se trasladará hasta el Tirol austríaco para ocupar el cargo de director de los servicios de exportación de una fábrica textil.

Operación Bernhard

Como compensación por sus servicios, Elyesa Bazna recibiría las citadas trescientas mil libras esterlinas. Se consideraba rico, el sueño que siempre anheló, pero muy pronto se dio cuenta de que él, experto en el arte de la distracción y el engaño como pocos, había sido descaradamente estafado por sus jefes alemanes. En abril de 1944 huyó de Ankara. Ese mismo año constituyó una empresa de compraventa de automóviles, en la que fracasó de forma estrepitosa. Poco después comienza a correr el rumor de que pagaba sus facturas con billetes falsos. Efectivamente, sus queridas libras esterlinas eran tan solo papel mojado. Pertenecían a una partida de dinero de la Operación Bernhard, que ocupó nuestro tercer expediente. Ya sabemos que muchos de esos billetes terminaron en el fondo del lago Toplitz, pero muchos otros habían sido entregados a los agentes en nómina del Tercer Reich.

Al dejar su puesto en la embajada británica, Cicerón se creía millonario, y así continuó durante años, realizando sus eclécticos negocios. Sin embargo, en Londres se percataron finalmente, antes del fin de las hostilidades, del engaño labrado por Himmler: un banco suizo sometió al peritaje de la central del Banco de Inglaterra unas remesas de billetes procedentes de Turquía. Descubierto el fraude, se ordenó la retirada de las series correspondientes a las de los billetes falsificados. El asunto se mantuvo en secreto durante la contienda, puesto que Inglaterra temía las peores consecuencias para su economía de guerra, pero Bazna fue consciente de que estaba arruinado. De que su osadía no había servido para nada, más allá de aportarle emociones fuertes en tiempos extremos.

La caída en desgracia y el olvido

Tras la guerra, dos de los protagonistas de la epopeya de Bazna, Von Ribbentrop y Kaltenbrünner, fueron condenados a muerte y ahorcados. Von Papen, tras ser absuelto, se recluyó en algún lugar de la Alemania occidental y el gran Cicerón cayó en el olvido. Continuó con sus líos de faldas —se casó por segunda vez con una tal Duriet— mientras malvivía en un callejón sin salida de los barrios bajos de Estambul, el Zülali Cesme Sokak. El espía que informó sobre la reunión de los ministros de Asuntos Exteriores de «los tres grandes» en Moscú en octubre de 1943, y del desembarco de Normandía, vivía casi en la miseria. Curiosamente, de las trescientas mil libras que recibió de sus jefes alemanes, cuarenta mil eran buenas, pero el dinero se le fue rápidamente debido a una visión empresarial equivocada.

El 16 de abril de 1954, considerando que Alemania todavía tenía una cuenta pendiente con él por sus servicios durante la guerra, elevó un memorial al doctor Konrad Adenauer, canciller federal en Bonn, donde señala: «Excelencia, en los años de la guerra yo prestaba mis servicios en la embajada de Alemania en Ankara, y con la intención de ayudar a mi país, por pura simpatía hacia la nación alemana, conseguí introducirme en la embajada británica en Turquía. Jugándome la vida, mi libertad y mi honor, presté al Reich servicios eminentes [...]. Solicito una compensación de 2.100.000 marcos. Confío en que el Gobierno alemán considere con simpatía este asunto y que la compensación que solicito me será prontamente satisfecha». La respuesta tardó cuatro meses en llegar: «El Ministerio de Asuntos Exteriores lamenta no poder pronunciarse de acuerdo con los términos de su petición».

Cuando elevaba la queja al Gobierno de la Alemania Federal, Bazna olvidaba que una vez acabada la contienda confesó a los aliados que había realizado sus trabajos de espionaje por patriotismo hacia Turquía, y como forma de confundir a los alemanes. La mentira continuaba siendo una de sus mejores armas —varias veces deberá comparecer ante los tribunales por estafa—. Sin embargo, al margen de lo ético de su conducta, nadie podía negar que, al igual que el español Juan Pujol, *Garbo*, o el británico Eddie Chapman, alias *Zigzag*, o el soviético Richard Sorge, Elyesa Bazna, llamado Cicerón por decisión de Von Papen, fue uno de los más grandes espías que dio la Segunda Guerra Mundial.

Expediente n.º 10

OPERACIÓN GUNNERSIDE: LA FRUSTRADA CARRERA ATÓMICA DE HITLER

El complejo se erigía sobre un pronunciado desfiladero en Telemark, Noruega, en medio de una preciosa estampa que, no obstante, se convertía en una trampa cuando caía el invierno y la nieve lo cubría absolutamente todo. La planta de Rjukan, perteneciente a la compañía nacional Norsk Hydro ASA, era la única instalación europea capaz de producir agua pesada durante la Segunda Guerra Mundial. Y eso, aunque en principio pueda parecer anecdótico, fue fundamental en las ambiciones nazis de conseguir la bomba atómica. Precisamente, los hombres de Hitler controlaban las instalaciones, ya que Noruega era un país ocupado por las fuerzas alemanas desde abril de 1940. Por supuesto, la fábrica también era un objetivo primordial de la inteligencia británica y de la resistencia del país para frenar las aspiraciones enemigas.

Hoy sabemos que el Führer no obtuvo la bomba atómica, pero lo cierto es que el Tercer Reich pudo estar más cerca de conseguirla de lo que se creía hasta ahora. De haber sido así, quizá el desenlace de la contienda habría sido muy diferente, seguramente catastrófico para Occidente. Por ello, neutralizar sus planes en este sentido fue una tarea de máxima prioridad para el SOE británico. Y precisamente con la intención de sabotear una fuente fundamental para el desarrollo atómico alemán se gestó una de las operaciones más relevantes, pero escasamente publicitadas, de los servicios secretos en tiempos de guerra.

En busca del arma definitiva

El Tercer Reich continúa siendo fuente inagotable de informaciones que, prácticamente cada mes e incluso cada semana, salen a la luz, algunas de las cuales obligan a reescribir una historia que nunca parece cerrada por completo; también, claro, en relación con el peliagudo asunto de la bomba atómica. El 29 de diciembre de 2014 saltaba a la prensa mundial la noticia de que en Austria se había descubierto un gigantesco complejo subterráneo, de una extensión de setenta y cinco hectáreas,[1] formado por varios túneles. Concretamente, el hallazgo se realizó en la ciudad austríaca de ST Georgen an der Gusen, una semana antes de que los medios se hiciesen eco. Y es que los nazis ocultaron muchos de sus secretos bajo tierra, como sus tesoros expoliados en media Europa o sus fábricas de «armas milagrosas» *(Wunderwaffen)*.

Entre otros rotativos, *The Sunday Times* señalaba que un grupo de expertos afirmaron que la construcción —edificada en lo que entonces era territorio del Reich en plena Segunda Guerra Mundial—, habría sido utilizada por científicos del régimen para desarrollar armas atómicas durante la contienda. El complejo subterráneo fue descubierto gracias a unas excavaciones que comenzaron después de que un grupo multidisciplinar de expertos hallara considerables niveles de radiación en la zona, lo que les hizo pensar que podría tratarse de una rudimentaria central nuclear nazi. Según afirmó a los medios Andreas Sulzer, director de la investigación —y controvertido cineasta al que algunos acusan de haber realizado un montaje—,[2] el lugar es «muy probablemente la planta de producción de armas más grande del Tercer Reich». Algo, no obstante, que aún hoy no ha sido corroborado.

En la planta, afirman, se han encontrado restos de las tropas nazis, como cascos de las Waffen-SS, y diferentes objetos de la época, un trabajo difícil teniendo en cuenta las sucesivas capas

1. Rosalía Sánchez, «Desentierran el laboratorio nuclear de Adolf Hitler», en *El Mundo,* 29 de diciembre de 2014.

2. Alex Wellerstein, «When bad history meets bad journalism», 7 de enero de 2015, en <blog nuclearsecrecy.com>.

de tierra que ocultaban el complejo, así como las placas de granito que, ya con la guerra en su contra, los alemanes utilizaron para tapar la entrada y evitar que los aliados descubrieran el emplazamiento. Tan bien lo hicieron que pasaron setenta años hasta su supuesta localización.

Los expertos barajaron entonces que dicha zona podía estar conectada con el campo de concentración de Mauthausen-Gusen (cuyos prisioneros, en su mayoría químicos y físicos, habrían puesto sus habilidades especiales al servicio del complejo atómico), uno de los más temibles de la «solución final», y con la fábrica subterránea B8 Bergkristall, donde se fabricaron las unidades del célebre Messerschmitt Me 262, el primer caza a reacción operativo del mundo (este sí, lugar descubierto por los soviéticos tras la caída de Hitler). Y es que parece que el régimen nazi puso el mayor énfasis logístico y financiero en desarrollar las llamadas «armas de represalia» y «armas milagrosas», que serían la antesala de la futura carrera espacial, que en la investigación atómica.

No obstante, y a la espera de rotundas respuestas, aquel aparentemente vital descubrimiento volvía a poner sobre el tapete la estrecha relación del Gobierno de Hitler con la carrera nuclear y desataba una vez más el debate sobre hasta qué punto llegaron los científicos alemanes. Hasta entonces, la mayoría de los expertos sostenía que el esfuerzo alemán durante la contienda se había centrado únicamente en el desarrollo de un reactor nuclear, de modo que, de haber llegado a un punto avanzado, hubieran obtenido lo que se conoce como «bombas sucias» *(cluster bombs)*, expresión que en la actualidad se usa para definir a los artefactos explosivos que diseminan elementos radiactivos en la atmósfera, y que causarían efectos nada comparables con los de una bomba atómica como la que desarrollarían los norteamericanos en el Proyecto Manhattan.[3]

3. Nombre en clave del programa nuclear estadounidense, llevado a cabo con ayuda de Gran Bretaña y Canadá, y rodeado de fuertes medidas de seguridad y muchas sombras tantas décadas después, encabezado por el físico Robert Oppenheimer.

En los años veinte y principios de la década de los treinta del siglo pasado, la ciencia alemana dominaba los campos de la física y la radioquímica mundiales. El proyecto de energía nuclear alemán acabaría conociéndose de forma informal como Club del Uranio *(Uranverein)*, comandado por el célebre físico más tarde galardonado con el Nobel Werner Heisenberg. En diciembre de 1938, los químicos alemanes Otto Hahn y Fritz Strassmann hicieron público que habían detectado el elemento bario tras bombardear con neutrones el uranio. Junto con Lise Meitner, habían descubierto la fisión nuclear en la Alemania del Tercer Reich. Todo hacía indicar que, de conseguir una bomba en este sentido, serían los científicos germanos quienes se apuntarían el tanto, con todo lo que ello suponía para la inminente guerra.

El 22 de abril de 1939, Georg Joos y Wilhelm Hanle comunicaron a Abraham Esau —director de la división de física del Consejo de Investigaciones del Reich— las posibles aplicaciones militares del átomo. Dos días después, el 24 de abril de 1939, Paul Harteck, director del Departamento de Física y Química de la Universidad de Hamburgo y asesor de la Heereswaffenamt (HWA, la Oficina de Armamento del Ejército), junto con su ayudante Wilhelm Groth, se puso en contacto con el Reichskriegsministerium (RKM, el Ministerio de la Guerra del Reich), para alertar a sus responsables sobre el potencial de las aplicaciones militares de las reacciones nucleares en cadena; y ya en la primavera de 1940, un reactor nuclear casi crítico fue construido por el propio Harteck en una planta especial de la citada universidad.

Sin embargo, por toda una serie de circunstancias —que no vamos a analizar aquí, porque escapan a la intencionalidad de este capítulo—, como un error de cálculo del doctor Walther Bothe, que fue un gran golpe para el proyecto atómico nazi, y a algún otro del mismo Werner Heisenberg, los alemanes optaron por un proceso mucho más caro y lento que el llevado a cabo por los norteamericanos.

Sin embargo, la política de Hitler que en un primer momento pareció resolver los acuciantes problemas económicos de la República de Weimar, al estar basada en promover el empleo por medio de la industria armamentística —centrada en una inminente guerra— conducía a medio plazo a la ruina,[4] por lo que la financiación de cualquier actividad que no fuese directamente rentable para el esfuerzo bélico «era, simplemente, imposible para Alemania». Así, decidieron centrarse en armamento que pudiera ser utilizado cuanto antes y no requiriese de grandes períodos de investigación y prueba, de los que el Reich, que empezaba a perder la contienda, no disponía.

Según el estudio citado, los proyectos alemanes nunca tuvieron una financiación suficiente, ni de lejos, para desarrollar la carrera atómica. Únicamente Estados Unidos, con un producto bruto que casi duplicaba el alemán y era diez veces superior al japonés, permitió al país de las barras y estrellas mantener una guerra con ambos países del Eje y, además, en 1944 gastar los 1.000 millones de dólares que requería el Proyecto Manhattan anualmente.

A este problema se sumó el hecho de que algunos de los más brillantes científicos de la Alemania nazi se vieran obligados a exiliarse por su ascendencia judía, como Meiner y Fritsch, que realizarían sus descubrimientos en Suecia, al igual que le sucedería al italiano Enrico Fermi, que también tuvo que exiliarse en 1938 debido a que su esposa era judía y a que la alianza entre Hitler y Mussolini ponía al matrimonio en serio peligro. Este último contribuyó enormemente al esfuerzo de guerra aliado, logrando en diciembre de 1942, en los sótanos de la Universidad de Chicago, una reacción nuclear sostenida que suponía un gran paso en la carrera por la bomba atómica.

Era, pues, casi imposible que los germanos la consiguieran antes. Sin embargo, los estadounidenses, que estaban desarrollando la bomba atómica en el desierto de Alamogordo, en Nuevo México, en uno de los proyectos ultrasecretos mejor guardados y más controvertidos de la guerra —y no fueron pocos—, no sabían hasta qué punto los alemanes estaban obteniendo logros

4. Así lo sostiene F. J. Ynduráin Muñoz, del Departamento de Física Teórica de la Universidad Autónoma de Madrid, en «El Club del Uranio de Hitler y el programa atómico alemán en la Segunda Guerra Mundial», en *Revista de la Real Academia de Ciencias Exactas, Físicas y Naturales (España),* 100 (1), 2006, pp. 105-111.

en este sentido. Era vital que lograran obtener «el arma definitiva» antes que ellos. Puesto que los espías aliados no habían conseguido encontrar laboratorios secretos en los que supuestamente se gestaba el proyecto atómico nazi, los ojos de la inteligencia británica, con Churchill a la cabeza, se centraron en Noruega, en la citada planta Norsk Hydro para la fabricación de agua pesada, y en su destrucción.

En los prolegómenos de la investigación nuclear, el agua pesada resultaba un elemento imprescindible. Formalmente, óxido de deuterio, se denomina así a una molécula de composición química equivalente al agua, en la que los dos átomos del isótopo más abundante del hidrógeno, el protio, son sustituidos por dos de deuterio, un isótopo pesado del hidrógeno, y que es, *grosso modo,* lo que hace que esta agua sea un poco más densa y se emplee como moderador en reactores nucleares. Puesto que este no es un trabajo de física ni lo pretende, teniendo en cuenta además lo profano en la materia que es quien esto suscribe, nos centraremos enseguida en la operación que la sección noruega del SOE llevaría a cabo en aquella planta de producción de agua pesada en manos de los nazis desde que ocuparon el país nórdico en abril de 1940.

No obstante, el asunto de la investigación atómica del Tercer Reich sigue sin cerrarse por completo, y nuevos descubrimientos vienen a contradecir algunas «verdades» asumidas como incontestables por la historiografía posterior, no sin polémica. En 2005 el historiador alemán Rainer Karlsch presentaba en Berlín su libro *La bomba de Hitler,*[5] donde sostenía que los científicos alemanes que trabajaban al servicio del régimen nazi estaban más avanzados de lo que sostenían los historiadores en la investigación nuclear. Karlsch confesó que no tenía «la prueba definitiva», sino simplemente una «cadena de indicios» que le permitieron afirmar que el Führer estaba a punto de conseguirla.

Contradiciendo los testimonios de los físicos nucleares Werner Heisenberg y Carl Friedrich von Weizsäcker, que después de la guerra confesaron a los medios que el régimen estuvo lejos de

5. Rainer Karlsch, *Hitler's Bombe,* Múnich, Deutsche Verlags-Anstalt, 2011.

obtener éxitos en la carrera atómica, el historiador citado aseguró que los nazis lanzaron el 3 de marzo de 1945, a las 21.20 horas, unas minibombas nucleares en Ohrdruf (Turingia), que provocaron un radio de destrucción de medio kilómetro y la muerte de unos quinientos prisioneros de guerra de campos de concentración cercanos. Señaló, no obstante, que dichas pruebas estuvieron a cargo de otros físicos hoy apenas conocidos, como Erich Schumann, Kurt Diebner y Walther Gerlach, que habrían tomado un camino alternativo al del Club del Uranio para desarrollar una minibomba termonuclear.

En el mismo sentido, la televisión pública alemana ZDF informaba sobre dos pruebas atómicas efectuadas en la región de Turingia que se habrían dado a conocer gracias a unos informes realizados en 1945 por el servicio militar secreto soviético —el GRU—, del que hablamos en el capítulo referido a Olga Chéjova, muy interesado también en la carrera nuclear nazi. Más leña al fuego de la confusión.

A pesar de la falta de evidencias y de la controversia generada entre los estudiosos, Karlsch sostiene además que en 1941 físicos del Reich habrían formulado una patente para una bomba de plutonio y que el primer reactor nuclear nazi estaba listo a principios de 1945 en las afueras de Berlín. Pero otros expertos le refutaron que entonces no tendría sentido la producción de agua pesada, aunque no todos confían en la veracidad de tal documento... o en su existencia.

La controversia sobre cuánta influencia tuvieron los hombres de la esvástica también en la creación de la bomba estadounidense sigue viva en los medios. Hace varios meses, un reportaje de *XL Semanal*[6] se hacía eco de una serie de nuevos testimonios y documentos que sostienen que un general de las SS de nombre Hans Kammler, que desapareció misteriosamente en 1945, a cargo del programa de armas secretas de los nazis, estuvo realmente en Nevada ayudando a los norteamericanos a fabricar la bomba atómica. Nada menos.

6. Fátima Uribarri, «Nazis y la bomba atómica de Hiroshima», en *XL Semanal,* 17 de diciembre de 2016.

Al parecer, la OSS encargó al agente Donald Richardson, adscrito a la Operación Arboleda,[7] que se encontrara en Berlín con Kammler y con una maleta con nada menos que sesenta kilos de uranio. Después lo habría escoltado hasta Estados Unidos, donde aprovecharon el uranio y los conocimientos del científico y militar de las SS para dar forma a la bautizada como *Little Boy*, la bomba atómica que se lanzó sobre Hiroshima el 6 de agosto de 1945. Una tesis que sostiene con rotunda convicción el hijo de Richardson y que parece estar ganando partidarios entre los historiadores alemanes.

Esta hipótesis daría respuesta a otro interrogante de los últimos meses de la guerra: la desaparición sin dejar rastro del propio Kammler. Según Fátima Uribarri, «su cuerpo no se ha encontrado nunca y hay hasta seis versiones sobre su final». Una de ellas sostiene lo narrado anteriormente: que viendo que la guerra estaba perdida, acorralado y sabedor de que pertenecía a una organización considerada criminal, se puso en contacto con los norteamericanos y les pasó información y material sobre las investigaciones nucleares nazis.

Desde luego, eso mismo pasó con Wernher von Braun y otros científicos alemanes en el campo de la cohetería, y con espías con crímenes de guerra a sus espaldas como Reinhard Gehlen, por lo que no sería tan raro lo de Kammler. Y es que este guardia negro fue el responsable de diseñar el enorme complejo austríaco de galerías subterráneas B8 Bergkristall, que construyeron miles de deportados —unos diez mil prisioneros—. De hecho, por ello sobre Kammler pesaban varias acusaciones por crímenes de guerra y, sin embargo, su nombre apenas fue mencionado durante los Juicios de Núremberg.[8] Los aliados se guardaron muy bien de no centrar la acusación contra los personajes

7. En griego, *Alsos*. Fue un plan enmarcado en el Proyecto Manhattan durante el transcurso de la Segunda Guerra Mundial por los países aliados, principalmente norteamericanos y británicos, cuyos objetivos eran «reconducir las investigaciones del proyecto alemán de energía nuclear», «recuperar los recursos dispersados» y «confirmar el alcance de las investigaciones alemanas dirigidas a la creación de la bomba atómica».

8. En este punto incide el historiador alemán ya citado Rainer Karlsch.

que aún podían tener un valor para sus investigaciones a las puertas de la Guerra Fría.

Donald Richardson era un agente de alto nivel al que se puede ver, incluso, en las fotografías de la Conferencia de Yalta tras Roosevelt y mirando de reojo a Stalin —y está claro que en dicha reunión de los «tres grandes» no podía estar presente cualquiera—. Al parecer, Richardson reveló los detalles de aquella misión secreta a sus hijos, John y Doug, en su lecho de muerte. Estos afirmaron que la jugada no le salió del todo bien a Kammler y que en Estados Unidos fue duramente interrogado, muriendo allí, prisionero, en 1947.

Esta controvertida información parece avalarla un documento desclasificado en 1978 —pero al que nadie pareció prestar demasiada atención hasta ahora— del Cuerpo de Contrainteligencia (CIC, por sus siglas en inglés), donde se señala que «poco después de la ocupación [de Alemania] Hans Kammler se presentó ante los hombres del CIC en el municipio austríaco de Gmunden e hizo una declaración pormenorizada». Algo que mantiene también el periodista Frank Döbert, quien reconstruyó las últimas semanas del general en Austria, y sostiene que «viajó en un B-29 con algo más de sesenta kilos de uranio, rumbo a Estados Unidos y aterrizó en la base de la Fuerza Aérea de Wendover. Allí estaban en marcha los preparativos para el lanzamiento de la bomba atómica sobre Japón».

Sea como fuere, está claro que la bomba atómica de Hitler, la que probablemente jamás se llegó a diseñar, es un tema de rigurosa actualidad gracias a los descubrimientos que se van realizando, como el del citado búnker, o a las nuevas investigaciones que ven la luz. Pero lo que está claro es que el golpe que la inteligencia británica dio al proceso productivo del Tercer Reich fue, si no decisiva, sí relevante a la hora de frenar las aspiraciones nazis en este sentido. Veamos, pues, ese «expediente secreto» de la contienda.

Comandos especiales en Noruega

Poco después de la ocupación nazi de la planta de Norsk Hydro, un equipo alemán compuesto por medio millar de especialistas se puso a trabajar de forma intensiva para decuplicar la producción de agua pesada anual de quinientos kilos a cinco mil. Gracias a los informes de la resistencia noruega, muy fuerte en el país, el servicio secreto británico supo de los delicados trabajos realizados en las instalaciones e inhabilitarlas se convirtió en el principal objetivo de estos, captando la atención del mismo Churchill, temeroso de que su gran antagonista se hiciera con un poder que pudiera acercarlo a la victoria.

La primera idea del *premier* británico era que la RAF bombardease la fábrica, pero las dificultades orográficas que presentaba el lugar, rodeado de altas montañas —lo que haría prácticamente imposible una incursión aérea— y la posibilidad de que los depósitos de amoníaco estallaran, en opinión de los expertos, lo que suponía un grave riesgo para la población del lugar (apenas a unos kilómetros se hallaba la localidad de Rjukan, un pueblo que pasa seis meses al año sin luz natural y un importante foco de la resistencia) hicieron que se desestimara, muy a pesar de Churchill.

Así, se optó finalmente por una operación de comandos que estaría coordinada por el mando de Operaciones Combinadas —encargado de la guerra de guerrillas— en colaboración con la citada sección noruega del SOE. Para llevar a cabo su misión secreta de sabotaje, los británicos contaban con un as en la manga: a principios de marzo de 1942, un grupo de resistentes, tras capturar el barco de cabotaje *Galtesund* y llegar al puerto escocés de Aberdeen —tras organizar un falso naufragio del que informaría la prensa noruega—, habían logrado trasladar al ingeniero Einar Skinnarland a Gran Bretaña para que realizase un curso especial de entrenamiento por cuenta del SOE. Este científico trabajaba en la construcción de una presa en Rjukan, destinada al servicio de Norsk Hydro, por lo que introducirían así un topo entre las fuerzas de ocupación.

Una vez adiestrado, Skinnarland fue lanzado en paracaídas sobre las cercanías de Rjukan, reanudando su anterior trabajo tras no despertar sospechas por su breve ausencia. Después, comenzaría a obtener informes clasificados y a enviar información a la central en Londres. Una información que causó nerviosismo y que aceleró la misión del mando de Operaciones Combinadas, que ahora contaba con datos de primera mano sobre la planta de Norsk Hydro. Además, el SOE contaba también con los informes del doctor Iomar Brun, antiguo ingeniero jefe de la planta, que poco después llegaría a Londres con un microfilm con fotografías de toda la instalación y sus alrededores, suministrando a su vez detalles de gran valor acerca de los puntos más vulnerables de la fábrica, y con la información del físico noruego Leif Tronstad, que había sido asesor técnico en los trabajos de su construcción.

Los informes facilitados por Einar Skinnarland indicaban que la Norsk Hydro estaba produciendo agua pesada en grandes cantidades, y que numerosas reservas se habían acumulado para su envío a Berlín. El gabinete de guerra sabía que debía entrar en acción y así, el SOE reunió a un pequeño grupo de cuatro soldados noruegos instruidos en Inglaterra que serían comandados por el teniente Jens-Anton Poulsson, todos ellos brillantes esquiadores y montañeros, habilidades necesarias para su trabajo en un terreno tan escarpado e inhóspito como la meseta de Hardangervidda. Aquel grupo de cuatro intrépidos hombres constituiría la avanzadilla de las fuerzas aerotransportadas de la RAF, que llegarían después en planeadores a las cercanías de Rjukan.[9]

Tras varios intentos frustrados de dejar en tierra al equipo los hombres de Poulsson, un grupo bautizado con el nombre de Golondrina *(Swallow)*, en el marco de la llamada Operación Protesta *(Grousse)*, aterrizaron el 19 de octubre de 1942 en una colina en el fiordo del Sogne, a muchos kilómetros de distancia del punto acordado, lo que provocaría que tuvieran que realizar una dura travesía en medio de las condiciones climáticas más adversas y cargando un equipo que pesaba en torno a los doscientos cincuenta kilos.

9. Otra versión de los hechos apunta que en el mismo grupo regresaría Einar Skinnarland a Noruega, y no antes.

Tragedia en las montañas

Tres semanas después, el 6 de noviembre, instalaron su base en una cabaña deshabitada, y consiguieron establecer contacto por radio con la central de Londres, que les dio la orden de salir al encuentro de los hombres que formaban las tropas aerotransportadas, momento en que tendría lugar uno de los mayores fracasos del SOE en la guerra que se saldó con el coste de numerosas vidas humanas.

Era el 17 de noviembre de 1942, hacia las seis de la tarde, cuando dos bombarderos, cada uno de ellos remolcando un planeador, despegaban, con veinte minutos de diferencia, de la base aérea de Wick, al norte de Escocia. Cuarenta y tres hombres iban a bordo. El nombre en código de la operación era Freshman.

Sobre media noche, una señal de radio interceptaba un mensaje de socorro (SOS) en el que uno de los aviones informaba de que su planeador se había estrellado contra una montaña, en las proximidades de Egersund. Murieron tres agentes y seis resultaron heridos de gravedad. Poco después, los alemanes se personaban en la zona. El jefe de las SS y de la Policía en Noruega, Wilhelm Rediess, informaba después a Berlín de la muerte de tres de los ocupantes del aparato y de seis heridos graves.

Apuntaba que se sospechaba que eran agentes y que, tras registrarlos —hallando en su poder «gran cantidad de billetes noruegos», según reza un telegrama oficial de la RSHA—, la Wehrmacht ejecutó a los supervivientes. Sin embargo, la Operación Freshman sería todavía más trágica. El otro aparato había logrado aterrizar de forma violenta en lo alto de una montaña: ocho agentes murieron, cuatro resultaron gravemente heridos y solo cinco resultaron ilesos, pero fueron detenidos al día siguiente por los alemanes. Tras ser interrogados, también los ejecutaron. Hoy descansan, como héroes de guerra, en un cementerio situado al oeste de Oslo.

El capitán general Nikolaus von Falkenhorst, célebre por ejecutar la Operación Weserübung, nombre en clave del asalto alemán sobre Dinamarca y Noruega, tras tener en su poder las confesiones, comunicó a Berlín que los agentes enemigos pretendían sabotear la planta de agua pesada y ayudar a la resistencia local. Se trasladó de urgencia hasta Rjukan acompañado del comisario del Reich en Noruega para ponerse al frente de los trabajos de reforzamiento: la guarnición recibió importantes refuerzos y los alrededores de la Norsk Hydro fueron minados, lo que dificultaba sobremanera un nuevo intento de sabotaje de la resistencia.

Operación Gunnerside

A pesar del fracaso y el amplio coste en vidas humanas, en la central londinense del SOE no se dieron por vencidos y, ante la insistencia de Churchill, se decidió formar un nuevo comando. El coronel J. S. Wilson, al comienzo de la guerra al frente del centro de entrenamiento del SOE en Norgeby House, en Baker Street, en el centro de Londres, y quien fuera jefe de Policía en Calcula, al mando de los *boy scouts* ingleses, fue puesto al frente de la sección noruega del organismo y se ocupó de instruir a un grupo de seis jóvenes agentes noruegos en técnicas de sabotaje para llevar a cabo un nuevo intento de destruir la fábrica de agua pesada.

Al frente de la nueva operación fue designado el noruego Joachim Ronneberg, de veintitrés años, también en nómina del SOE, organismo conocido por los alemanes despectivamente, aunque no sin fundamento, como la «Escuela de Bandolerismo Internacional». El propio Ronneberg escogió a otros cinco hombres que, con los cuatro de avanzadilla que ya se encontraban en la zona de Hardangervidda —hoy reconvertida en parque nacional—, completarían el equipo, entre ellos Knut Haukelid, un neoyorquino cuyos progenitores eran también noruegos.

Los seis agentes fueron trasladados a una escuela de adiestramiento especial del SOE que había sido desalojada al completo porque era necesario construir en ella un modelo a escala de cada una de las dieciocho celdas de alta concentración de agua pesada que se hallaban en Norsk Hydro, pues era de suma importancia que los saboteadores pudieran identificar correctamente la maquinaria objeto de su ataque. Una vez terminada la instalación de prueba, Ronneberg y sus hombres practicaron sin cesar la forma de colocar, incluso en la oscuridad, explosivos simulados, familiarizándose con la planta hidroeléctrica al filo de la montaña.

Mientras tanto, llegaba a Londres con su valiosa información bajo el brazo el citado doctor Brun. El nuevo comando dispondría, pues, de importantes planos de la planta facilitados por este y por Tronstad que servirían para reconstruir a escala natural las partes más importantes de la instalación, entre ellos, como apunta Janusz Piekalkiewicz, «las secciones de concentrado y embotellamientos», aprendiendo además los oficiales a ser capaces de situar las cargas explosivas con rapidez y de forma segura, incluso en la oscuridad si fuera necesario.

Acceder a la fábrica no era lo que se dice sencillo; únicamente contaba con dos vías de acceso: a través de un puente suspendido sobre un barranco de cincuenta metros de profundidad, custodiado por dos centinelas, y a través de una línea férrea. Optaron por la segunda de las posibilidades, pero para llegar hasta las vías, los agentes del SOE debían descender el barranco hasta el río Maan y después escalar la pared contraria, muy escarpada. A pesar de que se habían endurecido las medidas de seguridad tras el fracaso de la Operación Freshman, los alemanes, convencidos de que los aliados no intentarían un sabotaje en invierno, relajaron la protección de la factoría.

Una vez que terminaba la vía, se llegaba a unos cobertizos, ya en terrenos de la Norsk Hydro. El acceso a estos solamente estaba bloqueado por un sencilla puerta de alambre provista de un candado y una cadena. Lo más difícil sería escalar y después hacer rápel, pero, como el grupo Golondrina, los seis nuevos agentes eran expertos montañeros.

Mientras tanto, en la cabaña reconvertida en centro de transmisiones, el operador Knut Haugland, que al igual que sus compañeros no había dejado de trabajar en la misión a pesar de la tragedia de los planeadores, recibía noticias de Londres, a la vez que un ingeniero que actuaba como su enlace en la fábrica les facilitaba datos sobre la manipulación del agua pesada y qué tipo de medidas de seguridad habían adoptado los alemanes, junto al emplazamiento de las baterías antiaéreas y los campos de minas.

Para no poner en alerta al enemigo, que podía tener interceptadas las líneas, hasta el último momento no se informó a los agentes que partían de Londres —a los que se entregó, junto al equipo, una píldora de cianuro, por lo que pudiera pasar—, del lugar exacto del aterrizaje. La noche del 16 de febrero de 1943, un bombardero Halifax trasladó a los seis oficiales noruegos, que saltaron en paracaídas sobre la meseta de Hardangervidda. Tras varios días de búsqueda en medio de unas condiciones climáticas muy adversas, se unieron al grupo de avanzadilla y todos se ocultaron a unos tres kilómetros, en otra cabaña abandonada, donde perfilaron los últimos detalles de la misión de sabotaje.

Poniendo en práctica lo que tantas veces habían ensayado en Inglaterra, procedieron a llevarla a cabo en la fábrica de Norsk Hydro. Tras retener a un trabajador noruego en la factoría, colocaron las cargas explosivas en las cámaras de electrólisis de agua pesada, abandonando en el lugar, de forma deliberada, un subfusil británico para dejar claro que la operación se había planificado en Londres y que los nazis no tomaran represalias contra la población civil. No querían que sucediera lo mismo que en Praga tras la muerte de Heydrich. Aunque no parece que los hombres de las SS fueran a conformarse solo con eso.

Poco después de que los saboteadores huyeran, las cargas comenzaron a detonar. Al día siguiente se produjo en Rjukan una reunión de urgencia entre el comisario del Reich en la zona, Josef Terboven, y el jefe de las SS y de la Policía de ocupación en Noruega, Wilhelm Rediess, que ordenaron la detención de medio centenar de personas en calidad de rehenes. Sin embargo, pocas horas después el general de la Wehrmacht Von Falkenhorst ordenó poner en libertad a los prisioneros, alegando que se trataba de una operación de índole militar, ajena a la población civil, aun a sabiendas de que la resistencia local debía estar de una u otra forma involucrada en el acto de sabotaje. Sin duda, sabía que una represalia sobre los habitantes de la localidad tan solo serviría para aumentar la tensión en un país donde los grupos opositores eran cada vez más activos ante la ocupación germana.

No obstante, Von Falkenhorst decidió peinar la meseta de Hardangervidda con unos tres mil hombres en busca del grupo británico de comandos que creía que se encontraba oculto. Quemaron las cabañas y los refugios pero no dieron con ellos. Seis de los diez hombres del comando que llevó a cabo la Operación Gunnerside ya habían conseguido huir a Inglaterra vía Suecia, tras haber recorrido trescientos kilómetros en apenas dos semanas, mientras que otros cuatro, comandados por Haukelid, permanecieron en el país para continuar al servicio de la resistencia.

Última misión en el lago Tinn

La zona de la fábrica donde se producía el agua pesada sufrió grandes daños, pero ello no impidió que apenas seis meses después la planta de Vermok ya estuviera reparada y el agua pesada volviera a producirse. Churchill, tras enterarse de ello por sus informadores, obcecado en detener la carrera atómica nazi, hizo oídos sordos esta vez a las reticencias de los noruegos y dio luz verde al bombardeo de la planta a pesar de las dificultades tácticas. Sería la aviación norteamericana, con sus fortalezas volantes B-17, la que lanzaría más de setecientas bombas sobre la planta de Norsk Hydro el 16 de noviembre de 1943, con la lamentable pérdida de la vida de veinte civiles noruegos.

Debido a los daños causados en la factoría, los nazis decidieron trasladar las reservas de agua pesada que aún poseían hasta Alemania: nada menos que treinta y nueve barriles que contenían catorce toneladas del preciado líquido. En cuanto tuvo conocimiento de ello, Einar Skinnarland informó a Londres. Fue de nuevo Churchill quien dio la orden al SOE para que se tomaran medidas drásticas para acabar con aquel cargamento. Knut Haukelid recibió el encargo de llevar a cabo la nueva misión.

Sabedores de que podían ser objeto de otro sabotaje, los nazis blindaron el tren que debía transportar los barriles hasta el corazón del Reich con unos cien centinelas. Sin embargo, en un punto del trayecto, concretamente en el lugar donde se encontraba el gélido lago Tinn, la vía férrea se cortaba y los barriles debían ser trasladados a bordo de un transbordador ferroviario que realizaba un recorrido de unos treinta kilómetros sobre el agua entre las localidades de Mael y Tinnoset.

El plan era hundir el ferri *SF Hydro.*[10] Debido a que el lago Tinn, uno de los más grandes de Noruega, alcanzaba una profundidad de hasta cuatrocientos sesenta metros, los alemanes no podrían recuperar los barriles de su fondo. Era, no obstante, una misión muy arriesgada que conllevaba, a su vez, la pérdida de vidas civiles como graves «daños colaterales» de la guerra secreta.[11]

La madrugada del día 20 de febrero de 1944, Haukelid y otros tres saboteadores penetraron en el *SF Hydro* y colocaron ocho kilos y medio de explosivos en la sentina de la embarcación. A las diez y media de la mañana la carga hizo explosión y al cabo de unas horas el ferri descansaba en el fondo del lago Tinn. Habían muerto catorce civiles, entre tripulantes y pasajeros, pero gran parte del cargamento de agua pesada destinado al esfuerzo nuclear del Tercer Reich quedó inservible.

En 1965, Anthony Mann dirigía la cinta *Los héroes de Telemark,* protagonizada por Kirk Douglas, una versión con algunas inexactitudes históricas —como la mayoría de las películas gestadas por Hollywood—, pero un ejercicio de puro cine de aventuras, pues tenía todos los elementos para funcionar en la pantalla. La historia verídica era muy potente. Tuvieron que pasar cinco décadas hasta que se recuperaron los primeros restos de aquel naufragio, tarea nada sencilla que llevaron a cabo algunos investigadores locales con la tecnología subacuática más puntera, poniendo punto y final —o al menos punto y seguido— a la Operación Gunnerside, que pasaría a la historia de la Segunda Guerra Mundial como «la Batalla del Agua Pesada».

10. Los otros dos transbordadores que cubrían dicha área eran el *SF Rjukan Fos* y el *SF Ammonia*.

11. No obstante, gracias a varios empleados de la Norsk Hydro que trabajaban en secreto para la resistencia, se pudo retrasar la salida del ferri un día, del 19 de febrero (sábado) al 20, domingo, el día de la semana en que la cantidad de pasajeros era menor.

Expediente n.º 11

LA CONJURA CONTRA AMÉRICA (I): ESPÍAS NAZIS EN ESTADOS UNIDOS

Franklin Delano Roosevelt, presidente de Estados Unidos cuando estalló la Segunda Guerra Mundial, era un demócrata, el artífice del New Deal que chocó con la oposición de gran parte de la derecha estadounidense. Esto no quiere decir que, al igual que harían Churchill en el Reino Unido, o los gobiernos en el exilio de Francia, Polonia o Checoslovaquia, entre otros, no echara mano de métodos cuando menos dudosos —y en ocasiones terribles— en relación con las libertades civiles y los derechos individuales para combatir al enemigo.

Se avecinaban tiempos de guerra y Estados Unidos, que, a diferencia de Gran Bretaña, el Tercer Reich o la Unión Soviética, no contaba con un sistema interno de espionaje definido, debía hacerse fuerte contra la amenaza extranjera, los sabotajes y los espías, y más cuando se hizo evidente que la inteligencia germana estaba operando en el propio país.

Los americanos habían aprendido de los errores cometidos durante la Primera Guerra Mundial, cuando minusvaloraron el poder de los saboteadores y espías del Eje, causantes de varios desastres en su territorio. Sin embargo, seguían sin tener una tradición en inteligencia como sus «colegas» británicos, que habían perfilado los servicios secretos ya antes de la Gran Guerra, en 1909. Era, por tanto, necesario contrarrestar una posible acción de enemigos potenciales en Norteamérica, o al menos eso fue lo que esbozó el todopoderoso J. Edgar Hoover, el arrogante, conspirativo, aunque eficiente director de la Oficina Federal de Investigación, el FBI, ante el Congreso estadounidense, el Supremo y la misma Casa Blanca para restringir numerosas libertades que amparaba la Carta Magna y llevar a cabo su guerra subversiva contra Hitler, Japón y, por supuesto, los soviéticos.[1]

La prioridad en esos momentos, no obstante, eran los fervientes seguidores de Adolf Hitler. Ya habría tiempo de volver a tensar la cuerda sobre el «demonio rojo», aunque sin bajar del todo la guardia ante los espías del Kremlin, que también estaban infiltrados en algunos lugares estratégicos, como la mismísima Casa Blanca.

Pero volvamos a ese momento en el que Roosevelt, que ocupó el despacho oval en plena depresión económica, pensó que la guerra era inminente y la amenaza del Tercer Reich, a pesar de los miles de kilómetros que los separaban del Viejo Continente, se hacía cada vez más palpable. Norteamérica estaba siendo vigilada y ahora les tocaba el turno a los órganos gubernamentales y de seguridad de dar el paso para defenderse.

Y es que, entre bambalinas, se gestaría una verdadera conspiración para atacar al Gobierno estadounidense desde Berlín. Por este motivo hemos decidido titular este capítulo y el siguiente «La conjura contra América», cogiendo prestado el título de la novela de historia alternativa de Philip Roth,[2] ambientada precisamente en dicha época en Estados Unidos, puesto que la Alemania nazi gestaría una operación —esta sí, real— encaminada a dinamitar la moral y las infraestructuras norteamericanas en tiempos de guerra, primero con la filtración de toda una serie de anillos de espías en territorio americano —de los que nos ocuparemos en las siguientes páginas— y más adelante con un ambicioso plan de sabotaje y acciones terroristas, que protagonizará el siguiente y último expediente.

1. Hoover estaba convencido de que la mayor amenaza para su país provenía del comunismo, cuyos agentes consideraba infiltrados en amplios sectores de la política, la economía y la sociedad civil. Ya en los años veinte, cuando la agencia federal comenzó a dar sus primeros pasos, J. Edgar Hoover había perseguido con fervor a las redes comunistas desplegadas a lo largo y ancho de Estados Unidos en unos tiempos de fuerte movimiento sindical.

2. Philip Roth, *La conjura contra América*, Barcelona, Debolsillo, 2012. En esta novela, Roosevelt es derrotado en la elección presidencial de 1940 por el aviador e ingeniero estadounidense Charles Lindberg, quien se declaró abiertamente partidario de Adolf Hitler.

Cuando el almirante Wilhelm Canaris se puso al frente de la Abwehr en 1935, sustituyendo al capitán Conrad Patzig, el organismo de inteligencia cobró impulso y pasó a tener gran eficiencia en delicados asuntos que convergerían finalmente en la contienda. Cuando ocupó su importante cargo en Tirpitz Ufer —donde se encontraba la sede del servicio secreto, en Berlín—, le informaron, para su sorpresa, de que este ya disponía de un puesto avanzado de espionaje en América del Norte. Él explotaría aquella ventaja a pesar del poco interés que por aquel entonces Hitler mostraba por un país tan alejado de sus ambiciones de conquista, que años después cambiarían, ampliándose también al otro lado del Atlántico.

Sin embargo, la penetración en una nación tan distante, de dimensiones gigantescas y políticamente compleja, tan distinta a Alemania, no había sido un plan elaborado de la Abwehr, sino de un hombre, William Lonkowski, cuyo nombre en clave era Sex y en cuyo pasaporte figuraba el de Wilhelm Schneider, nacido supuestamente en 1893 en Wetzlar-on-the-Lahn, casado, afinador de pianos de profesión, ocupación cuando menos curiosa para un espía.

En 1926, la Reichswehr, el ejército mutilado y mínimo que los aliados dejaron a Alemania a través del Tratado de Versalles, decidió agregar en secreto una fuerza aérea ilegal a lo que después sería la Wehrmacht conocida como la Luftwaffe negra.[3] Bien, pues la primera decisión que tomó aquella fuerza aérea encubierta fue establecer una oficina de aviación militar, conocida como Fliegerzentrale,[4] que sería comandada por el as de la aviación de la Primera Guerra Mundial y comandante de la Legión Cóndor en la Guerra Civil española, Hugo Sperrle, quien disponía de varios escuadrones equipados únicamente con aeroplanos anticuados. Así, se enviaron agentes al extranjero para

3. Estos informes revelan que mucho antes de que Hitler acariciara el poder, aunque ya había dado su intentona golpista en Múnich en 1923, miembros del Ejército alemán se estaban rearmando clandestinamente, recuperando sus ansias imperialistas.

4. F. L. Carsten, *The Reichswehr and Politics: 1918-1933*, Berkeley, University of California Press, 1973.

hacerse con todo tipo de material que pudiera fortalecer la embrionaria industria de aviación teutona.

Y precisamente Estados Unidos estaba siendo por aquel entonces la cuna de los diseños más ambiciosos y revolucionarios de aviones, giroscopios y visores automáticos, así como de nuevos inventos como indicadores de vuelo, hélices de cuatro aspas y combustibles mejorados. Aunque los alemanes se hicieron con algunos de estos dispositivos, pronto agotaron sus fondos y chocaron con un importante escollo: muchos de los diseños y artefactos más apetecibles para la nueva Luftwaffe —especialmente los producidos para la Marina estadounidense— tenían el marchamo de confidenciales y no estaban ni mucho menos a la venta en el mercado.

Aquí comenzaba la labor encubierta de los espías. La Fliegerzentrale encargó al coronel Fritz Gempp, de la Abwehr, el envío de un hombre a Nueva York, el centro financiero estadounidense, su arteria vital, para que estableciera una red de agentes especializados principalmente en aviación. Aquí es donde entrará en acción William Lonkowski, alias *Sex,* y su misión secreta.

El 27 de mayo de 1927, aquel agente encubierto desembarcaba en Hoboken (Nueva Jersey), del buque de línea *Berlín* de la North German Lloyd Company. La mayoría de los agentes nazis llegaban a suelo estadounidense a través del puerto de Nueva York, debido a que en la ciudad de los rascacielos vivía una importante comunidad alemana, principalmente en el distrito de Yorkville, en Manhattan, donde residían por entonces medio millón de germano-americanos. Una vez que el agente secreto burló el control y al inspector de inmigración con habilidad, dejó atrás la identidad que figuraba en su pasaporte y se convirtió en otro hombre con una hábil maniobra de distracción, una mascarada digna de los mejores espías.

Este silesio, mecánico de aviación de la Primera Guerra Mundial, que ni se llamaba William Schneider, ni había nacido en Wetzlar-on-the-Lahn, ni era, por supuesto, afinador de pianos —como dijimos antes—, además de los citados alias, tendría muchos más: Willie Meller, William Sextone, Bill Lonki..., aunque el nombre por el que pasaría a la historia de la «guerra secreta» y que utilizaremos en las siguientes líneas fue el ya citado de William Lonkowski.

Una filtración en el corazón de la Defensa

Aunque era un diseñador competente y quería labrarse un futuro en su gran pasión, la aviación, no encontró empleo alguno en tiempos de fuerte crisis económica y por ello se acercó a la Reichswehr y de ahí pasó a la nómina de la Abwehr, aún en pañales. Aunque Gempp le dio el alias de Sex, este curioso apodo no tenía connotación carnal de ningún tipo: en realidad, era la abreviatura de Sexton, el alias original —William Sexton— que sus jefes del servicio de inteligencia habían acuñado para él y que después abandonó para garantizar que su verdadera identidad no fuera revelada.

A Lonkowski le entregaron un listado con una serie de artilugios que debía adquirir —al que llamaban «lista de la compra»—, y algunos fondos, realmente reducidos para la ambiciosa tarea que habría de desarrollar. Debía conseguir objetos y piezas compilados por los expertos de la Fliegerzentrale de mercancías mencionadas en revistas de aviación norteamericanas y publicaciones de ingeniería cuyos números habían analizado minuciosamente.

Lejos de abrumarse por la inmensa labor de abarcar toda aquella industria, a comienzos de 1928 Lonkowski ya había delimitado las líneas principales de su *modus operandi:* buscó empleo no como afinador de pianos sino como mecánico de aviación de primera clase, y consiguió un trabajo en la Ireland Aircraft Corporation de Long Island, donde inició su plan para la contratación de agentes: primero, comenzó como mecánico, pero gracias a su habilidad fue ascendiendo rápidamente hasta adquirir una considerable influencia en el departamento de contratación de personal.

A su vez, para blindar su tapadera, se hizo corresponsal americano de una revista aérea alemana de prestigio, *Die Luftreise,* utilizando sus credenciales como articulista en asuntos de aviación y, antes de regresar a Alemania, estableció contacto con dos de sus compatriotas en los que podía confiar plenamente, a la vez que buscaba la forma de introducir nuevos agentes en Estados Unidos. Sus dos cómplices por aquel entonces eran Werner Georg Gudenberg, un delineante de ingeniería con ciertos conocimientos de electrónica, natural de Hamburgo, y Otto Hermann Voss, otro joven de veintinueve años de la misma ciudad, mecánico de aviación de gran habilidad y graduado en la Escuela Técnica Industrial. Habían llegado directamente de Alemania en otoño de 1928, y Lonkowski logró infiltrarlos en la plantilla de la Ireland Aircraft Corporation, realizando una sutil penetración, calculada, en la industria militar y aérea.

Para 1932, Lonkowski ya dirigía una considerable red de agentes. Por su parte, Voss se había trasladado a otra compañía que producía hélices para la Marina y Gudenberg hizo lo propio empleándose en una fábrica de aviones de Bristol, Pensilvania, que realizaba experimentos con nuevas aplicaciones de aluminio en la manufactura de fuselajes.

Así, la red del agente Sex envió a Berlín una importante variedad de informes y planos, incluido el diseño de «un avión a prueba de incendios» y lo que el propio Sex calificó como «el motor enfriado por aire más poderoso del mundo», que la Wright Aeronautical Corporation estaba fabricando para el Ejército, entre otros jugosos documentos secretos.

Sin embargo, para entonces, la Abwehr había sufrido importantes cambios (como la salida de Gempp) y aunque Lonkowski siguió recibiendo pequeños fondos, su valiosa información quedó archivada y su ambicioso proyecto no recibió el apoyo necesario y merecido desde Berlín.

Un nuevo anillo de espías

Era 1934, el segundo año de Hitler en el poder, y los nazis extendían sus gritos antisemitas por tierras americanas a través del llamado Movimiento Germano-Americano,[5] un verdadero her-

5. Organización filonazi que, según las fuentes, tenía entre treinta mil y cuarenta mil afiliados, fervorosos seguidores de las ideas de Adolf Hitler. Realizaban mítines con el brazo en alto donde se gritaba, al son de los tambores y en posición cuasi marcial, las consignas *Sieg Heil* y *Heil Hitler* en medio de banderas que combinaban las barras y estrellas del país «de la libertad» con la esvástica nacionalsocialista.

videro de fanáticos miembros del NSDAP preparados para hacer cualquier cosa por el régimen recién erigido en su lejana patria, incluidas labores de espionaje y sabotaje. Entre los candidatos a espías del Reich, destacó un médico de Nueva York de nombre Theodor Griebl, quien se había instalado en Yorkville, corazón de la colonia alemana en Manhattan, donde abrió una consulta de obstetricia y cirugía de venas varicosas. Griebl no tardó en prosperar y en hacerse notar como uno de los más destacados miembros de su comunidad. En su consulta realizaba una labor soterrada como hábil propagandista nazi, reclutando candidatos para la causa hitleriana.

Puesto que tenía varios conocidos bien situados en diversas instalaciones de la Defensa del país, intentó disuadirlos para formar un anillo de espionaje a favor de la nueva Alemania. Ese año ofreció sus servicios al mismísimo doctor Göbbels en una carta en la que apuntaba al ministro de Propaganda, a modo de credencial, que era conocido de su hermano Carl, un nazi de la vieja guardia que podía responder por él. El *Reichsminister*, ocupado entonces en sentar las bases del nuevo Reich a cualquier precio, no retransmitió la interesante misiva a la Abwehr, entonces prácticamente inoperante y con los años un nido de conspiradores contra Hitler, sino a la Gestapo, que en un principio en manos de Göring, estaba creando una red internacional de policías espías y de informantes confidenciales.

El cuartel general de la Policía Secreta y poco después del SD en la Prinz-Albrecht-Strasse de Berlín remitió entonces la solicitud de Griebl a la conocida como Oficina Marítima, sita en el imponente edificio prusiano Stella, en Hamburgo, donde un agente llamado Paul Kraus se dedicaba a organizar células nazis en los barcos de las rutas transatlánticas. La cruz gamada, y todo lo que ella suponía, llegaba así a todos los rincones gracias a los agentes reclutados entre las tripulaciones de barcos que atracaban en todos los puertos del mundo, empresa que había comenzado en 1930, tres años antes de la llegada de los nazis al poder y que denotaba, insisto, las ansias imperialistas del Ejército alemán antes de Hitler.

Para cuando recibió la carta de Griebl, en 1934, Kraus tenía cientos de candidatos a espías registrados ordenadamente en índices de tarjetas blancas, amarillas y azules —dependiendo de qué misión podían realizar—, preparados para entrar en acción cuando fuese necesario.

Los agentes mejor situados eran miembros de las tripulaciones que las compañías marítimas North German Lloyd y Hamburg-American Line tenían en servicio: en el *Bremen*, en el *Europe*, en el *New York* y en el *Hamburg* —sobre todo, los camareros del *Europe*, Karl Schlueter, y del *Bremen*, Karl Eitel—. A bordo del *New York* destacaba un tal Theo Schluetz y en el *Hamburg* otro agente de identidad desconocida. La tarea principal de todos ellos era la de actuar como correos cuando se pudieran organizar anillos de espías en territorio norteamericano.

Para gestar todo esto, Kraus había invitado a Griebl a que lo visitara en su despacho de la Oficina Marítima en Hamburgo, donde aceptó gustoso trabajar como ojeador, reclutando hombres y mujeres en Estados Unidos que pudieran convertirse en agentes relevantes. Una vez que regresó a Nueva York, pasó a formar parte de las actividades del grupo Amigos de la Nueva Alemania, una organización en la que crearía la base de sus operaciones de inteligencia y a su vez una magnífica tapadera para encubrirlas.

En un principio solo contó con la ayuda de un «anillo» formado por él mismo y sus compatriotas Axel Wheeler-Hill y el periodista y más tarde agente Oskar Karl Pfaus.[6] En 1934, estos hombres apenas tenían formación como agentes secretos, no tenían acceso a información clasificada ni conocían a nadie que la tuviera. Se hacían llamar, bromeando, aunque de forma algo imprudente para unos aspirantes a espías, «los muchachos clandestinos del doctor Griebl», y parecían meros aficionados de poca utilidad para la Abwehr o la Gestapo, organizaciones que se hacían cada vez más fuertes.

Entonces Griebl entró en contacto con un viejo amigo que había conocido en Maine y al que los archivos de la Abwehr se refieren con el nombre en clave de Daneberg, al que señalan

6. Curt Riess, *Total Espionage: Germany's Information and Disinformation Apparatus 1932-1940*, Stroud, Fonthill Media, 2016.

como hombre H (abreviatura de *hintermann*) o subagente de F.2307/DrG, el número de Griebl en el registro central del servicio secreto, como «productor de agentes».

Tras una minuciosa investigación del legajo de Daneberg, entre los archivos descuidados y olvidados de la institución que dirigía Canaris hasta 1944, el historiador militar y periodista húngaro Ladislas Farago[7] descubrió que la verdadera identidad de este agente era la de Christian F. Danielsen, un ingeniero germano-americano de cincuenta y un años, manco, que estaba empleado en la Bath Iron Works, en Maine, como diseñador de destructores de la Marina estadounidense. Llevaba casi cuarenta años en el país de las barras y estrellas, donde había prosperado y era dueño de algunos bienes raíces. Danielsen, que tenía tres hijas que vivían en Alemania y un gran afecto a la vieja patria que ahora creía ver «renacer» en manos de los nazis, aceptó gustoso la propuesta de Griebl, convirtiéndose en el más valioso de los miembros del anillo en gestación: en su oficina de la Bath Iron Works copiaba en secreto los planos de los buques de guerra en los que trabajaba y después se los entregaba al agente nazi, que conseguía así el primer material de importancia de los secretos de Defensa norteamericanos.

Poco después, otro brillante agente se unía a la red: nada menos que Willy Lonkowski, quien se presentó en la consulta del doctor Griebl alegando buscar tratamiento para una dolorosa úlcera de duodeno. Se habían conocido en 1922, en el transcurso de una misión secreta en Francia que les había encargado el coronel Friedrich Gempp,[8] cuando daba sus primeros y bisoños pasos la recién creada Abwehr en el seno de la Reichswehr.

Así es como Lonkowski, que parecía haber sido olvidado por sus superiores en Berlín y Hamburgo, ofreció sus servicios al buen doctor, fusionando lo que quedaba de la organización del agente Sex y el anillo recién constituido por Griebl en Nueva York.

7. Ladislas Farago, *El juego de los zorros*, México, Lasser Press Mexicana, 1973.

8. Oficial del Ejército alemán. Fundador y, hasta 1927, director del servicio de inteligencia (Abteilung Abwehr) de la Reichswehr durante la República de Weimar.

Una eficiente asociación encubierta

Una vez que ambos hombres pusieron a funcionar el engranaje de su asociación clandestina, atrajeron a un número cada vez más amplio de agentes, entre ellos Otto Hermann Voss y Werner Gudenberg, los viejos asociados de Sex, y nada menos que a un capitán de Ejército estadounidense, nacido en Suiza, que les suministraba detalles de nuevas armas de infantería. Además, el anillo contaba con un delineante infiltrado en una firma neoyorquina de arquitectos navales; un diseñador de cañones en Montreal (Canadá); un ingeniero de un laboratorio metalúrgico de la Federal Shipbuilding and Drydock Company en Kearny (Nueva Jersey); así como contactos en los astilleros de la Marina en Boston y Virginia, y en varias fábricas de aviones de todo el país.

Sin embargo, por aquel entonces, con importantes tareas que realizar en el Viejo Continente, la Abwehr no prestaba, una vez más, la debida atención a una información que sería decisiva en caso de guerra, y en la Alemania nazi todo parecía que se encaminaba hacia ello, incluso en una fecha tan temprana como 1934. El agente de la Gestapo de Hamburgo, Paul Kraus, en su Oficina Marítima, no sabía qué hacer con la información confidencial del anillo Griebl-Lonkowski, hasta que las dependencias del servicio secreto en Wilhelmshaven, que se ocupaban de la información naval, fueron ocupadas por un nuevo jefe, Erich Pfeiffer, oficial naval de carrera, doctorado en economía política y con el grado de teniente de navío *(Kapitanleutnant)* en el servicio de inteligencia del extranjero, que se convertía así en segundo comandante de dicha oficina con el título de *V-Mann Leiter*, «líder de agentes», quien, en palabras de Farago, «estaba llamado a convertirse en el Pimpinela[9] del espionaje alemán en Estados Unidos durante ese decenio turbulento» y cuyo nombre no dejaba de surgir «en cada operación de espionaje que el FBI lograba frustrar [...], señalado por varios grandes jurados de Nueva York

9. Siguiendo al autor, de acuerdo con la mejor tradición de los grandes maestros espías, Erich Pfeiffer se mantenía «como una figura sin rostro, oscura, que manejaba los hilos, pero que nunca se exponía».

como uno de los principales conspiradores en estos complots», aunque tuvo que ser vigilado a distancia y acusado *in absentia*.

Como buen agente, respondía a varios alias: *Herr* Doktor, Doctor Erdhoff y N. Spielman. Aunque el fracaso de algunas de las operaciones que encabezó hizo que el contraespionaje norteamericano lo considerase «industrioso y osado, pero incompetente e inefectivo», sin embargo, para el historiador húngaro, sus éxitos compensaron con creces sus fracasos «y el saldo muestra que sigue siendo uno de los ejecutivos del espionaje más notables de este período».

Pfeiffer, maestro de espías pragmático, no compartía las reservas de Patzig —a quien sustituiría un año después Canaris— por colaborar estrechamente con los servicios de inteligencia nazis, así que tan pronto como se acomodó en su despacho de Wilhelmshaven estableció relaciones de trabajo con las oficinas de la Gestapo en Bremen y Hamburgo, lo que sería ampliamente recompensado por los hombres del SD como un gran gesto en pro del entendimiento y pronto daría sus frutos.

Cuando apenas llevaba unos meses en su cargo, concretamente el 2 de febrero de 1935, Pfeiffer recibió una inesperada llamada telefónica desde Hamburgo de Kraus, desde el edificio Stella, quien le informó que le gustaría presentarle a un par de «amigos» que le habían traído un regalo desde Estados Unidos. No eran otros que el camarero del *Bremen* y el maquinista del *Europe*. Este último —que se ofreció voluntariamente en la Abwehr y no tenía demasiada experiencia en tales lides— presentó el número de una publicación profesional, *Marine News*, así como unos ejemplares atrasados de *National Geographic*, pero el camarero del *Bremen*, más curtido ya en labores clandestinas, traía consigo nada menos que el primer envío de alto secreto del anillo Griebl-Lonkowski.

Entregó al doctor Pfeiffer «un manual clasificado de la Marina de Estados Unidos que se utilizaba en los astilleros como guía en los ensayos de metales para la construcción de barcos de guerra», que Griebl había obtenido de un ingeniero en Kearny, Nueva Jersey. La información era muy ecléctica y hasta sorprendente: también presentó un informe confidencial de Lonkowski con chismorreos acerca de la vida privada de Frederick T. Birchall, corresponsal europeo jefe de *The New York Times* que estaba resultando un personaje sumamente incómodo en Berlín a causa de sus despachos antinazis redactados en un tono enérgico y muy documentados. Y también le entregó una muestra de telurio, usado al parecer por la Marina en algunos experimentos anticorrosivos, así como negativos de fotografías de los dibujos de un avión experimental que estaban comenzando a elaborar en la planta Sikorsky Aircraft de Farmingdale, Nueva York.

El camarero del *Bremen* comunicó al «líder de agentes» del servicio secreto alemán que había muchísima más información de gran valor a la espera de ser enviada por Griebl y Lonkowski, en una operación a gran escala, y que tan solo esperaban órdenes. Tras el visto bueno, las remesas saldrían de suelo norteamericano cada vez que los barcos correo zarparan rumbo a Bremerhaven y los informes llegarían a Wilhelmshaven en película de treinta y cinco milímetros con la reducción hecha por el propio Lonkowski en un laboratorio que había instalado en su domicilio de Long Island.

Entonces, Pfeiffer, viendo que tenía ante él a la gallina de los huevos de oro, alquiló una suite de oficinas en el edificio federal, en la zona comercial de Bremen, y la equipó con un avanzado laboratorio fotográfico para poder revelar las películas llegadas del otro lado del Atlántico. A su vez, organizó toda una serie de buzones en la ciudad a los que se dirigiría a partir de entonces la correspondencia clandestina.

En el grupo de agentes, entró en nómina Karl Eitel, que se convertiría en agente superior y correo jefe con el número R.2307. El otrora camarero del *Bremen* sería conocido a partir de entonces con el alias de Forscher («Explorador») y se le asignó el número F.2318. A Griebl le dieron el nombre ficticio de Ilberg y un nuevo número, el 2339. Comenzaba, ahora sí, en toda su magnitud, la Operación Sex: el 5 de enero, el *Bremen* emprendió de nuevo el viaje a Estados Unidos y su enlace a bordo llevaba instrucciones detalladas de la Abwehr para Griebl y Lonkowski sobre cómo debían actuar a partir de ahora. El 12 de enero de 1935, Griebl (el agente Sex) se encontraba en un restaurante alemán de la calle 36, el Hofbräuhaus, para su *Treff*[10] con Karl Eitel, el agente R.2307. Comenzaba una de las más prometedoras acciones de la inteligencia alemana en suelo estadounidense.

En el corazón armamentístico de Estados Unidos

Tirpitz Ufer. Cuartel general de la Abwehr en Berlín, 2 de febrero de 1935. Una reunión a puerta cerrada se celebra entre el doctor Pfeiffer, el comandante Udo von Bonin, jefe adjunto de la sección de información naval que supervisaba el espionaje en Estados Unidos, y el coronel Hans Piekenbrock, con el tiempo uno de los principales apoyos del almirante Canaris, quien había llegado recientemente al edificio del centro administrativo y militar de la capital para asumir el cargo de supervisor del grupo de información secreta, conocido como Amstgruppe, en el cuartel general de la Abwehr.

Pfeiffer describió a los presentes los detalles de la Operación Sex. Seis días más tarde, acompañado por Piekenbrock, Canaris se trasladó a Wilhelmshaven con la intención de inspeccionar la pequeña subdependencia de Ast X que en poco tiempo habría de convertirse en el más activo y relevante de los puestos avanzados del servicio secreto que dirigiría hasta 1944, año en que caería en desgracia ante Hitler y sería ahorcado en el campo de concentración de Flossenbürg, el 9 de abril de 1945.

Volviendo a aquel momento, había llegado ya un nuevo envío de microfilmes de manos de Karl Schlüter, quien los escondió a bordo del *Europe*. Entonces Estados Unidos se estaba convirtiendo, contra lo que cabría esperar poco tiempo antes, en uno de los «objetivos clave» de todos los esfuerzos de la Abwehr, como así lo hizo saber Pfeiffer a sus subordinados: «Estados Unidos debe ser considerado como el factor decisivo en toda guerra futura. La capacidad de su poder industrial es de tal magnitud como para asegurar la victoria, no meramente del propio Estados Unidos, sino de cualquier país con el que pueda estar asociado».

10. Así se denominaban este tipo de reuniones clandestinas entre agentes.

Por entonces, Lonkowski se había mudado a una casa en Hempstead, también en Long Island, con la intención de estar más cerca de sus contactos en las fábricas de aviones del lugar. Estaban obteniendo grandes resultados en relación con la información del más alto nivel: consiguieron el diseño de una mira automática para ametralladoras que le proporcionó a Lonkowski el oficial de infantería del Ejército de Estados Unidos nacido en Suiza, así como los planes de un nuevo tanque para agua que se estaba desarrollando en Langley Field, Virginia.

Desde el momento en que se dio luz verde a la Operación Sex, en enero de 1935, hasta finales de julio, en su momento de mayor expansión, Lonkowski había enviado microfilms con especificaciones de todos los aviones que se estaban ultimando en la fábrica Sikorsky en Farmingdale; planos de los aviones FLG-2 y del bombardero de reconocimiento SBU-1 transportado en portaaviones, que la compañía Vought Aviation estaba desarrollando para la Marina; detalles de un bombardero Boeing y un avión Douglas; mapas clasificados del Ejército; detalles de experimentos secretos con cromo; planos de varios destructores; esquemas de distintos mecanismos que la empresa Lear Radio Corporation fabricaba para los departamentos de Guerra y Marina de Estados Unidos y un informe sobre los ejercicios aéreos tácticos en la base aérea de Mitchel. En definitiva, algunos de los secretos militares «mejor guardados» de la gran potencia.

El anillo Griebl-Lonkowski funcionaba cada vez con mayor efectividad a pesar de hallarse a un océano de por medio de sus superiores: recorrieron la frontera canadiense para «estudiar posibles puntos de entrada de grandes grupos procedentes de Canadá en Estados Unidos» e incluso se trasladaron a Montreal para mantener una reunión clandestina con un dibujante y diseñador empleado en una firma canadiense que, cómo no, también trabajaba para la Marina, quien les pasó planos de «un nuevo tipo de cañón antiaéreo que utilizaba un mecanismo electromagnético» que aumentaría, según sus palabras, el número de proyectiles disparados por minuto. El propio doctor Pfeiffer tuvo su copia fotográfica en Bremen incluso antes de que la recibiera, en medio de fuertes medias de seguridad, la Marina estadounidense.

A principios del mes de septiembre, Lonkowski realizaría una de sus más sorprendentes acciones de espionaje: tenía un importante contacto en la planta Curtiss Aircraft de Búfalo, Nueva York, un tal Gudenberg, uno de sus principales abastecedores de información secreta de alto nivel. En dos viajes anteriores a Búfalo, el agente Sex había recibido de su infiltrado los dibujos de un avión experimental del Ejército para bombardeos nocturnos, y de otro avión experimental, cuyo nombre provisional era X03C, cuyo prototipo ya estaba en proceso de construcción. Y un mes más tarde, Gudenberg le hacía entrega de lo que acabaría siendo el mayor éxito de la carrera de Lonkowski como espía al servicio de la Abwehr: los planos de un bombardero ligero de alto secreto, conocido como SB2C.[11]

Un incidente inesperado

El 25 de septiembre de 1935, el *Europe* estaba a punto de zarpar del muelle 86 en el río Hudson, en Nueva York, rumbo a Bremerhaven. Un hombre delgado y demacrado, con gafas y un estuche de violín bastante corriente, llamó la atención del guardia de aduanas Morris Joseph. Aquel individuo que hablaba con los camareros del transatlántico en medio del bullicio, no era otro que William Lonkowski.

Joseph se acercó a él y le preguntó qué clase de violín llevaba en el estuche, y que, siendo gran aficionado a la música, si le dejaba verlo. Más que una petición era un imperativo y Lonkowski, nervioso, abrió el maletín. El guardia de aduanas sacó el violín y al levantarlo de su compartimento de terciopelo se topó, sorprendido, con toda una colección de fotografías en las que aparecían los dibujos de los aviones y los prototipos. Llevó al extraño personaje hasta la oficina de aduanas, situada enfrente

11. En diciembre de 1942, las Fuerza Aéreas de Estados Unidos introducían en su arsenal el Curtiss SB2C Helldiver. Siete años antes, los alemanes ya disponían, gracias al anillo Griebl-Lonkowski, de los planos de su prototipo experimental, lo que puede darnos una idea de la importancia de la Operación Sex.

del muelle y llamó a su superior, John W. Roberts. Juntos registraron a Lonkowski y en sus bolsillos encontraron una cinta de película cuyos negativos mostraban detalles de aeroplanos y varias cartas escritas en alemán, firmadas como Sex, cuyo contenido parecía aludir a dichos esquemas.

Roberts llamó al mayor Stanley Grogan, del G-2 (Información) en Governors Island, y aunque este no se encontraba en su puesto, un subordinado se acercó al muelle y volvió a registrar al nervioso espía y a inspeccionar el contenido del maletín. Estupefacto al verlo, llamó por teléfono al mayor Joseph N. Dalton, solicitándole instrucciones. El oficial le pidió que le describiera las fotografías y una vez que lo hizo, aunque parezca increíble, dejaron marchar al alemán. En palabras del historiador húngaro Ladislas Farago, Dalton comentó: «No veo nada malo en esas fotografías. Cualquiera puede tenerlas. Déjenlo que se vaya ahora, pero díganle que regrese mañana». Antes de dejarlo ir, le preguntaron su nombre y el agente Sex, creyendo que el juego había llegado a su fin, en lugar de facilitarles un alias les dio su verdadero nombre. Luego se fue del muelle y, evidentemente, jamás volvió a aparecer por allí. Los guardias de aduanas del puerto de Nueva York, en un golpe de suerte, pudieron haber desarticulado la mayor red de espías alemanes que operaba en Estados Unidos, pero ni siquiera sospecharon de la importancia de Lonkowski.

Cuando salió del río Hudson, el agente que trabajaba para la Abwehr, con el corazón aún encogido, llamó a su esposa, que se encontraba en Hempstead, Long Island, y le dio instrucciones de que retirara su dinero del banco y lo llevara a la oficina del doctor Griebl en la calle 86, adonde se dirigió él mismo después en un taxi. Griebl, al corriente de lo sucedido, llamó a un viejo conocido, otro alemán, Ulrich Hausmann, y este ayudó a Lonkowski a llegar hasta Canadá en coche. Puesto que aún quedaban años para la guerra, no despertaron sospechas.

Allí, siguiendo las órdenes de Griebl, Hausmann dijo al agente —que se creía desenmascarado— que se trasladara hasta Rivière-du-Loup, donde un barco de cabotaje de bandera alemana estaba descargando. Lonkowski salió para su patria el 28 de septiembre e incluso su esposa se las arregló para salir de Nueva

York y llegar también hasta Alemania, simplemente tomando un barco con destino a Bremen en un muelle del mismo Hudson donde su marido estuvo a punto de ser detenido.

Lo más normal es que durante un tiempo los espías en suelo norteamericano hubiesen permanecido inactivos, pero hicieron todo lo contrario. Según los documentos de la Abwehr hallados en aquel polvoriento archivo, Ignatz T. Griebl y Karl Eitel se mostraron más activos que nunca. A pesar del que fue conocido como «incidente Lonkowski» en el muelle 57 del Hudson, la Operación Sex siguió adelante de forma más enérgica que nunca.

El anillo se hace más fuerte

Eitel y Griebl eran dos fanáticos de la causa alemana que habían pasado de ser meros aficionados al espionaje a convertirse en auténticos profesionales, mejorando la infraestructura de su organización y reclutando a nuevos candidatos, particularmente personas nacidas en Alemania naturalizadas americanas.

Una vez que se habían establecido de nuevo en Estados Unidos, los agentes recibían instrucciones de adquirir toda la información que pudieran y se les indicaba que intentaran tener el menor contacto con movimientos pronazis, manteniendo su trabajo como espías en el más riguroso de los secretos. Y, aunque utilizaban los mismos conductos para transmitir su información a Berlín, la mayoría de los agentes no se conocía entre sí.

El envío se realizaba tras dar el santo y seña convenido y los más urgentes se mandaban a través del *Bremen* y del *Europe*, los más utilizados como barcos correo. Al otro extremo del anillo, la Abwehr tenía agentes situados en los principales puertos marítimos de Europa, y no solo en Alemania, sino también en Lisboa, Génova, Róterdam y Cherburgo. Además, se mantenían en activo buzones en Holanda, Italia, Escocia, y varios en Brasil y China.

Se crearon códigos relativamente sencillos, «la mayor parte de ellos basados en las páginas de las novelas de mayor venta, escribiéndose las claves en tinta invisible en el reverso de la cubierta de las cerillas de cartón de la línea North German Lloyd», según palabras del mismo autor. Más tarde se desarrollarían sistemas criptográficos más complejos para la rápida transmisión de los mensajes enviados por las tres estaciones de radio de la Abwehr que llegarían a operar en Estados Unidos. La importancia de estos envíos denotó la habilidad de los alemanes para cubrir la información de la industria de la aviación norteamericana, teniendo una gran significación a pesar de ser un episodio casi desconocido de la historiografía. En palabras de Farago, «el hecho de que pudieran obtener prácticamente todo lo que necesitaban para el desarrollo de la Luftwaffe posibilitó que esta se hallara lista para el combate en 1939. Sin esta ayuda de Estados Unidos ese desarrollo hubiese requerido mucho más tiempo y los alemanes no podrían haber ido tan pronto a la guerra como lo hicieron». Ahí es nada. Y en la Casa Blanca ni siquiera lo sospechaban.

Además de la forma en que tenían que comportarse y moverse en territorio americano, y el modo de realizar envíos, se adiestró a los agentes en el uso de la cámara Leica y en la elaboración de copias microfotográficas de documentos y planos. Un documento escrito en una hoja de papel de carta ordinario se podía reducir a un marco de película de unos veinticinco por diecinueve milímetros. Así, el correo podía llevar encima instrucciones detalladas para muchos agentes y docenas de copias fotográficas para los jefes del servicio secreto, de un valor militar incalculable en muchos casos. Los encargados de recibir a los correos eran llamados «agentes de transferencia» (*Umleitungsstelle* o agentes U), y generalmente trabajaban como abastecedores de buques o personas cuyas actividades regulares los llevaban a muelles como el de Nueva York.

Por lo general, eran compensados con dinero que en ciertas ocasiones se transfería de bancos de Sudamérica, México y Holanda, a la cuenta de los agentes en distintos bancos de Nueva York, normalmente el Chase National y el National City Bank, aunque lo más frecuente era entregar dólares americanos a los correos, quienes los hacían llegar a los agentes locales, dándoselos en un sitio acordado, como un cine o un bar.

Los honorarios solían ser modestos, salvo excepciones, como el caso de un pago de mil quinientos dólares en una sola suma a uno de los agentes en suelo norteamericano o las abultadas cantidades de libras esterlinas que recibiría años después el agente Cicerón por su trabajo.

Hacia finales de 1935, la Operación Sex reanudó sus actividades con el viejo personal y nuevos reclutas, y cambió su nombre en clave por el de Operación Ilberg. No obstante, Eitel no tardaría en dejar el anillo, dado que temía que Lonkowski lo hubiera comprometido; así, se nombró a un suplente como jefe de correos para que se hiciera cargo del puesto en cuanto se le avisara: Herbert Jaenichen, camarero también en el *Bremen*.

En abril se amplió el anillo después de que el doctor Pfeiffer publicase un anuncio en *The New York Times* bajo uno de sus alias —en este caso el seudónimo M. Spiegelman—, algo que puede parecer extraño, pero que se hizo antes y después de la Segunda Guerra Mundial. Así, se añadieron al grupo clandestino Guenther Gustave Maria Rumrich, alias *Crown*, alemán de los Sudetes de treinta y siete años naturalizado americano, quien hacía poco tiempo que había prestado servicio como sargento en el Ejército estadounidense, y su colega Erich Glasser, soldado en servicio activo. Como correo especial de estos, Pfeiffer *Spielgelman* nombró a Karl Schlueter y a Johanna (Jennie) Hoffmann, una peluquera que trabajaba a bordo del *Europe*, un barco que daba cobijo a numerosos conspiradores.

La estrella del nuevo anillo Ilberg sería Gustav Guellich, un personaje rodeado de misterio aún muchos años después del fin de la guerra, cuyo historial, en palabras de Farago, no se halla en ninguna parte fuera de los documentos secretos de la propia Abwehr. Él mismo descubrió los detalles durante su minuciosa investigación en miles de documentos secretos del servicio de espionaje, por lo que hoy no es otro nombre más entre los millones de legajos que engrosan la historia perdida. Guellich, con una sorprendente capacidad para conservar el anonimato, era un joven muniqués de treinta y cuatro años que había llegado a Estados Unidos en 1932, para naturalizarse americano.

Experto en metalurgia, trabajó en los laboratorios de un astillero de Kearney, Nueva Jersey, en una división de la US Steel.

Por entonces era un hombre demacrado y de rostro enjuto que vivía modestamente en la habitación 1150 del hotel Marinique, sito en la calle 32 oeste de Nueva York. Por las notas conservadas sobre él, Farago supo que era un hombre solitario que padecía «épocas periódicas de depresión». No le era fácil hacer amigos y cuando conoció a Griebl se entregó de lleno a las actividades de espionaje, quizá como forma de contrarrestar sus demonios interiores. Y a pesar de ser lo más opuesto a lo que uno pudiera imaginarse cuando piensa en un agente secreto, acabó por ser el miembro más diligente y valioso del nuevo anillo.

Sus informaciones serían ingentes y de vital importancia para la industria armamentística alemana gracias a su trabajo en el laboratorio: aportó datos clasificados de alto secreto acerca de la Marina estadounidense, entre ellos informes descriptivos, fórmulas y esquemas; las heliografías de varios destructores en construcción y los del cañonero *Erie*... La lista es impresionante.

Sin embargo, el plato fuerte fue la información que entregó a Griebl sobre los trabajos del profesor Robert H. Goddard,[12] de la Universidad Clark en Worcester. Goddard acababa de lograr lo que Guellich describió como «una innovación que representa un progreso considerable en el desarrollo de proyectiles impulsados por cohetes». Dicho campo interesaba mucho a los alemanes y, de hecho, pocos años después, en plena guerra, serían pioneros en él, con su base de Peenemünde y los trabajos de Wernher von Braun y el doctor Walter Thiel, dos de los muchos alemanes que emigraron después a Estados Unidos para ocuparse de su ambicioso programa espacial.

Entonces, desde Berlín, encargaron al general Friedrich von Boetticher que adiestrara a Guellich en las maneras de recopilar información secreta. Este personaje era nada menos que delegado militar en la embajada alemana en Washington D. C. Mientras hacía amistad con personajes importantes del brazo armado

12. Los primeros envíos que hizo el espía consistían en la refundición de artículos de periódicos sobre el profesor americano, la mayoría de ellos calificándolo de «científico loco» que proyectaba ir a la Luna. Curiosamente, mientras tanto, en Alemania se seguían con sumo interés sus investigaciones.

de Estados Unidos, como el general George S. Patton o Douglas McArthur, espiaba para el Ejército alemán, que se rearmaba de forma secreta.

Una vez adiestrado, el nuevo fichaje de la Abwehr se trasladó a Nuevo México, donde el profesor norteamericano Goddard estaba llevando a cabo sus experimentos y donde el agente pudo observar el disparo de uno de los primeros cohetes funcionales del mundo.[13] Curiosamente, o no tanto, fue en Roswell, Nuevo México, un lugar que con los años se convertiría en centro de teóricos de la conspiración de todo pelaje.

En los diferentes informes, Guellich aclaraba cuestiones como el sistema de enfriamiento de la cámara de encendido de los cohetes; daba las fechas de los lanzamientos experimentales programados para el resto del año 1936 y proporcionaba a sus superiores la fórmula del líquido de propulsión que utilizaba Goddard.

El circunspecto espía copiaba de forma clandestina sus documentos confidenciales extraídos de los laboratorios de la US Steel en su escritorio de Kearny y después en la calle 12 oeste de Nueva York, convirtiéndose en una pieza vital del anillo y organizando sus *Treffs* en lugares públicos: a veces fijaba la hora y la fecha para el encuentro secreto con Griebl o su correo a través de un mensaje oculto en la edición del día de *The New York Times*. Ascendió poco después en la jerarquía de la Abwehr con el nombre en clave de agente 2338.

Los logros serían a partir de ese momento casi impensables, incluso, espiar al propio Franklin D. Roosevelt en la Casa Blanca, entre otras hazañas, episodios que se recogen con una apabullante mención a informes y documentos secretos en el monumental libro de referencia, *El juego de los zorros*. Hasta que un día, gran parte de los anillos de espías que la Abwehr tenía en suelo estadounidense se fueron a pique.

13. Tom Streissguth, *Rocket Man: The Story of Robert Goddard*, Minneapolis, Carolrhoda Books, 1995.

La frustrada Operación Corona

En 1938, el servicio secreto comandado por Canaris tenía docenas de espías en Estados Unidos, curiosamente más que en ningún otro país, excepto en Polonia y Francia, debido a que la guerra era inminente. Más incluso que en el Reino Unido, donde eran seguidos de cerca por el MI5. Unos eran brillantes, pero otros no tenían problema alguno en reunirse en sitios públicos, alardear de su «trabajo», emborracharse en las cervecerías de la calle 86 o juntarse saltándose todas las reglas de «distracción» del espionaje en restaurantes de comida barata en Times Square.

Un día, en el café Hindenburg, el doctor Griebl, que incluso había realizado un viaje a Alemania, invitado por Pfeiffer, en medio de todo tipo de lujos, acompañado de su exuberante amante,[14] presentó a otro de sus agentes, Karl Schlueter, alias *Herr Schmidt,* tan incompetente que en una ocasión dejó caer la pistola de su bolsillo mientras intentaba ponerse el abrigo, a un nuevo «fichaje» de su anillo ya citado: Guenther Gustave Rumrich. Aunque este se hacía llamar Theodor Koerner, nombre que había tomado de un poeta alemán del siglo XIX.

Después de una reunión secreta entre ambos hombres, Schlueter escribió a Pfeiffer recomendando imperiosamente la contratación de Rumrich. Sin embargo, en palabras de Farago, «Rumrich no era el ejemplo de virtudes que Schlueter describió. A los treinta y siete años era un patán disipado, bordeaba la frontera del alcoholismo, siempre estaba bajo los efectos de la marihuana y de drogas aún más fuertes, era un mujeriego, ladrón, embustero y un inútil en todos los empleos civiles que había ocupado, incluso como lavaplatos de una cafetería. Solo en el

14. El doctor Pfeiffer los alojó en el elegante hotel Columbus de Bremen, donde desembarcaron, después los llevó a Berlín, donde tuvieron una reunión con el capitán Hermann Menzel y el comandante Udo von Bonin, jefes de la dependencia M de la Abwehr, bajo cuyo control operaba Ilberg, e incluso fue presentado al almirante Canaris y a su segundo, el coronel Piekenbrock. Como obsequio de despedida, Canaris entregó a Griebl «el título que lo acreditaba como dueño de una propiedad en Giessen que le había sido confiscada a su dueño judío». Nunca la ocuparía.

Ejército de Estados Unidos había aguantado siete años y, finalmente, había ascendido a sargento, a pesar de dos deserciones, el desfalco de los fondos del grupo de oficiales en Fort Missoula, en Montana, y un período de seis meses en la prisión militar. Nuevamente se encontraba ausente sin permiso cuando ofreció sus servicios a Alemania». Sin embargo, este «mal afamado y chapucero» hizo un excelente trabajo de espía. Durante veinte meses, de mayo de 1936 a febrero de 1938, trabajó como uno de los mejores agentes del doctor Pfeiffer en Norteamérica, dirigiendo su propia red, que funcionaba con el nombre de Corona.

No obstante, las peticiones cada vez más incesantes de información clasificada por parte de sus superiores y el hecho de que Rumrich tenía una ambición desmedida que le llevaba a solicitar cada vez más dinero e idear todo tipo de misiones, a cual más arriesgada e incluso disparatada, acabarían condenándolo al desastre. Conseguía información de la manera más insólita. En una ocasión, cuando Pfeiffer le pidió que le proporcionara datos sobre la tasa de enfermedades venéreas en el Ejército estadounidense, el agente Corona la consiguió directamente de los archivos confidenciales —que resultaron serlo muy poco— de Fort Hamilton, una de las instalaciones del Ejército que guardaba la entrada al puerto de Nueva York en los estrechos. El 11 de enero de 1936, Rumrich llamó por teléfono al fuerte y, haciéndose pasar por un tal mayor Milton del Cuerpo Médico, dijo telefonear desde la esquina de la Cuarta Avenida y la calle 86 en Brooklyn para dar una conferencia clasificada sobre las enfermedades venéreas, pero que había olvidado sus notas en Washington y que necesitaba los mismos datos: el número de oficiales y soldados en Hamilton, cuáles de ellos contraen enfermedades venéreas y de qué tipo. El cabo que había cogido el teléfono remitió la petición y una vez recabados los datos, se los entregaron a un soldado raso para que los llevara con premura en taxi «al mayor Milton», que estaba esperando en la esquina citada. Parece increíble, pero Rumrich consiguió de esta forma la información.

Mientras se avecinaba el inexorable momento de su caída, respondió, y normalmente de manera efectiva, a las peticiones cada vez más complejas y escrutadoras del doctor Pfeiffer acerca de la «fuerza y disposición del Ejército regular de Estados Unidos estacionado en la costa oriental». También proporcionó información sobre los regimientos de artillería de costa estacionados en la zona del canal, datos relativos a la flota del Atlántico, varios manuales confidenciales del Ejército norteamericano, planos de cañones antiaéreos instalados en la zona metropolitana y otras numerosas respuestas sobre asuntos del más alto secreto.

Sin embargo, la suerte no tardaría en acabársele. Sus ideas peregrinas fueron demasiado lejos. Y todo sucedió cuando Schlueter dijo a Rumrich que la Abwehr necesitaba un cierto número de pasaportes para agentes que estaban enviando a la Unión Soviética. Sin embargo, aquello respondió a un error de forma, a un imperdonable malentendido: Rumrich le dijo que sí podía conseguir unas cincuenta formas en blanco, pero como explica Farago, lo que el comandante Pfeiffer requería eran pasaportes en blanco, no formas en blanco de pasaportes, que eran simplemente hojas que había que llenar al solicitar los pasaportes y las cuales podían obtenerse con solo pedirlas. Para más inri, a Schlueter se le ocurrió decirle a su subordinado que sus superiores pagarían una enorme suma por ellos, nada menos que mil quinientos dólares —que serían esa gran suma que, excepcionalmente, entregarían los hombres de Canaris—, lo que avivó la imaginación de Rumrich.

Antes de cometer el error de su vida, concibió por propia iniciativa un plan disparatado que consistía en secuestrar a uno de los oficiales del Ejército estadounidense, el coronel Henry W. T. Elgin, que tenía acceso a los planes de movilización de tropas, una información muy valiosa para Berlín. El delirante plan de Rumrich implicaba atraer al coronel a una habitación del hotel McAlpin, en el centro financiero neoyorquino, con órdenes falsificadas del mayor general Malin Craig, jefe del Estado Mayor, dándole instrucciones de que acudiera a una cita en dicho edificio para una «reunión del Estado Mayor» y adonde debía llevar «todos los planes de movilización y defensa costera en [su] posesión, también los mapas y gráficos».

Una vez que se encontrase en la habitación —pensaba— dejarían inconsciente a Elgin mediante una bomba de cloroformo, apoderándose (esta tarea recaería sobre Glasser) de su portafolio con los planes confidenciales, que debería llevarle rápidamente a Rumrich, quien le esperaría en el vestíbulo del hotel. El extraño plan fue esbozado en una carta que se envió al doctor Pfeiffer mediante un buzón secreto.[15] Cuando este la recibió, montó en cólera y envió inmediatamente un cable a Nueva York a Schlueter prohibiendo el alocado plan, salvando *in extremis* al imaginativo agente.

Pero no sería así la siguiente vez. Puesto que estaba decidido a conseguir las formas en blanco de una manera u otra, decidió solicitarlas en la dependencia de la división de pasaportes del Departamento de Estado en Nueva York, en el edificio de la Subtesorería, pero se echó para atrás en el último momento y optó por llamar por teléfono a Ira F. Hoyt, jefe de la división de pasaportes de la ciudad, presentándose como «Edward Weston, subsecretario de Estado», para que le enviara con urgencia treinta y cinco formas en blanco al hotel Taft, donde esperaría en el vestíbulo. Ni qué decir tiene que Hoyt no conocía a ningún subsecretario de Estado con ese nombre y no entendía por qué pedía hojas de solicitud en blanco a tan alta instancia si podía obtenerlas cualquiera sin dificultades. Así, comunicó el hecho a la escuadra de extranjeros de la Policía neoyorquina y alertó a T. C. Fitch, funcionario de Seguridad del Departamento de Estado: juntos prepararon un paquete simulado para el tal Edward Weston al que seguirían el propio Fitch y un par de detectives para resolver aquel misterio. El cerco se estrechaba aunque las autoridades desconocían por el momento hasta dónde alcanzaba la trama.

Mientras tanto, en Londres también la contrainteligencia británica estaba realizando sus propias averiguaciones, aunque en este caso por puro azar. Una de las colaboradoras más valiosas de Guenther Rumrich era una escocesa llamada Jennie Wallace Jordan, de cincuenta y un años, que tenía a su cargo un salón de belleza en la calle Kinkock en Dundee (Escocia). Esta dama ha-

15. Dicha misiva sería interceptada por la inteligencia aliada, quien tras leerla, la selló y volvió a enviarla para no comprometer la misión de contraespionaje y que el doctor Pfeiffer, a quien estaban espiando, no sospechara nada.

bría pasado inadvertida en el juego del espionaje si no fuera por la ingente cantidad de correspondencia que estaba recibiendo y que, hacia finales de 1937, despertó las sospechas del cartero de su zona, que avisó a las autoridades londinenses sobre su extraño comportamiento, información que terminó en el escritorio del mayor W. E. Hinckley Cooke, en el despacho 505 de la Oficina de Guerra en Whitehall, cuartel general del MI5. Este puso bajo vigilancia a Jennie Wallace y pronto descubrió que, aunque la mujer era de nacionalidad británica, había enviudado de un alemán que había muerto durante la Gran Guerra. Más tarde se supo que ese mismo año de 1937 había realizado varios viajes a Alemania que no pudo justificar. Aunque afirmó después que sus parientes vivían en Inglaterra, estaba recibiendo correspondencia de Estados Unidos, Francia, los Países Bajos y Sudamérica, y remitiendo abultados sobres a numerosos rincones de lugares bastante remotos. Algo olía mal.

La contrainteligencia obtuvo los permisos para abrir la correspondencia de la señora Jordan y Hinckley Cooke se quedó estupefacto al convencerse de que la esbelta viuda era el buzón de una amplia red de espionaje alemán. Un número relevante de estas misivas, además, firmadas por Corona, tenían su origen en Nueva York, revelando un amplio anillo que se extendía desde Búfalo hasta Newport News, Virginia. En Whitehall se tomó la decisión de informar a los estadounidenses —algo que no era nunca ni tan transparente ni tan sencillo como pudiera parecer, ni siquiera entre socios—. El capitán Guy Lidell, jefe adjunto del MI5 y as del contraespionaje británico, fue enviado a Washington y presentó el material acusador a J. Edgar Hoover. El 28 de enero de 1938, los federales comenzaron la caza de Guenther Gustave Rumrich, mientras los agentes del Departamento de Estado hacían lo propio.

Aunque Rumrich dudó varias veces, telefoneó para que enviaran el paquete con las formas en blanco de los pasaportes a una taberna cercana de Hudson Street, donde tenían que entregárselas a la mujer que la regentaba. Acabaron por abordarlo fuera del local. El agente especial que lo detuvo fue Leon G. Turrou, quien le mostró a Rumrich, que se hacía el sueco, que conocían su doble identidad, la de Corona. Ya no había nada que hacer.

Una vez detenido, Rumrich, que no era un hombre de principios, sino un advenedizo con ansias de enriquecerse, no tardó ni un día en revelar los nombres y direcciones de todos los agentes asociados en el anillo de Karl Schlueter[16] que, para sorpresa de los federales, tenía enormes ramificaciones: las pesquisas los llevaron hasta el anillo de Wilhelm Lonkowski tres años después de su huida, quedando al descubierto dos de sus más estrechos colaboradores, Otto Hermann Voss y Werner Georg Gudenberg, que continuaron trabajando bajo la supervisión del doctor Ignatz T. Griebl, al igual que este mismo. También fue detenida Johanna Hoffman, amiga de Schlueter, que llevaba el correo secreto en ausencia de este. Poco después, la Abwehr sufrió otro revés cuando cuatro miembros del fenomenal anillo dirigido por Wolfgang Blaum fueron arrestados mientras fotografiaban algunos emplazamientos de cañones en Fort Randolph, Virginia.

Aquello fue un escándalo en Berlín, y el ministro de Asuntos Exteriores alemán Von Ribbentrop, quien consideraba una intromisión inadmisible para su campo de acción los anillos que operaban en el extranjero, lo aprovechó para arremeter contra la organización de Canaris, a quien odiaba, y acusarlo de «incompetencia» ante el Führer. Sin embargo, el almirante supo, como viejo zorro que era, restarle gravedad ante Hitler, afirmando que Rumrich y Schlueter no trabajaban al servicio de la Abwehr, sino que eran meros colaboradores que actuaban por su cuenta: «Eran, mi Führer —afirmó—, alemanes patrióticos y nacionalsocialistas fieles cuya única motivación era servir a usted y a su nueva Alemania». Eso de cara a la galería, ante el líder supremo, porque a la vez, el jefe de Tirpitz Ufer encargaba una «investigación implacable» de lo sucedido, donde salieron a la luz todos los detalles y chapuzas de la red caída.

A Pfeiffer le salió aún más caro:[17] el gran jurado que acusó a los miembros arrestados de las redes de Rumrich y Griebl presentaba

16. Este se salvó por hallarse entonces en Alemania tras ser requerido por Pfeiffer para que informara sobre los desatinos de Rumrich.

17. Su alias, el de doctor Spiegelman, lo conocían casi todos los agentes infiltrados, en una vulneración de su tapadera imperdonable para un jefe de contrainteligencia.

suficientes pruebas contra él para condenarle *in absentia*. Aquello le costó ser transferido fuera de la subdependencia que encabezaba. En adelante, solo le confiarían misiones en las que —en palabras de Canaris— «no era probable que hiciera más daño».

Fue entonces cuando comenzaron los preparativos de la guerra de conquista del Führer, mientras la Abwehr perdía interés en Estados Unidos. Puesto que se estaban realizando los preparativos para la inminente anexión de Austria, el Viejo Continente se convertía ahora en su auténtica prioridad. Con la crisis de los Sudetes en el horizonte, Francia e Inglaterra eclipsarían el espionaje en Norteamérica que, sin embargo, nunca desapareció del todo.

Nikolaus Ritter y el visor de bombardeo

Puesto que es imposible recoger aquí todos y cada uno de los movimientos que el espionaje alemán llevó a cabo en suelo estadounidense en aquel tiempo, nos centraremos en una de las figuras que más destacaría antes de la caída de los anillos y que sería uno de los impulsores del envío de saboteadores a las costas americanas: Frederick Duquesne, y en la persona que acabaría dejando al descubierto tan inmensa red: el agente doble William Sebold.

Uno de los más sorprendentes hombres del espionaje alemán en Estados Unidos era Frederick *(Fritz)* Joubert Duquesne. El responsable de introducir a este singular personaje en el anillo del doctor Griebl fue otro de los más brillantes agentes de la Abwehr II en Norteamérica por entonces, Nikolaus Ritter. Veamos algunos apuntes sobre este último.

Procedente del Rin, era un exoficial de entonces cuarenta años, hijo del director de un colegio y fabricante de textiles en Nueva York que se había apuntado ya varios éxitos en el campo del espionaje en los años treinta, entre ellos, obtener para los alemanes el célebre visor de bombardeo.

En 1936 corrían rumores fuera de Estados Unidos, y por supuesto en Alemania, de que la empresa Norden —fundada por Carl T. Norden en los años veinte— había desarrollado un visor de bombardeo casi perfecto que se encontraba en su etapa de montaje. Según los informes, «el nuevo mecanismo permitía al aviador de un bombardero, a una velocidad determinada, hacer dos cálculos básicos, dirección y altura, y luego, en el momento preciso, el visor soltaba automáticamente la carga de bombas sobre el objetivo», facilitando sobremanera que los pilotos dieran en el blanco. Aquel año, el mayor Hans Jochin Groskopf, jefe de la dependencia técnica de I/Lut, la sección de información aérea de la Abwehr, había recibido información sobre varios contactos, que afirmaban que un hombre que trabajaba en la planta Norden, en la calle Lafayette de Nueva York, había obtenido unos dibujos del visor y quería establecer contacto si enviaban a un agente especial a la ciudad. Se prestó a ello el citado Ritter, quien había vivido más de diez años en Estados Unidos, hablaba inglés con soltura y tenía varios amigos bien colocados en el país.

Aunque su proposición no contó en un principio con el visto bueno de Canaris, que prefería enviar a un hombre menos valioso a una misión tan arriesgada, finalmente el almirante aceptó y Ritter puso rumbo a la ciudad de los rascacielos, utilizando como tapadera su profesión civil de fabricante textil. Realizó algunas transacciones de firmas de Hamburgo con Estados Unidos —pretexto para la considerable cantidad de dinero que iba a necesitar para pagar a los espías y soplones— e hizo que se le transfiriese en forma de una carta de crédito sobre la que podía girar libremente el dinero en una sucursal del National City Bank en la calle 93 de Nueva York, y embarcó a bordo del *Bremen*.

Una vez en suelo norteamericano estableció con sumo cuidado su segunda identidad, la de Alfred Landing, realizando el envío de correspondencia a este nombre —o sea, a sí mismo— y guardándose los resguardos junto al pasaporte con su verdadera identidad alemana, con la que, sin temor alguno, cobró su carta crediticia en el banco. Luego, compró por veinte dólares una máquina de escribir de segunda mano en una casa de empeños de Bowery y alquiló una caja fuerte para todos sus documentos secretos. Horas más tarde mantuvo una *Treff* con la persona que había filtrado los dibujos del visor, Hermann Lang, alias *Paul*, que era inspector de montaje en la planta Norden.

Sin embargo, los dibujos que habían enviado a Hamburgo eran tan solo algunas secciones del visor, pues los americanos, muy reservados respecto a dicho mecanismo, realizaban su montaje en distintas plantas. El procedimiento por el que Lang conseguía los planos era tan sencillo como sorprendente: puesto que, como inspector de montaje, tenía los dibujos de una sección a su cuidado, siempre que le llegaba alguno nuevo para guardar, de un día para otro se lo llevaba a su casa y lo copiaba con papel de calco, mientras su mujer dormía.

Ritter obtuvo más dibujos y consiguió introducirlos en el *Bremen* a través del camarero Herbert Jaenichen, que los llevó hasta Alemania. Aunque en un primer momento los esquemas no brindaron a los ingenieros del general Ernst Udet un diseño lo bastante completo de todo el mecanismo, finalmente, dos destacados científicos, el profesor Eisenlohr, de Fráncfort, y el profesor Fuchs, de Gotinga, junto a un equipo de ingenieros, lograron construir un visor de bombardeo de nombre Adler-Geraet, una versión supuestamente mejorada del «ultrasecreto» modelo Norden.

Aquel fue uno de los golpes maestros del espionaje alemán en suelo estadounidense, y aunque Ritter lo asestó en 1937, su historia no terminó hasta los estertores de la guerra, en la primavera de 1945, en una pequeña aldea de Austria. Una unidad del tercer ejército del general George Patton se topó, en aquella tarta de escombros a repartir en que se había convertido el otrora imbatible Tercer Reich, con una fábrica que los alemanes habían tratado de ocultar en los Alpes tiroleses, como tantas otras en los tiempos de las «armas milagrosas», un intento desesperado por subvertir el desarrollo de la contienda.

El comando se hizo, entre otros «juguetes» de gran valor para la lucha que se avecinaba con los soviéticos, con un producto de alto secreto etiquetado bajo el nombre de Luftwanffenzielgeraet EZ-42. Creían que era un gran triunfo del equipo de inteligencia, pero lo cierto es que era... ¡el visor de bombardeo Norden que sus propios compatriotas habían diseñado!

El anillo de Duquesne y la infiltración de Sebold

Volvemos a 1937. Ritter, tras apuntarse el éxito del *Nordensches Zielgeraet,*[18] la mañana del 29 de octubre, una semana después de reunirse en secreto con Lang, visitó Trafalgar 4-9867, el número que se había aprendido de memoria y donde podría contactar con Frederick Joubert Duquesne, quien figuraba a la cabeza de su lista de agentes, a quien había conocido en sus años en Estados Unidos.

Ritter se reunió después con el «agente durmiente» del capitán Burghardt, de nombre Everett Minster Roeder, en Merrick, Long Island, un ingeniero de cuarenta y cuatro años empleado en la planta Sperry, en Brooklyn, que tenía acceso al visor de bombardeo Sperry y al célebre giróscopo de la misma firma, y que junto a Duquesne acabaría siendo uno de los más brillantes fichajes del anillo.[19]

Ritter visitó también a una joven muchacha que conoció a bordo del *Bremen,* Lilly Barbara Carola Stein, una modelo nacida en Alemania que vivía elegantemente en el acomodado distrito del East Side de Manhattan con importantes amistades entre caballeros influyentes de Washington y Nueva York, y que, por tanto, tenía ojos y oídos situados en lugares privilegiados, que le permitirían convertirse en la informadora principal con acceso a los círculos internos de Washington.

Ritter, además, designó como su buzón especial a otra joven muchacha que era secretaria de asuntos jurídicos de los abogados del consulado alemán de Nueva York. Durante algún tiempo, su apartamento en la calle 91 oeste se convirtió en la estación de transferencia de parte del material que Duquesne, Roeder y Lilly obtenían para la Abwehr II. El anillo estaba formado y funcionaba a pleno rendimiento.

18. Así conocían los alemanes al visor de bombardeo antes de su cambio nominal.

19. El almirante Canaris registró más tarde en una carta a Wilhelm Keitel que en el plazo de un año, Roeder obtuvo «las copias heliográficas de todos los instrumentos de radio del nuevo bombardero Glenn Martin», entre otros mecanismos fabricados en la planta Sperry.

En aquel preciso momento entrará en juego uno de los actores principales del comienzo del fin de los éxitos de la Abwehr: el agente doble William G. Sebold, quien comenzará a trabajar para la organización en Estados Unidos. Pero veamos cómo llegó hasta allí.

Alemán de nacimiento —vino al mundo en el Ruhr, en 1899—, su verdadero nombre era Wilhelm Georg Debowski. Sebold sirvió en el Ejército imperial alemán durante la Gran Guerra, cuando aún no había cumplido los veinte años, en una unidad de ametralladoras. En alguna fecha no concreta de 1922, con veintitrés años, dejó su patria y se trasladó a Estados Unidos, como tantos de sus compatriotas. Llegó en barco a Galveston y desembarcó en Texas, americanizando enseguida su nombre por el de William G. Sebold. Tras pasar allí algún tiempo casi vagabundeando, fue a la costa occidental, donde trabajó de lavaplatos en distintas cantinas y luego en restaurantes. Durante años, estuvo empleado en distintas plantas industriales y de aviación por todo el país y en Sudamérica.

El 10 de febrero de 1936, se casó y obtuvo la nacionalidad americana. En 1938 era mecánico en una planta de la empresa Consolidated Aircraft Company, en San Diego (California), pero una terrible úlcera de estómago le obligó a mantenerse un tiempo de baja. Finalmente acabó por mudarse a Nueva York y allí tuvo que ser operado de urgencia. El país que amaba no tardó en convertirse en una tierra extraña y fría, y en febrero de 1939 regresó a Alemania, con la intención de visitar a su madre, en la localidad de Mülheim an der Ruhr. A su llegada a Hamburgo a bordo del transatlántico *Deutschland,* fue abordado por dos hombres —vestidos con traje verde oscuro— que lo interrogaron acerca de su trabajo y luego le permitieron seguir su camino. Cómodo en Mülheim, encontró un empleo en una fábrica local que hacía turbinas, retrasando su regreso a Estados Unidos.

En septiembre, el mismo mes que estalló la guerra, recibió una carta firmada por el doctor Otto Gassner, de la Gestapo, quien invitaba a Sebold a visitarlo a Düsseldorf para que hablaran. Sin embargo, este decidió hacer caso omiso de la misiva. Luego recibió otras, en las que Gassner insinuaba que disponían de medios —no especificaba cuáles— si se negaba a «cooperar». Sebold respondió con otra carta diciendo que no estaba interesado. Gassner no se dio por vencido e hizo sus deberes: investigó en los documentos que sobre Sebold tenía la Policía de Mülheim —a través de su verdadero apellido, Debowski— y descubrió que en 1921 había sido fichado por actividades de contrabando. El agente de la Gestapo volvió a escribir una tercera carta amenazando a Sebold con que, si se resistía, informaría a las autoridades norteamericanas por obtener de forma fraudulenta su ciudadanía. A su vez, le describió la «camisa de entierro» que «le daremos cuando esté amortajado». Nadie decía que no a la Policía Secreta de Hitler.

Días después fue visitado de nuevo por el enigmático doctor Gassner y otro individuo que se hacía llamar doctor Renker —o Rantzau—, que no era otro que el mayor Nikolaus Ritter, el mismo que se había encargado de reclutar a Frederick Duquesne en Nueva York. Cuando Sebold dijo que estaba dispuesto a colaborar en el espionaje a Estados Unidos, Gassner remitió su legajo de antecedentes y su correspondencia al Ast VI, la oficina de la Abwehr más cercana, y se envió de Hamburgo a un oficial de nombre Rankin que se reunió con el germano-americano y le contó los planes para reclutarlo. Estos consistirían en que operase una de las radios clandestinas que el servicio secreto alemán estaba proyectando establecer en Norteamérica.

Puesto que el oficial le dijo que su adiestramiento llevaría al menos tres o cuatro meses, Sebold respondió con evasivas que debía arreglarlo para mandarle algún dinero a su esposa, que seguía en América, y convenció a Rankin para acudir en persona hasta el consulado americano en Colonia y poner en orden el papeleo, obteniendo además un nuevo pasaporte.

Cuando llegó al consulado, le dijo a un miembro del personal, de forma secreta, cuál iba a ser su futuro papel como agente para los alemanes y le expresó su deseo de colaborar con el FBI en cuanto retornara a Norteamérica. Aunque parezca increíble, aceptaron. William Sebold sería, así, el primer agente doble del FBI y el encargado de desbaratar los ambiciosos planes del nuevo anillo de espías.

En Hamburgo, el nuevo fichaje de la Abwehr fue confiado a un tal Heinrich Sorau, que sería el encargardo de instruirlo en varias áreas como preparar mensajes codificados o realizar microfotografías, así como en conocimientos de química para las tintas secretas. Le enseñaron también a cifrar y descifrar mensajes, el código morse y cómo operaban los transmisores de onda corta. Una vez terminado su adiestramiento, recibió cinco microfotografías del tamaño de sellos postales que debía ocultar en la parte posterior de la caja de su reloj y que contenían información sobre el código que debía utilizar y los detalles de la información que debía transmitir desde Estados Unidos.

Dos microfotografías eran para él y las otras tres debía entregárselas a los alemanes que estaban operando en Norteamérica: Fritz Joubert Duquesne, Hermann Lang y Everett Minster Roeder. Luego le dieron el nombre de William Harry G. Sawyer y crearon una tapadera a su medida que acompañara a la nueva identidad que rezaba su pasaporte. Le entregaron también mil dólares como anticipo de su misión y le indicaron que obtendría cinco mil más en una oficina del centro comercial de Manhattan, donde encontraría las instrucciones detalladas de sus compiladores, los tres citados y Lilly Stein.

Salió de Geno, Italia, y llegó a Nueva York el 8 de febrero de 1940. Mientras tanto, el FBI había sido avisado de su llegada y de su misión: identificar a los agentes alemanes en el país, abrir una oficina en Manhattan donde reunirse con los agentes secretos y ponerse al frente de una emisora de onda corta desde la que recibiría y enviaría información a sus jefes en Berlín. Lo que no sabían sus superiores alemanes es que, una vez montado e instalado su transmisor, su frecuencia sería pirateada, en mayo de 1940, por una estación de onda corta operada por agentes del FBI en Long Island.

Sebold se estableció en la ciudad de los rascacielos bajo su nueva identidad y se puso manos a la obra: constituyó la firma Diesel Research Company y alquiló una oficina en el Knickerbocker Building, en el corazón de Manhattan; después, estableció contacto con los miembros del anillo del mayor Ritter —entonces bajo el alias doctor Rankin— y vio que seguían en activo.

Unas semanas después recibía un correo con las instrucciones definitivas detalladas: a partir del 15 de mayo, utilizando el código CQDXVW-2, debía tratar de establecer contacto llamando a AOR en Hamburgo todos los días a las seis de la tarde por espacio de quince minutos ininterrumpidos. Su nombre en clave para emitir era Vagabundo.

Durante dieciséis meses esta estación sirvió como canal principal de comunicaciones entre los espías alemanes en Nueva York y sus superiores en Alemania, tiempo durante el cual la estación del FBI transmitió alrededor de trescientos mensajes y recibió unos doscientos. Sebold sería el responsable de poner cerco al anillo de Duquesne en la primera operación a gran escala contra el espionaje nazi en Estados Unidos. Precisamente, el primer mensaje que enviaría Vagabundo sería del experimentado agente Fritz Joubert Duquesne.

Un espía veterano

El nuevo protagonista de la Abwehr en suelo americano, Duquesne, es sin lugar a dudas uno de los personajes más singulares de aquella guerra secreta. Cuando fue enviado a Estados Unidos ya rondaba los sesenta años y su vida había estado salpicada de aventuras y sobresaltos con la justicia. Había nacido el 21 de septiembre de 1877 en Colonia del Cabo, una región de Sudáfrica primero bajo control holandés y después bajo control británico. Duquesne odiaba a los ingleses tras participar en la guerra de los bóeres (primeros colonizadores holandeses) contra sus compatriotas.

Durante la Segunda Guerra de los Bóeres, de 1899 a 1902, sería capturado y hecho prisionero tres veces por los británicos[20] y una por los portugueses, y en todas esas ocasiones logró arre-

20. En una ocasión, se infiltró en el Ejército británico, convirtiéndose en oficial, e intentó sabotear Colonia del Cabo y asesinar al comandante en jefe inglés lord Kitchener. Sin embargo, acabó siendo capturado junto a su equipo debido a un soplo y condenado a muerte.

glárselas para escapar de las formas más ingeniosas. Sería el comienzo de una existencia marcada por la lucha clandestina, la cárcel y la evasión.

Perdió a su madre y a su hermana en la guerra que asoló lo que posteriormente sería la República de Sudáfrica y a partir de entonces su existencia estaría marcada por su odio a los ingleses, haciendo de este su leitmotiv, hasta el punto de convertirse en agente secreto afín a la causa alemana en las dos siguientes guerras mundiales. Tras escapar de la colonia penal de las Bermudas —y de otros campos de internamiento—, gracias a la ayuda de Anna Maria Outerbridge, líder de un comité de ayuda a los bóeres, se embarcó rumbo a Baltimore, Maryland.

Personaje multifacético, una vez en Nueva York, Duquesne encontró empleo como periodista en *The New York Herald* y otros rotativos, escribiendo historias de aventuras regadas con algunas experiencias propias en las guerras de Sudáfrica. Asimismo, publicó varias novelas, e incluso llegó a ser, unos años después, instructor de tiro y acompañante del futuro presidente Roosevelt en expediciones de caza, cuando a este aún le quedaba una larga lucha para alcanzar el despacho oval.

Duquesne se naturalizó norteamericano en diciembre de 1913, lo que le facilitaría mucho las cosas en su futura labor como espía. Enumeraremos brevemente sus actuaciones en la Gran Guerra como agente secreto, donde aprendió todo lo que después utilizaría en Estados Unidos al servicio de la Abwehr II.[21] Tras el estallido de la Gran Guerra, en junio de 1914, se convirtió en espía y en líder de un anillo —el primero de su exitosa carrera en inteligencia— que se encargó durante un tiempo de sabotear barcos mercantes británicos en puertos de Sudamérica, mediante bombas ocultas que destruyeron varios de ellos. Por aquel entonces comenzaría a ser conocido como «el hombre que

21. Para un conocimiento exhaustivo de esta apasionante figura, se pueden consultar las biografías —en inglés— *Counterfeit Hero: Fritz Duquesne, Adventurer and Spy,* de Art Ronnie (Annapolis, Naval Institute Press, 1995) o *The Man who Killed Kitchener,* de Clement Wood, escrito en 1932, antes de que Duquesne formara su anillo de la Segunda Guerra Mundial, una curiosidad bibliográfica escrita por un agente del FBI, aunque llena de incorrecciones.

mató a Kitchener», precisamente porque él mismo reclamó como propio el sabotaje que hizo irse a pique al *HMS Hampshire* en ruta a Rusia en 1916 —fue bombardeado por un submarino alemán— en el que iba a bordo su antiguo antagonista, lord Kitchener. Sin embargo, el análisis de los restos del carguero no apoyaba dicha versión de los hechos. Duquesne tenía, como otros espías, una portentosa imaginación y una marcada tendencia a la mentira.

En 1917 fue detenido por agentes federales en Nueva York, y mientras estaba retenido, mostró de nuevo sus dotes teatrales: fingió una parálisis, ¡durante dos años!, hasta que un día cortó los barrotes de su celda y escapó vestido de mujer mientras esperaba a ser repatriado a Inglaterra para ser juzgado por la muerte de varios marineros británicos en sus acciones terroristas. Un personaje de novela auténticamente real.

A pesar de una existencia llena de sobresaltos y huidas, logró mantenerse oculto y burlar a las autoridades. Duquesne voló a México y después a Europa, pero en 1926 regresó de nuevo a Nueva York bajo una nueva identidad, la de Frank de Trafford Craven, pasando a trabajar para la Joseph P. Kennedy's Film Booking Offices of America (FBO Pictures), más tarde reconvertida en RKO Pictures, dentro de su departamento de publicidad. En Manhattan, adonde se trasladaría con el tiempo, no dudó en seguir utilizando su verdadera identidad, a pesar de la orden de busca y captura que pesaba sobre él. En 1930 se fue a la Quigley Publishing Company, una productora de revistas cinematográficas, donde se hizo llamar mayor Craven.

Parece que el éxito profesional le sonreía, pero el 23 de mayo de 1932 fue detenido, otra vez, por la Policía e interrogado, y sobre él recayeron de nuevo los cargos de asesinato en alta mar. Aunque Duquesne intentó fingir que se trataba de un error de identificación, la Policía no lo creyó y llamó al agente Thomas J. Tunney, quien lo había arrestado en 1917 y que corroboró la verdadera identidad del saboteador.

Así, se hallaba una vez más entre rejas y pesaban sobre él los cargos de homicidio y evasión; sin embargo, Duquesne consiguió ser defendido por uno de los más célebres abogados de entonces,

Arthur Garfield Hays, y después de que los británicos, que no querían echar más leña al fuego ya bastante encendido de los vilipendiados alemanes, declinaran juzgarlo por sus ataques en la Gran Guerra, que ya habían prescrito, fue puesto en libertad.

Al servicio de Canaris

En la primavera de 1934, Duquesne se convirtió en oficial de inteligencia al servicio de la Orden del 76, una organización americana pronazi y en enero de 1935 se puso a trabajar para la Administración estadounidense. El almirante Canaris, que acababa de ocupar su cargo en Tirpitz Ufer y que conocía a Duquesne por sus actividades durante la Primera Guerra Mundial —en la que el propio almirante se curtió como espía en Sudamérica y España—, ordenó a Ritter, que se había hecho amigo del espía en 1931, que contactara con él.

El mayor Ritter —que por aquel entonces estaba embarcado en la operación para conseguir el visor de bombardeo Norden junto al agente Herman Lang— y Duquesne se encontraron en Nueva York el 3 de diciembre de 1937. Y aunque comenzó una eficiente fuga de información con el nuevo anillo, poco después William Sebold era también reclutado por Ritter, que desconocía su faceta como agente doble.[22]

Durante meses el funcionamiento impecable de Vagabundo se convirtió en el tema estrella de la Abwehr, y cada vez se utilizaba con más asiduidad para todo tipo de información. Los informes más largos o los embarques de mayor volumen seguían saliendo por la vía de los correos mientras que el enlace de Sebold se utilizaba para los informes o mensajes más urgentes que se podían comprimir en señales breves.

Sus transmisiones se usaban para los envíos que no admitían demora: información secreta acerca de las llegadas y salidas de embarcaciones que transportaban material de guerra; a estos da-

22. Durante meses, Sebold solo conocería a Duquesne por su nombre en código, Dunn.

tos, seguían en importancia los informes diarios sobre el tiempo que los meteorólogos de la Luftwaffe necesitaban en la preparación de sus previsiones atmosféricas, en las que Vagabundo se convirtió en insustituible. La producción de material confidencial iba aumentando y era de importancia capital para Berlín; o al menos eso pensaban en la capital del Reich.

No eran informaciones menores ni poco irrelevantes, sino auténticos secretos militares del Ejército estadounidense que serían de gran ayuda para Alemania en caso de guerra, a pesar de que a Duquesne, según Farago, le gustaba adornar los mensajes con partes verdaderas y partes falsas,[23] sorprendentemente «equilibradas por la apariencia de verdad que contenían», algo que no era tan raro entre los miles de agentes secretos que jalonaron aquel tiempo tumultuoso.

La red parecía implacable. Por esa misma época, el inquieto y brillante Duquesne envió a Alemania «el diseño de un acumulador clasificado, un mecanismo de impulsión de hélice y los dibujos de muchos otros dispositivos secretos». Más y más información clasificada...

Fritz se había convertido, por méritos propios, no solo en el más eficiente agente de la Abwehr en Estados Unidos, sino en el más ingenioso, incluso algo temerario. Si la forma en que Rumrich, como recordará el lector, consiguió el listado de enfermedades venéreas del Ejército americano fue tan descarada como efectiva, no menos singular fue la forma en que el veterano de la Gran Guerra consiguió información altamente reservada: cuando leyó una breve nota en *The New York Times* sobre una nueva y misteriosa máscara antigás que, contaba la noticia, estaba construyendo el departamento de guerra química del Ejército norteamericano, y que por tanto podía dar indicios referentes a los nuevos gases tó-

23. Por ejemplo, en febrero de 1941 informaba a través del canal de Vagabundo: «Churchill está aquí en el barco de guerra *King George V*. Fue visitado a bordo por Roosevelt y Knox». Realmente, quien se encontraba el 24 de enero a bordo de aquel buque, en Annapolis, no era el *premier* británico, sino que trasladaba a lord Halifax, el nuevo embajador británico en Estados Unidos. El centro en Hamburgo estaba asombrado por los conocimientos inagotables que tenía el antiguo bóer sobre Estados Unidos.

xicos que estaban desarrollando para el combate, ni corto ni perezoso escribió una carta, debidamente redactada, al jefe de dicho departamento militar, describiéndose a sí mismo como «un escritor y conferenciante bien conocido, responsable y de reputación», donde solicitaba información acerca del nuevo diseño. Al pie de la misiva, escribía: «No se preocupe si esta información es confidencial, porque está en manos de un buen ciudadano».

A vuelta del correo, recibió toda la documentación sobre la nueva máscara antigás del Ejército estadounidense como si hubiese solicitado catálogos para realizar un crucero vacacional. Increíble, pero cierto. Pero el viejo bóer pronto se cansó de este tipo de maniobras, ingeniosas pero poco «movidas», y comenzó a insistir de forma machacona a sus superiores en Hamburgo, señalando que sería más eficaz como saboteador que como espía.

Uno de sus ambiciosos planes consistía en hacer volar la planta de la General Electric en Schenectady —objetivo que también ocuparía a los saboteadores de 1942— y sugirió que se colocara una bomba en la iglesia de Hyde Park donde el presidente Roosevelt acudía a los servicios religiosos, sin duda una de sus ideas más atrevidas. Tanto, que no dieron el visto bueno a la operación desde Alemania.

En otras comunicaciones, Duquesne indicó que «se podía hacer una bomba de chicle, masticando muy bien la goma y después envolviéndola alrededor de un componente de fósforo». Haría, añadió, «un excelente material incendiario que podía entonces esparcirse por muelles, barcos u otra parte, a través de un agujero del abrigo o la chaqueta de uno». Su mayor ventaja, decía el veterano, era la «imposibilidad de que —dicha bomba— explotara a temperaturas menores de setenta y dos grados». Y señalaba que se podía poner con toda facilidad «mientras se estaba hablando con el patrón». Sin embargo, también solicitó una provisión de «bombas recubiertas de plomo porque era probable que fuesen más seguras y efectivas que su bomba de chicle». Gracias a todo ello lo transfirieron a la Abwehr II, pero sus días de gloria estaban a punto de tocar fondo.

Una vez que el FBI descubrió a través de William Sebold, *Vagabundo*, que Duquesne estaba operando de nuevo en Nueva

York como agente alemán, el propio J. Edgar Hoover envió un informe con toda su trayectoria delictiva a Franklin D. Roosevelt. En determinado momento, el agente federal Raymond Newkirk, usando el nombre del poeta Ray McManus, fue asignado para seguir a Dunn y alquiló un apartamento justo encima del de este, cerca de Central Park, donde instaló micrófonos para grabar todas sus conversaciones.[24]

Sin embargo, monitorear las conversaciones de Duquesne fue difícil, era un viejo zorro del espionaje y se las arregló para burlar a los federales —el propio Newkirk escribiría en su informe que el Duque, como lo conocían en el FBI, hizo uso de todo lo que venía en el manual del espía de cómo darse a la fuga, y que era muy esquivo—. Duquesne debía saberlo porque en cierto momento informó a Sebold de que tenía la certeza de que estaba siendo sometido a vigilancia.

Cuando pensaba que estaba a salvo, el 28 de junio de 1941, tras dos años de investigación, el FBI arrestaba a Duquesne y a otros treinta y dos espías nazis bajo la acusación de transmitir información secreta sobre la industria armamentística estadounidense y el movimiento de barcos a Alemania. J. Edgar Hoover no dio nombres, pero el 29 de junio fue el primero en anunciar públicamente «la redada más grande de espías en una serie de rápidas intervenciones».

El día 30 de junio, Associated Press informó del arresto de Hermann Lang y Everett Roeder, y una hora más tarde, United Press anunció que también Fritz Duquesne estaba bajo custodia. Durante otra transmisión, la primera de las agencias de prensa elevó a treinta y dos el número de arrestos, mencionando los nombres, entre otros detenidos, de Conradin Otto Dold, Adolf W. y Heinrich Clausing, tres mayordomos que trabajaban en barcos americanos de la ruta del Atlántico. En las oficinas del servicio secreto en Berlín quedaron conmocionados, pero ya ideaban una nueva «invasión» del país que estaba a punto de ser su nuevo enemigo en la Segunda Guerra Mundial.

24. Peter Duffy, *Double Agent: The First Hero of World War II and How the FBI Outwitted and Destroyed a Nazi Spy Ring*, Nueva York, Scribner, 2015.

Durante los dos meses siguientes, Vagabundo permaneció en silencio, y la Abwehr no supo nada de él hasta que el 8 de septiembre, durante un despacho especial enviado con urgencia extrema, el doctor Thomsen cablegrafió desde Washington, sacándolo de la oscuridad, lo siguiente: «Según el hombre V, los arrestos fueron posibles mediante la colaboración de un ingeniero llamado Seebold de quien se dice que es un agente del servicio secreto norteamericano». Aunque no escribió bien el apellido, los hombres de Canaris no tardaron en descubrir que se trataba de William Sebold, alias *Vagabundo*.

El escándalo fue mayúsculo y en el despacho del almirante, en Tirpitz Ufer, el teléfono no dejó de recibir llamadas frenéticas exigiendo explicaciones del Ministerio de Relaciones Exteriores comandado por Von Ribbentrop, de la oficina de Heydrich, e incluso de la misma Cancillería del Reich. El propio jefe máximo del servicio secreto alemán hubo de comparecer con urgencia en el despacho de Keitel para explicar lo ocurrido. A pesar de que la Operación Vagabundo fue uno de los mayores varapalos de su organización, por decirlo suavemente, supo salir airoso una vez más, pues ya estaba gestando una nueva operación a gran escala en suelo estadounidense.

Ya iniciado el juicio, Sebold comparecía en la corte para sorpresa de todos los procesados como testigo estrella del Gobierno norteamericano. Dirigiéndose al jurado, el fiscal Kennedy presentó al testigo con estas palabras: «Por espacio de dieciséis meses, la Oficina Federal de Investigación ha estado en constante comunicación con el servicio secreto nazi en Hamburgo, Alemania, por medio de una estación de radio corta establecida en Long Island, intercambiando información que no valía nada acerca del programa de defensa norteamericano por informes precisos sobre las actividades de los espías nazis en este país». Aunque aquello no era exactamente así, pues mucha de la información enviada por Vagabundo fue de ayuda a la Abwehr —para no poner en riesgo su tapadera—, mezclada con otra manipulada o simplemente falsa, la declaración de Sebold fue un mazazo para los acusados por espionaje de una potencia extranjera.

El fiscal continuó exponiendo los hechos: «El plan les resultó contraproducente, porque William G. Sebold delató la operación en todos sus detalles y ramificaciones, y señaló concretamente a los dos espías maestros de Hamburgo que la habían concebido, a uno como el doctor Rankin, al otro como Heinrich Sorau». Luego, el propio Vagabundo narró cómo había sido fichado, su confesión al consulado de Estados Unidos en Colonia y su viaje, ya como doble agente, a Norteamérica para ponerse al servicio del FBI y tender una ingeniosa trampa al anillo Griebl-Duquesne.

El 2 de enero de 1942, menos de un mes después de que los japoneses atacaran Pearl Harbor y Alemania declarase la guerra a Estados Unidos, los treinta y tres miembros del anillo de espías de Duquesne fueron sentenciados a un total de más de trescientos años de prisión, encontrados culpables por el que sigue siendo hasta el día de hoy el caso más grande de espionaje en la historia estadounidense.

Duquesne no pudo escapar esta vez. Tenía sesenta y cuatro años cuando fue detenido, una edad sorprendente para un espía en acción. Fue sentenciado a dieciocho años de prisión y a dos mil dólares de multa por violar la Ley de Registro de Agentes Extranjeros. Comenzó a cumplir su sentencia en la penitenciaría federal de Leavenworth, en Kansas, junto con su antiguo compañero del anillo Hermann Lang, pero en 1945, terminada la guerra, fue trasladado al centro médico para prisioneros federales de Springfield, Misuri, debido a problemas físicos y mentales que, esta vez, parece que no fingió. En 1954 fue puesto en libertad debido a sus graves problemas de salud. Ese mismo año impartió su última conferencia en el Club de Aventureros de Nueva York, titulada «Mi vida dentro y fuera de prisión».

Muy enfermo, moría en el City Hospital de Welfare Island —hoy conocido como Roosevelt Island—, en la ciudad de Nueva York, el 24 de mayo de 1956, con setenta y ocho años. Con él desaparecía uno de los personajes más singulares y peligrosos de aquel tiempo de saboteadores, espías y asesinos a sueldo.

Expediente n.º 12

LA CONJURA CONTRA AMÉRICA (II): OPERACIÓN PASTORIUS, SABOTAJE NAZI EN ESTADOS UNIDOS

Era una historia conocida desde hacía décadas entre los expertos en espionaje y en operaciones clandestinas de la Segunda Guerra Mundial; se hablaba de ella en voz baja, casi en susurros, como si quien la narraba temiese la desaprobación de sus colegas, rigurosos popes de la historiografía. Pero era una historia real que finalmente corroboraron varios documentos desclasificados en 2011 por el MI5, y que dio a conocer el rotativo *The Times*, aunque ya el FBI hizo públicos, como veremos, unos primeros informes en 1984, ya que la información facilitada por el FBI a la prensa, cuando tuvieron lugar los hechos, estaba completamente sesgada.

Estos revelaban un ambicioso plan de los alemanes para provocar el pánico en el estado de Nueva York y otros lugares clave mediante operaciones de sabotaje, aunque todo rodeado de un oscurantismo un tanto extraño que permanece flotando en el aire tantas décadas después, a pesar de que en su día Hoover se jactó ante la opinión pública de la detención de los «terroristas de Hitler» y ofreció la información —sesgada— que le pareció más apropiada para la promoción y ensalzamiento del FBI.

Pero empecemos por el principio de esta historia, cuando, una vez más, la Abwehr decide reclutar a una serie de agentes —a los que preparará concienzudamente antes de enviarlos al otro lado del Atlántico—, para que den forma a esa «conjura contra América» de la que hablamos en el capítulo precedente, conformando toda una serie de complots, el principal este mismo «expediente», que vendría a culminar aquellos intentos previos de infiltración que desde los años veinte llevó a cabo en Estados Unidos la Reichswehr y su servicio de inteligencia.

Un ecléctico grupo de espías

Aunque el FBI realizó un seguimiento de los agentes alemanes y de otras nacionalidades con intensidad ya desde 1937 —y habían conseguido neutralizar, como sabemos, las redes de Lonkowski o el anillo de Duquesne—, sería en el año 1942, pocos meses después de que Estados Unidos entrara en guerra tras el bombardeo de Pearl Harbor, cuando los servicios secretos de Hitler estuvieron cerca de crear un auténtico estado de alarma entre la población estadounidense.

La sangrienta contienda se libraba en Europa y pronto en el Pacífico, pero parecía que el país de las barras y estrellas, al menos dentro de su territorio, estaba a salvo. Sin embargo, había importantes grietas en la seguridad de una nación con un territorio tan extenso e importantes puertos de norte a sur, y estas serían aprovechadas por los departamentos de inteligencia del Eje para dinamitar su seguridad interna y la producción armamentística y logística, vital para el triunfo de los aliados en el Viejo Continente.

Aunque Estados Unidos era oficialmente neutral cuando el 3 de septiembre de 1939 Inglaterra y Francia declaraban la guerra a Hitler, y lo sería aún bastante tiempo después, durante la guerra relámpago que asolaría Londres tras la arrolladora ocupación francesa por las fuerzas de la Wehrmacht, no dejarían de partir buques de alimentos, armamento y abastecimiento desde los puertos americanos, cruzando el Atlántico para ayudar al Imperio británico—muchos de ellos, eso sí, hundidos por los implacables U-Boote de la Kriegsmarine alemana.[1]

Debido a este socorro «humanitario» a los ingleses, las autoridades norteamericanas eran conscientes de que su país constituía una amenaza para el Tercer Reich y sería pronto objetivo de

1. Precisamente, la guerra submarina y el hecho de que Estados Unidos se viera en la necesidad de controlar los muelles, un auténtico hervidero de espías en tiempos de guerra, llevó a que tuviera lugar otro de los episodios más insólitos de la contienda, en el que el crimen organizado italoamericano tendría un destacado papel, episodio que pondrá punto y final a este libro.

los servicios de espionaje alemanes, la Abwehr y el SD. Evidentemente, lo estaba siendo desde mucho tiempo antes de lo que sospechaban sus gerifaltes de seguridad, pues Lonkowski comenzó su singladura espiando la industria de aviación en una fecha tan temprana como 1927. Pero la amenaza no era tan grande, ni mucho menos, que la que ahora se cernía sobre las costas estadounidenses.

Aunque los americanos se sentían relativamente seguros, la posibilidad de que los nazis pudieran desembarcar en su territorio planeaba en el aire con fuerza, llegando a ser el argumento, incluso, de una película el mismo año que entrarían en guerra, 1941: *49th Parallel (Los invasores)*, protagonizada por los británicos Laurence Olivier y Leslie Howard.[2] América estaba en peligro y había que mantenerse en alerta constante.

De hecho, el riesgo no tardaría en aumentar exponencialmente cuando Hitler declaraba la guerra a Estados Unidos, el 11 de diciembre de 1941, apenas unos días después del bombardeo japonés a Pearl Harbor, en una sesión en el Reichstag en la que el dictador alemán dedicaría un discurso demoledor contra el presidente estadounidense, con perlas como la siguiente: «Roosevelt comenzó instigando, junto con sus cómplices judíos, nuevos conflictos en todas las partes del mundo, procurando entorpecer la solución pacífica de los conflictos ya existentes». El Führer continuaba con su falsa perorata de que pretendía la paz mientras sus ejércitos conquistaban cada vez más naciones de Europa y arremetía contra Roosevelt, contraponiéndolo con su propia figura, culpándolo de ser rico y haber tenido una vida acomodada cuando él vivió en la miseria, de ser un «explorador» de Wilson en la Gran Guerra, mientras él casi pierde la vida

2. Este brillante actor y director británico, que alcanzaría la fama internacional interpretando el papel de Ashley Wilkes en *Lo que el viento se llevó* (1939), realizaría labores de espionaje para el SOE y, tras una misión secreta en Madrid en 1942, donde se reunió con Franco —al parecer siguiendo órdenes de Churchill para convencerlo de que no entrara en la contienda—, moriría de forma trágica cuando el avión en el que viajaba de regreso a Londres, vía Lisboa, era abatido por una escuadrilla de cazas alemanes, precipitándose sobre el mar, muy cerca del cabo Ortegal, en Finisterre.

en las trincheras, y lo más importante en la visión fanatizada del líder nazi: lo culpaba de estar asesorado por toda una camarilla de judíos que robaban a su pueblo y pretendían enriquecerse a costa de la política bélica, como si él no hubiese fortalecido la economía alemana del Tercer Reich con la fabricación de armamento: «El nacionalsocialismo asumió el poder en Alemania el mismo año en que Roosevelt empezó a ser presidente de Estados Unidos. Era llamado a gobernar un Estado en decadencia económica, mientras que yo tomaba las riendas de un Reich hundido en la ruina por culpa de la democracia. En tanto que, bajo el régimen nacionalsocialista, tenía lugar en Alemania un renacimiento económico, artístico y cultural sin precedentes, Estados Unidos, bajo la presidencia de Roosevelt, fracasaba en la realización de las más mínimas mejoras. Esto no debe sorprendernos si pensamos que los hombres cuyo apoyo buscó Roosevelt, o, más exactamente, los que lo llevaron al poder, pertenecen al medio judío, cuyos intereses se basan en el desorden, la disgregación y la inversión de valores. La legislación del New Deal, creación de Roosevelt, fue un tremendo error. En tiempos de paz, el haber sostenido una política semejante habría hecho caer a su autor, cualquiera que fuese su habilidad dialéctica. En un Estado europeo, Roosevelt habría sido conducido ante un tribunal, acusado de dilapidación de la riqueza nacional y difícilmente se habría librado de un tribunal de derecho común, a causa de sus manejos delictivos».[3]

Pero no todos los submarinos de la Kriegsmarine que surcaban el Atlántico lo hacían para derribar navíos aliados; unos pocos tenían una misión aún más importante para los planes nazis: llegar a las costas americanas sin ser detectados. Tarea harto difícil tras las filtraciones anteriores, debido a la vigilancia de

3. Es cuando menos singular que Hitler aludiera a que Roosevelt y su política económica habrían sido objeto de un juicio ejemplar de haberse llevado a cabo en Europa, teniendo en cuenta que tras el *Putsch* de Múnich, él mismo, que debía haber sido condenado por alta traición, tuvo un juicio que en realidad fue una farsa en la que se hizo aún más fuerte el nazismo —al menos de forma mediática— y Hitler fue encerrado en la prisión de Landsberg únicamente durante 264 días.

la guardia costera y a los efectivos de la inteligencia de la Marina, con sus radares, aunque, como se demostrará en las próximas líneas, no imposible. Y con esta finalidad el servicio secreto del Ejército alemán comenzó a orquestar la operación ultrasecreta con la que abríamos este «expediente».

Adiestramiento y misión

La Abwehr sabía que Hitler, que había librado durante la invasión de Polonia y los meses posteriores una guerra rápida y que ahora se estancaba en las enormes extensiones de Rusia, no estaba preparado para librar una contienda larga contra Estados Unidos, una nación cuyo potencial económico y militar era impresionante y prácticamente imbatible. La única manera de causar daño real era la lucha clandestina y subversiva: el sabotaje y el terrorismo en el propio territorio americano, libre de conflictos armados desde la guerra de Secesión (1861-1865).

Sin embargo, ya sabe el lector que los éxitos del espionaje alemán en suelo norteamericano en los años treinta fueron frustrados, mientras que los intentos de penetrar en Inglaterra tampoco fueron lo que se dice notables, por no decir que resultaron catastróficos, siendo sus ambiciosos planes desmantelados por la sección B1-A y el Comité XX (Sistema de Doble Cruz).

Su nuevo intento, esta vez no solo de espiar sino de causar el caos en Norteamérica, no sería mucho más efectivo, aunque sin duda era un plan más ambicioso e históricamente fascinante. Una vez que Estados Unidos entró en la guerra, los hombres de Canaris debían frenar la fortaleza armamentística y la capacidad de suministros de esta nación con el fin de dificultar su envío de hombres y máquinas a Europa. Aquella misión sería bautizada con el nombre en clave de Operación Pastorius, en alusión y velado homenaje a Franz Daniel Pastorius, el líder de la primera comunidad de inmigrantes alemanes en suelo estadounidense a caballo entre los siglos XVII y XVIII.

Fue encomendada al teniente Walter Kappe, al frente de la Abwehr II en Berlín, la sección dentro del espionaje militar alemán (Amt Ausland/Abwehr) del alto mando de las Fuerzas Armadas encargada del sabotaje y la guerra subversiva. Antes de la guerra, este oscuro personaje había sido oficial del Deutsches Ausland-Institut (Instituto para el Extranjero) de Stuttgart, organización encargada de reclutar para el Partido Nazi a alemanes residentes en países extranjeros y utilizarlos como fuente de información militar, económica y política.

Había pasado doce largos años en Estados Unidos, de 1925 a 1937, por lo que hablaba inglés con fluidez y poseía grandes conocimientos del país enemigo. Después de trabajar en una fábrica de herramientas agrícolas en Kankakee (Illinois), creó en Chicago la asociación Teutonia, primera organización nazi en suelo norteamericano. Luego pasó a formar parte del grupo Friends of the New Germany (Amigos de la Nueva Alemania) —en la que también había ingresado uno de los protagonistas del capítulo precedente, el espía Griebl—, antecesor del Movimiento Germano-Americano,[4] del que Kappe no tardaría en convertirse en dirigente, distinguiéndose como eficaz agente de prensa y propaganda, y encargándose de la creación de frentes nacionalsocialistas.

A mediados de los años treinta, cuando ya comenzaban a soplar vientos de guerra en Europa, el territorio estadounidense, que vivía un verdadero *boom* económico tras recuperarse del crac del 29, comenzó a ver crecer el número de seguidores de forma inquietante a la citada organización filonazi que ya conocimos en el anterior expediente.

Engatusados por el fervor patriótico, la mayoría de los hombres que llevarían a cabo el complot que venimos narrando se afiliaron a esta organización, empapándose del ariosofismo y de la violencia nacionalsocialistas inherentes en su programa. En 1939, la organización adquirió tal fuerza que unos veinte mil fervientes

4. En la página electrónica del FBI se pueden consultar copias de documentos de la época sobre el Movimiento Germano-Americano rubricados por el mismo J. Edgar Hoover, lo que denota la vigilancia a la que estaba siendo sometida la organización, sospechosa, como así era, de encubrir a espías nazis: <vault.fbi.gov/german-american-bund/german-american-bund-part-01-of/view>.

seguidores asistieron, el 20 de febrero, a un mitin multitudinario organizado por Fritz Kuhn[5] en el Madison Square Garden de Nueva York, ciudad por cuyas calles se los pudo ver desfilando enarbolando esvásticas sobre la bandera estrellada.

Kappe, de un antisemitismo enfermizo, dirigió con eficacia algunas de las más relevantes secciones del Movimiento Germano-Americano y, cuando creyó que era el momento oportuno, regresó a Alemania para ponerse al servicio del Führer, que se creía una suerte de elegido para la salvaguarda alemana, y su lucha por un nuevo orden mundial basado en el crimen. En su país natal, Kappe pasó a trabajar para la Ausland-Organization del NSDAP, que ya mencionamos, dirigiendo la sección norteamericana durante los cuatro años siguientes, y fue trasladado al servicio de contraespionaje cuando los japoneses atacaron Pearl Harbor y Estados Unidos les declaró la guerra.

El oficial a cargo de la Abwehr II era el coronel —más tarde general— Erwin von Lahousen, mano derecha de Wilhelm Canaris y quien eligió personalmente a Kappe para la importante misión de sabotaje. Veterano de la Gran Guerra, Von Lahousen era un maestro de la organización y la intriga. No obstante, también era consciente del peligro que englobaban las misiones de sus hombres. Según recogió el editor y escritor Eugene Rachlis,[6] este recordaba frecuentemente a sus colegas: «Perpetrar cualquier acto importante de sabotaje en el país enemigo es una de las tareas más difíciles de un servicio secreto».

5. Fritz Julius Kuhn, nacido en Múnich en 1896, era un activista nazi y antisemita que, emigrado a Estados Unidos, se convirtió en uno de los rostros más visibles del Movimiento Germano-Americano en la década de los treinta, convirtiéndose en su jefe máximo en 1937, cuando Kappe regresó a Berlín. Sin embargo, pronto cayó en desgracia: fue declarado culpable de robar catorce mil dólares de los fondos del Movimiento —¿acaso una operación encubierta para desbancarlo?— y en 1943 le fue revocada la ciudadanía estadounidense, siendo detenido y deportado a su amada Alemania. En 1949 fue condenado a tan solo dos años de prisión por el tribunal de desnazificación en Múnich, muriendo en 1951 en completo aislamiento y en la más absoluta pobreza. Se conserva un dosier del FBI, parcialmente mutilado, sobre Kuhn, de 1939, que puede ser consultado en internet: <vault.fbi.gov/fritz-julius-kuhn>.

6. Eugene Rachlis, *The Came to Kill: The Story of Eight Nazi Saboteurs in American,* Nueva York, Random House, 1961.

As de la guerra subversiva, planificó varios éxitos contra los aliados, como la Operación Polo Norte, que, tras comenzar con la detención de dos agentes holandeses infiltrados en Inglaterra, se desarrolló hasta convertirse en un engaño de grandes dimensiones (un *Funkspiel* o «juego de radio», esto es, una operación de contrainteligencia) que utilizó a radiotelegrafistas aliados capturados y controlados por los nazis y en el que se emplearon mensajes falsificados para hacer caer en la trampa a otros agentes aliados una vez que aterrizasen en el continente. Esto fue habitual en la lucha de los servicios de inteligencia, aunque los maestros en «volver del revés» a los agentes enemigos, en esa misma guerra, fueron principalmente los enemigos de Von Lahousen, los británicos.

Una vez en la Abwehr II y con el cometido de dar salida a la Operación Pastorius, Kappe consultó primero las nóminas que el *Reichsführer-SS* Heinrich Himmler —con informantes en todos los estratos del régimen— poseía de los repatriados de ese año, y después participó en varias reuniones del instituto Ausland, obteniendo fichas y un listado a través de sus archivos clasificados. Fue así como seleccionó a doce personas.

El trabajo no era ni mucho menos fácil: Kappe despejó una lista de unos mil candidatos que hablaban inglés y estaban familiarizados con Estados Unidos. Gracias a una operación encubierta realizada por una publicación berlinesa titulada *Der Kaukasus (El Cáucaso),* famosa por no publicar nada, el oficial de la Abwehr II tenía unos archivadores repletos de entrevistas con alemanes repatriados de Estados Unidos: disponía de aquellos informes porque los alemanes que regresaban al Tercer Reich debían rellenar unos formularios que acababan en manos del Ausland. Todo meticulosamente organizado a pesar del caos burocrático que en ocasiones caracterizó al Tercer Reich.

En palabras de Pierce O'Donnell,[7] la campaña de sabotaje contra Estados Unidos era especialmente urgente. Hitler en per-

7. Pierce O'Donnell, *En tiempo de guerra: el ataque terrorista de Hitler contra Estados Unidos,* Barcelona, Círculo de Lectores/Galaxia Gutenberg, 2006.

sona exigía que se actuara. Además de haber quedado militarmente debilitados por el ataque por sorpresa de los japoneses contra Hawái y las Filipinas, pensaba el Führer, los norteamericanos temían nuevas agresiones de Japón y Alemania y la idea del líder nazi y sus estrategas era generar toda una oleada continua e incesante de atentados terroristas.

Una cosa eran, no obstante, los ambiciosos planes del líder del Tercer Reich, a los que tenía acostumbrados a sus generales y hombres más cercanos, y otra muy distinta la capacidad de hacerlos realidad. Sin embargo, a finales de la primavera de 1942, Rusia vacilaba al borde del desastre que parecía inevitable y el mariscal de campo alemán Erwin Rommel, con sus Panzer del Afrika Korps, asolaba el norte de África para estupefacción de los aliados. Estados Unidos también era un objetivo primordial de los alemanes. El panorama militar era desolador en todos los frentes y Churchill y Roosevelt, que llegarían a hacerse grandes amigos durante la contienda,[8] acordaron reunirse en Hyde Park en junio de ese mismo año. En las semanas posteriores a Pearl Harbor, Roosevelt, con el consejo del primer ministro británico, había dado los pasos decisivos para poner en marcha «una máquina de producción y movilización de una capacidad superior a cuanto había visto el mundo».

A su vez, su gabinete, a pesar del rechazo de algunos jueces del Tribunal Supremo, tomó medidas extraordinarias que suspendían el *habeas corpus*, medida para tiempos de guerra confirmada por los tribunales federales (bajo presión de la Casa Blanca) a la vez que por el país circulaban incontables rumores de invasión, espías e intrigas que se propagaban como la pólvora,

8. Aunque el *premier* británico necesitaba desesperadamente que su homólogo americano acudiera en ayuda de Gran Bretaña, y ello generó no pocas tensiones en los primeros meses de la guerra, según David Stafford, Churchill sentía un auténtico afecto por Franklin D. Roosevelt y comentó en cierta ocasión: «Conocerle fue como abrir la primera botella de champán. Fue el mayor amigo que haya tenido nunca Gran Bretaña». Su admiración y afecto mutuos fueron cada vez más profundos, manteniendo un debate y compromiso constantes facilitados por nueve reuniones y cumbres cara a cara, con una duración de cuatro meses, y cerca de dos mil mensajes cruzados durante los años de la guerra.

obligando al presidente a reprender a la prensa y a las emisoras de radio.

El que América se jactase de ser la tierra de las oportunidades y el estandarte de la justicia y la democracia no evitó que los japoneses que residían en el amplio territorio del país —tanto ciudadanos norteamericanos como extranjeros— se convirtieran en blancos del odio, la sospecha y la delación, llegando a ser destruidas sus propiedades. Según Frank Freidel,[9] «en los primeros días que siguieron a Pearl Harbor, se vendieron o cerraron a cal y canto cien comercios de propietarios japoneses solo en la zona de Los Ángeles». Y una de las decisiones más oscuras de aquella legislatura que había clamado en las últimas elecciones por la libertad y la tolerancia fue la de convertir, poco después del ataque en Hawái, la Costa Este en zona militar.

A lo largo de las playas se colocaron señales visibles de advertencia. Además, algunos personajes de gran calado del país, como Culbert Olson, gobernador de California, o Earl Warren, fiscal general del mismo estado, así como un importante sector del Ejército, presionaron a Roosevelt para que retirara a todos los norteamericanos de origen japonés residentes en todos los territorios occidentales de Estados Unidos y los recolocara en el interior, en centros de detención, cercados por alambradas y custodiados por soldados armados con rifles, aun cuando muchos de ellos habían nacido allí y jamás habían mostrado indicio alguno de ser espías o de colaborar, ni siquiera simpatizar, con la causa nipona.

Siguiendo el riguroso trabajo de O'Donnell, las represalias contra los japoneses —definidos en la prensa como «perros furiosos, alimañas amarillas y japos»—, se hicieron muy populares, a la vez que aumentaba exponencialmente la sensación colectiva de terror y vulnerabilidad entre la población.

Tras el desastre en Hawái, un sentimiento mezcla de furia y miedo absorbió a los ciudadanos. Cuando el Ejército ocupó las fábricas de aviones y las unidades de artillería de la costa se re-

9. Frank Freidel, *Franklin D. Roosevelt: A Rendezvous with Destiny,* Nueva York, Little Brown, 1990.

forzaron para prevenir incursiones aéreas, se propagó un pánico ante una invasión inminente. No ayudó mucho el hecho de que *Los Angeles Times*, en su edición del 9 de diciembre de 1941, advirtiera en grandes titulares: «¡Aviones enemigos avistados sobre la costa de California!».

Roosevelt estaba obsesionado con la seguridad interna, más aún tras la advertencia de su colega Churchill sobre el peligro de una quinta columna en el país, por ello no prestó atención a las críticas de muchos sectores contra las medidas que se estaban tomando contra la población de origen asiático, realmente antidemocráticas. La psicosis aumentaba: la noche del ataque al puerto de Pearl Harbor, la ciudad de Los Ángeles se quedó totalmente a oscuras y lo mismo sucedió al día siguiente, aunque de forma parcial, en San Francisco, que sufrió un apagón completo varios días más tarde.

Los medios de prensa, la mañana siguiente, difundieron el rumor de que aviones japoneses sobrevolaron el puente del Golden Gate, pero que las luces de los reflectores del presidio los habían obligado a dar la vuelta. A este se sumaron muchos informes de avistamientos que resultaron ser falsos. La tensión aumentó cuando el 22 de diciembre de 1941, nueve submarinos japoneses se pasearon sin problema entre los estados de Washington y California, hostigando a las embarcaciones que navegaban por la costa del Pacífico. Apenas dos meses después, el 23 de febrero de 1942, mientras el presidente se dirigía a la nación con su vehemente dialéctica por radio, un submarino nipón que no había sido avistado a trece kilómetros de la costa disparó varios proyectiles contra los campos petrolíferos de Santa Bárbara.

Sin embargo, quienes más cerca estaban de penetrar en Estados Unidos y causar un verdadero caos, similar al que hoy, tristemente, se está viviendo en numerosas partes del mundo a causa del terrorismo islamista, no fueron los japoneses, sino los alemanes.

Los hombres y su misión

Finalmente, serían ocho hombres los que realizarían la arriesgada misión a las órdenes de Kappe, aunque en un principio fueron seleccionados doce. Todos ellos eran alemanes que habían residido largos períodos de tiempo en Estados Unidos, muchos con la doble nacionalidad, y que por tanto conocían bien el idioma, el país y sus costumbres. Aquellos hombres serían «los terroristas de Hitler».

El primero de los agentes, encargado de dirigir la misión, fue George John Dasch —también llamado George Davis— cuya historia conocemos gracias al informe que hizo público el FBI en 1982 basado en las declaraciones del propio agente cuando confesó ante los federales. Pero veamos cómo llegó a estar bajo la tutela de estos si su objetivo era sembrar el caos en territorio estadounidense a favor del Tercer Reich.

Dasch había nacido a orillas del Rin en la localidad alemana de Speyer am Rhein, cerca de Fráncfort, el 7 de febrero de 1903. Con once hermanos, a la edad de trece años entró en un seminario católico de Düsseldorf, pues sus padres tenían la intención de que hiciera carrera en el sacerdocio, sin embargo, fue expulsado al año siguiente por su mala conducta. Mintiendo sobre su edad, consiguió alistarse en el Ejército imperial alemán y sirvió en Bélgica durante los meses finales de la Gran Guerra.

En 1923, aspirando a una vida mejor que la que tenía en Alemania, viajó de manera ilegal a Estados Unidos, la tierra prometida de la que ya estaba enamorado desde pequeño, donde entró como polizón en un barco que llegó al puerto de Filadelfia. Allí trabajó para un panadero alemán durante solo una semana para marchar luego a Nueva York haciendo autoestop, y empezó a trabajar como camarero, ocupación que tendría durante cuatro años ininterrumpidos, mientras asistía a clases nocturnas con otros emigrantes y vivía con una familia irlandesa de apellido Callahan en la calle 145. También residió en otros lugares y trabajó en hoteles y restaurantes, intentando, a la vez, convertirse en aviador para emular las gestas de su admirado Charles Lindbergh, aunque fracasó en ello.

En 1925, Dasch y varios compañeros cruzaron el país hasta California, donde trabajaron como camareros y, dos años después, el alemán se alistó en los cuerpos del aire del Ejército norteamericano. Así, fue trasladado a Honolulú, donde sirvió en el LXXII Escuadrón de Bombardeo, y un año después se licenció con una calificación personal de «excelente», recibiendo una distinción de honor.

Aquel conocimiento en primera persona de las Fuerzas Aéreas sería vital a la hora de ser seleccionado para la misión de sabotaje. Algo más tarde, trabajó como camarero en San Francisco, Sacramento y Los Ángeles, para regresar en 1930 a la ciudad de Nueva York, donde se convirtió en camarero del hotel New Yorker. La primavera de aquel año conoció a una joven peluquera de Filadelfia, Rose Marie Guillie, alias *Snooks,* con la que se casó en septiembre. No tardaron en padecer los rigores de la pobreza generalizada por la Depresión: Dasch se quedó sin empleo y Snooks sufrió un aborto. Decidieron entonces hacer un breve viaje a Europa para visitar a la madre del alemán. Después regresaron a Nueva York y realizaron diferentes trabajos en hoteles y restaurantes.

En agosto de 1939, mientras su madre se hallaba de visita en Estados Unidos, Dasch escuchó en la radio la noticia sobre el Pacto de No Agresión de Hitler con la Unión Soviética. Su progenitora volvió rápidamente a su patria. En septiembre, el joven cumplió los requisitos para obtener la ciudadanía estadounidense, pero nunca compareció ante el tribunal como marcaba la ley para realizar el juramento final.

Algunas versiones de su biografía apuntan que, henchido de fervor patriótico, como Kappe, Dasch se sumó al Movimiento Germano-Americano,[10] seguido de cerca por los agentes de Hoover. Sin embargo, Pierce O'Donnell apunta que nunca perteneció a un partido político ni se afilió a dicha organización, que odiaba a Hitler y a los nazis, y precisamente era miembro de

10. En gran medida gracias al Movimiento, Hitler y su servicio de inteligencia llegarían a conocer muy bien la cultura y la geografía estadounidenses, tan lejanas a la Vieja Europa.

grupos que se dedicaban a reventar las reuniones de estos en suelo americano. Además, apunta que «era socialista y le gustaba leer a Norman Thomas».[11]

Según se recoge en el informe redactado por los federales, en la Nochebuena de 1940 Dasch informó a su crédula esposa de que estaba decidido a regresar a Alemania e iniciar allí una nueva vida. Al parecer, le dijo, «para encontrar la dignidad y el orgullo por el trabajo que no había podido alcanzar en Estados Unidos». Sin embargo, para su repatriación a Alemania fue obligado a registrarse como extranjero en el país. Fue el ultraje final que le decidió a trabajar para los nazis.

Los Dasch recibieron sus pasaportes en enero de 1941, pero como Snooks era ciudadana norteamericana, la Ley de Neutralidad le impedía viajar a zona de guerra. Todo iba de mal en peor: poco después, ella enfermó de gravedad y tuvo que ser sometida a una histerectomía. Dasch había acudido en su momento al consulado alemán en Nueva York para recibir instrucciones de cómo regresar a la patria y estas llegaron en marzo de 1941, mientras su esposa aún permanecía hospitalizada. Se le informó de que debía partir hasta San Francisco para embarcar rumbo a Europa.

En cuanto supo que financiarían su viaje, se marchó, dejando a Snooks ingresada y sin avisar a nadie de su círculo familiar. Estaba convencido de que en Alemania podría prosperar con el nazismo —a pesar de su animadversión hacia gran parte de su ideario—: ganar dinero, adquirir notoriedad y prestigio, su gran ambición. La falta de ellos le tenían atormentado. En el momento de partir tenía treinta y siete años.

A su regreso a Berlín, el 13 de mayo de 1941, vio que las condiciones económicas no eran lo que él había esperado ni lo que le habían prometido los propagandistas del NSDAP en Estados Unidos. Según contaría después, se desilusionó con el nazismo nada más pisar tierra germana, y esa fue la razón —argumentaría ante los federales— que le llevó a querer ayudar a Estados

11. Ministro presbiteriano norteamericano (1884-1968). Destacó por sus vínculos con el socialismo y el pacifismo.

Unidos en la contienda. Nunca sabremos si decía la verdad o simplemente pretendía salir impune de su traición. En su informe puede leerse una de sus declaraciones al respecto: «Pronto tuve claro que había que acabar con el nazismo, pero tenía que encontrar una manera de hacerlo. En Alemania podía hacer muy poco, así que tenía que encontrar una manera de abandonar el país».

Para conseguirlo entró al servicio de la Abwehr II, pues su perfil era el que buscaba Kappe, que entraría en contacto con él en junio de 1941. Su conocimiento de la lengua inglesa era una pieza fundamental para el servicio de inteligencia. Su principal labor al entrar a trabajar en su seno sería traducir documentos: artículos de prensa, informativos y material mediático para estar al día de la realidad estadounidense. En un principio, su nuevo jefe lo ayudó a conseguir un trabajo en una emisora de radio, donde sería responsable de controlar programas norteamericanos. Siguiendo el citado trabajo de O'Donnell, por las noches, cuando la señal era deficiente, «solía denunciar a Hitler a través de las ondas utilizando un nombre norteamericano, bien por un retorcido sentido del humor o por un morboso deseo de morir». Después lo reclutarían para la misión de sabotaje que lo sacaría del anonimato para siempre, aunque no como él esperaba...

El equipo al completo

El resto de los compañeros de George John Dasch en la Abwehr II estaban en una situación muy similar a la suya: siete de ellos habían pertenecido al Movimiento Germano-Americano, hablaban inglés con fluidez —unos con acento y otros incluso sin él— y todos habían regresado a su país natal para iniciar una nueva vida, según apunta Louis Fischer.[12]

Entre sus compañeros, destacaba Ernst Peter Burger, un singular personaje con una larga trayectoria al servicio del nazismo,

12. Louis Fischer, *Nazi Saboteurs on Trial: A Military Tribunal and American Law,* Lawrence, University Press of Kansas, 2003.

quien sería destinado por Kappe para allanar el camino de su propia llegada a Estados Unidos una vez que los saboteadores hubieran comenzado su trabajo.

Burger, nacido en 1906 en la localidad alemana de Essen, era un antiguo soldado y agitador nazi que estuvo presente en el momento de la creación del NSDAP y había participado activamente en el *Putsch* de Múnich en 1923. Una reyerta especialmente violenta —era un gran boxeador que destacaba por sus peleas callejeras más que como buen estudiante en la escuela técnica a la que pertenecía—, lo obligó a abandonar Alemania para evitar comparecer ante los tribunales de Baviera, por lo que se marchó a Norteamérica en febrero de 1927. Allí permaneció durante seis años y tuvo, como los otros saboteadores, numerosos empleos mientras estudiaba inglés en una escuela nocturna: fue mecánico en varias empresas del Medio Oeste y llegó a alistarse en la Guardia Nacional de Míchigan y Wisconsin, hasta obtener finalmente la nacionalidad.

Regresó a Alemania en 1933, el mismo año de la toma de poder de su admirado Adolf Hitler, hecho del que le informaron sus padres por carta. Una vez en la patria se colocó como ayuda de campo del líder de las SA Ernst Röhm, poco tiempo antes de que tuviera lugar la gigantesca purga en la que cayeron cuatrocientos camisas pardas en la Noche de los Cuchillos Largos, el 30 de junio de 1934.

Burger sobrevivió a la purga y estuvo dando tumbos durante un tiempo, ocupando cargos de menor importancia en la división de propaganda interna del NSDAP en Berlín; en aquellos años se casó con su secretaria. En la universidad, fue primero alumno y después ayudante del exgeneral y veterano de la Gran Guerra Karl Haushofer, que inculcó la teoría geopolítica en el ideario de Hitler con consecuencias inesperadas y estremecedoras y que sería una figura capital en la vida de Rudolf Hess y en la extraña decisión que tomó de volar a Inglaterra en plena guerra.

Al parecer, Haushofer encargó a Burger la misión de analizar documentos que trataban del desmantelamiento de Checoslovaquia por los alemanes y más tarde, una vez que estalló la guerra, otro sobre el Gobierno alemán en Polonia. Parece ser que los trabajos del antiguo SA contenían algunos comentarios despectivos sobre la Gestapo, y ya sabemos que sus agentes se enteraban de todo lo que sucedía, o de casi todo: Burger fue detenido por la Policía Secreta el 4 de marzo de 1940, acusado de falsificar documentos oficiales y pasó diecisiete meses en un campo de concentración antes de ser puesto en libertad para ingresar en el Ejército como soldado de infantería.

Tras un tiempo trabajando como vigilante en un campo de prisioneros de guerra, fue llamado por Walter Kappe. La fuerte rivalidad de la Gestapo de Heydrich y Müller y la Abwehr garantizaba la lealtad del antiguo soldado a la organización comandada por el almirante Canaris. Una vez de vuelta en Estados Unidos, la misión de Burger sería publicar anuncios por palabras en el *Chicago Tribune* los días 1 y 15 de cada mes, manteniendo así informados a sus superiores del servicio secreto. Además, debía establecer un frente en Chicago presentándose como profesor de violín o como artista comercial. Sin embargo, este método de comunicación clandestina nunca llegaría a emplearse, pues en el último minuto, otro miembro del equipo de Dasch, un tal Schmidt, se descolgó tras haber contraído gonorrea, lo que obligó a Burger a asumir sus funciones y, en palabras de O'Donnell, «sacrificar su central de comunicaciones». Para comunicarse en secreto, se decidió que los saboteadores utilizarían las direcciones de miembros leales del Movimiento y miembros activos del Partido Nazi en el país, lo que facilitaría más adelante el desmantelamiento de la red por los federales.

El primer grupo, dirigido por Dasch, estaba integrado, además de por Burger, por Heinrich Heinck y Richard Quirin —maquinistas de profesión—. El segundo, comandado por Edward John Kerling, lo integrarían Otto Neubauer, Herbert Hans Haupt y Werner Thiel.

Heinrich Heinck había nacido en Hamburgo en 1907 y, al igual que Quirin, estudió en escuelas de comercio y terminó como aprendiz de mecánico. Dejó su país en 1927. En momentos económicos muy delicados, mientras trabajaba como engrasador y ayudante de maquinista a bordo del buque *Westphalia*, que realizaba la travesía de Hamburgo a Estados Unidos, abandonó el barco y se quedó en Nueva York, donde permaneció, de forma ilegal —a diferencia de sus compañeros— durante doce largos años. Mantuvo diversos trabajos de baja cualificación, como ayudante de camarero, encargado de mantenimiento y ascensorista, y se reunía exclusivamente con compatriotas suyos, temiendo probablemente ser denunciado como inmigrante ilegal. Después se estableció como mecánico por cuenta propia y se afilió al Movimiento Germano-Americano, haciéndose miembro de las SA nazis. Aunque poco después se ordenó abandonar su filiación del Movimiento a quienes no fueran ciudadanos estadounidenses, Heinck siguió asistiendo a sus mítines llenos de proclamas antisemitas e imperialistas.

Tras pedir la afiliación al NSDAP, dejó que su antiguo país sufragara los gastos de regreso y volvió a la patria en 1939, el mismo año que estalló la guerra. No tardó en llamar la atención de Kappe por su tenacidad y por su conocimiento de la mecánica, que sería muy útil en la misión de sabotaje.

Su compañero Richard Quirin había nacido en Berlín en 1908 y, tras cursar también estudios de comercio, se especializó en mecánica. En 1927, cuando el trabajo comenzaba a escasear cada vez más, pidió prestado algo de dinero a un familiar para un pasaje a Norteamérica. Allí vivió con un tío suyo en Schenectady, Nueva York, donde trabajó como hojalatero; como Dasch, estudió inglés en una escuela nocturna y obtuvo más tarde un puesto en el departamento de mantenimiento de General Electric, consiguiendo después la ciudadanía.

Luego llegó la Depresión. Como miles de personas, Quirin fue despedido y trabajó en Nueva York como pintor de brocha gorda, afiliándose, lo que ya era casi un ritual entre sus compatriotas, al Movimiento, en su particular versión local de los camisas pardas. En 1939 aprovechó que su país financiaba el regreso a los que quisieran repatriarse y volvió con su esposa, también alemana, al Tercer Reich, donde no tardó en obtener un trabajo como mecánico en Volkswagen, donde coincidió también con Heinck. Dos meses después de reunirse con Walter Kappe se tramitaron los papeles para que fuera transferido a la escuela de entrenamiento militar del lago Quenz.

El segundo equipo

Kerling era probablemente el más nazi de todos los saboteadores de la misión. Había nacido el 12 de junio de 1909 en Renania. En julio de 1928 era ya miembro del NSDAP, nada menos que uno de los primeros setenta mil seguidores de Adolf Hitler. Llegó a Estados Unidos a los veinte años siendo ya un nazi activo que nunca pensó en adquirir la ciudadanía estadounidense, pues se consideraba alemán, y ante todo nacionalsocialista. Allí ocupó trabajos de baja cualificación, como ahumador de jamones en Brooklyn o apuntador de embarques para una compañía naviera de propiedad judía de Manhattan.

Con el tiempo, se casó con otra emigrada alemana, Marie Sichart, que también se había unido, como él, al Movimiento Germano-Americano. Ambos trabajaron para familias ricas de barrios suburbanos de Nueva York: ella como cocinera y él como mayordomo y chófer. Unos años después, el matrimonio fracasó, se separaron y, tras siete años en Norteamérica, Kerling regresó de vacaciones a su patria para asistir en la capital a los Juegos Olímpicos de 1936, donde se juntó con varios miembros del Movimiento que veían aquel espectáculo grandilocuente que aunaba deporte y propaganda como un glorioso triunfo del Führer.

De regreso en Estados Unidos, mantuvo relaciones con varias mujeres, entre las que destacó Hedwig Engemann, *Hedy*,[13] una alemana que trabajaba como camarera en Miami a principios de los años cuarenta. Cuando estalló la guerra en su amada patria, decidió regresar para luchar al lado de Hitler. Compró un yate con el que, junto a unos amigos, intentó cruzar el Atlántico. Kerling y varios de sus compañeros compraron una yola[14] llamada *Lekala* por algo menos de dos mil dólares, pero mientras navegaban de Nueva York a Miami fueron interceptados en Florida por un guardacostas, que les impidió el regreso a Europa en virtud, una vez más, de la Ley de Neutralidad.

13. David Alan Johnson, *Betrayal: The True Story of J. Edgar Hoover and The Nazi Saboteurs Capturing During* WWII, Nueva York, Hippocrene Books, 2007.

14. Pequeña embarcación de dos palos usada habitualmente para pescar y muy común en Centroamérica.

A pesar de las dificultades, tras un tiempo indeciso, Kerling finalmente zarpó rumbo a su país a finales de julio de 1940 a bordo del vapor *Exchordia,* obteniendo nada más tomar tierra trabajo en un puesto de escucha de la Wehrmacht en la localidad francesa de Deauville, donde se encargaría de traducir al alemán emisiones radiofónicas en inglés.

Su suerte sería muy diferente a la que corrió al otro lado del Atlántico: tres meses después, gracias a su filiación nazi, se convertía en director escenográfico de los teatros de Berlín controlados por Göbbels, teniendo un papel relevante en la producción de espectáculos de ensalzamiento del ideario del NSDAP. Sin embargo, deseaba participar en acciones militares y en marzo de 1942 fue entrevistado por Walter Kappe en un despacho del Ministerio de Propaganda.

Kappe quedó impresionado por la «inteligencia, fuerza de carácter y lealtad a la causa del nazismo» de aquel alemán de 1,76 metros de altura y pelo ondulado castaño, peinado con raya al medio que, a pesar de su ira contenida, siempre mostraba una abierta sonrisa. Por supuesto, Kerling aceptó de inmediato la proposición para unirse al grupo de saboteadores.

Herbert Hans Haupt era el más joven de los aspirantes a saboteadores —tenía veintidós años en el momento de realizar la misión de sabotaje— y el que parecía más americano de todos ellos: llevaba alhajas algo exageradas y empleaba mucha jerga popular de Estados Unidos. Había llegado a Chicago a los cinco años, y a los diez obtuvo nacionalidad estadounidense al naturalizarse su padre, lo que facilitaría su trabajo como espía. Había estudiado optometría en la Simpson Optical Manufacturing Company y Dasch lo llamaba «el Engreído», porque le encantaba la moda y porque era un auténtico galán. En lugar de seguir estudiando, había optado por pavonearse por su barrio ataviado con el uniforme de camisa parda de las SA adoptado por los nazis del Movimiento Germano-Americano.

Tiempo después dejó embarazada a su novia, también de origen alemán, Gerda Stuckmann Melind, viuda desde hacía cuatro años, y Haupt se vio en la obligación de registrarse en las oficinas de reclutamiento. No obstante, le entró pánico y tras decirle a su madre que se iba de vacaciones y a Gerda que se marchaba a California durante unos días, huyó a México. Era junio de 1941 y se marchó a Ciudad de México junto con unos amigos en un Chevrolet. Allí conocieron a un misterioso hombre llamado Hans Sass, que los llevó hasta el consulado alemán, donde tendría lugar una situación tan surrealista que de no quedar constancia en los documentos sobre Haupt cualquiera creería que se trata de parte de un guion hollywoodiense. Los funcionarios germanos les dijeron que podían encontrar trabajo... ¡en un monasterio japonés!, y que el consulado pagaría los gastos del viaje.

Así, a finales de 1941, Haupt y varios otros alemanes partieron hacia Yokohama, y el monasterio resultó ser un campo de trabajo, donde debían contribuir al esfuerzo de guerra alemán. Completamente confundidos, aceptaron el reto de servir a su país y trabajaron como marinos tras recibir un curso de tres semanas en un transatlántico de bandera germana para, unas semanas después, ser trasladados a bordo de un carguero que puso rumbo al corazón del Tercer Reich, el sueño que Haupt había estado esperando.

En marzo de 1942, el joven filonazi recibió una medalla y una recomendación: en su trabajo como vigía del carguero había localizado un buque de guerra inglés, lo que permitió a su nave eludir el bloqueo británico. Aunque intentó hacerse piloto de la Luftwaffe —era un apasionado de la aviación—, la Gestapo no quedó muy convencida con sus explicaciones sobre cómo había regresado a la patria. Así, le tocó el turno al reclutador de la Abwehr: Kappe escribió una misiva a Haupt haciéndose pasar por el redactor de una revista e instándolo a viajar hasta Berlín para analizar un artículo sobre su viaje de regreso. Haupt acudió a la cita y le contó a Kappe toda su historia. Dos semanas después recibía otra invitación para presentarse de nuevo en la capital del Reich y le propusieron volver a Estados Unidos, esgrimiendo los problemas que había tenido con la Policía Secreta, a lo que el joven accedió sin titubear. Solo le quedaba, como al resto del grupo, el adiestramiento.

Hermann Otto Neubauer había nacido en Hamburgo en 1910 y llegado a Estados Unidos en 1931, con veintiún años, donde trabajó como cocinero en restaurantes y navíos, a la vez que se unía al

Movimiento Germano-Americano y se afiliaba al Partido Nazi. En 1940 regresó a Alemania y como el resto de sus compañeros, fue reclutado por la Abwehr II. Fue uno de los que en 1939 se unió a Kerling en su intento de viajar en el *Lekala* rumbo a Europa. Tras la frustrada aventura y una breve estancia en Miami, se casó con una joven germano-americana, Alma Wolf, y ambos regresaron a la patria en 1940.

Poco después, Neubauer fue alistado en la Wehrmacht y, tres días después de la Operación Barbarroja, la invasión de Rusia por los ejércitos de Hitler, fue herido por un proyectil que cayó sobre su alojamiento: un trozo de metralla le quedó alojado sobre el ojo derecho, muy cerca del cerebro, y nunca pudieron extraérselo; también lucía trozos más pequeños de metal en la frente y una de sus piernas, lo que le daba un aspecto grotesco. En marzo de 1942 recibió, como los otros, una nota críptica de Kappe donde le ofrecía ir a Berlín y entrevistarse con él en las oficinas de la editorial de *Der Kaukasus*. También aceptó gustoso el reto.

El cuarto hombre del segundo equipo, Werner Thiel, había nacido en 1907 en Augsburgo y viajó por primera vez a Estados Unidos a los veinte años. Era un obrero especializado en la fabricación de herramientas que había trabajado en distintos rincones de Norteamérica, según su expediente, en Detroit, California y Florida. En Nueva York pasó tres años como portero en el hogar para ancianos y enfermos de Central Park West. Justo al otro lado del emblemático parque, se hallaban Yorkville, los Amigos de la Nueva Alemania y la organización que lo sucedió, el Movimiento Germano-Americano, con cuyos principales miembros trabó amistad. Luego viajó a Hammond (Indiana) en busca de un empleo mejor y creó allí junto con otros filonazis una delegación del Movimiento. Sin embargo, perdió su trabajo y recorrió casi todo el país buscando empleo, sin éxito, hasta que, cautivado por las oportunidades que proclamaba la propaganda del Tercer Reich, pidió un pasaje para su regreso en el consulado alemán.

Una vez en Berlín, encontró trabajo durante ocho meses en una fábrica de material de guerra y después fue entrevistado varias veces por Kappe, hasta ser finalmente reclutado por el contraespionaje militar.

Entrenamiento exhaustivo

Una vez creados ambos grupos, se los trasladó hasta la citada escuela de adiestramiento de Quenz Lake, en Brandemburgo, capital del estado de Prusia, a unos cuarenta y cinco kilómetros de Berlín, en lo que anteriormente había sido una próspera granja, propiedad, como no era difícil de imaginar, de un judío rico que fabricaba calzado. El conjunto estaba fuertemente custodiado por un muro de piedra y varios guardias apostados, así como por un sargento con una escopeta de cañones recortados que hacía guardia con tres perros, pastores alemanes adiestrados, para lanzarse sin piedad contra cualquier intruso o espía enemigo.

En aquel lugar fortificado, los agentes destinados a una de las misiones más insólitas de la Segunda Guerra Mundial recibirían tres semanas de entrenamiento intensivo en sabotaje: fueron instruidos en la fabricación y utilización de explosivos, material incendiario y en dispositivos de detonación mecánicos, químicos y eléctricos que probaban en varios tramos de vías férreas y puentes colocados ex profeso en las instalaciones.

Asimismo, aprendieron a manejar armas y a disparar con pistola y rifle en las galerías de tiro, el lanzamiento de granadas de mano, y fueron entrenados en varias técnicas para pelear: boxeo, yudo y lucha libre. También aprendieron a lanzarse en paracaídas en un pequeño aeropuerto próximo y como era habitual se empaparon en las técnicas de escritura invisible, códigos secretos y emplearon también una importante cantidad de tiempo en aprenderse las tapaderas que deberían utilizar a su llegada a Estados Unidos.

Estudiaron los planos de sus objetivos, mapas de canalizaciones, vías fluviales y líneas ferroviarias, entre muchos otros datos que debían conocer de memoria, puesto que, por seguridad, no se permitía tomar notas en la escuela del lago Quenz. El teniente Walter Kappe dirigía la instalación con mano de hierro.

Durante su última noche en Alemania, los ya graduados disfrutaron de una suculenta cena de celebración en un popular restaurante del parque berlinés de Tiergarten. El 22 de mayo, los ocho hombres viajaron a París en tren expreso, de camino hacia su punto de partida, la localidad francesa de Lorient, cerca de la base naval de Brest, que había sido reconvertida en uno de los puertos más importantes para los submarinos alemanes. Antes de adentrarse en el océano, pasaron un fin de semana en el París ocupado por los nazis: depositaron su equipaje repleto de explosivos y detonantes, así como dinero norteamericano, custodiado en el hotel Deux Mondes, y disfrutaron de la animada noche de la Ciudad de la Luz, donde a punto estuvieron de arruinar la misión varias veces: Heinrick Heinck se emborrachó en un bar y comenzó a decir a los presentes que era un agente secreto, aunque nadie lo creyó. Herbert Haupt, por su parte, pensó que su nuevo cargo en la Abwehr lo eximía de abonar el «pago por los servicios» de una prostituta y tras una monumental bronca esta comenzó a dar gritos en francés en el hotel, generando un gran escándalo —finalmente reunieron el dinero y la mujer se marchó.

Pero lo peor de todo sucedió al día siguiente: al llegar a Lorient, Dasch estaba tan nervioso y sobrecogido por la misión que olvidó en el tren la pipa, la petaca y la cartera que contenía sus falsas cartillas de reclutamiento y de la Seguridad Social con el nombre de George John Davis. Se dio cuenta en el hotel, el Jour de Rêve, y echó a correr para intentar recuperarlas, despertando las sospechas de un soldado de guardia y, puesto que no disponía de los papeles de identificación requeridos,[15] estuvo a punto de ser detenido; sin embargo, poco después, el propio Kappe llegó a la estación de tren junto con un agente de la Gestapo y solucionó la delicada situación *in extremis*. No eran lo que se dice grandes espías.

La Abwehr les brindó identidades falsas y les facilitó uniformes de la Wehrmacht por si eran detenidos: así, no serían juzgados como espías sino según el código militar. A cada grupo se le dotó de cincuenta mil dólares para gastos de mantenimiento, transporte y posibles sobornos. Un dinero que, como sucedería con los espías alemanes en Inglaterra y otros países europeos, no era moneda legal de Estados Unidos, sino dólares falsos —aunque de calidad—, algo que ellos desconocían. Los miembros de

15. Kappe no quería que sus hombres llevaran encima nada que delatase sus verdaderas identidades y descubriese su función de agentes secretos.

sendos grupos llevaban también un pañuelo con nombres de contactos y direcciones postales escritos con tinta invisible, pues la idea era que estos solo serían los primeros de toda una serie de comandos que se enviarían más adelante.

Les dieron también cuatro cajas impermeables: tres de ellas contenían los explosivos y la cuarta los fusibles, los cables y el ácido para detonarlos. Ambos grupos debían llegar a una playa concreta de Norteamérica y enterrar sus cajas de municiones y explosivos en la arena para recogerlas posteriormente, y reunirse en Cincinnati el 4 de julio siguiente. Asimismo, en sus petates llevaban ropas de civil y faltriqueras para el dinero.

Una vez listos los ocho hombres, y tras firmar unos contratos proporcionados por Kappe en los que se especificaba la cantidad de dinero que se les pagaría por la operación y en el que juraban, bajo pena de muerte, no hablar a nadie de su misión, el grupo de Kerling partió primero,[16] el 27 de mayo, en un submarino U-584 del tipo VIIC, comandado por el capitán de corbeta Joachim Deecke.

Sus objetivos: sabotear nada menos que el sistema de abastecimiento de agua potable de la ciudad de Nueva York, así como volar los puentes cercanos a la estación central neoyorquina; colocar explosivos en las estaciones de tren de Pensilvania y Newark, y hacer saltar por los aires la vía férrea que conectaba Chesapeake y Ohio. Debían volar también las exclusas de los canales de St. Louis y Cincinnati, la sección ferroviaria de curva de herradura en Atoonay, y poner, al igual que sus compañeros, bombas en comercios judíos y taquillas del transporte público. Era un arduo y no poco arriesgado trabajo: provocar sabotajes y sembrar el terror.

El grupo dirigido por John Dasch partió a última hora del 28 de mayo, desde la base alemana de Brest —la embarcación se hallaba detrás de un carguero, para que ningún curioso la viera desde tierra—, a bordo de un submarino U-202 del tipo VIIC, como el otro, hacia las costas norteamericanas. Estaba comandado por el capitán de corbeta Hans-Heinz Linder, antiguo vetera-

16. Salieron antes porque su viaje a Florida requería más tiempo que el del otro submarino para llegar a las costas de Nueva York.

no de la élite de marinos de Karl Dönitz condecorado con la Cruz de Hierro, un hombre implacable que había participado en la destrucción de barcos aliados provocada por los U-Boote.

La misión que encargó la Abwehr a los hombres de Dasch era sabotear las fábricas de la American Aluminum Company creada en 1910, puesto que el aluminio era un material que se había convertido en pieza fundamental en el ensamblaje de aviones y fabricación de material bélico. También debían realizar actos de sabotaje en fábricas de Tennessee, Nueva York e Illinois, y causar el mayor daño posible mediante explosivos a la planta de la Philadelphia Salt Company, así como la central hidroeléctrica de Niagara Falls, en las cataratas del Niágara; destruir las vías fluviales y los centros neurálgicos de transporte, las estaciones y terminales de tren y las carreteras de peaje,[17] así como un puente sobre el río Ohio. Les ordenaron también colocar bombas en comercios judíos —Kappe les dijo a última hora que debían «hacer volar por los aires los almacenes Macy's, para desviar la atención»— y taquillas de las estaciones de tren, provocando el pánico entre la población. Objetivos demasiado ambiciosos.

La mayor parte del viaje de quince días a través del Atlántico transcurriría sin incidentes: el submarino se sumergía durante el día para no ser localizado y de noche se deslizaba sobre la superficie. No obstante, los reclutas tuvieron dificultades para adaptarse a la vida de los marineros en unos alojamientos angostos y claustrofóbicos, sufriendo numerosos mareos. Pero el objetivo estaba cerca.

Regreso a la tierra prometida

El equipo de George John Dasch sería el primero en tocar tierra dos semanas después de partir. Llegaron a su destino tras un viaje por las profundidades de un mar silencioso y calmo, en el que

17. Por ejemplo, tenían orden de inutilizar la autopista de peaje de Hellsgate, puesto que el comercio de Nueva York dependía de esta y su destrucción habría tenido un gran impacto en la ciudad, que junto con Los Ángeles y Chicago era la más importante en la economía estadounidense.

en cualquier momento un torpedo podía haber hecho pedazos la nave. El U-202 emergió, en medio de la niebla, cerca de la playa de Amagansett, junto al extremo de Long Island, aproximadamente a ciento sesenta kilómetros de Nueva York. Era el 12 de junio de 1942.

Según el testimonio de Dasch, sobre las 23.00 horas del uso horario neoyorquino subieron a la superficie; la tripulación se despidió de los agentes, que tocarían tierra a bordo de un pequeño bote conducido por dos marineros armados del submarino.

Una vez en la arena de la playa, Dasch entregó a sus hombres las faltriqueras con el dinero y repartió entre ellos mil dólares en billetes pequeños. Mientras los demás se quitaban los uniformes de infantería de la Marina alemana y procedían a enterrar sus cajas impermeables con el material, Dasch se acercó a una pequeña duna para inspeccionar el terreno cuando se topó con un joven soldado de la guardia costera, John C. Cullen, de veintiún años de edad. Apurado, le dijo que eran marineros varados e intentó que no viera cómo enterraban los bultos, pero el joven hizo ademán de no creerlo. Además, Cullen les ofreció amablemente refugiarse en el puesto de la guardia costera, a unos quinientos metros de allí: Dasch aceptó en un principio pero, al darse cuenta de que se meterían en la boca del lobo, declinó el ofrecimiento, lo que extrañó aún más al guardacostas.

El equipo de Dasch había recibido órdenes muy específicas de sus superiores en Berlín: matar a cualquiera que se interpusiese en su camino. Pero no tuvo la suficiente sangre fría o simplemente no quiso asesinarlo (sobre todo si creemos su versión posterior de que pretendía sabotear el propio sabotaje), dejando marchar a un testigo directo de sus planes. Según confesaría más tarde Cullen, a la luz de la linterna, Dasch lo retuvo y le dijo que no olvidara su cara, pues «se volverían a encontrar» y que si quería volver a ver a su padre y a su madre cogiese un dinero con el que pretendía sobornarlo, unos trescientos dólares, una cantidad considerable entonces. Finalmente, el guardacostas aceptó el dinero, pero solo para tranquilizar a aquel extraño personaje que había escuchado dirigirse en una lengua extraña a sus compañeros, que, aunque él no conocía, no le costó mucho deducir que era alemán. Otra imprudencia más del equipo de saboteadores.

Ya cercano el amanecer, los cuatro se dirigieron al norte, recorriendo los cinco kilómetros de playa para después adentrarse en un pueblo cuyos habitantes todavía dormían. Llegaron a la estación de Amagansett poco después de las cinco de la madrugada, donde compraron billetes con destino a Nueva York. Cuatro días después, el 17 de junio, desembarcaba el segundo grupo de saboteadores en una playa de Florida.

Sin embargo, cuando los agentes de la Abwehr se marcharon de la playa de Long Island, profundamente intranquilos, temerosos de que todo el plan hubiera sido puesto en peligro, Cullen regresó al lugar con varios compañeros tras haber dado parte en la central. No tardaron en desenterrar las cajas que llevaban grabado el sello de la Kriegsmarine. Los federales hallaron los uniformes militares alemanes, las bombas y los detonadores. Minutos después ponían sobre aviso al FBI y comenzó una operación a gran escala —aunque en secreto— para seguir la pista a los espías que pretendían sabotear algunos de los centros industriales más importantes del país de las barras y estrellas. En la playa de Amagansett, los agentes localizaron las cajas de madera porque los nazis habían olvidado una botella de aguardiente al lado junto a una pala. ¿Acaso fue algo premeditado, un rastro dejado por Dasch, o simplemente eran unos agentes mediocres? El misterio no se ha dilucidado.

Antes de comenzar la persecución más grande de su historia hasta el momento, la agencia federal impuso una censura informativa sobre el asunto. Sin embargo, no tenían nada con lo que trabajar; por ello, los agentes americanos comenzaron a investigar los expedientes que poseían del Movimiento Germano-Americano en busca de alguna pista.

La confesión

La primera noche los miembros del primer submarino se dividieron en dos grupos; Heinrick y Quirin compartirían habitación en un hotel de Broadway, mientras que Dasch y Burger fueron a alojarse en un hotel de la Quinta Avenida. Ambos grupos habían acordado encontrarse en Cincinnati el 4 de julio, pero en lugar de entregarse a las tareas de sabotaje encomendadas, y contrariamente a las instrucciones de sus superiores del servicio secreto, decidieron encontrarse con familiares y utilizar parte del dinero recibido para darse algunos caprichos. Lejos de la guerra de Europa, estaban de nuevo en un país en el que la vida sonaba a ritmo de jazz y las oportunidades parecían surgir como la espuma: comenzaron a disfrutar de los restaurantes, las salas de baile, las tiendas de ropa, un auténtico paraíso que les hizo olvidar momentáneamente el infierno de la guerra y los gritos ensordecedores del nacionalsocialismo.

Aquel sería un error fatal, aunque finalmente lo que llevaría a la detención de ambos comandos, aunque parezca sorprendente, fue la delación del principal agente de la misión: George John Dasch, al que le asaltaron las dudas en su hotel. Tras comprar ropa y reunirse con algunas jóvenes, él y Burger comenzaron a hablar de la operación, planteándose qué debían hacer.

Existen muchos interrogantes acerca de por qué Dasch tomó aquella decisión, traicionando a sus compatriotas en plena contienda. Aunque posteriormente diría que lo hizo porque odiaba al Partido Nazi, la verdad es que todo parece indicar que creyó, como así fue, que su tapadera había sido descubierta por el guardacostas, eligiendo entregarse para no ser ejecutado por traición. Probablemente, Burger, más joven que él, simplemente se dejó llevar y finalmente aceptó el plan, que delimitaron el 25 de junio. Aunque no se debe olvidar que había estado recluido en un campo tras el *Putsch* contra las SA y quizá se sintiera traicionado por el Partido Nazi como muchos antiguos «camisas pardas».

Sin embargo, hay otro aspecto extraño sobre todo aquello: desde el primer momento en la escuela de Quenz, ninguno parece que confiara demasiado en Dasch y en su liderazgo, y de hecho, mientras estaban en Lorient sin nada que hacer, esperando para zarpar, los cuatro hombres del primer equipo, con los nervios crispados, empezaron a pelearse entre ellos. Heinck llegó a acusar a Dasch de ser un alemán desleal porque no tenía un historial documentado de fidelidad al Movimiento. Es extraño por tanto que no desconfiaran de sus intenciones.

Parece que Dasch y Burger conspiraron desde el primer momento y a las veinticuatro horas de llegar a Nueva York se aliaron para dinamitar la misión; sin embargo, no ocurrió lo mismo con los otros dos miembros del comando. El plan que orquestaron en su habitación de hotel consistía en que el 17 de junio Dasch iría a Washington D. C. para hablar con las autoridades mientras Burger mantenía al resto del equipo, a Heinck y Quirin, vigilados, para que no sospecharan nada ni pudieran hacer fracasar su plan.

Puesto que, según confesaría más tarde, Dasch había oído afirmar a Walter Kappe que en el FBI había agentes a sueldo de la Gestapo, decidió no presentarse en las oficinas de los federales, sino llamar a la sede de la agencia en Nueva York, dejando un mensaje en el que señalaba que tendría información importante para el propio J. Edgar Hoover en dos días.

El mismo día que se fraguaba la traición, el segundo grupo de agentes del Tercer Reich desembarcaba sin contratiempos en la playa de Ponte Verda, a unos cuarenta kilómetros al sureste de Jacksonville, en Florida. Tras enterrar su equipo, como tenían acordado, Kerling y Thiel tomaron un tren hacia Cincinnati, mientras Neubauer y Haupt hacían lo propio con rumbo a Chicago, donde residían los padres del segundo. La telaraña de la Abwehr comenzaba a extenderse por Estados Unidos.

Una vez en Washington D. C., Dasch se registró en el hotel Mayflower y a la mañana siguiente, el 19 de junio, guía telefónica en mano, consiguió los números del FBI y del Ejército de Estados Unidos y llamó. Contrariamente a lo que pudiera parecer —que un espía enemigo al servicio de Hitler sería detenido instantáneamente una vez que se presentara ante las autoridades—, entregarse le fue a Dasch más complicado de lo que había creído. En un primer momento, llamó al coronel H. F. Kramer y dejó un mensaje a su secretaria, pero al no recibir una contestación rápida, llamó al FBI, y le pusieron en contacto con un tal D. M. Mickey Ladd, agente que decidió corroborar su historia. Ladd, que apenas lo creyó, decidió llamar a su compañero, el formador de agentes Duane L. Traynor, a quien le dijo que se encontraba en el hotel Mayflower, en la habitación 435.

Una vez reunidos con él, Traynor prestó atención a Dasch cuando este hizo alusión a William G. Sebold que, como él, había desembarcado —afirmó— en 1940. Cuando le preguntaron cómo sabía lo de Sebold, que era información clasificada, respondió que lo conocía todo por los archivos de la Abwehr II del alto mando alemán. Los agentes creyeron definitivamente al misterioso alemán cuando, ya en el despacho de Traynor, abrió su maletín y de algunos compartimentos ocultos cayeron fajos de billetes y una nota que rezaba: «Contenido: 82.350 dólares. Dinero del Gobierno alemán para cumplir sus propósitos, pero que se ha de utilizar para combatir a los nazis. George J. Dasch, alias *George J. Davis*, alias *Franz Pastorius*».

Según recordaría Traynor, durante los días siguientes Dasch hizo una declaración de doscientas cincuenta páginas taquigrafiadas a espacio sencillo dando todos los detalles de su misión secreta, informando asimismo de un segundo desembarco en Florida y de que el líder de los comandos, Edward Kerling, iba a reunirse con un contacto en Nueva York. Una confesión en trece largas horas de entrevista.[18] El delator entregó también al agente federal un pañuelo donde estaba escrita, según él, información sobre la misión secreta en tinta invisible, pero le dijo que no recordaba la fórmula para desvelarla.

Dasch confesó que les habían enseñado a fabricar explosivos y a manipularlos: por ejemplo, explosivos que parecían trozos de carbón eran en realidad TNT que explotaba si se colocaba en calderas; también contó, siguiendo el trabajo de Scott Gordon, cómo fabricaban bombas con guisantes, realizando incluso un detallado boceto a los agentes del FBI: «Cogían un tubo de cristal y lo llenaban con agua y guisantes, y luego lo tapaban con un corcho que llevaba un tornillo conectado a un cable; el agua hacía crecer los guisantes, que desplazaban el corcho hasta que se producía la explosión». También disponían de bolígrafos y lapiceros que eran precisos explosivos.

18. Dasch logró, como pedía, tener un encuentro con J. Edgar Hoover, pero solo se trató de una breve audiencia en la que apenas pudo decir nada.

Detenciones

El agente Duane Traynor envió el pañuelo que le había entregado Dasch al laboratorio del FBI, donde fue sometido a análisis químicos con amoníaco. Entonces, apareció escrito en el trozo de tela Operación Pastorius y los nombres de las personas con las que debían ponerse en contacto en Estados Unidos, entre ellas, el tío de Herbert Haupt. Los federales empezaron a vigilar su casa y cercaron finalmente a los sospechosos.

Todos los saboteadores acabarían por ser detenidos catorce días después del primer desembarco. No habían logrado realizar ningún acto de sabotaje. Por ejemplo, a Burger lo detuvieron cuando se reunió, el 20 de junio, en una tienda de ropa cercana al hotel donde se alojaba con Heinck y Quirin. Una vez detenido el primer grupo, los federales tuvieron más dificultades para localizar a los miembros del grupo de Florida. Lo lograron gracias a la información que reveló el pañuelo.

Los medios se hicieron eco de la noticia, eso sí, solo cuando Hoover quiso que trascendiera, arrogándose uno de los mayores éxitos de su carrera al frente del FBI e incumpliendo su promesa a Dasch de que no haría pública ni su identidad ni su fotografía. La noche del 27 de junio convocó a los periodistas en las oficinas de prensa del FBI, en el tribunal de Estados Unidos de la plaza Foley de Nueva York. Aquel maestro de las relaciones públicas y la promoción personal se las apañó para hacer creer a los congregados que los federales habían resuelto el caso por sí mismos, sirviéndose de sus modernas y complejísimas técnicas de investigación y contraespionaje.

Ante las cámaras, el director declaró que los agentes nazis habían llegado a Estados Unidos a «matar, mutilar y aniquilar a los estadounidenses», con el pomposo y alarmista estilo que lo caracterizaba y que le gustaba mostrar ante las cámaras, y ofreció a la prensa una breve descripción general de los hombres, entregó sus fotografías, enumeró las armas que habían traído consigo, describió sus objetivos y reveló los lugares donde habían desembarcado ambos equipos. Al día siguiente, los noticieros de todo el país emitieron en las salas de cine aquella extraordinaria comparecencia y los periódicos más importantes publicaban entre grandes titulares aquella epopeya.

The New York Times escribía: «El FBI captura a ocho saboteadores desembarcados por submarinos alemanes aquí y en Florida para hacer volar fábricas de material de guerra. Los aliados prometen emprender acciones para aliviar a los rusos», mientras que *Chicago Sunday Tribune* hacía lo propio en un rimbombante estilo: «Espías desembarcados por submarinos. Ocho detenidos: saboteadores capturados con bombas, TNT y ciento cincuenta mil dólares. Un sospechoso de espionaje había sido oficial del programa de entrenamiento Officer Training Corps (ROTC) de Chicago». A tal punto llegó el revuelo, que el mismo Herbert Haupt escribió un artículo de su puño y letra para *The New York Times* en el que exponía sus planes de casarse con Gerda Melind la semana siguiente, algo que nunca sucedería.

Los norteamericanos se sentían más seguros tras aquel golpe maestro de sus fuerzas de seguridad que en realidad se debía a la delación voluntaria de uno de los espías alemanes —eso no lo contarían los informativos hasta décadas después.

Por su parte, según el experto en historia militar David Alan Johnson,[19] tras tener noticia de la detención de sus terroristas, Adolf Hitler arremetió furioso contra Canaris y Von Lahousen con las siguientes palabras: «Puestos a ello, ¿por qué no utilizasteis a judíos?».

El proceso y la condena

Tras los interrogatorios pertinentes, los agentes nazis fueron encarcelados en celdas individuales y aisladas en la prisión de Columbia. Hoover, haciendo público el caso —no solo en pro de la seguridad nacional que abanderaba, sino buscando beneficios políticos—, pretendía disuadir a nuevos grupos de saboteadores y poner en evidencia a los servicios secretos alemanes y al propio Hitler. También lo pretendía así Roosevelt.

19. David Alan Johnson, *Germany's Spies and Saboteurs,* Wisconsin, Osceola, 1998.

El ingenuo George Dasch creía que algún día iba a ser considerado un héroe, con un brillante futuro en Estados Unidos.[20] Quería tener su propio programa radiofónico para emitir propaganda antinazi a sus compatriotas, sin embargo, el destino que lo aguardaba iba a ser bastante más oscuro.

No sería juzgado por un tribunal federal —contrariamente a lo que le habían dicho en un principio— y, a pesar de ser un proceso secreto, debía declararse culpable —como acordó con el FBI— para que sus compañeros no sospecharan su delación.

La realidad, no obstante, sería mucho más terrible: un día, después de numerosos interrogatorios, se presentó en su celda un agente federal que le entregó despectivamente el Decreto 2561, cuyo título era «Denegación de acceso a los tribunales de Estados Unidos para ciertos enemigos». Estaba claro que no iban a cumplir lo prometido y en ese momento tomó la decisión de que se declararía inocente, a pesar de las advertencias en sentido contrario.

Puesto que no habían llegado a cometer actos terroristas, los legisladores aconsejaron al presidente Roosevelt que no fueran condenados a más de unos años de prisión. Sin embargo, este pretendía que el resto del mundo viera que aquel que se atreviera a cometer ese tipo de actos de sabotaje y espionaje sería condenado a la pena capital.

Según cuenta el especialista Louis Fischer, la Casa Blanca se puso en contacto con el fiscal general de Estados Unidos Francis Biddle manifestándole su deseo —más bien una soterrada orden— de que fueran ejecutados. Posteriormente, el fiscal anunciaría que los ocho espías serían juzgados por un tribunal militar, un procedimiento legal poco común que permitiría a los federales conservar todas las pruebas relativas al desembarco de los espías nazis, que eran bastante reveladoras, y a Roosevelt demostrar a la opinión pública que su Gobierno, en tiempos de guerra, podía y debía ser implacable.

Un mes después de ser arrestados, el 8 de julio, los ocho agentes alemanes fueron trasladados en furgones policiales blin-

20. Michael Dobbs, *Saboteurs: The Nazi Raid on America,* Nueva York, Vintage Books, 2005.

dados desde la prisión de Columbia,[21] debido a la gran expectación pública, hasta la quinta planta del Departamento de Justicia de Washington D. C., en la sala de reuniones número 1 que solían utilizar los agentes del FBI para la formación de agentes especiales, acondicionada de forma improvisada como audiencia.

Cientos de personas se reunían en los alrededores para intentar ver a los espías nazis. La tensión se palpaba en el ambiente, más cuando en aquella misma jornada había llegado la noticia de que en el Ártico un convoy británico en ruta a Murmansk había perdido ocho barcos por ataques de submarinos alemanes, y de que las tropas germanas avanzaban por el frente oriental y habían cruzado el río Donéts en la Unión Soviética. Además, en el Pacífico, la contraofensiva aliada no había comenzado aún.

A las puertas del Departamento de Justicia se agolpaba una multitud de curiosos que esperaban la llegada de los saboteadores, en medio de los avisos de vendedores de periódicos con las últimas informaciones e incluso con puestos callejeros de perritos calientes. Los medios de comunicación de todo el país estaban por todas partes. Sin embargo, la respuesta que escucharon de las autoridades fue siempre la misma: el juicio iba a celebrarse en secreto y las únicas noticias que saldrían de la sala de audiencia serían dictadas por el presidente de la comisión militar, el general de división Frank R. McCoy, extendiéndose una cortina de «extraordinario secretismo» sobre el proceso al que, sin embargo, la prensa estaba acostumbrada en tiempos de guerra.

Cuando llegó la comitiva fuertemente acorazada con los saboteadores, las puertas del Departamento de Justicia se cerraron herméticamente nada más entrar en la sala. No tenían nada que hacer. Era el 29 de julio de 1942 cuando el tribunal militar secreto escuchó los argumentos de las partes.[22] El primer testigo del

21. Todos iban vestidos de civiles y habían sido afeitados por un barbero de la prisión, evitando así intentos de suicidio de última hora.

22. Según las pesquisas de O'Donnell, a Hoover le irritaba sobremanera que los militares se encargaran del proceso contra los saboteadores, y sostenía firmemente que los juicios por espionaje correspondían a la autoridad civil. Sin embargo, si Dasch declaraba que había sido engañado en aspectos fundamentales de su confesión por el FBI, ello podría ser «especialmente peligroso» para los

Gobierno sería John C. Cullen, el guardacostas que pilló al equipo de Dasch *in fraganti,* quien, a pesar de sus dudas —su encuentro tuvo lugar de noche y en medio de una fuerte tensión—, acabó reconociendo al saboteador debido a la presión del fiscal general.

Durante su testimonio, casi todos los saboteadores afirmaron que los habían engañado, que su intención no fue llevar a cabo actos de terrorismo sino poder escapar de la Alemania nazi. Sin embargo, el auditor general de guerra, Myron C. Cramer, se dirigió a los miembros de la comisión y sentenció: «Aceptar la versión de la defensa sería admitir que los acusados vinieron aquí no como invasores, sino como refugiados». Una defensa que fue prácticamente inexistente, pues había sido decretada únicamente para que se llevara a cabo el «teatro» de una justicia que por mano de Roosevelt y su Administración en tiempo de guerra había sido, como en el caso de los japoneses que residían en Estados Unidos, completamente pisoteada. Aun así, ni el proceso fue tan sencillo para la acusación ni tan breve como el presidente y otros altos cargos del Gobierno deseaban.

El 9 de agosto de 1942 se dictó la sentencia: Ernst Burger fue condenado a cadena perpetua y George John Dasch a treinta años de prisión. Al día siguiente, los otros seis agentes de la Abwehr fueron condenados a muerte. A las doce y un minuto del 8 de agosto, algo más de dos meses después de su llegada en submarino, comenzaron las ejecuciones con precisión militar en la silla eléctrica —conocida con ironía con el nombre en clave de *Old Sparky* (Vieja Chispita)— de la cárcel del distrito de Columbia. Los noticiarios de todo el país, a la vez que mostraban imágenes de los reos tomadas tras su detención, proclamaban: «Seis saboteadores nazis mueren en la silla eléctrica. Una sorprendente conspiración alemana llega a su fin».

Pocos lloraron sus muertes, si acaso algunos compatriotas y sus familiares. Soldados de la Policía Militar escoltaron a las am-

---

federales. Además, Roosevelt y Biddle no querían que la opinión pública supiera que los dos equipos alemanes habían atravesado las defensas norteamericanas con tanta facilidad y mucho menos que el FBI había ignorado la llamada inicial del agente nazi o que la Guardia Costera había tardado doce horas en informar sobre el desembarco de los saboteadores.

bulancias que llevaban los cuerpos de los agentes muertos a la salida de la prisión. Sus cadáveres fueron enterrados en un campo en el barrio de Blue Plains, Anacostia (Washington D. C.), en tumbas cuyas lápidas únicamente serían grabadas con una serie de números, sin nombres.

Inmediatamente después, Dasch y Burger fueron trasladados a la prisión de Atlanta, en Georgia, para cumplir su condena. Lejos de convertirse en los héroes que soñaban ser, fueron considerados traidores por sus compatriotas y terroristas por el que fuera su país de acogida.

El 13 de julio el propio J. Edgar Hoover anunciaba la detención por parte del FBI de catorce personas que habían ayudado a los saboteadores alemanes. Se los acusó de traición, conspiración para cometer actos de espionaje y sabotaje, y otros delitos de gravedad. Ocho fueron encarcelados en Chicago y seis en Nueva York. Entre ellos se encontraban los padres de Herbert Haupt, Hans y Erna; Marie, la esposa de Kerling y su amante Hedy Engemann; sus tíos Walter y Lucille Froehling. Harry y Emma Jaques, amigos de Heubauer, entre otros. Todos ellos serían procesados en un tribunal federal y en un juicio con jurado.

La primera conspiración terrorista en suelo estadounidense, que tendría su expresión más terrible muchas décadas después, el 11 de septiembre de 2001, una fecha grabada a fuego en nuestra memoria, había fracasado. Sin embargo, el papel desempeñado por el confidente alemán continúa siendo un misterio.

La suerte de Dasch se había decidido tiempo antes del juicio. El tribunal ocultó la verdadera razón del desmantelamiento de la red a Alemania —la traición de su agente—. Según Alex Abella, Hoover propuso finalmente un trato al delator: si guardaba silencio y continuaba en el proceso militar, lo indultarían y permanecería poco tiempo en prisión, además de conmutarle la pena de muerte.

El 20 de mayo de 1948, el presidente Harry S. Truman, una vez que la prensa había hecho pública parte de la verdadera historia de los saboteadores de la Abwehr, poniendo a un importante sector de la opinión pública de parte de los conspiradores, conmutó la sentencia de los dos presos y Eisenhower, jefe del Estado Mayor y héroe de la Segunda Guerra Mundial que pronto ocuparía el despacho oval, hizo pública la sentencia. Dasch y Burger fueron liberados.

Gracias a su pacto con los federales, Dasch se reunió con su mujer, a la que años atrás había abandonado, y regresaron juntos a Alemania, donde permanecerían hasta su muerte, sin honores ni reconocimientos. En su país de origen, el exagente de la Abwehr II pasó sus últimos años trabajando como guía turístico y agente de viajes, mientras que a su colega Burger se le perdió la pista —algunos investigadores creen que se trasladó a España.

En 1992, George John Dasch moría a los ochenta y nueve años en completo anonimato. El primer agente que intentó llevar a cabo un ataque terrorista a gran escala en Estados Unidos sería descrito por el periodista Alex Abella de la manera que sigue: «No creo que fuera ni un héroe ni un villano. Más bien fue una víctima». Pagó un alto precio por su ambición, aunque logró que por primera vez los norteamericanos se vieran invadidos por combatientes enemigos.

Una historia largamente silenciada de la Segunda Guerra Mundial.

Expediente n.º 13

LA MAFIA CONTRA HITLER

Una habitación semioscura se muestra ante el espectador. Un hombre de rostro indefinido aparece sentado en un sillón de cuero, tras un majestuoso escritorio de madera maciza. Está flanqueado por dos figuras de aspecto amenazante, dispuestas a sacar en cualquier momento el revólver que sin duda llevan escondido bajo los chalecos. El hombre sin rostro está saboreando un habano; el humo de sus bocanadas impregna la estancia. Frente a él, al otro lado del escritorio, se encuentra un hombre encorvado, nervioso. Su frente está perlada de gotas de sudor. Sus piernas no paran de temblar. El primero es el capo, el jefe; los que le cubren, dos de sus soldados, y en un rincón, apenas perceptible pero siempre atento a lo que sucede en la sala, el *consigliere*.

Aquel individuo que parece haber encogido de tamaño frente a sus captores, con las manos atadas a la espalda con una vieja soga, es un colaborador de la familia que ha sido descubierto pasando información a la Policía. El *consigliere* se acerca, susurra algo al oído del capo, y poco después, tras la titubeante explicación del malogrado chivato, los dos gorilas levantan al sujeto, que está a punto de caer al suelo por la tensión y que se ha orinado encima, y se lo llevan. No tardará en ser un cadáver. La delación se paga con la muerte. Siempre.

Es fácil, tras visionar la excelsa trilogía *El Padrino,* de Francis Ford Coppola, o seguir las andanzas de *Los Soprano* durante seis temporadas, imaginarse una escena de este tipo en una sala de cine o en una pantalla de televisión. Escenas que, al margen de su dureza, parecen rodeadas de un aura relativamente romántica que, como se encargó de reflejar en su libro *Gomorra* el periodista napolitano Roberto Saviano —desde entonces la Camorra tiene puesto precio a su cabeza—, tienen poco de real, pues los criminales, lejos de ser «hombres de honor», por mucho que se rijan por sus códigos o aparezcan como justicieros de sus rivales, suelen ser viles asesinos impulsados por el ansia de poder y de dinero.

Como declaró en su día al diario *El Mundo* el escritor y juez italiano Giancarlo De Cataldo,[1] autor de la memorable novela *Roma criminal*,[2] que contaba las andanzas de unos delincuentes de poca monta que acaban construyendo un imperio del hampa, comandados por el Libanés, Frío y el Dandy, en la Ciudad Eterna, «la mafia no es un señor con sombrero».

Asesinos a sangre fría sin remordimientos, bajo distintos nombres y diferentes máscaras, controlan en medio mundo los negocios de la extorsión, la prostitución ilegal, el narcotráfico, el asesinato por encargo y un largo etcétera de acciones delictivas, bajo la forma o el nombre que sea. Una lacra de la sociedad que, curiosamente, tuvo un papel crucial en la historia que venimos contando, un episodio de la «guerra secreta» que durante décadas quisieron mantener silenciado el mismo FBI y el Gobierno de Estados Unidos, estandartes de «la honorabilidad y la justicia» a ojos del mundo libre.

Sería aquella la única ocasión real en toda su historia de sangre y muerte, en la que la mafia, en este caso la Cosa Nostra de origen siciliano, se erigiría, al menos temporalmente, en una suerte de «organización de corte heroico» en la lucha contra un enemigo común de los aliados: el nazismo. Eso sí, porque hacerlo brindaría a sus lugartenientes una oportunidad de oro de escapar de la señora Justicia, más ciega que nunca en aquellos años de incertidumbre y muerte.

Y es que la Cosa Nostra, como seguramente sabrán la mayoría de los lectores, no se circunscribió a la región en la que nació, la Sicilia del siglo XIX, sino que llegó a ser una de las organizaciones criminales más peligrosas de Norteamérica, tanto, que

1. Eva Belmonte, «Entrevista a Giancarlo De Cataldo», en *El Mundo*, 3 de junio de 2009.

2 *Roma criminal*, Barcelona, Roca, 2014.

durante años se convirtió en el principal objetivo del FBI de J. Edgar Hoover, una historia de amor-odio en el país de las barras y estrellas que dio a la crónica negra nombres tan legendarios como Joe Masseria, Albert Anastasia o Charles *Lucky* Luciano, cuyos tentáculos llegarían a establecer estrechos lazos con algunos de los personajes más importantes de la historia norteamericana del siglo XX, artistas y políticos incluidos: Frank Sinatra o Joseph P. Kennedy, por citar solo algunos, como se muestra en el argumento de la lograda serie televisiva *Boardwalk Empire*, producida por Mark Wahlberg y Martin Scorsese, y que emitió su episodio piloto en 2010.

Tan magistral producción mezcla personajes reales con una ficción sólida ambientada en los años de la Ley Seca en Estados Unidos, con la bahía de Atlantic City como telón de fondo. Cinco temporadas vertiginosas que tienen como eje central a Nucky Thompson, un jefe mafioso —en este caso de origen irlandés, no italiano— inspirado en un personaje real cuyo verdadero nombre fue Enoch Lewis, *Nucky*, Johnson, quien controló gran parte del tráfico ilegal de alcohol, el contrabando y la prostitución en aquellos peligrosos años en la Costa Este de Estados Unidos, y que se mantuvo en activo desde 1910 hasta su encarcelamiento en 1941.

Pero ¿cómo llegó la mafia italiana a tener tan enorme poder al otro lado del Atlántico? Un poder finalmente clave en el desarrollo de los hechos que dan forma a este nuevo expediente bélico.

Honor y *omertá*: Mussolini en el poder

Cual verdadero poder en la sombra, durante el siglo XIX y principios del XX los mafiosos controlaban Sicilia y gran parte de la península Itálica. Sus miembros se regían por la llamada «tradición», una de cuyas reglas más estrictas era la *omertá* o ley del silencio: nunca se debía acudir a las autoridades en el caso de sufrir un ataque u agravio, sino al mafioso local o, mejor aún, castigar la ofensa uno mismo.

Para comprender por qué los mafiosos serían un eslabón más de la gran cadena con la que los aliados golpearían al Eje en los años finales de la guerra, hay que remontarse al momento en el que el fascismo se instaló en el poder en Roma. Más aún, hemos de viajar al mismo conflicto en el que germinaría también la semilla del nazismo alemán: la Primera Guerra Mundial.

Según narra Tim Newark,[3] «la economía siciliana, basada en el cultivo de la tierra, se hundió a causa de la disminución de las exportaciones hacia una Europa desgarrada por la guerra. Mientras los salarios se desplomaban, los precios de los productos básicos no dejaban de subir».

Durante el tiempo que duró la Gran Guerra, los miembros más antiguos de la mafia se habían enriquecido subarrendando terrenos de cultivo mediante coacción para obtener cosechas y criar animales que vendían después a precios desorbitados, consiguiendo multiplicar por diez el dinero que los propietarios de las tierras recibían por su alquiler. Como consecuencia, la mayoría de los mafiosos acabó comprando dichos terrenos.

Mientras esto pasaba en territorio siciliano, a escala nacional los acontecimientos se desarrollaban vertiginosamente: en octubre de 1922, los fascistas liderados por Benito Mussolini se hicieron con el control de los ayuntamientos y de los edificios públicos de todo el norte de Italia. Alrededor de unos veintiséis mil fascistas estaban preparados entonces para marchar sobre la capital, y el día 28 el rey Víctor Manuel III, en una situación muy parecida a la que habría de vivir en Alemania un senil Paul von Hindenburg frente a Hitler, acabó por pedir a Mussolini que asumiese el cargo de primer ministro y formase Gobierno. La sombra totalitaria se cernía sobre la península con forma de bota y pronto lo haría sobre todo el Viejo Continente.

Ya afianzado en el poder, con las libertades civiles abolidas y los grupos de opositores ideológicos implacablemente perseguidos, Mussolini —que a partir de 1924 se arrogaría el pomposo apelativo de Duce— se dedicó en cuerpo y alma a neutralizar a quienes consideraba otra amenaza a sus pretensiones totalitarias: la mafia y sus reglas de honor.

3. Tim Newark, *Aliados de la mafia: la verdadera historia de los pactos secretos con los aliados en la Segunda Guerra Mundial,* Madrid, Alianza, 2009.

El nuevo primer ministro declararía poco después que «con el fascismo manejando el timón, la ilegalidad y el desorden tenían que desaparecer». En un principio se refería con estos términos a los comunistas y a los socialistas, los principales enemigos de los camisas negras, pero pronto extendió su amenaza a la mafia, algo que pondría de manifiesto en un encendido discurso pronunciado ante la Cámara de los Diputados, donde sentenció: «Caballeros, ha llegado la hora de desenmascarar a la mafia. Pero, antes de todo, quiero despojar a este atajo de bandidos de cualquier halo poético o de fascinación del que no poseen el más mínimo rastro. Que nadie hable sobre la nobleza o el espíritu caballeresco de la mafia, a menos que quiera faltarle al respeto a toda Sicilia».

Era un golpe bajo para los capos, pues precisamente su magnetismo, el de su «sociedad discreta», su poder de atracción, residía en refugiarse en dicha tradición. Los mafiosos tenían su propia ley y se reconocían entre ellos con su propia jerga. Es más, utilizaban ritos de gran simbolismo que no fueron dados a conocer a la opinión pública hasta hace relativamente pocas décadas, cuando comenzaron a declarar contra sus otrora compañeros algunos testigos protegidos.

Muchos de los miles de soldados que regresaron de las trincheras de la Primera Guerra Mundial sin vislumbrar un futuro se unieron a las cuadrillas de bandidos, dedicándose a robar ganado y a amenazar a la población, principalmente a los sicilianos con una situación acomodada. Un gran número de estos excombatientes, para más inri, estaban asqueados con los socialistas de las ciudades y del campo. Italia era un polvorín de extremismos ideológicos, con el problema añadido de la delincuencia organizada.

Decidido a acabar de raíz con el crimen organizado, tarea nada sencilla, en mayo de 1924 Mussolini realizó un viaje oficial a Sicilia. Le hizo de cicerone el líder fascista de la región, Alfredo Cucco, y en la localidad de Agrigento el Duce hizo una de sus célebres alocuciones desde el balcón del ayuntamiento en contra del crimen organizado. Durante aquella visita a la isla, tuvo lugar un curioso incidente que, dicen, llevó al jefe del Gobierno a tomar la determinación definitiva de acabar con la mafia. Sucedió en la localidad de Piana degli Albanesi, a una hora de Palermo. Puesto que ya habían sido varios los intentos de acabar con la vida del dictador, y aún habría más, su escolta policial era notable y los responsables de su seguridad se reunieron con el alcalde del pueblo, don Ciccio Cuccia, un mafioso local. Este acompañó en su visita al líder fascista y, cuando acabó su gira, mirando hacia su comitiva policial, le espetó que no necesitaba tales medidas de protección, señalando a continuación a sus matones.

El alcalde, muy pagado de sí mismo, parece que le dijo al Duce en voz alta para que todos lo escucharan: «Su excelencia no tiene nada que temer a mi lado» y, dirigiéndose a la muchedumbre, lanzó la siguiente advertencia: «Que nadie se atreva a tocar ni un pelo de la cabeza de Mussolini. Es mi amigo y el mejor hombre del mundo». Ni qué decir tiene que el orgulloso dictador, ofendido a la vez que humillado, reforzó su determinación de acabar con la tradición y sus pistoleros, no muy diferentes a la hora de someter y asesinar que sus propios camaradas. En toda Italia no había espacio más que para un poder absoluto.

Tomada, pues, la decisión de aplastar a las organizaciones mafiosas, Mussolini inició una cruzada en toda regla para acabar con el crimen organizado que podría hacerle sombra. Sería el citado Alfredo Cucco quien sugirió al dictador el nombre de Cesare Mori, un prefecto de Policía que había caído en desgracia y que había sido azote del entramado mafioso desde la década de 1910. Implacable, era conocido en todo el sur de Italia como el Prefecto de Hierro y también, con cierta sorna, como el Hombre con Pelo en el Corazón. Otros, simplemente, lo conocían como la Bestia.

El Prefecto de Hierro

Cesare Mori había nacido en Pavía el 22 de diciembre de 1871. Pasó gran parte de su infancia en un orfanato, hasta que, a los siete años, sus padres lo reconocieron como hijo legítimo y al alcanzar la edad adulta se inscribió en la Academia Militar de Turín, pero su carrera se truncó al decidir casarse con Angelina Salvi, cuyo padre no podía aportar la dote para el matrimonio de su hija con un oficial, y optó por reorientar su futuro hacia la Policía.

Con tan solo veintitrés años, recibió una medalla al valor tras desarmar a un pistolero que había herido a un soldado en un burdel y después consiguió los mejores resultados de entre ciento siete candidatos que optaban a un puesto en las fuerzas de seguridad. Su primer cargo importante lo desempeñó en Rávena y, tras protagonizar un incidente, fue trasladado a Sicilia. Una vez en la isla, destacó por su astucia, y también por sus métodos brutales contra miembros de numerosas bandas criminales.

No le temblaba el pulso con tal de lograr su objetivo: eliminar a la mafia. Convencido de que esta era un mal endémico entre amplios sectores de la población, entabló contacto con sus gentes y sus costumbres, y se hizo un gran conocedor del territorio isleño y de los más importantes feudos de los jefes mafiosos. Sin embargo, el implacable Mori era un personaje incómodo para algunos altos cargos. Sus métodos comenzaron a ser cuestionados por su vulneración de las leyes y en 1915, con Italia sumida en la Gran Guerra, fue destinado a Florencia como vicecomisario, puesto que ocuparía hasta 1919.

Puesto que con el regreso de muchos veteranos del frente el crimen comenzó a extenderse de forma vertiginosa por Sicilia, Mori fue enviado de nuevo a la isla, donde logró nuevos éxitos contra el crimen organizado. El prefecto se hizo con tropas especiales, un equipo de temerarios policías reclutados en las distintas provincias sicilianas que se armaron hasta los dientes. Sus cercos fueron espectaculares, llegando a realizar hasta trescientos arrestos en una sola noche.

Un año después era trasladado de nuevo, esta vez a Turín, en calidad de comisario, y más tarde enviado a Roma y Bolonia. Precisamente en esta última ciudad destacó por su persecución de los camisas negras fascistas. En toda Italia se convirtieron en habituales los enfrentamientos entre estos y los socialistas, choques cada vez más brutales. Aunque la mayoría de los policías se pusieron del lado de los fascistas, al compartir su odio hacia los bolcheviques, Mori siguió persiguiendo a sus miembros.

Hasta que en mayo de 1922, alrededor de veinte mil fascistas invadieron Bolonia, rodearon el ayuntamiento y exigieron la dimisión de Mori. Este, haciendo gala una vez más de su carácter, se negó rotundamente a renunciar a su cargo y se atrincheró en su despacho. Aquella confrontación provocó que fuera cesado y nombrado prefecto de Bari. Sin embargo, cuando Mussolini alcanzó la jefatura del Estado tras la grandilocuente Marcha sobre Roma, el 31 de octubre de ese año, Mori, entonces un hombre de cincuenta y cinco años, decidió dimitir, prejubilarse y marcharse a Florencia.

No le gustaban ni la figura de Mussolini ni su política, y no podía imaginar entonces que acabaría siendo un bastión del régimen fascista en su lucha contra la mafia. Tras su renuncia, pasó los dieciocho meses siguientes dando forma al que acabaría siendo su primer libro sobre el entramado mafioso, que tituló pomposamente *A través de los azahares y más allá de la niebla*.

Ante el llamamiento de Mussolini para neutralizar el mundo del hampa, Alfredo Cucco[4] y el ministro Luigi Federzoni decidieron que el hombre idóneo para llevar a cabo la lucha contra el crimen organizado, a pesar de sus antecedentes persiguiendo a los fascistas, era precisamente el destituido prefecto. Una vez que fue enviado desde Roma, este, ansioso de aplastar el sórdido mundo del hampa, escribía: «La hora de la liberación ha llegado. Por fin, en nombre del Duce y gracias a su voluntad, se iban a emprender acciones contra la mafia».

El prefecto parecía un *sheriff* del salvaje Oeste, actuaba como tal, y hasta su vestimenta era intimidatoria. Lucía una corbata alrededor del cuello duro de su camisa y una elegante chaqueta de cuyo bolsillo frontal sobresalía un pañuelo de seda delicadamente doblado, atuendo que acompañaba con unas botas de montar que le cubrían las perneras del pantalón y un sombrero de ala ancha; siempre iba armado con su Winchester, su rifle de repetición favorito, todo un clásico del *western*.

4. Este caería en desgracia en 1926. Al parecer, el líder de los camisas negras en Sicilia había enviado artículos de prensa a un contacto que tenía en Nueva York en los que señalaba los brutales métodos empleados por el Prefecto de Hierro, lo que provocó que fuera expulsado del Partido Fascista de Palermo.

Ataviado de tal guisa, primero acorraló al salteador de caminos y asesino de policías Paolo Grisafi, un personaje tan implacable que sus compatriotas creían que estaba embrujado —para lo que utilizaban el término *maato*—. Mori consiguió demostrar que al gánster no le protegía ningún halo sobrenatural y con un pequeño grupo de agentes logró acorralar a Grisafi y a toda su banda en una pequeña casa aislada de Sciacca. Después acabó con varias bandas organizadas en Madonie, una cadena montañosa entre Palermo y Messina, al noroeste de Sicilia, donde los mafiosos se protegían en cuevas con salidas secretas. Los hombres de Mori se apostaron en los alrededores, controlaron los caminos de acceso, confiscaron el ganado de los mafiosos y lo sacrificaron en las calles, y después revendieron su carne a los oprimidos habitantes de la aldea de Gangi a precio de saldo.

Uno de los aspectos más oscuros sobre la forma de actuar del prefecto es que parece que no se limitaba a llevarse el ganado de los jefes mafiosos, sino que también tomaba como rehenes a sus mujeres e hijos, a los que mantenía alejados de sus casas hasta que los bandidos se entregaban. Siempre corrió el rumor de que sus hombres empleaban la tortura para obtener confesiones y Mori instauró la simbólica práctica de condecorar con medallas al valor a los civiles que participasen en acciones contra la mafia. Su objetivo principal era resucitar el poder y el prestigio del Estado, un Estado que ahora dirigía con mano implacable Mussolini. Parece que las gentes acabaron temiendo más al policía que al crimen organizado.

Cerrando sus fuentes de financiación, el Prefecto de Hierro dejó a los capos totalmente indefensos ante la ley. Finalmente, vino el mediático juicio a la mafia: declararon más de trescientos testigos de cargo y fueron imputados 147 mafiosos. Un verdadero triunfo para el fascismo. El periódico controlado por Mussolini, *Il Popolo d'Italia,* publicó entre grandes titulares que la mafia había recibido un golpe mortal, llegando a circular poemas épicos que ensalzaban la cruzada del Duce contra el hampa.

Mussolini continuó dando carta blanca al prefecto Mori dos años más. Entre 1927 y 1929 tuvieron lugar otros quince juicios contra la mafia y, cuando las pruebas eran demasiado inconsistentes, el jefe de Policía hacía uso de sus prerrogativas para imponer penas de destierro o internamiento *(confino)*. Las cifras de detenciones llegaron a las once mil personas. Aquello era demasiado incluso para Mussolini y su gabinete fascista.

En 1928, en un gesto de agradecimiento por su cruzada, el Duce nombró a Mori miembro del Senado italiano. Sin embargo, el 23 de junio de 1929, el policía recibió un breve telegrama de Roma donde le agradecían sus servicios, pero le comunicaban su cese como prefecto de Palermo, siendo destinado a Istria, en la costa adriática, donde trabajaría, en la década de los treinta, supervisando la construcción de carreteras y canales. Allí dedicó su tiempo libre... ¡a escribir poesía! Cuesta creerlo.

Mientras los fascistas estaban en el poder, la mafia siciliana se mantuvo en la sombra, pero ni mucho menos desapareció. A pesar del cerco, lo cierto es que la delincuencia persistía, a la vez que crecían la miseria y el desempleo en la isla; las redes de muchos de los condenados seguían intactas tras su confinamiento y no pasarían muchos años hasta que la organización se cobrara su lenta pero implacable venganza.

Siguieron dedicados a actividades ilegales, aunque con más discreción, convirtiéndose en una organización clandestina a la espera del golpe de gracia al Duce por los aliados en un tiempo en el que, al otro lado del Atlántico, las actividades del hampa ocupaban los titulares de los grandes rotativos y en las películas de Hollywood la figura del gánster se ponía de moda.

El fascismo crece en Estados Unidos

En 1921, el primer embajador italiano en Estados Unidos nombrado por Mussolini, Gelasio Caetani, había organizado un movimiento fascista oficial en Nueva York que fue conocido como Fascio Centrale.[5] Llegó a contar con ochocientos afiliados y treinta ramas filiales dispersas por toda América. Los fascistas se

5. Eric Ferrara, *A Guide to Gangsters, Murderers and Weirdos of New York City's Lower East Side,* Stroud, History Press, 2009.

hacían fuertes allí, pero ello provocó no pocos enfrentamientos entre la comunidad italoamericana de la Costa Este, donde también proliferaban los antifascistas.

En verano de 1925, por ejemplo, en el anfiteatro Laurel Garden, durante un mitin que estaba llevando a cabo la sucesora del Fascio Centrale, la llamada Liga Fascista de Norteamérica (LFNA, por sus siglas en inglés), comandada por el conde Paolo Ignazio Maria Thaon di Revel,[6] la concentración fue reventada por antifascistas y la reyerta acabó con varios heridos por arma blanca.

Periodistas como Carlo Tresca, que dirigía el rotativo antifascista *Il Martello* (El Martillo), condenaba en sus encendidas crónicas a los hombres del Duce con virulencia. Caetani —que dimitió como embajador en 1924— colaboró con el Departamento de Justicia norteamericano para que cerrasen su periódico y Tresca pasó cuatro meses en prisión en 1925. Un año después, los fascistas intentaron asesinarlo, sin éxito, con una bomba...

Mientras esto sucedía, otros inmigrantes italoamericanos se mantenían al margen de la política y se centraban en enriquecerse por cualquier medio. Según recordaría el mafioso Joseph Bonanno: «La Ley Seca nos ofreció a los inmigrantes una oportunidad inmejorable de hacer dinero rápidamente». Fueron los años duros de la mafia en Brooklyn, donde destacaron personajes como Salvatore Maranzano y Giuseppe Masseria, también conocido como Joe the Boss, todos ellos sicilianos que tenían reputación de hombres implacables, pero también «de honor».

Con menor importancia en los años veinte, estaba también Charles Luciano (Lucky Luciano, americanización de su verdadero nombre, Salvatore Lucania), que pactó una alianza con Masseria entre las distintas bandas. Pero este personaje de entonces treinta años, enjuto y con la mejilla derecha marcada por una larga cicatriz de cuchillo que le dotaba de un aspecto

6. Representante de una de las familias más importantes de Italia, fue corredor de bolsa en Wall Street, veterano de la Gran Guerra y medallista olímpico (ganó el oro en esgrima en 1920). Más tarde sería nombrado por Mussolini ministro de Finanzas, cargo que ocupó de 1935 a 1943.

siniestro,[7] no sentía simpatía por Masseria y odiaba a Maranzano. Ambicioso e implacable, tras una serie de movimientos brillantes en la llamada «guerra de los Castellammarese», se labró un papel cada vez más destacado en el entramado mafioso. Sus pistoleros Albert Anastasia, Bugsy Siegel, Vito Genovese y Joe Adonis acabaron con la vida de Joe Masseria a balazos en un restaurante, mientras Luciano, que había «ido al servicio», se limitó a llamar a la Policía.

Después se quitó de en medio a Maranzano, que había puesto precio a su cabeza, con otro hábil y retorcido plan: cuatro hombres que se hicieron pasar por inspectores del Departamento del Tesoro de Estados Unidos irrumpieron en su despacho, en unas oficinas de Park Avenue, descerrajaron al jefe mafioso cuatro tiros y después lo apuñalaron seis veces y lo degollaron.

Fue la gran victoria de Luciano, que asumió el cargo de jefe de jefes, *il capo di tutti capi*[8] en Nueva York, dirigiendo su imperio criminal sin prestar el mismo respeto a la tradición que sus antecesores. De hecho, sería célebre por el uso indiscriminado de la violencia y por traficar con todo tipo de sustancias, incluida la heroína, a gran escala.

Luciano y sus compinches entraron en una espiral ascendente de delincuencia: controlaban la prostitución, la venta de drogas, los préstamos con intereses, el juego y las extorsiones sindicales. Incluso, cuando fue derogada la Ley Volstead, el 5 de diciembre de 1933, simplemente dejaron a un lado el contrabando y se dedicaron a la importación legal de whisky.

Sus principales asociados eran judíos, como Meyer Lansky y Bugsy Siegel, y eso tendría mucha relevancia en los sucesos que,

7. Su apodo, Afortunado, provenía precisamente por haber sobrevivido a una tremenda paliza que le dieron tres hombres y a un profundo corte en la garganta.

8. En realidad, en 1931, cuando alcanzó la cumbre de su poder, Luciano creó la Comisión, que venía a sustituir el título de *capo di tutti capi* por una especie de órgano de gobierno compartido con el fin de evitar guerras entre pandillas y familias por el control de territorios, logrando que las cinco familias de Nueva York y otros capos llegaran a un entendimiento para que sus negocios fueran más fructíferos.

durante la guerra, tendrían lugar con la mafia como protagonista. Rodney Campbell,[9] en el primer trabajo publicado dedicado al tema central de este «expediente», señala que los gánsteres italianos morían en las calles de Nueva York «a la par que los fascistas».

Mientras la Policía de Nueva York prohibía los desfiles fascistas —así como los del Ku Klux Klan—, el Duce, furioso, acabó por disolver, en diciembre de 1929, la Liga Fascista de Norteamérica, justo en el momento en que se estaban haciendo fuertes las consignas de un nuevo movimiento inspirado en el suyo: el nacionalsocialismo, que ya sacudía Europa y no tardaría también en dispersarse por toda Norteamérica.

Lansky, el hombre en la sombra

El socio más estrecho de Luciano y el encargado de llevar a cabo muchas de las negociaciones secretas entre la mafia y la Defensa estadounidense fue el citado Meyer Lansky. A pesar de que solo medía 1,63 metros de estatura y era de complexión delgada, no tenía miedo a nada ni a nadie. Conoció a Luciano cuando era apenas un niño en el Lower East Side. Cuando una pandilla de chicos irlandeses lo acorralaron y le dijeron que se bajara los pantalones para ver si estaba circuncidado, Lansky lanzó una bandeja de comida que llevaba para su familia al rostro del más corpulento y poco faltó para degollarlo. Aunque Lansky quedó cubierto de sangre por los golpes que recibió, no se rindió y Luciano le ofreció protección a cambio de dinero. El propio jefe mafioso lo contaría así años más tarde:

> Yo le sacaba una cabeza a aquel enano, pero él me miraba sin pestañear y con cara de tener muchos huevos; y entonces me contestó: «¡Jódete!». Yo me eché a reír. Le di unas palmaditas en el hombro y le dije: «De acuerdo, te protegeré gratis». Él se alejó de mí y gritó: «¡Métete tu protección por el culo, que yo no la necesito!». Y de ve-

9. Rodney Campbell, *The Luciano Project: The Secret Wartime Collaboration of the Mafia & the US Navy*, Nueva York, McGraw Hill, 1977.

ras que no la necesitaba. Junto con Benny Siegel, Meyer Lansky era, de los pies a la cabeza, el tipo más duro que he conocido en mi vida.

En noviembre de 1931 Lansky, que al cumplir los treinta años ya se había convertido en el organizador de una red de vehículos robados, introducía grandes cantidades de bebidas alcohólicas de contrabando desde Canadá y había sido acusado varias veces de homicidio —de las que se libró sin cargos—, congregó a muchas de las bandas compuestas por judíos en un encuentro en el hotel Franconia, en el corazón de Manhattan.

Allí acudieron, además de su principal socio Bugsy Siegel, Louis Lepke, Joseph *Doc* Stacher, Harry *Big Greenie* Greenberg, Hyman *Curly* Holtz, Harry Teitelbaum y Lewis *Shadows* Kravitz, con importantes actividades criminales en los bajos fondos, donde acordaron respetar los territorios de los demás y se asociaron con los italianos en un sindicato del crimen nacional. Al parecer, Siegel dijo, en un momento tan solemne —e insólito— entre el crimen organizado: «Los *yids* [judíos] y los *dagos* [italianos] ya no volverán a enfrentarse».

La familia de Lansky[10] conocía bien el antisemitismo que azotaba Europa. Habían escapado del Viejo Continente en 1911, cuando abandonaron Grodno —una ciudad de la actual Bielorrusia— huyendo de los pogromos antijudíos del Imperio ruso. Lansky, cuyo verdadero nombre era Maier Suchowljansky, lo americanizó y asistió al colegio en Manhattan mientras ya comenzaba a realizar sus primeros trapicheos. También en Estados Unidos había sufrido el acoso a su credo, aunque con menos virulencia, y ahora sabía que los hombres de Hitler estaban cercándolos de una forma que nunca había sucedido, así que, cuando llegaron los primeros nazis a Nueva York, juró combatirlos, reventando concentraciones del Movimiento Germano-Americano, organización que ya conocimos en los dos anteriores «expedientes», y de otras asociaciones filonazis, como antes habían hecho con los fascistas.

10. Art Montague, *Meyer Lansky: The Shadowy Exploits of New York's Master Manipulator,* Alberta, Altitude Pub, 2005.

Las multitudinarias concentraciones de estos seguidores de Hitler —como la que tuvo lugar en el Madison Square Garden de Nueva York en 1937, que congregó a millares de personas y en la que mil ciento cincuenta miembros de las SA de la Liga marcharon al paso de tambores—, preocupaban profundamente a la comunidad judía neoyorquina. Así, dos distinguidos miembros de esta se pusieron en contacto, a pesar de sus reservas, con Lansky: el rabino Stephen Wise y Nathan Perlman —curiosamente, juez de aquel estado—. En 1935, Perlman se dirigió al mafioso y le dijo: «El nazismo está creciendo en Estados Unidos [...] y nosotros los judíos deberíamos tomar más iniciativas. Meyer, queremos emprender acciones contra estos simpatizantes del nazismo. Pondremos a tu disposición fondos y asistencia legal, todo lo que necesites». Al parecer, el furibundo gánster le contestó al juez —en la más temprana oferta secreta de colaboración desde un sector de la clase dirigente norteamericana al mundo del hampa—: «Lucharé contra los nazis con mis propios recursos. No necesito su calderilla. Pero sí le voy a pedir una cosa: cuando entre en acción, asegúrese de que la prensa judía no me critique».

A mediados de los años treinta, Hitler había añadido a su amplio cupo de enemigos uno muy peligroso, la mafia. Con métodos que poco tenían que envidiar a sus SS, los gánsteres se dedicarían a neutralizar la influencia del antisemitismo promulgado por el Tercer Reich dentro de las fronteras estadounidenses.

Para recompensarle por reventar varias concentración nazis sin matar a ningún miembro de la Liga —algo que acordaron, pero que Lansky aceptó a regañadientes—, Perlman proporcionó al gánster los nombres de varios prominentes agitadores del Movimiento y los lugares de sus próximos mítines. Bastantes activistas de origen germano-americano fueron heridos en varios ataques por toda Nueva York y Nueva Jersey. Había más grupos de «matones» a las órdenes de Lansky que se encargaban de reventar las concentraciones políticas de los camisas pardas ¡incluso lanzando bombas fétidas!

Sin embargo, a pesar de lo que Perlman prometió a Lansky, esto no se cumplió, y la prensa lanzó duras críticas contra él, calificándolo de gánster. Un día, el rabino Wise envió un mensaje a la banda ordenándoles que interrumpiesen sus actividades, porque la comunidad comenzaba a decir «que era moralmente condenable que empleásemos la misma clase de violencia de la que se servían los nazis». Lansky zanjó sus violentas acciones contra el Movimiento Germano-Americano, pero su reputación —que él creía inmaculada— ya estaba dañada. No obstante, continuó haciendo campaña en contra de los señores de la esvástica de forma más discreta y pronto se tomaría su justa venganza.

Luciano en la encrucijada

Antes de todo esto había tenido lugar la caída de Luciano. Mientras Lansky permanecía en un segundo plano, Luciano se hizo un asiduo de las fiestas de sociedad y pronto comenzó a ocupar los titulares de prensa, y eso que tuvo más cuidado en convertirse en una *celebrity* que Al Capone —una de las razones de su caída—. Era habitual que acudiera a casinos, carreras de caballos y restaurantes de moda, acaparando los flashes de los fotógrafos de sociedad.

En 1931 Luciano era el jefe de jefes del crimen organizado en Nueva York, pero la suerte estaba a punto de acabársele. Un joven y ambicioso abogado, Thomas E. Dewey, fue nombrado fiscal general de Estados Unidos con solo veintiocho años y comenzó una caza implacable del mundo del hampa, teniendo a su disposición una eficaz maquinaria: una oficina del Gobierno federal con una plantilla de sesenta abogados en Wall Street a la que se añadió un escuadrón de sesenta y tres policías que asignó el alcalde de Nueva York, Fiorello La Guardia.

Pronto se aprobó la llamada Ley Dewey, que permitía a las autoridades agrupar una serie de delitos similares en la misma acusación, lo que favorecía condenas mucho más duras. En 1936, Dewey[11] puso en su punto de mira a Charles Luciano y el Don fue

11. Gracias al éxito que supuso la detención y condena de Luciano y su banda, Dewey se convirtió en 1943 en gobernador del estado de Nueva York

detenido junto a ocho de los miembros de su banda criminal acusado de varios delitos relacionados principalmente con la prostitución —varias chicas que trabajaban para el proxeneta fueron convencidas para que declarasen en su contra—. Tras un juicio enormemente mediático, Luciano fue condenado a prisión durante un período que podría oscilar entre los treinta y los cincuenta años de reclusión, una condena sin precedentes para este tipo de delitos.

Sin embargo, Lansky logró no ser detenido por este gigantesco operativo y los negocios de Luciano ni mucho menos desaparecieron, sino que este siguió controlándolos desde prisión a través de su socio judío y de Frank Costello, un mafioso calabrés que sería llamado con el tiempo «el primer ministro de los bajos fondos».

La vida de Luciano en prisión, no obstante, no sería en los primeros tiempos un camino de rosas. Sabedores de que era uno de los hombres más peligrosos de América y de que había una alta probabilidad de que planearan su fuga, fue trasladado a la prisión estatal de Clinton, en Dannemora, al norte de Nueva York, cerca de la frontera canadiense, que los presos conocían como la Pequeña Siberia por las duras condiciones a las que eran sometidos los internos.

El otrora *capo di tutti capi* tuvo que trabajar en la lavandería, una tarea bastante dura y humillante. Sin embargo, este no tardaría en hacer valer su inmenso poder y pocas semanas después, moviendo el dinero que recibía de sus socios del exterior, logró que lo trasladaran a la biblioteca «que estaba muy limpia y tranquila; allí se podía pensar y trazar planes». Vería su oportunidad de oro cuando, años más tarde, Lansky le propuso un plan que tenía a sus enemigos nazis por objetivo.

¡Protejamos los puertos!

A comienzos de 1942, los muelles neoyorquinos eran un lugar fácil para la llegada de los U-Boote alemanes: las luces de Brooklyn creaban una silueta perfecta de los buques mercantes allí es-

---

y llegó a presentarse como candidato republicano a la presidencia en 1944 y 1948, aunque no consiguió llegar a la Casa Blanca.

tacionados, que podrían convertirse en objetivo del enemigo. Una serie de misteriosos incendios a lo largo de todo el puerto inquietaron a las autoridades de la ciudad y al Gobierno estadounidense, que ya había entrado oficialmente en guerra.

El más grave de aquellos fuegos tuvo lugar el 9 de enero de 1942, cuando fue arrasado por las llamas el muelle municipal 83 y dos edificios situados en un extremo de la calle 43 que daba al río Hudson. Aunque parece que el incendio fue fortuito, la mayoría de las personas pensaban que había sido intencionado, que estaban teniendo lugar sabotajes, probablemente de mano de los simpatizantes nazis. Algo que se vería en parte confirmado por la frustrada Operación Pastorius.

Los acontecimientos estaban tomando una dirección muy preocupante y los organismos encargados de la defensa de Estados Unidos estaban dispuestos a hacer un trato con quien fuera, incluso traspasando los límites de la legalidad. Según recoge el historiador Rodney Campbell, el comandante Charles Radcliffe Haffenden, que por aquel entonces fue nombrado responsable de la sección de investigaciones del Tercer Distrito Naval en Manhattan, le confesó a un asistente de la Marina lo siguiente: «Hablaría con cualquiera; con un cura, con un gerente de banco, con un gánster o con el diablo en persona si así pudiera conseguir la información que necesito. Esto es una guerra y hay vidas americanas en peligro».

Ese momento no tardaría en llegar, aunque los primeros intentos de los hombres de la inteligencia naval por mantener la seguridad en los muelles no fueron muy fructíferos. Estos estaban realmente controlados por la mafia, y los hombres de los bajos fondos se reían de aquellos agentes que actuaban igual que en las películas, hablando en susurros y preguntándoles por posibles espías.

Pero vayamos unos meses más atrás, cuando Meyer Lansky y sus secuaces empezaron a entrar en dicho juego. El gánster judío era muy consciente de que las inclinaciones de los trabajadores italoamericanos de los muelles —favorables a Mussolini—, muy abundantes, podían llegar a suponer un punto débil para Estados Unidos tras haber estallado la guerra.

Su jefe, Luciano, llevaba tiempo en prisión pergeñando cómo salir de la encrucijada. En diciembre de 1941, el abogado de este, Moses Polakoff, consiguió que le permitieran reunirse con Meyer Lansky y Frank Costello en Dannemora. Tenía la intención de que el hombre que lo había encerrado, Thomas E. Dewey, lo dejase en libertad si asumía el cargo de gobernador del estado de Nueva York —es posible, incluso, que por influencia del jefe mafioso contara con contactos en las altas esferas—. Si eso sucedía, tenía la intención de hacerle un gran favor al Gobierno: Luciano, que había leído en la prensa que el Departamento de Marina estaba profundamente preocupado por la posibilidad de que tuvieran lugar sabotajes en la zona este, podía garantizar la completa protección de los muelles «gracias a sus contactos en el seno de los sindicatos portuarios».

El terreno estaba abonado para que el gánster, a través de los hombres de su banda que estaban en libertad, diera un golpe de gracia para realizar un trato favorable en su delicada situación. Las autoridades americanas tenían miedo de lo que pudieran hacer las fuerzas del Eje, pero tratar con la mafia era algo demasiado deshonroso aun en tiempos de guerra. Si ello trascendía a la opinión pública, podría ser un desastre. Hacía falta una situación verdaderamente extrema para que se decidieran a actuar.

Así que Frank Costello, que tenía contactos entre los empleados del servicio de inteligencia naval con sede en Church Street, estuvo dando vueltas a qué hacer, hasta que uno de sus pistoleros más sanguinarios, Albert Anastasia, dio con el plan perfecto: sabedor de que los agentes de inteligencia naval habían estado realizando pesquisas en los muelles, él y su hermano Tony Anastasia decidieron que podrían prenderle fuego a una importante embarcación para incrementar el miedo de las autoridades. Cuando Luciano tuvo conocimiento del plan, dio su aprobación, según cuenta un libro que dice estar basado en sus propias declaraciones.[12]

La madrugada del 9 de febrero de 1942, el *Normandie,* un transatlántico de lujo reconvertido en buque para el transporte

12. Martin A. Gosch y Richard Hammer, *El último testamento de Lucky Luciano,* Barcelona, Grijalbo, 1976.

de tropas, estalló envuelto en llamas en el muelle 88. Aunque no hubo víctimas mortales, aquel fue un gran desastre que llevó a las autoridades a pensar que los saboteadores —nazis o fascistas— estaban actuando de manera implacable en la Costa Este.

El *Normandie* había sido botado diez años atrás en el puerto de Saint-Nazaire, en Francia, como un transatlántico de lujo cuyo interior estaba decorado en estilo *art déco,* el favorito de las estrellas de Hollywood y los multimillonarios, que eran los clientes a los que se dirigía. De hecho, el muelle 88 en el que ahora ardía se había construido ex profeso para que dispusiese del espacio suficiente para poder atracar en Nueva York. Era una embarcación extremadamente valiosa cuando estalló la guerra y cuando los submarinos alemanes, las temibles «manadas de lobos», comenzaron a surcar el Atlántico, sus propietarios franceses decidieron dejarlo en el citado muelle, donde permaneció anclado durante más de un año con la tripulación mínima necesaria para realizar labores de mantenimiento. Hasta que tuvo lugar la caída de Francia en junio de 1940 y, en mayo de 1941, Roosevelt decidió, temiendo el colaboracionismo entre el nuevo Gobierno de Vichy y el Tercer Reich, intervenir y ordenar a la guardia costera estadounidense abordar el *Normandie* y mantenerlo bajo custodia.

Cuando el país de las barras y estrellas entró en guerra, la Marina tomó el control de la nave y la rebautizó como *Lafayette.*[13] La repintaron de un color gris castrense y fue reconvertida en un transbordador de tropas que el 28 febrero de 1942 debía partir hacia Boston a recoger el primer cargamento de soldados rumbo a Gran Bretaña para luchar contra los nazis. Aquello nunca sucedió, pues el día 9 se declaró el misterioso incendio.

Miles de neoyorquinos se acercaron para contemplar el cataclismo. Al día siguiente, el *Normandie* quedó reducido a un casco humeante semihundido, un verdadero desastre para el es-

13. En honor al héroe francés que colaboró con los revolucionarios norteamericanos durante la guerra de la Independencia, el marqués de Lafayette (1757-1834).

fuerzo bélico aliado. Tan solo dos meses después de que Hitler hubiera declarado que sería el primero en «infligir un golpe a Estados Unidos», uno de los transbordadores de tropas más grandes del bando aliado había sido completamente inutilizado. No obstante, las insinuaciones sobre que el incendio había sido fruto de un sabotaje fueron rápidamente descartadas porque varios agentes del FBI, junto con la Policía y los bomberos, no tardaron en presentarse para abrir una investigación. A primera hora de la mañana, el *Normandie* acabó volcando bajo el peso del agua que los bomberos habían bombeado en sus cubiertas.

Los federales comandados por Hoover y el fiscal del distrito de Nueva York, Frank S. Hogan, junto con un equipo de veinte ayudantes, interrogaron a setenta testigos y se constituyó un tribunal de investigación que concluyó que el incendio había sido provocado por la negligencia de un civil, un operario que trabajaba haciendo reformas en el barco y la mala utilización de un soplete, hipótesis que defiende en su pionero trabajo Rodney Campbell.

Sin embargo, mucha gente se negó a creer el contenido del informe oficial de la comisión y hasta hoy persiste la duda sobre qué sucedió. Siempre planearía la sospecha de que el fuego fue provocado por saboteadores nazis o por la mafia. Pero también sobre este punto existen claroscuros. El propio Lansky corroboraría en sus memorias la «autoría» de Albert Anastasia y sus hombres del incendio del transatlántico, advirtiéndole de que frenara su euforia por los sabotajes: «Le dije cara a cara que no debía incendiar ningún otro barco. Pareció sentirlo, pero no precisamente porque el *Normandie* se hubiera quemado. Lo que lamentaba era no poder volver a atentar contra la Marina. Al parecer, había aprendido a odiarlos en el Ejército; "cabrones engreídos", los llamaba».

Lo que está claro es que el catastrófico espectáculo que brindó a los neoyorquinos la visión de aquel «coloso en llamas» hizo que un escalofrío recorriera los pasillos de Washington: el puerto de Nueva York centralizaba casi la mitad del comercio internacional de Estados Unidos. Tenía más de doscientos muelles de carga, almacenes y malecones a lo largo de ciento treinta kilómetros de costa. Para los altos cargos de Defensa y en plena contienda, estaba claro que había que protegerlos a cualquier precio.

Sea cual fuere la verdad sobre lo que le sucedió al rebautizado *Lafayette,* de lo que no cabe duda es que de aquel suceso saldría la negociación soterrada más insólita de toda la Segunda Guerra Mundial, silenciada durante décadas. Aquella alianza secreta bien podría sugerir un tufillo falso, sobre todo en un tiempo en que la información circula casi sin ningún control a través de internet, ya que se trata de una historia no completamente contrastada, como tantas otras existentes —y persistentes— acerca del conflicto más sanguinario de la historia. Pero lo cierto es que, más allá de errores a la hora de contrastar datos y de la tendencia a la exageración de los mafiosos que como Luciano o Lansky nos dejaron sus interpretaciones de los hechos, está más que demostrado que aquel pacto, si bien no se trató de una conspiración a gran escala, fue real.

Gracias a las pesquisas de los citados investigadores estadounidenses, hemos sabido que en 1954 un documento titulado *Informe Herlands,* el resultado de una investigación dirigida por Thomas E. Dewey, refleja pormenorizadamente —dando fechas concretas y nombres— como el Gobierno de Estados Unidos, a través del servicio de inteligencia naval, cerró un trato con Luciano para proteger el litoral atlántico ante posibles sabotajes. Su nombre se debe al hombre que estuvo al frente de la comisión de investigación estatal, el juez federal William Bernard Herlands.

Sin embargo, aquel documento de alto valor fue archivado en secreto. Aunque en su monumental trabajo, Newark apunta que todavía hoy continúa inédito, lo cierto es que puede consultarse en internet (probablemente fue subido gracias a sus pesquisas y a las de otros entregados investigadores, tras la publicación de su libro, a través del Departamento de Libros Raros y Colecciones Especiales de la Universidad de Rochester, extraído de los llamados Papeles de Thomas E. Dewey),[14] en el que, además de

14. University of Rochester, Department of Rare Books & Special Collections, <www.lib.rochester.edu/IN/RBSCP/ATTACHMENTS/Series-13-17-2-Herlands-report-pdf>.

narrarse con detalle las negociaciones secretas, se ofrecen documentos adicionales, como cartas de altos cargos del Gobierno y la inteligencia naval reproducidas con su fecha, mensaje completo y firma. Un dosier realmente asombroso de ciento ocho páginas en inglés al alcance de todos.

Pero volvamos al momento de los hechos, poco después de que el *Normandie* fuese reducido a cenizas. Los agentes de la inteligencia naval no habían obtenido ninguna información en los muelles, puesto que hacía falta que Luciano diera su aprobación. Tras el incendio todo cambió. Haffenden sabía que tenía que controlar el acceso a los muelles y puso en marcha la ultrasecreta Operación Bajos Fondos *(Underworld),* que consistía en acudir a la mafia en busca de ayuda. Llamó a Thomas E. Dewey, que llevaba toda su vida luchando contra los gánsteres y por tanto sabía cómo ponerse en contacto con ellos.

La poco ortodoxa idea de que los agentes de la Marina contactaran con informadores del crimen organizado para mantener la seguridad marítima —que no gustó a muchos— surgió del capitán Roscoe C. MacFall, oficial al mando del servicio de inteligencia del Tercer Distrito Naval, que abarcaba la vigilancia entre Nueva York y Nueva Jersey. Sin demasiado esfuerzo, obtuvo el respaldo del contraalmirante Carl F. Espe, director del servicio de inteligencia naval y del teniente Anthony J. Marsloe, de la oficina de inteligencia del Tercer Distrito Naval, que dejaría escrito a modo de «justificación» ante las dudas que surgieron entre los agentes por colaborar con criminales: «La inteligencia, en sí misma, no se dedica a labores policiales. Su función es prevenir, y para prevenir, se tiene que tener un sistema; y ese sistema, en todo su alcance y extensión, debe abarcar todos y cada uno de los medios que hagan posible evitar que el enemigo obtenga ayuda o servicios proporcionados por otros [...]. Con *todos y cada uno* me estoy refiriendo también a lo que se conoce como el 'hampa'».

El ya citado comandante Charles R. Haffenden, al frente de la B-3, la sección de investigación de la oficina de inteligencia naval, sería el principal impulsor del proyecto y, el 7 de mayo de 1942, a tan solo un mes del incendio en el muelle 88, el capitán

MacFall se reunió con el fiscal del distrito de Nueva York, Frank Hogan, en la oficina de Haffenden. Este estaba trabajando en ese momento en una investigación sobre el control de los puertos por el hampa y le presentó al agente Murray Gurfein, encargado de la oficina del fiscal para la investigación de actividades económicas ilícitas, que había trabajado junto a Dewey para encerrar a Luciano.[15] En aquella reunión, MacFall comunicó que lo que más temía el servicio de inteligencia naval era que los submarinos enemigos estuvieran repostando combustible gracias a barcazas de pesca o antiguas embarcaciones dedicadas al contrabando de ron, suponiendo que sus patrones hubiesen sido «comprados».

A comienzos de 1942, la feroz batalla del Atlántico[16] estaba siendo desastrosa para los aliados. Entre enero y octubre de ese mismo año, quinientos veintiún buques de bandera británica o estadounidense serían hundidos. Varias «manadas de lobos» operaban a su antojo en el noroeste del Atlántico y disparaban sus torpedos muy cerca de la costa estadounidense, causando importantes daños. Era el momento de actuar con determinación.

En una segunda reunión, que tuvo lugar el 25 de marzo entre Hogan, Gurfein y Haffenden, mientras discutían qué pasos dar, Gurfein sugirió que se pusieran en contacto con Joseph *Socks* Lanza, un brutal gánster al que le encantaban las peleas a puñetazos y que era uno de los más estrechos aliados de Luciano. Lanza dirigía el mercado del pescado de Fulton y ni una sola barca de pesca atracaba en los muelles de Nueva York sin pagarle un tributo. Un negocio de lo más rentable basado en la extorsión, el chantaje y el control por la fuerza de los sindicatos.

Sabían que no sería fácil llevar a Lanza a una reunión y Gurfein propuso contactar con él a través de su abogado, Joseph K. Guerin, que entonces lo representaba en un caso de extorsión y conspiración. Se reunieron con el letrado en su bufete de Wall Street y este les sugirió que se vieran con su cliente al día siguien-

15. Este era además teniente coronel del Ejército de Estados Unidos. En 1944, Gurfein fue nombrado responsable de la división de guerra psicológica del Cuartel General Supremo de la SHAEF en Normandía, y trabajó ultimando la planificación de la entonces ultrasecreta Operación Overlord.

16. Andrew Williams, *La batalla del Atlántico,* Barcelona, Crítica, 2010.

te. Fue un encuentro rodeado de secretismo en un banco de Riverside Park al filo de la medianoche, pues Socks Lanza temía que alguien pensase que se había convertido en informador del Gobierno.

El oficial de inteligencia le dijo al gánster que, puesto que conocía a todos los que se dedicaban a la pesca comercial, podría averiguar cómo y dónde estaban repostando los submarinos enemigos. Aunque Lanza no era lo que se dice amigo de la autoridad, aceptó porque dijo estar dispuesto a contribuir al esfuerzo de guerra. Una semana más tarde, el gánster y Gurfein volvieron a reunirse en secreto en el exclusivo hotel Astor en presencia de Haffenden. Según el *Informe Herlands,* en los treinta y cinco minutos que duró aquella reunión, el mafioso le dio una serie de números telefónicos en los que podían localizarle y una semana después recibió una llamada de la oficina de inteligencia naval y volvió a reunirse con el jefe de la contrainteligencia en su despacho, estableciendo a partir de entonces una reunión semanal. El oficial dijo al italoamericano que varios de sus agentes se infiltrarían en las barcas de pesca y Lanza se comprometió a obtener carnés del sindicato de pescadores para ellos.

El capitán MacFall escribía algo más tarde sobre este punto: «Por medio del uso de estos barcos y de su equipo, así como gracias a la instalación de un equipamiento telefónico similar en otros barcos que hasta entonces no disponían de él, el servicio de inteligencia naval accedió tanto a un pacto secreto de cooperación como a un lenguaje en clave compartido por las flotas de pesca, que se utilizó como parte del sistema de vigilancia de submarinos».

El encargado de infiltrar a los agentes de inteligencia en los camiones que transportaban pescado desde Long Island hasta el mercado de Fulton y en diversas escuadrillas de pescadores, fue, a instancias de Lanza, Hiram Swezey, un hombre ciego desde los siete años con un inmenso poder en los muelles y que contaba con la ayuda del mafioso Benjamin Espy. Juntos recorrieron un amplio territorio en verano de 1942 a bordo de una barcaza elaborando listas de nombres y direcciones que pudieran resultar útiles para el comandante Haffenden. Insólito, pero cierto.

Los agentes del Gobierno, vestidos de paisano, debían informar al servicio de inteligencia naval de todo aquello fuera de lo común que avistaran: restos de naufragios, piezas de avión, incluso cadáveres. A su vez, Lanza, que disfrutaba enormemente con aquella situación, debía mantener informados también a sus superiores en la mafia. Sabía que, al margen de las observaciones llevadas a cabo por los agentes gubernamentales, sería casi imposible sacar información a algunos de los personajes de los bajos fondos que habían nacido en Italia, pues, ya que Lanza tenía un juicio pendiente, muchos pensarían que se había convertido en un chivato. A no ser que el mandato viniera de más arriba, del mismo Charles Luciano, al que respetaban por encima de todo y que podía dar la orden por medio de Joe Adonis o Frank Costello; «una sola indicación de Charlie [Luciano] me abriría todas las puertas», señaló a Haffenden.

El 16 de abril de 1942, Lanza comunicó sus planes a su abogado y la maquinaria para utilizar al que hasta el momento había sido el enemigo público número 1 de Nueva York se puso en marcha.

El pacto secreto

Conscientes de que era necesario controlar todas las zonas del puerto y los muelles de Nueva York, se optó por la vía de contactar con Luciano en prisión. Algo impensable antes de que estallara la guerra. Murray Gurfein sería quien diera el paso para involucrar al Don. En abril de 1942, contactó con el antiguo abogado del gánster, Moses Polakoff, que entonces no mantenía apenas relación con su cliente, pero que, habiendo servido en la Marina de Estados Unidos durante la Primera Guerra Mundial, se mostró decidido a contribuir a la defensa naval de su país. Sin embargo, le dijo a Gurfein que él no conocía lo suficiente a Luciano y que le pondría en contacto con su hombre de más confianza, que no era otro que Meyer Lansky.

Gurfein y Polakoff se reunieron con el pistolero de origen judío en el restaurante Longchamps, en la calle 57. Lansky le dijo al oficial de inteligencia que «detestaba a Adolf Hitler» y advirtió a este de que debían tener cuidado antes de dar cualquier paso, ya que Mussolini era muy popular entre ciertos italianos de Nueva York. Gurfein les dejó claro que Luciano no recibiría recompensa alguna,[17] sino que se trataba de un deber para con su patria; sin embargo, puesto que Polakoff y Lansky deberían reunirse con el jefe mafioso de forma frecuente, se barajó la posibilidad de trasladarlo de prisión. Fue la primera de las concesiones del Gobierno estadounidense al Don.

Así, días después Luciano era trasladado desde la penitenciaría de Clinton, en Dannemora, hasta la de Great Meadow, en Comstock, un penal mucho más cómodo y con un régimen más suave que la Pequeña Siberia, orden que dio John A. Lyons, responsable del sistema penitenciario de Nueva York.[18] Además, este dio instrucciones al alcaide de Great Meadow para que no aplicase a las visitas de Luciano las ordenanzas sobre el registro de huellas digitales para que agentes del Gobierno y mafiosos pudiesen hablar con él en privado.

Para no despertar sospechas y que la noticia llegara a los medios de comunicación, el 12 de mayo de 1942 el gran jefe de la mafia neoyorquina era trasladado junto a varios convictos desde Dannemora hasta Great Meadow como si se tratara de un procedimiento normal. La primera visita de Lansky y Polakoff a Luciano tuvo lugar en algún momento entre el 15 de mayo y el 4 de junio de ese año, y a partir de entonces fueron frecuentes.[19]

A pesar de que Haffenden afirmó que no habría concesiones, Lansky dijo a su jefe que si cooperaba con el servicio de inteligencia naval podía conseguir una reducción de su condena, pues de lo contrario hasta 1956 no obtendría la libertad condicional.

17. Evidentemente, esto no fue así y el capo conseguiría reducir al mínimo su condena por la colaboración secreta.

18. Newark apunta que Haffenden ordenó a uno de sus agentes presentarle a Lyons una autorización por escrito que este debía destruir nada más leerla, para que no quedara prueba alguna.

19. El *Informe Herlands* registra entre el 15 de mayo de 1942 y el 21 de agosto de 1945 hasta veinte encuentros entre Lansky, Luciano y su representante legal.

Luciano, que había realizado importantes movimientos para llegar a este punto, dijo estar de acuerdo aunque puso una condición: al no estar naturalizado como ciudadano estadounidense y existiendo además una orden de deportación contra él, no quería, a su regreso a Italia —tras salir de prisión— «ser un hombre marcado». Pidió que el trato se mantuviese en secreto porque si alguna vez llegaban a deportarlo, temía que lo linchasen en su patria, el castigo por violar la *omertá*. Y lo cierto es que la Marina estadounidense tampoco tenía interés alguno en que aquellos encuentros trascendiesen a la opinión pública.

Haffenden garantizó a Lansky que normalmente utilizaba un código secreto mediante el cual los nombres de sus contactos se sustituían por números, así que ninguna identidad tenía por qué salir a la luz. Al fin y al cabo eran profesionales del espionaje. Luciano pidió a Lansky que transmitiera a los demás mafiosos de Nueva York que la orden de colaborar con el servicio de inteligencia naval para garantizar la seguridad de los puertos partía de su persona. Es de imaginar que mientras colaboraba con el Gobierno, Luciano aprovechara aquellas reuniones privadas con su abogado y lugarteniente para administrar, además, su imperio criminal, que nunca había dejado de lado ni siquiera en Dannemora, y que continuaba siendo muy lucrativo.

A su vez, Lansky se reunía regularmente con el coronel Haffenden en Nueva York. Según recoge el decisivo *Informe Herlands,* «trataban sobre los métodos más eficaces para cargar y descargar los barcos; acerca de cómo prevenir huelgas; cómo mantener en secreto los movimientos de tropas; o cómo garantizar la seguridad de la zona frente a posibles sabotajes».

Existía la sospecha de que varios agentes enemigos —alemanes e italianos— se encontraban alojados en varios hoteles de la ciudad y Haffenden dijo a Lansky que debía introducir camareros en determinados restaurantes y corredores de los hoteles para que vigilasen sus movimientos. El siguiente paso del hombre de confianza de Luciano fue lograr que un peligroso gánster que tenía contactos en el sindicato de estibadores del puerto saliera de prisión y se convirtiera en su matón en los muelles. Se trataba de John M. *Cockeye* Dunn, uno de los hombres de Albert

Anastasia, quien intimidaba a aquellos sospechosos de simpatizar con el enemigo o espiar para él y los obligaba a marcharse de la ciudad o del estado.

Su cometido era también realizar un acercamiento a los miembros de las tripulaciones y tratar de obtener información mientras se echaba unos tragos con ellos; además, se fijaba en la forma en que eran cargados los barcos para evitar que se colocaran artefactos explosivos. Una red de mafiosos e informadores cada vez más eficaz a las órdenes de los mismos hombres que antaño los habían encerrado.

Según cuenta Rodney Campbell en el libro que destapó aquella alianza secreta, a finales de los años setenta, cuando todavía los investigadores no tenían acceso a muchos informes clasificados como secretos,[20] al parecer la relación entre Lansky y Haffenden llegó a ser tan estrecha que algunos agentes de la Marina «acabaron reparando las máquinas de venta automática de algunos clubes cuyos beneficios iban a parar a manos de la mafia».

Los gánsteres llevaban a cabo, junto con los agentes, en una colaboración un tanto surrealista solo explicable por la situación extraordinaria que suponía la guerra, operaciones de vigilancia de individuos sospechosos que trabajaban en los muelles o en los barcos atracados en estos. Evidentemente, no era fácil fiarse de hombres que desde su adolescencia se habían dedicado a mentir y a realizar actividades criminales, así que se autorizó la supervisión mediante escuchas telefónicas que se hacían y se recibían en el cuartel general de Socks Lanza, situado en el hotel Meyer, en el corazón del mercado del pescado de Fulton.

El propio Lanza neutralizó todos los intentos sindicales de realizar huelgas entre los estibadores, al parecer alentado por Haffenden. Era importante que los violentos e intimidatorios métodos empleados por los mafiosos no se filtrasen fuera del departamento de inteligencia naval o fueran conocidos por los periodistas, y de ello se encargó el capitán MacFall. Durante la

20. Es casi seguro que Campbell accedió al *Informe Herlands* a finales de los setenta, la única manera de conocer con detalle todo lo que revelaba en su libro.

investigación posterior de la comisión Herlands, declaró: «Cuando utilizábamos fuentes procedentes de los bajos fondos, o nos servíamos de informantes que hubieran sido localizados a través de personajes que tuvieran alguna vinculación con ese mundillo, nunca conservábamos el registro de sus nombres; tampoco archivábamos los informes con el contenido de lo que nos habían revelado, ya que tanto sus actividades como su identidad se consideraban extremadamente confidenciales».

El *Informe Herlands* no deja lugar a la duda —aunque sin citarlo explícitamente— sobre la colaboración de Luciano, Lanza y Lansky, así como el resto de sus lugartenientes en la mafia neoyorquina con la Marina. El resultado de aquel «pacto secreto» fue bastante beneficioso para ambas partes. En cuanto a las autoridades portuarias, estas consiguieron que en tiempo de guerra los convoyes aliados pudieran seguir transportando tropas y suministros hacia la Europa enfrentada a Hitler, vital para la victoria aliada.

Aunque Luciano realizó un intento, en aras de su colaboración con el Gobierno, de salir de prisión, concretamente en febrero de 1943, cuando su abogado presentó un recurso en la Corte Suprema del condado de Nueva York para conseguir que le modificaran la pena, este fue rechazado. No obstante, el juez encargado de ello, Philip J. McCook, el mismo que se había encargado de meterlo entre rejas en 1936, dejó abierto el camino de la esperanza para el Don al señalar: «Si el acusado está colaborando con las autoridades, si continúa haciéndolo y si en lo sucesivo se sigue comportando como un preso modélico, cabe la posibilidad de que, en un futuro, el ejecutivo considere apropiado concederle el indulto».

Era un delicado juego de cartas en el que el Gobierno no podía permitirse perder a un aliado tan valioso, aunque fuese en la sombra. Sin embargo, querían que el jefe de la mafia permaneciese en la cárcel pues aún quedaba mucho esfuerzo por delante para ganar la guerra; además, si era liberado, habría sido deportado inmediatamente a una Italia sumida en el conflicto bélico y entonces controlada por el Eje, y ya no habría servido de ayuda. En todo caso, lo que sabía podía ser un inconveniente. No obstante, Luciano aún tenía mucho que ofrecer a los aliados, aunque el escenario ya no serían los traicioneros muelles del puerto de Nueva York, sino las costas de su país natal: Sicilia.

Orquestando un desembarco

Al *capo di tutti capi* le entusiasmaba seguir el curso de la guerra desde su celda de Great Meadow, en cuyas paredes colgaba un enorme mapa del escenario del conflicto en Europa en el que iba marcando las victorias y derrotas de los aliados, como si se tratara de un centro de mando. Al parecer, el gánster era un entusiasta seguidor del controvertido general George S. Patton y le enfadaba que el general Eisenhower no le confiara mayor protagonismo en la contienda.

Desesperado con la situación de los acontecimientos en 1943, al ver que los aliados no abrían un segundo frente que también Stalin ansiaba, llamó a su presencia a dos de sus mejores pistoleros, Tommy Lucchese y Joe Adonis, a quienes instó a acabar con la vida del propio ¡Adolf Hitler! Sí, tal cual. Luciano relató más tarde: «Les dije que había que hacer algo con ese tipejo, con Hitler, [...] les dije que la guerra se terminaría en cinco minutos si alguien conseguía cargarse a ese hijo de puta».[21]

Luciano pensó entonces en uno de los mafiosos más célebres, Vito Genovese, para llevar a cabo el plan de atentar contra el Führer. Este napolitano había llegado hasta el Lower East Side con dieciséis años, en 1913, y pronto comenzó una asociación criminal con Charlie, cometiendo atracos y robos con allanamiento. Con el tiempo, se convertiría en una de las figuras más importantes en el negocio de la prostitución y la venta de heroína, una droga que entonces era ilegal, pero que en un primer momento fue una marca registrada y comercializada por Bayer

21. Otro de los hombres de Luciano, Benjamin *Bugsy* Siegel, quien dio forma en el desierto de Nevada a la actual Las Vegas, abriendo el primer casino, el Flamingos —lo que acabó costándole la vida, si bien inició uno de los negocios más rentables para la mafia en Norteamérica—, estaba obsesionado con viajar a Italia y acabar con la vida de Mussolini.

en Alemania,[22] nada menos que como medicamento para la tos y eficaz analgésico. Tuvo mucho éxito en Estados Unidos y, cuando en 1919 se prohibió a los médicos recetarla, había miles de personas enganchadas a esta sustancia, que comenzó a ser comercializada de forma clandestina por los gánsteres de origen judío y los italianos. En 1925, Genovese y Luciano eran los principales proveedores de heroína clandestina en Nueva York.

Presionado por las persecuciones iniciadas por Thomas Dewey y la prisión del jefe máximo, Genovese consiguió huir a Italia en 1937, con una causa pendiente por el asesinato de otro mafioso, Ferdinand Boccia. Contrariamente a lo que hicieron la mayoría de los miembros de la antigua mafia, mantuvo una estrecha relación con el régimen fascista de Mussolini, a través de su yerno y ministro de Asuntos Exteriores, el conde Galeazzo Ciano —el mismo que bailó con Olga Chéjova en Berlín—, quien había firmado el pacto del Eje Roma-Berlín en 1936.

Genovese y Ciano fueron presentados por el secretario del Partido Fascista, Achille Pisani, y este animó al gánster a invertir parte de su fortuna en la central eléctrica de Nola, en Nápoles. El propio Genovese llegó a donar doscientos cincuenta mil dólares para la construcción de un edificio en aquella localidad destinado a albergar la sede del Partido Fascista, lo que le hizo ser nombrado *commendatore*, el más alto cargo civil en la Italia de Mussolini.

Luciano, que no veía con buenos ojos —o eso dijo— la relación de su antiguo asociado con el régimen del Duce y su permanencia en un país enemigo cuando estalló la guerra, aseguraba que Genovese era el proveedor de cocaína de Ciano, al parecer un auténtico adicto al polvo blanco, y sus lazos con el régimen eran tan estrechos que llegó a ofrecerse para hacer un gran favor al líder fascista: se encargó de la eliminación del que recordará el lector que era el editor del periódico antifascista neoyorquino *Il Martello*, Carlo Tresca.[23] Genovese le encargó el trabajo a

22. La empresa, acusada de colaboración con los nazis, probó el producto a finales del siglo XIX con sus trabajadores y afirmó que los hacía sentirse «heroicos», de ahí su nombre.

23. Las explícitas imágenes de su asesinato dieron la vuelta al mundo y hoy pueden verse a golpe de clic en internet. Una verdadera ejecución con el sello

Anthony Strollo —más conocido como Tony Bender—, quien le pasó el encargo a Carmine Galante, un matón de Brooklyn con un largo historial criminal. Se cree que fue este quien el 11 de enero de 1943 descerrajó al periodista de izquierdas tres tiros a bocajarro a la salida de la redacción que acabaron con su vida casi al instante, aunque todavía hoy existen dudas acerca de la autoría del crimen.

Si alguna vez llegó a oídos de Genovese la orden de Luciano para que acabase con la vida de Hitler, no tenemos constancia. Ni siquiera para alguien con buenos contactos en la Italia fascista como el mafioso iba a ser fácil acercarse al Führer, que vivía permanentemente escoltado por hombres armados y que tras el atentado que sufrió en la Bürgerbräukeller de Múnich en noviembre de 1939, apenas hacía apariciones públicas previamente anunciadas.

Mientras tanto, los mafiosos sacaban provecho de la situación bélica, como por ejemplo al enriquecerse con el mercado negro que surgió en torno a los cupones de racionamiento de gasolina. Cómo no, también Luciano fue uno de los principales beneficiarios de aquel comercio ilegal, controlando la venta desde la cárcel, con la ayuda de Lansky y Frank Costello que, además, también acapararon el mercado de la carne; todo ello mientras el mundo estaba sumido en una lucha encarnizada.

Operación Husky

La invasión del continente en algún punto del Mediterráneo tomaba forma tras las continuas victorias de los aliados en el norte de África. Se estaba delimitando la llamada Operación Husky, de la que hablé en el expediente dedicado al «hombre que nunca existió», cuyo objetivo era precisamente una gigantesca operación anfibia en el país de origen de la mafia: Sicilia. Ya vimos que el objetivo de estos planes secretos, así como el de la insólita Ope-

inconfundible de la mafia. También existen imágenes de su capilla ardiente, que fue visitada por numerosos neoyorquinos.

ración Carne Picada, era desviar la atención sobre el verdadero punto de invasión. Pues bien, también en esto parece que tuvo cierta relevancia el papel jugado por Luciano y sus hombres, un episodio que es un gran desconocido de la historiografía.

Cuando llegó a conocimiento del jefe mafioso el preparativo de la invasión en el Mediterráneo, quiso aportar su granito de arena. La Marina consideraba primordial la guerra que se libraba en el Pacífico, y sus altos mandos veían como una «distracción» las operaciones militares europeas. Aquello evidenció una carencia en materia de inteligencia en el Mediterráneo, donde no habían previsto combatir, ya que los norteamericanos lo consideraban una zona de influencia del Ejército y la Armada británicos.

Tras las decisiones adoptadas en la Conferencia de Casablanca, en enero de 1943, entre ellas actuar en el teatro de la guerra europeo, por presión de Churchill y De Gaulle, el servicio de inteligencia naval estadounidense tuvo que comenzar a trabajar a contrarreloj para reunir las informaciones necesarias para que la invasión se completase con éxito. Precisamente, los oficiales escogidos para preparar la Operación Husky fueron los del Tercer Distrito de inteligencia naval, los mismos que habían ayudado a Haffenden y MacFall, con la colaboración de los hombres de Luciano y Lanza, a mantener la seguridad en los muelles neoyorquinos.

Newark insiste en que «el hecho de que en ambas operaciones se llegase a establecer contacto con miembros del crimen organizado no fue ninguna casualidad». Precisamente a las relaciones del hampa con el ejército de Estados Unidos en Sicilia dedica el citado autor en su monumental trabajo más de doscientas páginas. Antes de poner fin a nuestro «expediente», veremos, *grosso modo,* los pasajes más apasionantes de aquella colaboración *in extremis,* casi surrealista. Pero sobre este punto hay, todavía hoy, una gran controversia.

Por ejemplo, el historiador y periodista británico John Dickie,[24] especialista en el crimen organizado, señala que la cola-

24. John Dickie, *Cosa Nostra: historia de la mafia siciliana,* Barcelona, Debate, 2006.

boración de Luciano se limitó a que sus hombres eliminaran a varios sospechosos de espionaje en los muelles siguiendo órdenes de la inteligencia naval, pero que «no hay evidencia alguna de que Luciano estuviera en Sicilia durante la guerra, ni tampoco de que hubiera un acuerdo para ponerle en libertad a cambio de lograr el respaldo de la mafia siciliana a la invasión aliada».

Después de dejar claro, según él, que la liberación del capo neoyorquino en 1946 «no tuvo necesariamente nada de sospechoso»,[25] añade que «el hombre que dio la aprobación final a la decisión no fue otro que el gobernador del estado de Nueva York, y azote de Luciano, Thomas E. Dewey», como si eso fuera garantía suficiente de que no existió pacto alguno. Sin embargo, el *Informe Herlands,* al que Dickie no hace referencia, parece sugerir todo lo contrario.

Aunque todavía hoy un aura legendaria envuelve a la Operación Bajos Fondos, a la que contribuyeron las memorias nada modestas de Lansky o las declaraciones del propio Luciano —de ser ciertas—, la realidad es que la existencia de aquel pacto secreto está más que demostrada. Otra cosa distinta es que dicha alianza incluyera la operación militar que se estaba gestando en 1943 o que se tratara de una conspiración en toda regla. Dickie insiste: «No hubo, pues, ninguna intriga norteamericana para reclutar a la mafia como colaboradora en la invasión de Sicilia. Sencillamente porque resulta muy poco probable que los aliados confiaran el secreto de la Operación Husky, por entonces el más ambicioso ataque de la historia, a una pandilla de matones».

En este mismo sentido, el propio Newark concluye que, aunque el supuesto trato de la mafia con los aliados para ganar la guerra en Sicilia tiene mucho gancho para los teóricos de la conspiración, lo que sería «una nueva prueba de las artimañas norteamericanas», sin embargo —en su opinión— parece que dicha afirmación no puede estar más lejos de la verdad, lo que parece contradecirse con lo anterior. Según él, los ejércitos norteameri-

25. Para Dickie, «ya por entonces diez años —los que había cumplido el gánster— representaban todavía el período más largo que nadie había pasado en una cárcel estadounidense por aquel delito concreto».

cano, británico y canadiense vencieron en la batalla de Sicilia gracias a un impresionante despliegue de organización logística y tras haber luchado duros combates, en los que muchos aliados perdieron la vida, no gracias a la Cosa Nostra, lo que parece bastante lógico y verosímil.

Aunque insiste en que un departamento de uno de los organismos de inteligencia dedicados a la defensa del territorio norteamericano, efectivamente, cerró un pacto con Luciano y sus secuaces para garantizar la seguridad en los muelles, y que más adelante dicha colaboración «se amplió hasta incluir los preparativos previos a la invasión de Sicilia; para llevarlos a cabo con éxito fue necesario que algunos mafiosos proporcionasen cualquier información disponible sobre la isla que pudiese ser de utilidad», solamente cuatro agentes del servicio de inteligencia naval desembarcaron en Sicilia en los primeros días de la operación. Apunta también que su contribución a la conquista de la isla «fue útil, aunque mínima».

También escribe que «no existe ninguna prueba que demuestre que los agentes del CIC [Cuerpo de Contrainteligencia] estableciesen ningún tipo de alianza con la mafia siciliana, ni antes ni durante la campaña», aunque no deja de admitir que el hecho de que algunos agentes de la OSS de Palermo creasen vínculos con los mafiosos locales una vez finalizada la campaña militar «es harina de otro costal», rizando aún más el rizo del enigma.

Aun así, a la mafia le interesaba mantener viva la romántica y soterrada historia de un gran pacto entre los aliados y gánsteres para combatir al Eje, mostrándose así ante el pueblo más como libertadores que como delincuentes; en parte, no mentían, pero aquella alianza parece que fue bastante limitada. Ese interés es la razón de que desde mediados de los años cuarenta del siglo pasado perviva en el imaginario colectivo de los sicilianos una historia que la mayoría de los autores apuntan como apócrifa. A medida que avanzaban a través de Sicilia tras el desembarco, los soldados aliados destituían sumariamente a los alcaldes fascistas de las poblaciones que liberaban y los reemplazaban por hombres que a veces debían su posición más al visto bueno de un intérprete siciliano-americano —que hacía de guía de las tropas—, que a otras razones, y ello llevó a que se acudiera en ocasiones a los hombres de honor locales, mafiosos sin duda, que podían recuperar así sus antiguos feudos o los de sus familias, con la excusa de haber sido duramente represaliados por los fascistas.

La leyenda de Don Calò

Aquella historia de aroma heterodoxo cuenta que el 14 de julio, cuatro días después del desembarco aliado, un avión de combate estadounidense sobrevoló a baja altura la localidad de Villalba: en uno de los lados de la cabina del piloto se agitaba al viento una especie de extraña banderola hecha con un trapo de un color dorado algo amarillento y con una gran «L» negra cuidadosamente dibujada. El avión lanzó sobre el pueblo una bolsa de nailon que cayó cerca de la casa del cura y alguien se la llevó al *carabiniere* Angelo Riccioli, quien, al abrirla, encontró en su interior una pequeña bandera amarilla exactamente igual.

Una segunda bolsa cayó cerca de una granja propiedad de don Calogero Vizzini, conocido como Don Calò, un mafioso con bastante poder en la región. Era también una pañoleta de seda —material que solían utilizar los miembros del crimen organizado como método de comunicación— de color amarillo oro con una «L» negra cosida —una inicial que el mafioso sabía que aludía a Luciano—; y una carta en clave del también mafioso Giuseppe Genco Russo donde le anunciaba la llegada en unos días de un contingente americano al que debían recibir y asegurar protección.

Cinco días más tarde, efectivamente, según el relato de un joven siciliano que decidió permanecer en el anonimato —de nuevo planeaba la sombra de la omertá—, Don Calò encabezó un comité local de bienvenida para recibir a una patrulla aliada cuyo comandante había pedido hablar con quien mandara en el pueblo en el dialecto siciliano de la región. Dicha comitiva estaba formada por tres tanques, al parecer miembros del CIC que servían de avanzadilla para el resto de las unidades del Ejército de Estados Unidos, y en la torreta de uno de ellos ondeaba también una bandera amarilla con una «L».

Sin cruzar palabra, Don Calò le entregó la pañoleta amarilla al oficial norteamericano y, según el citado testigo anónimo, la historia sigue así: «La torreta se abrió. Don Calò y su sobrino subieron al tanque y nosotros nos quedamos fuera, expectantes. Mientras el tanque se ponía en marcha, los soldados nos lanzaron puñados de caramelos y cigarrillos».

El teniente coronel Salemi, oficial al mando de las tropas del Eje que se encontraban apostadas en las cumbres del monte Cammarata —desde las que se dominaba la carretera que se dirigía hacia Palermo—, confiaba en neutralizar a las fuerzas enemigas desde esa posición, sin embargo, al día siguiente de la entrada de los tanques norteamericanos en Villalba, dos tercios de sus soldados desertaron y los alemanes que aún quedaban decidieron retirarse en sus carros blindados. Más tarde, unos soldados italianos afirmarían que por la noche varios agentes de la mafia se les habían acercado en plena noche y les había dicho que debían marcharse de allí, pues su situación era desesperada, proporcionándoles ropas de civil y víveres que les servirían de ayuda para su regreso al hogar.

Unos días después, Don Calò, ya de regreso, fue proclamado alcalde. El «hombre de honor» debía su nombramiento, según apunta Dickie, «a los buenos oficios de la Iglesia católica además de al Ejército estadounidense». En el caos que siguió a la caída del fascismo en Italia, los norteamericanos solían acudir a los principales eclesiásticos para pedirles consejo acerca de las personas en quien podían confiar. Don Calò tenía un largo historial de colaboración con un fondo social católico y además dos de sus hermanos eran curas, uno de sus tíos arcipreste y otro obispo de Muro Lucano.

¿Qué hay de cierto en todo esto? Newark insiste en que dicha historia fue, en gran medida, producto de la imaginación del escritor de izquierdas perseguido por la mafia Michele Pantaleone,[26]

26. Este respetado periodista y experto en la mafia siciliana había nacido precisamente en Villalba, y conoció de cerca a Calogero Vizzini. Pronto se afi-

aunque quedan muchas lagunas. Por ejemplo, el hecho de que existen al menos dos pruebas que demuestran que tanto los británicos como los norteamericanos recomendaron que se entablasen contactos con la mafia siciliana para que pudieran ayudar a los aliados durante una hipotética invasión de la isla. De hecho, la sugerencia norteamericana de armar a la mafia y organizarla como una guerrilla llegó, incluso, a ser aprobada por la cúpula militar estadounidense. Aun así, el autor insiste en que ninguna de las propuestas planteadas durante la precampaña militar se llegó a poner jamás en marcha.

Tras la invasión, los aliados crearon un vacío de poder que fue ocupado con facilidad por los miembros de las mafias locales, pero no parece que esa fuera, ni de lejos, su intención. Hubo colaboraciones puntuales y un pacto secreto para la defensa de los muelles, llegaron informaciones importantes producto de interrogatorios a sicilianos desplazados a Estados Unidos —cuyos nombres fueron facilitados, eso sí, por algunos mafiosos— y se tiene constancia de que algunos gánsteres locales fueron convertidos en alcaldes en Sicilia tras la invasión, pero no parece que se tratara de una conspiración planificada con premeditación por británicos o norteamericanos para que la mafia resurgiera allí. No hay duda, no obstante, de que esta se aprovechó de la neutralización de los fascistas y la caída de las fuerzas del Eje, y de que Luciano, como enseguida veremos, fue el más beneficiado de sus miembros, pues otros, como Lanza, no pudieron evitar ir a prisión.

El renacimiento de la Honorable Sociedad conforma una verdadera madeja de intereses creados y conspiraciones de silen-

---

lió al Partido Comunista Italiano y se convirtió en opositor de Don Calò. En 1944, con la liberación de Sicilia, él ocuparía el cargo de vicealcalde mientras, paradójicamente, el puesto principal lo ocupaba su opositor. Hubo graves enfrentamientos y la vida de Pantaleone estuvo en peligro. Luego, se convirtió en político y periodista empeñado en destapar los entresijos del crimen organizado. Trabajó para *L'Ora,* un diario independiente de Palermo, que tenía otros colaboradores como Leonardo Sciascia y Mauro De Mauro, desaparecidos misteriosamente en 1970. Fue uno de los primeros periodistas en destapar los vínculos de la Cosa Nostra con el Partido Demócrata Cristiano, y fue acusado de difamación por ello.

cio con marcadas notas de inventiva que escapan a la intencionalidad de este «expediente». Los datos, sin embargo, parecen corroborar la colaboración entre los hombres de Luciano y la inteligencia naval también en este punto. En noviembre de 1942 desembarcaron en el norte de África cincuenta mil soldados estadounidenses en el marco de la Operación Antorcha, previa a Husky, y el comandante Haffenden fue consciente del valor que podía llegar a tener la información que los neoyorquinos de origen italiano podían proporcionar a las autoridades militares.

El *Informe Herlands* apunta claramente hacia una colaboración también en la preparación de Husky, y no hay que olvidar que es un documento oficial:

> Se elaboraron listados con los nombres de muchos italianos nacidos en Sicilia, de norteamericanos descendientes de familias sicilianas y también de sus parientes, con el objetivo de que proporcionasen al comandante Haffenden y a sus ayudantes información sobre los puertos, el terreno, etc., en previsión de una posible invasión de la isla por parte de los aliados. Gracias a dichos informadores y a sus contactos se pudieron obtener —y utilizar después durante la campaña militar— los nombres de muchos nativos sicilianos cuyas inclinaciones eran favorables a los aliados e, incluso, de algunos miembros de la mafia y del hampa de Sicilia en los que se podía confiar.

El equipo del servicio de inteligencia naval de Nueva York —entre los que se contaba el teniente Paul Alfieri, que había estado al mando del teniente Marsloe—, formaba parte de las tropas de asalto que llegaron a las playas sicilianas durante la primera oleada de ataques. Los jóvenes oficiales llevaban consigo toda la información que habían conseguido reunir en Nueva York gracias a Luciano y sus colaboradores. Según contaría más tarde el propio Alfieri:[27] «Uno de nuestros planes más importantes consistía en ponernos en contacto con personas que hubiesen sido deportadas desde Estados Unidos hasta su Sicilia natal por

27. Testimonio de Paul Alfieri, 8 de junio de 1954.

haber cometido algún delito. [...] Cooperaban de buena gana y me fueron realmente útiles, ya que hablaban el dialecto de la región, además de un poco de inglés», y gracias al apoyo de algunos de sus contactos pudo obtener información de la caja fuerte del mismísimo cuartel general de los altos mandos de la Marina italiana, con valiosos documentos, como varios planos señalizados con la ubicación de las defensas alemanas e italianas en la isla, e información delicada sobre las fuerzas navales del Eje en el Mediterráneo; como una serie de mapas de superposición en los que se detallaba la situación de los campos de minas marinas y las rutas que habían de seguirse para poder esquivarlos. Fue un brillante despliegue de inteligencia y gracias a aquella magnífica operación Alfieri recibió la Legión al Mérito.

El 17 de agosto de 1943, treinta y ocho días después de los primeros desembarcos, el general sir Harold Alexander telegrafió a Churchill comunicándole que Sicilia estaba íntegramente en manos aliadas. Durante los seis meses siguientes la isla estaría a cargo del AMGOT (siglas inglesas del Gobierno Militar Aliado de los Territorios Ocupados) y fue bajo su supervisión cuando la mafia realizaría sus primeros intentos de determinar la forma política de Sicilia mientras esta salía de la devastadora contienda.

A pesar de su éxito, preparar la Operación Husky, sin embargo, no había sido ni mucho menos sencillo. De la búsqueda sobre información logística del enemigo se encargaría la sección B-7 de contrainteligencia militar. Newark indica que varios años más tarde, Haffenden relató a la comisión Kefauver, organizada por el Senado norteamericano entre 1950 y 1951 para investigar el crimen organizado, que ese proceso de recopilación de información procedente de miles de fuentes había resultado fundamental para el curso de la guerra, y que para llevarlo a cabo se había empleado a 146 investigadores.

Lansky era uno de los mafiosos que se involucraron también en el proceso y condujo a muchos italianos —algunos refugiados sicilianos de gran relevancia— hasta los cuarteles de la inteligencia naval, entre ellos, el hotel Astor y el número 90 de Church Street, para reunirse a puerta cerrada con Haffenden. Pretendían que entregaran a los agentes de inteligencia todas las fotografías que tuvieran de los puertos sicilianos, de los estrechos, y hablasen con personas que hubieran viajado recientemente a Italia y aportaran conocimientos sobre el perfil de la costa en esos momentos.

Supuestamente, también colaboraron Socks Lanza,[28] Vincent Mangano —un antiguo propietario de una empresa de importación y exportación que operaba entre Italia y Estados Unidos— y el pistolero Joe Adonis. Su tarea era la de presionar a sus compatriotas recelosos de colaborar. Ante su negativa, les espetaban: «Cuando Lucky [Luciano] se entere de que no estás colaborando, no le va a gustar nada».

Parece ser que Adonis se las ingenió para que muchos contactos útiles pasaran información sobre Sicilia, y también Moses Polakoff, abogado de Luciano, fue empujado a colaborar proporcionando a las autoridades navales los contactos de los que disponía. Si estos solo hablaban italiano, se los derivaba al equipo de traductores de Haffenden, dirigido por el teniente Marsloe, conocedor de varios idiomas y de la mayor parte de los dialectos sicilianos que surgían durante los interrogatorios secretos.

Aunque con los años el propio Luciano negaría haber facilitado el terreno a las tropas estadounidenses para su desembarco en Sicilia —afirmando que se había marchado de allí a los nueve años y apenas conocía a nadie, salvo a Vito Genovese, que ni siquiera era siciliano—, Meyer Lansky afirma por el contrario que por aquel entonces el Don no solo estaba dispuesto a colaborar, sino a formar parte activa de la operación secreta: «A Lucky se le ocurrió un plan bastante peregrino, que de todos modos yo le comuniqué a Haffenden [...]. Quería unirse al Ejército invasor. Se le ocurrió que podría entrar en la isla como soldado raso, y allí actuar como una especie de enlace o avanzadilla. Dijo que estaría dispuesto a desembarcar en la primera tanda de tropas. Creía

28. En 1943, con el proyecto a medio completar, Lanza fue detenido y condenado a una pena de siete años y medio, y otros quince de prisión por delitos de extorsión y conspiración; un verdadero golpe para los mafiosos que pensaban que su pacto secreto los mantendría fuera del alcance de la ley.

que su mera presencia aseguraría la cooperación de los sicilianos; no quería que nadie pensara que solo le interesaba salir de la cárcel, y estaba dispuesto a arriesgar el pellejo para demostrarlo. Dijo que se sentía preparado para saltar en paracaídas sobre la isla».

Parece que Haffenden transmitió la delirante idea a Washington de que podrían desembarcar a Luciano, quizá desde un submarino, aunque, como era de esperar, sus superiores la rechazaron. El capitán Wallace S. Wharton, jefe de la sección de contrainteligencia de la inteligencia naval, diría más tarde que, aunque sopesaron la idea durante un tiempo,[29] finalmente la descartaron, pues no querían llamar la atención más de lo necesario sacando de la cárcel al «enemigo público número uno» para que participase en una misión secreta de alto riesgo. Además, no estaban dispuestos a conceder la contrapartida que pedía el mafioso: la libertad provisional para que se le permitiese viajar a Sicilia a prepararlo todo. De ser cierto aquello, se correría un alto riesgo de fuga en su tierra natal.

Hay que puntualizar, rompiendo una lanza a favor del Gobierno estadounidense, que la decisión de prohibir todo trato con cualquier persona vinculada con los sindicatos del crimen se tomó bastante pronto, pues los agentes de la OSS que mantenían contactos con la mafia sacaban cada vez menos de esa oscura «relación». William Donovan,[30] director y creador de la CIA, no estaba interesado en mantener relaciones con gánsteres, pues consideraba a la mafia como «una conspiración supranacional que no puede guardar lealtad alguna a Estados Unidos».

Sea como fuere, el 3 de enero de 1946, supuestamente como contrapartida por su cooperación en el esfuerzo bélico, el gobernador Thomas E. Dewey —al parecer muy a su pesar, pero las órdenes provenían de Washington y él estaba enfrascado, además, en una carrera política hacia la presidencia— conmutó la

29. Luciano afirmó que podría ser enviado a Sicilia vía Portugal o algún otro país neutral, y que el mejor lugar para la invasión era Castellammare del Golfo, cerca de Palermo, donde había numerosos dirigentes de la mafia.

30. Veterano de la Primera Guerra Mundial, se le recuerda como «el padre de la inteligencia estadounidense».

sentencia por proxenetismo de Luciano, bajo la condición de que no se resistiera a su deportación a Italia; algo por lo que el gánster se sintió ultrajado, ya que consideraba Estados Unidos su verdadero hogar. No era la libertad que había esperado por su colaboración en la «guerra secreta» contra Hitler.

A MODO DE EPÍLOGO

El 2 de febrero de 1946, dos agentes federales de inmigración transportaron al gánster Charles Luciano hasta la isla de Ellis, en la bahía de Nueva York, precisamente el punto en el que a finales del siglo XIX y principios del siglo XX habían llegado la mayoría de los inmigrantes de origen italoamericano —y él mismo siendo un niño—, para proceder a su deportación.

El 10 de febrero un carguero propiedad del jefe mafioso zarpó de la bahía de Brooklyn hacia Italia, tras una cena a bordo con sus hombres de confianza. Llegó a Nápoles el día 28 del mismo mes. En su país de origen era un personaje muy conocido, que frecuentaba a los militares estadounidenses y a los turistas de esta nacionalidad durante sus viajes en tren por el país, y que aceptaba gustosamente posar en fotografías y firmar autógrafos cual estrella de cine.

En octubre de 1946 se trasladó en secreto a La Habana, Cuba, donde Luciano era un gran inversor en el juego y tenía varios proyectos hoteleros. Llegó a la isla vía Venezuela, Brasil y México, y una vez allí se instaló en una finca en el barrio de Miramar. Su objetivo era estar más cerca de Estados Unidos, volver a tomar el control de las operaciones de la Cosa Nostra en territorio estadounidense y, con el tiempo, regresar a su país de adopción.

Ese mismo año, el 22 de diciembre, tuvo lugar en el hotel Nacional de Cuba una reunión clandestina entre Luciano y los miembros más importantes de la Cosa Nostra, con la excusa de asistir a un concierto que Frank Sinatra —amigo del Don— iba a dar en La Habana. Acudieron delegaciones que representaban a las familias del crimen organizado de toda Norteamérica.

Poco después de que la reunión comenzara, el Gobierno estadounidense supo de la presencia de Luciano en la isla, un secreto a voces por sus apariciones públicas en selectos clubes y en reuniones de sociedad.

Entonces, las autoridades norteamericanas comenzaron a presionar al Gobierno isleño para que lo expulsara. No lo hicieron hasta que el 21 de febrero de 1947, Harry J. Anslinger, el comisionado de Narcóticos de Estados Unidos —un verdadero cruzado contra el consumo de marihuana en el país—, amenazó con un embargo de la exportación de narcóticos legales —medicamentos— a la isla mientras el gánster permaneciese acogido allí. Dos días más tarde, el Gobierno cubano anunció que el siciliano se hallaba bajo custodia y sería deportado a Italia en cuarenta y ocho horas.

Regresó a su patria, al puerto de Génova, a bordo de un carguero de bandera turca y pasó el resto de su vida italiana bajo estrecha vigilancia policial, tras pasar un tiempo en la cárcel de Palermo. No obstante, tras quedar de nuevo en libertad continuó con sus negocios ilegales. Delinquir formaba parte de su código genético. En 1957 mantuvo una reunión secreta en la capital napolitana con más de treinta líderes mafiosos para crear la mayor red de exportación mundial de heroína. Mientras tanto, su vida en Nápoles cual auténtica celebridad del crimen y su marcado ego le llevaron a pensar en escribir sus memorias.

Aquello nunca sucedió. El 26 de enero de 1962, el gánster que colaboró con los aliados contra Hitler fallecía de un ataque al corazón en el aeropuerto internacional de Nápoles, adonde había acudido para reunirse con el productor estadounidense Martin A. Gosch,[1] que barajaba realizar una película sobre su ajetreada vida; un episodio lleno de interrogantes que aún en la actualidad no ha sido dilucidado por completo: el mismo día habían seguido a Luciano —o escoltado, depende de la versión— varios agentes de la división antidroga italiana, tras ha-

1. En 1976, el propio Gosch publicaba el libro *El último testamento de Lucky Luciano, op. cit.*, basado en diversas entrevistas y conversaciones que el productor tuvo con el gánster antes de su inesperado fallecimiento.

ber sido decretada una orden de detención contra él como supuesto miembro de una red de contrabando responsable de introducir en Estados Unidos heroína por un valor de 150 millones de dólares.

Inmediatamente después del fallecimiento del Don,[2] el productor fue acusado por la opinión pública italiana de ser un agente del FBI y salió a colación el envenenamiento como la causa más probable de la muerte, aunque no se pudo demostrar nada.

A ello se sumaba otro interrogante: desde el momento en que se supo que Luciano, tras el fallecimiento de su esposa y principal apoyo —la otrora bailarina de vodevil Igea Lissoni— iba a narrar las andanzas de la mafia en una película, los miembros de la cúpula de la Cosa Nostra al otro lado del Atlántico se habían puesto nerviosos. ¿Pudieron tener algo que ver con su final? Nunca lo sabremos.

El primer Don de la legendaria familia Genovese, el hombre que había acabado con algunos de los capos más importantes de Estados Unidos, quizá el delincuente más relevante del siglo XX al otro lado del Atlántico, moría a los sesenta y cinco años, llevándose no pocos secretos a la tumba. Tres días después, más de trescientas personas acudieron a su ostentoso funeral en Nápoles para observar su ataúd, que como si se tratase del féretro de un rey era llevado por las calles de la ciudad en un coche fúnebre tirado por caballos.

Tras el ignominioso lanzamiento de las bombas atómicas sobre Hiroshima y Nagasaki y el final definitivo de la contienda, Norteamérica, a pesar del escándalo y la controversia por sus métodos, volvía a salir victoriosa. Hoover adquiría todavía más fuerza al frente del FBI que había neutralizado los anillos de espías nazis y a los saboteadores comandados por el mancillado George John Dasch. Su oficina se vería involucrada, aunque de forma soterrada, en algunos de los asuntos más turbios de la historia

2. «La misteriosa muerte de Lucky Luciano, el gran Don de la mafia italiana», en *ABC*, 26 de enero de 2015.

negra norteamericana de las décadas siguientes, como también lo estaría la organización que nació de la OSS.

En 1947, la Ley de Seguridad Nacional establecía la primera agencia de inteligencia en tiempos de paz, la CIA, que asumió todas las antiguas funciones de la Oficina de Servicios Estratégicos. Con la Guerra Fría dando sus primeros embates, los archivos más espinosos de la contienda se blindaron para esconder al enemigo secretos inconfesables. La Operación Paperclip; la descodificación de Enigma; la colocación deliberada de antiguos nazis en los puestos más altos de la inteligencia europea para combatir al comunismo; cómo la Gestapo estuvo detrás de la Gran Purga de Stalin o cuál era la identidad de algunos de los mejores espías y agentes dobles del teatro bélico, como Garbo o Cicerón, pasaron a ser etiquetados, como otros muchos asuntos, bajo el marchamo de confidencial, dando forma a los expedientes secretos de la Segunda Guerra Mundial.

Hoy, por fin, conocemos gran parte de la verdad, negada durante décadas, aunque el camino por revelar tantos enredos, intereses creados e informaciones deliberadamente manipuladas por los que estuvieron en el poder tanto en el Eje como en el bando aliado, continúa siendo largo y complejo. Aunque Estados Unidos tenía un pasado sombrío que ocultar, los británicos —aliados de los primeros— y los soviéticos no les fueron a la zaga.

En 2015 el historiador inglés Jonathan Walker publicaba *Operación Impensable,*[3] donde abordaba uno de los asuntos más oscuros y herméticos del fin de la Segunda Guerra Mundial, la denominada Operación Impensable *(Unthinkable),* nada menos que un plan del alto mando británico para atacar a la Unión Soviética, el enemigo más temible para las «democracias» occidentales tras la caída de Hitler y Mussolini en Europa; un proyecto ordenado por el propio *premier* Winston Churchill y desarrollado por las Fuerzas Armadas británicas en los estertores de la contienda.

3. Jonathan Walker, *Operación Impensable: 1945, los planes secretos para una tercera guerra mundial,* Barcelona, Crítica, 2015.

Los jefes del Estado Mayor estaban tremendamente preocupados por la fuerte presencia y el tamaño de las tropas soviéticas desplegadas en el Viejo Continente en 1945, y percibían que su gran líder, Iosif Stalin, quien, recordemos, temía más a los ingleses, a quienes consideraba los verdaderos enemigos de su pueblo, que a los ejércitos de Hitler en los años treinta, no era de fiar. Y que aquella situación ponía en grave riesgo a la Europa occidental. O eso mantenían Churchill y otros miembros del alto mando británico.

A ello se añadía que la Unión Soviética no había dado luz verde finalmente a su ataque largamente anunciado contra Japón y se corría el riesgo de que si se iniciaban hostilidades entre los rusos y los aliados occidentales, los primeros podrían aliarse con el Imperio nipón. También se sumaba el hecho de que el Kremlin mostraba estar cada vez más convencido de absorber Polonia, cuyo Gobierno en el exilio se hallaba en Londres y había contado con el apoyo británico desde el estallido de la guerra.

Aún no se había secado la tinta de la rendición incondicional alemana y entre bambalinas ya se estaba gestando una forma de iniciar una nueva lucha contra un enemigo obligado a ser aliado por las circunstancias. Aquello, afortunadamente, nunca sucedió. De hecho, entre gran parte del Estado Mayor británico algunos llegaron a pensar que Churchill, que se sentía cada vez más solo tras la muerte de Roosevelt[4] y el acceso a la presidencia de Harry S. Truman, a quien apenas había tratado, estaba perdiendo el juicio. Alan Francis Brooke, jefe del Estado Mayor del Ejército británico durante la Segunda Guerra Mundial, escribió en su diario: «Me da la sensación de que Winston anhela otra guerra».

4. La tarde del 12 de abril de 1945, el presidente dijo: «Siento un terrible dolor detrás de la cabeza». Acto seguido, cayó hacia delante en su silla de ruedas —en la que estaba postrado a causa de la poliomielitis—, inconsciente, y fue llevado a su dormitorio. El doctor Howard Bruenn diagnosticó una hemorragia cerebral masiva. Roosevelt fallecía esa madrugada, a las puertas del fin de la Segunda Guerra Mundial, sin ver concluido el conflicto y sin haber logrado un acuerdo con Stalin.

Puesto que las tropas estadounidenses se estaban trasladando hacia el teatro de operaciones del Pacífico, previendo una invasión de Japón, el *premier* temía que aquel retiro dejase a los soviéticos en una posición fuerte para tomar una actitud ofensiva en el oeste, donde los nazis habían sido neutralizados. La Operación Impensable preveía un «plan rápido» con la victoria de una coalición británico-estadounidense tras «una inmensa batalla de fuerzas acorazadas en Polonia», o una «guerra total», sin armas atómicas, que «requeriría muchísimo tiempo»; incluso se había fijado el día de la ofensiva: el 1 de julio, tras una campaña propagandística que duraría tan solo unas semanas para convencer a la opinión pública de que Stalin era tan o más peligroso que Hitler.

El plan, elaborado en el más absoluto de los secretos por el Estado Mayor a instancias del primer ministro británico, preveía, para atacar a la Unión Soviética, un frente que se extendería desde Hamburgo, en el norte, hasta Trieste, en el sur. Sin embargo, enumerando la fuerza aliada total en Europa para aquellas fechas, se dedujo que sería imposible y el gabinete de guerra concluyó que estaba más allá de las capacidades de las ciento tres divisiones de tropas aliadas en Europa hacer lo que Napoleón y Hitler no habían podido. Añadió más leña al fuego un cable en el que el nuevo presidente estadounidense, Truman, señalaba que, con la vista puesta en la guerra en el Pacífico y no en Polonia, los estadounidenses no darían su ayuda para expulsar a los rusos de Europa del Este.

Ante una posibilidad de victoria contra Rusia de 2,5 frente a uno —a favor de los soviéticos—, el plan quedó en papel mojado, a lo que contribuyó el lanzamiento de la bomba atómica sobre Hiroshima, el 6 de agosto de 1945, que evitó que grandes divisiones norteamericanas tuvieran que trasladarse finalmente hasta el Pacífico. Brooke escribió en su diario en relación con la Operación Impensable: «La idea es, por supuesto, fantástica, y las posibilidades de éxito del todo impensables. No hay duda, de ahora en adelante Rusia es todopoderosa en Europa».

Aquel programa secreto que preveía el estallido de una tercera guerra mundial para expulsar a los rusos del mismo territorio por el que comenzó la segunda tras la invasión nazi, quedó archivado bajo numerosos cerrojos durante más de setenta años, demostrando que la historia de aquel sanguinario conflicto tuvo muchas aristas, demasiadas piezas sueltas de un complejo puzle que por fin comienza a tomar forma, pero que sigue incompleto.

Ya en 1941, cuando los ejércitos de Hitler iniciaron la invasión de la Unión Soviética, Churchill escribió en una carta al político laborista sir Richard Stafford Cripps: «Lamento la agonía de Rusia, pero los rusos mismos han tejido su destino dejando las manos libres a Hitler en Polonia. También ellos mismos se han privado de un segundo frente, dejando destruir al Ejército francés. Si nosotros hubiéramos sido destruidos en agosto de 1940, ellos se habrían quedado más que indiferentes».

Ni siquiera aquellos que formaban parte de un mismo bando en aquella guerra de dimensiones colosales estaban libres de conspirar los unos contra los otros. De hecho, conspiraban continuamente, y ello contribuyó sin duda a hacer más grueso el tupido velo que se corrió sobre lo sucedido en la contienda cuando esta tocó a su fin. Más de medio siglo de mentiras, medias verdades y ocultaciones deliberadas en pro de la defensa del statu quo.

Con razón, dichas operaciones en la sombra acabaron dando forma a lo que se conoció como la guerra secreta...

BIBLIOGRAFÍA

ABC, «El padre de Magda Goebbels, esposa del ministro nazi de Propaganda, era judío», en *ABC*, 22 de agosto de 2016.

ALFORD, Kenneth D. y SAVAS, Theodore P., *Nazi Millionaires: The Allied Search for Hidden SS Gold,* Filadelfia, Casemate Publishers, 2002.

ARAGONÉS, Gonzalo, «La momia olvidada», en *La Vanguardia*, 23 de agosto de 2013.

BAKER WHITE, J., *The Big Lie,* Londres, Evans Brothers Ltd., 1955.

BAR-ZOHAR, Michael, *Koch. El espía judío de Hitler,* Barcelona, Juventud, 1975.

BAZNA, Elyesa, *Yo fui Cicerón,* México, Diana, 1965.

BEEVOR, Antony, *Stalingrado,* Barcelona, Crítica, 2000.

—, *El misterio de Olga Chéjova,* Barcelona, Crítica, 2004.

BEREZHKOV, Valentin M., *At Stalin's Side: His Interpreter's Memoirs from the October Revolution to the Fall of the Dictator's Empire,* Nueva Jersey, Carol Publishing Group, 1994.

BEYER, Friedemann, *UFA in Farbe: Technik, Politik und Starkult zwischen 1936 und 1945,* Múnich, Collection Rolf Heyne, 2010.

BREITMAN, Richard, *U. S. Intelligence and the Nazis,* Cambridge, Cambridge University Press, 2005.

BREUER, William, *Hitler's Undercover War: The Nazi Espionage Invasion of the U. S. A.,* Nueva York, Sant Martin Pr., 1989.

BRISSAUD, André, *Historias del servicio secreto nazi,* Barcelona, Noguer, 1975.

BURGER, Adolf, *The Devil's Workshop: A Memoir of the Nazi Counterfeiting Operation,* Barnsley, Frontline Books, 2009.

CABALLERO, José Luis, *Espías y la guerra secreta,* Teià, Robinbook, 2014.

CAMPBELL, Rodney, *The Luciano Project: The Secret Wartime Collaboration of the Mafia & the US Navy*, Nueva York, McGraw Hill, 1977.

CARAMASA, Jorge y BASSO PRIETO, Carlos, *América Nazi: América del Sur, un puerto seguro para los peores asesinos del siglo* XX, Madrid, Aguilar, 2014.

CARSTEN, F. L., *The Reichswehr and Politics: 1918-1933*, Berkeley, University of California Press, 1973.

CHÉJOVA, Olga, *C. C. Bergius: Ich verschweige nichts! Autobiografie,* Berchtesgaden, Zimmer & Herzog, 1952.

—, *Meine Uhren gehen anders,* Múnich/Berlín, Herbig, 1973.

CONRADY, Peter, «Goebbels mistress tells tales from the grave», en *The Sunday Times*, 21 de enero de 2001.

COOKRIDGE, E. H., *Nuevas Dalilas: relatos de espías famosas,* Barcelona, Luis de Caralt, 1962.

COPEIRO, Jesús y NIELSEN, Enrique, *El misterio de William Martin: desenterrando la trama,* Huelva, Diputación de Huelva, 2014.

DELMER, Sefton, *Black Boomerang,* Londres, Secker and Warburg, 1963.

DICKIE, John, *Cosa Nostra: historia de la mafia siciliana,* Barcelona, Debate, 2006.

DOBBS, Michael, *Saboteurs: The Nazi Raid on America,* Nueva York, Vintage Books, 2005.

DUFFY, Peter, *Double Agent: The First Hero of World War II and How the FBI Outwitted and Destroyed a Nazi Spy Ring,* Nueva York, Scribner, 2015.

FARAGO, Ladislas, *El juego de los zorros,* México, Lasser Press Mexicana, 1973.

FEDERAL BUREAU OF INVESTIGATION, Spy Ring. Part 1 of 1. Federal Bureau of Investigation. Freedom of information/Privacy Acts Section. Cover Sheet», U. S. Department of Justice, Washington D. C. 20535, 12 de marzo de 1985.

FERRARA, Eric, *A Guide to Gangsters, Murderers and Weirdos of New York City's Lower East Side,* Stroud, History Press, 2009.

FIGES, Orlando, *La Revolución rusa: la tragedia de un pueblo,* Barcelona, Edhasa, 2001.

FISCHER, Louis, *Nazi Saboteurs on Trial: A Military Tribunal and American Law. Landmark Law & American Society,* Lawrence, University Press of Kansas, 2003.

FOOT, M. R. D., *SOE: An Outline History of the Special Operations Executive*, Londres, Pimplico, 1999.

FREIDEL, Frank, *Franklin D. Roosevelt: A Rendezvous with Destiny*, Nueva York, Little Brown, 1990.

GALLARDO, María del Mar, «Misterio resuelto: no hay tren del oro nazi», en *El Periódico,* 26 de agosto de 2016.

GARNETT, David, *The Secret History of PWE, 1939-45: The Political Warfare Executive,* Londres, St. Ermin's, 2002.

GERWARTH, Robert, *Heydrich, el verdugo de Hitler*, Madrid, La Esfera de los Libros, 2011.

GHEYSENS, Roger y LAUNAY, Jacques de, *Grandes espías,* Barcelona, Daimon, 1973.

GORDON, Scott y ABELLA, Alex, *Shadow Enemies: Hitler's Secret Terrorist Plot Against the United States,* Nueva York, The Lyon Press, 2003.

GOSCH, Martin A. y HAMMER, Richard, *El último testamento de Lucky Luciano,* Barcelona, Grijalbo, 1976.

HAYWARD, James, *Mitos y leyendas de la Segunda Guerra Mundial,* Barcelona, Inédita, 2006.

HELKER, Renata, *Die Tschechows: Wege in die Moderne*, Henschel, Hrsg. V. Deutsches Theatermuseum München, 2005.

HERRADÓN, Óscar, *La Orden Negra: el ejército pagano del Tercer Reich,* Madrid, Edaf, 2011.

—, *Los magos de la guerra: ocultismo y espionaje en el Tercer Reich,* Barcelona, Cúpula, 2014.

—, «La maldición del tesoro nazi», en *Enigmas,* 251, 26 de septiembre de 2016.

—, *Espías de Hitler: las operaciones secretas más importantes y controvertidas de la Segunda Guerra Mundial,* Barcelona, Luciérnaga, 2016.

HINSLEY, F. H. y SIMKINS, C. A. G., *British Intelligence in the Second World War: Volume 4, Security and Counter-Intelligence,* Nueva York, Cambridge University Press, 1990.

JOHNSON, David A., *Germany's Spies and Saboteurs,* Wisconsin, Osceola, 1998.

—, *Betrayal: The True Story of J. Edgar Hoover and The Nazi Saboteurs Capturing During* WWII, Nueva York, Hippocrene Books, 2007.

—, *The True Story of J. Edgar Hoover and the Nazi Saboteurs Capturing during* WWII, Nueva York, Hippocrene Books, 2007.

JONES, R. V., *Most Secret War: British Scientific Intelligence (1939-1945),* Londres, Penguin Books, 2009.

JUNGE, Traudl, *Hasta el último momento: la secretaria de Hitler cuenta su vida,* Barcelona, Quinteto, 2005.

KARLSCH, Rainer, *Hitler's Bombe,* Múnich, Deutsche Verlags-Anstalt, 2011.

KOESTER, Roman, *Hugo Boss, 1924-1945*, Múnich, C. H. Beck, 2011.
KRAKOWSKI, A., *Counterfeiter Lives (The Holocaust Diaries)*, Nueva York, CIS, 1994.
MACINTYRE, Ben, *For Your Eyes Only: Ian Fleming and James Bond*, Londres, A&C Black, 2008.
—, *El hombre que nunca existió: Operación Carne Picada*, Barcelona, Crítica, 2014.
MALKIN, Lawrence, *El falsificador de Hitler: la estafa nazi y los prisioneros del bloque 19*, Madrid, Aguilar, 2007.
MANVELL, Roger, *Gestapo*, Madrid, San Martín, 1971.
MONTAGUE, Art, *Meyer Lansky: The Shadowy Exploits of New York's Master Manipulator*, Alberta, Altitude Pub, 2005.
MORAVEC, František, *Maestro de espías*, Madrid, Martínez Roca, 1977.
MOYZISCH, L. C., *El espía Cicerón*, Madrid, Véspero, 1953.
MUNN, Michael, *Hitler and the Nazi Cult of Celebrity*, Londres, Robson Books, 2012.
NACHTSTERN, Moritz y RAGNAR, Arntzen, *Counterfeiter: How a Norwegian Jew survived the Holocaust*, Oxford, Osprey Publishing, 2008.
NEITZEL, Sönke, *Soldados del Tercer Reich: testimonios de lucha, muerte y crimen*, Barcelona, Crítica, 2012.
NEWARK, Tim, *Aliados de la mafia: la verdadera historia de los pactos secretos con los aliados en la Segunda Guerra Mundial*, Madrid, Alianza, 2009.
NEWCOURT-NOWODWORSKI, Stanley, *La propaganda negra en la Segunda Guerra Mundial*, Madrid, Algaba, 2006.
O'DONNELL, Pierce, *En tiempo de guerra: el ataque terrorista de Hitler contra Estados Unidos*, Barcelona, Círculo de Lectores/Galaxia Gutenberg, 2006.
ORLOV, Alexander, *Historia secreta de los crímenes de Stalin*, Barcelona, Destino, 1955.
PERSICO, Joseph E., *Piercing the Reich: The Penetration of Nazi Germany by American Secret Agents During World War II*, 1979.
—, *Roosevelt's Secret War: FDR and World War II Espionage*, Nueva York, Random House, 2002.
PHILBY, Kim, *Mi guerra silenciosa*, Barcelona, Plaza & Janés, 1979.
PIEKALKIEWICZ, Janusz, *Espías, agentes, soldados*, Barcelona, Bruguera, 1972.
RACHLIS, Eugene, *The Came to Kill: The Story of Eight Nazi Saboteurs in American*, NuevaYork, Random House, 1961.

RANKIN, Nicholas, *A Genius for Deception: How Cunning Helped the British Win Two World Wars,* Oxford, Oxford University Press, 2008.

RIESS, Curt, *Total Espionage: Germany's Information and Disinformation Apparatus 1932-1940,* Stroud, Fonthill Media, 2016.

RONNIE, Art, *Counterfeit Hero: Fritz Duquesne, Adventurer and Spy,* Annapolis, Naval Institute Press, 1995.

ROTH, Philip, *La conjura contra América,* Barcelona, Debolsillo, 2012.

RUDICH, Julieta, «El rescate submarino del tesoro de Hitler», en *El País,* 8 de junio de 2000.

SÁNCHEZ, Rosalía, «Desentierran el laboratorio nuclear de Adolf Hitler», en *El Mundo,* 29 de diciembre de 2014.

SCHECTER, Jerrold L.; y SCHECTER Leona, *Sacred Secret: How Soviet Intelligence Operations Changed American History,* Londres, Brassey's, 2002.

SCHELLENBERG, Walter, *Al servicio de Hitler: memorias del jefe del espionaje nazi,* Barcelona, Belacqua, 2005.

SPEER, Albert, *Memorias: los recuerdos del arquitecto y ministro de armamento de Hitler, una crónica fascinante del Tercer Reich,* Barcelona, Acantilado, 2001.

STEELE, John y STEELE, Noreen, *The Secrets of HMS Dasher,* Argyll, Argyll Publishing, 2002.

STEVENSON, William Henry, *Spymistress: The Life of Vera Atkins, the Greatest Female Secret Agent of World War II,* Nueva York, Arcade Publishing, 2006.

STREISSGUTH, Tom, *Rocket Man: The Story of Robert Goddard,* Mineápolis, Carolrhoda Books, 1995.

SUDOPLÁTOV, Pavel y SUDOPLÁTOV, Anatoli, *Operaciones especiales: memorias de un maestro de espías soviético,* Barcelona, Plaza & Janés, 1994.

URIBARRI, Fátima, «Nazis y la bomba atómica de Hiroshima», en *XL Semanal,* 17 de diciembre de 2016.

VALENTINE, Douglas, *The Strength of the Wolf: The Secret History of America's,* Nueva York, Verso Books, 2006.

VANGUARDIA, LA, «La mujer de Goebbels era judía», en *La Vanguardia,* 22 de agosto de 2016.

VILLATORO, Manuel P., «Comienza la carrera para exhumar el tren fantasma nazi cargado de oro», en *ABC,* 10 de noviembre de 2015.

VOLODARSKY, Borís, *Stalin's Agent: The Life and Death of Alexander Orlov,* Oxford, Oxford University Press, 2014.

VV. AA., *Los grandes enigmas de la guerra secreta*, Madrid, Círculo de Amigos de la Historia, 1970.

VV. AA., *The Foreign Office List and Diplomatic and Consular Year Book*, Londres, Spink and Sons, 1949.

WALKER, Jonathan, *Operación Impensable: 1945, los planes secretos para una tercera guerra mundial*, Barcelona, Crítica, 2015.

WILLIAMS, Andrew, *La batalla del Atlántico*, Barcelona, Crítica, 2010.

YNDURÁIN MUÑOZ, F. J., «El Club del Uranio de Hitler y el programa atómico alemán en la Segunda Guerra Mundial», en *Revista de la Real Academia de Ciencias Exactas, Físicas y Naturales (España)*, 100 (1), pp. 105-111, 2006.